《美人图》田小逸 绘

《百美图》·班婕妤【元】王振鹏 绘

《百美图》· 江采萍 【元】王振鹏 绘

《丽珠萃秀册》· 蔡文姬 【清】赫达资 绘

《百美图》·谢道韫 【元】王振鹏 绘

《百美图》·薛涛 【元】王振鹏 绘

《元机诗意图》(局部) [清]改琦 绘

《百美图》·李清照 【元】王振鹏 绘

万榕

传播新知 优美表达

水做的历史

浮世才女撷华录

沈雁杭——著

春风文艺出版社
·沈阳·

图书在版编目（CIP）数据

水做的历史：浮世才女撷华录 / 沈雁杭著.
沈阳：春风文艺出版社, 2025. 6. -- ISBN 978-7-5313-6986-8

Ⅰ. K828.5

中国国家版本馆 CIP 数据核字第 2025T31R06 号

春风文艺出版社出版发行
沈阳市和平区十一纬路 25 号　邮编：110003
北京翔利印刷有限公司印刷

选题策划：王会鹏		特约编辑：张竞文	
责任编辑：韩　喆		助理编辑：肖杨川	
封面设计：任展志		责任校对：赵丹彤	

幅面尺寸：145mm × 210mm
字　　数：369 千字　　　　印　张：15.25
版　　次：2025 年 6 月第 1 版　印　次：2025 年 6 月第 1 次
书　　号：ISBN 978-7-5313-6986-8
定　　价：59.80 元

图书邮购热线：024-23224481
版权所有　侵权必究　举报电话：024-23224081
如有质量问题，请拨打电话：024-23224481

序

女子善怀，亦各有行

公元前660年，春秋卫国遭遇狄人入侵，国土沦丧，国人流离失所。许国国君之妻许穆夫人出身卫国，听闻国难，不顾许国上下反对，星夜兼程赶回卫国，要尽自己一份力挽救国家于危难。在路途中，面对前来追赶阻挠的许国大臣，她悲愤地写下了一首长诗。《左传》在这一年记载"许穆夫人赋《载驰》"，是史册中第一次正式记录女性诗歌创作，《载驰》也是中国古代女性第一首完整诗歌作品，许穆夫人更可视为中国历史上第一位女诗人。

《载驰》中说："女子善怀，亦各有行。"女性有多愁善感的一面，但行为主张自有其道理，所思所想不容歪曲亵渎。许穆夫人以诗歌为载体发出自己的声音，诗歌也从此成为女性向世界发声的渠道，我们通过诗歌聆听女性的内心。《诗经·国风》中有大量以女性为第一视角书写的篇章，虽理论上存在男性作者以女性身份写作的可能，但不难推断在这些没有留下创作者姓名的作品中一定也有女诗人的身影。所幸，后世的史书和民间史料不断地完善填补女性创作的空白，在女性不放弃书写发声的同时，也有大量有识之士记录保存她们的作品和姓名，帮助后人传承和探寻她们的点点滴滴。

自许穆夫人以来近三千年的女性创作史中，女性身份从早期的宫廷贵族逐渐向各个阶层扩展，女诗人从宫苑到官宦再到民间，群体的扩大也丰富了创作内容，涉及了生活和历史的方方面面。由于社会制度的禁锢，女性多难以走出家门，但这不代表她们是沉默或麻木的。在庭园中她们借花月抒怀，在旅途中她们以山川为念。在历史的波荡与变革中她们同样站出来，以行动尽绵薄之力，以纸笔唱家国之思。捧读前人史册，她们有自己的见解和思考，在合适的时机到来时，她们也可以参与到历史的进程中去，影响历史，与时代共进退。常有人说，知识女性往往命运更加悲惨，我个人不能同意这样的看法，在此也想做一辩驳。女性地位是在女性群体的不断抗争下逐步提升的，能够发声并提出诉求的女性必然属于受过一定教育并有一定知识储备的群体。我们听到了她们的声音不代表那些没有这样能力的女性就活得更幸福，她们同样承受着历史的重压，却在岁月中悄然逝去，未能在史册中留下自己的文字。我们也许可以从他人视角中听得只言片语，但也仅止于此。知识女性不甘于仅仅被他人书写，做他者视角的被阐释者，她们有了发言的能力就会以自己的方式让世人看到她们的内心世界。知识或才华不是导致她们不幸的原因，而是她们自我觉醒的前提、谋求改变和抗争的手段，也是我们了解她们的载体。

这些用点滴文字汇聚的女性之声，也在文学史上弹拨出独特的华彩乐章。中国古代的主要文学形式——诗词歌赋戏曲小说，处处可见女性创作者的身影，诗歌（含词）以其朴素精练的形式最适于情感的集中表达和抒发，在她们的文学创作中占比最重。与男性创作者们相似，她们在不同时代也有各自的公开身份，宫妃、命妇、官僚妻女、妓女或农妇，才女是世人对她们的统称，但我更喜欢赋予她们一个响亮的身份：诗（词）人。这也是我最初关注她们并投入力量探索和书写的原始动力。当然，不可避免的是，创作者受先天资质和后天环境的影响，其才学与作品质量确有高下之别。但在女性地位低下、女性教育并不能普及的古代，任何一位敢于创作并被史料记录下来的女诗（词）人都值得尊重和怀念。收录在这部作品中的女性，无论生活在哪个时代、出身在哪个阶层，都至少有一篇作品流传于世并在其相关篇幅中得到展示，根据其作品质量，尽最大努力给出客观的解读和诠释。本着这样的原则，有才名但没有确定诗词作品的女性没有收录在内。对于她们的生平过往，无论名垂千古还是寂寂无闻，无论身世波折还是一生平淡，都以尊重的态度对待，而不以猎奇为目的。当我亲手写下每一个女诗（词）人的名字时，我的内心在与她们进行着对话，与她们共同经历沧桑变换，而并非向读者炫耀我的知识或是认知，或靠卖弄口舌、臧否人物来假装自己见识卓著。

整个书写过程是充实而愉悦的，全书共论及三十七位女诗（词）人的生平与创作，上迄西汉班婕妤，下至晚清沈善宝，每个人的命运注入我的脑海，无形中让我拥有了三十七次生命的体验，仿佛在两千年的岁月里不断地死而复生，经历一次又一次穿越，体味了从宫廷到民间的变迁。而顺着这一条看似单薄的脉络，我以特别的方式漫溯了历史长河，涉猎了《汉书》《晋书》、新旧《唐书》、新旧《五代史》《宋史》《辽史》《元史》《明史》《清史稿》等史籍，发现了大量优秀的诗话、词话等古代文学评论笔记，阅读了一些当代关于明清女性文学研究的学术著作，更有幸拜读了陈寅恪先生最令人津津乐道却又摇头兴叹的大作《柳如是别传》。我努力从这些原始的资料中寻找她们曾经的身影，用我的笔还原最接近真实的她们，尽管时光久远，并不能尽如人意，但额外的收获远多于最初的设想，获益良多。

本书始于专栏连载，在一年多的连载中有幸获得读者朋友们的喜爱，其后多年亦不断有读者品读并提出善意的批评和指正，本书在修订时也都相应做了补充或修改。在连载期间，书友雀花瓷女士、曼殊女士、晚菸先生、吴奔骁先生曾大力为之传播推广，历史作家苗子兮亦为本书推广倾情助力。寒塘渡鹤先生为本书提供命名灵感，取"女儿是水做的骨肉"之意，得名《水做的历史》，喻义美好而雅致。上海的王辉城先生曾为本书的出版多方奔走，惜未能成行，亦深感铭记。在此向以上同仁一并表示最诚挚的谢意。最后特别致谢本书编辑张竞文女士，其对历史的见解与文学的敏锐才思让其在审校工作中为本书增色良多，我们在修订中进行的多轮探讨既让我感受到了她优秀的工作能力和文史造诣，也让我重新审视了自己的作品，做了新的思考，过程愉悦、收获颇丰。

最后，希望这本书未来的读者朋友也可以从中体味到中国古代女性的才华与情思，感受到她们的坚韧与不屈。我见红颜多妩媚，料红颜见我应如是。女性的美与力量通过文字向世人传递。

目 录

从班婕妤到梅妃：文人的坚贞梦 / 1

蔡文姬：命运无情人有情 / 10

左棻、鲍令晖：一样手足情，两朝兄妹诗 / 20

谢道韫：不意天壤之中乃有王郎 / 27

长孙皇后：日望昭陵卿不还 / 33

徐惠：恨不生同时，日日与君好 / 40

上官婉儿：世态便如翻覆雨，妾身元是分明月 / 48

薛涛：自由的代价 / 61

鱼玄机：真面难寻是玄机 / 72

李季兰：从谑浪仙凡到身不由己 / 81

宋氏三姐妹：唐宫深苑中的女学士 / 91

花蕊夫人：消逝的旖旎宫声 / 102

李清照：问此生，可称人怀抱？ / 111

朱淑真：画成幽思，写入新词 / 129

萧观音：情断《回心院》，命丧《十香词》 / 139

王清惠：事去空流东汴水，愁来不见西湖月 / 159

管道升：至今见者犹销魂，何况泥里你我人 / 166

沈宜修：午梦堂里墨余哀 / 179

叶小鸾：遗落人间有琼章 / 192

马湘兰：幸有王郎伤心墨，不教香名委尘埃 / 202

黄媛介：思将细雨应同发，泪与飞花总不收 / 211

卞玉京：永远活在负心人的诗篇里 / 217

董小宛：一生痴爱难评说 / 230

商景兰：世缘有尽，相见不远 / 248

徐灿：《拙政园诗余》中的悲欢离合 / 258

陈圆圆：乱世空奔命 / 273

王微：草衣道人生命中的情与缘 / 294

寇白门、顾横波：秦淮两弯眉 / 316

柳如是：肝胆秦淮沉碧血 / 331

李香君：忍对桃花说李香 / 398

汪端：女人、诗人、诗评家 / 421

沈善宝：《名媛诗话》与诗话中的名媛 / 442

从班婕妤到梅妃：文人的坚贞梦

班婕妤与江采萍，一个来自汉代宫廷，一个虚构于唐朝宫闱，她们腹有诗书，性情孤傲，随銮伴驾，人生曾繁华如梦却最终盛极而衰。她们好似一面虚实两面的镜子，实的那一面照出了一段历史的风华与寂寞，而虚的那一面是宋人演绎的一出传奇，是文人笔下寄托愁怀的一幅丹青。

班婕妤，名不详，婕妤是她在宫中的封号。按照汉武帝后西汉的宫妃建制，皇后以下婕妤位居第二，排在昭仪之后，地位相当尊贵。班婕妤来自著名的班氏家族，这个家族不以权势见长，而是以文墨武功垂青于史册。班婕妤的几个兄弟都有学名，最为人津津乐道的是她兄长班稚的子孙班彪、班固、班超和班昭。班彪立志于史书著述，他的子女不负父志，班固和班昭共同完成了史学名著《汉书》，而班超则成为著名的军事家。班家人之杰出不仅在两汉之间，更在华夏。

据《汉书·外戚传下》记载："孝成班倢伃①，帝初即位选入后宫。始为少使，蛾而大幸，为倢伃……"② 孝成即汉成帝，继位时方及弱冠。这样看来，班婕妤入宫时两人算是一对少年夫妻。汉成帝在历史上以荒淫著名，但年轻时也雅好文墨，喜读经书，继位之初似也有要入明君行列的雄心壮志。班婕妤于初入宫时位列第十一等的少使，后升至婕妤，可见"大幸"一词并不夸张。而大幸的原因，自然是曾有那么一段岁月，皇帝与她志趣相投，从肉体到精神都极为契合。但情意绵绵之时，裂痕已暗藏其中，根据《汉书》的记载，汉成帝的性格有两个特点，为两人的感情埋下了悲剧的伏笔。

> 成帝游于后庭，尝欲与倢伃同辇载，倢伃辞曰："观古图画，贤圣之君皆有名臣在侧，三代末主乃有嬖女，今欲同辇，得无近似之乎？"上善其言而止。太后闻之，喜曰："古有樊姬，今有班倢伃。"

汉成帝天性好游乐，对宫廷礼仪不甚重视，因此遭到了班婕妤善意的劝诫。虽然表面上看来汉成帝对其心服口服，并听从了她的建议，但两人性格上的差异已经显现出来，而这一次小小的冲突也为他们的感情危机埋下伏笔。班婕妤的话固然显得教条，却被她不幸言中，汉成帝正是西汉覆灭的一曲前奏。而有趣的是，太后对班婕妤的赞赏却恰恰为她个人的命运铺设了一条后路，成为她后半生的避风港。

除了好游乐，汉成帝内心偏好出身低微的女子。也许是有意

---

①② 《汉书》中写作"倢伃"，通今"婕妤"，古代女官名，是帝王妃嫔的称号。引文皆按史书原文，非引文部分仍写作"婕妤"。

效仿祖辈,因武帝之后卫子夫出身低微,成帝便以此为标杆,日后得宠的赵氏姐妹亦是底层女子。班婕妤出身文墨大家,心理上自然无法全盘接受,但她亦是聪明人,为了投汉成帝所好,将身边的侍女李平进献给他。李平果然得到宠爱,并一步登天被封为婕妤,与班婕妤平起平坐。

从辞辇到献婢,班婕妤的做法是矛盾的,却也是利己的。在得宠时她坚守原则,博得的是美名,而在渐渐失宠时她立即投其所好,牺牲了眼前的利益却再次保全了自己的名声和地位。汉成帝虽荒淫,但始终怜惜她。班婕妤无力争宠,只能小心翼翼地保护着自己的尊严和体面。

然而,最大的威胁来自赵氏姐妹。

> 鸿嘉三年,赵飞燕谮告许皇后、班倢伃挟媚道,祝诅后宫,詈及主上。许皇后坐废。考问班倢伃,倢伃对曰:"妾闻'死生有命,富贵在天'。修正尚未蒙福,为邪欲以何望?使鬼神有知,不受不臣之诉;如其无知,诉之何益?故不为也。"上善其对,怜悯之,赐黄金百斤。
> ——《汉书·外戚传下》

"祝诅后宫"是汉宫大忌,被牵涉的人几乎都没有好下场。在这场较量中,许皇后受创最重,失去了原有的地位,而在危机面前,班婕妤再次保全了自己。她的自辩非常出色,首先以俗语立论,抛出一条普世的大道理,无形中将皇帝与自己放在了同一个认知框架里,也就拉近了彼此的距离,增强了互信力。继而在此基础上结合自身处境,加以申诉:行端坐正都没能享福,邪门歪道之术又能怎样?最后,从他者角度出发,鬼神自有分辨善恶的能力,不会接受恶人恶语。如果鬼神没有这个能力,我去求助鬼神难道有用？所以我不会也不需要做这些。不卑不亢的语气和不容反驳的逻辑掌控力都令汉成帝折服，在这折服中除了史书中所说的"怜悯"，我想大概还有自始至终的尊敬和信任。也许汉成帝厌倦于班婕妤的死板与无趣，但在她的刚直面前，却也自愧不如，而这自愧不如又加深了他的厌倦。羞愧让他选择疏远，也令他感到心痛。故而，他非但没有按照赵氏姐妹的意思除掉班婕妤，反倒赐她黄金百斤，也许是在安慰自己那满含愧疚和自责的心。

班婕妤为自保而"求共养太后长信宫"①，汉成帝准许了她的要求。从此，班婕妤正式退出汉成帝的视野。在这一段时光里，她曾作《自悼赋》，以抒发内心的幽愤之情。文章简要叙述了命运的流转：得宠时她"陈女图以镜监兮，顾女史而问诗"，是为了自律，却不堪命运波折，虽问"岂妾人之殃咎兮"，终不得不归之于命运的无常，叹"将天命之不可求"。自知后半生再无回天之力，余生所愿只有"愿归骨于山足兮，依松柏之馀休"，然而"神眇眇兮密靓处，君不御兮谁为荣？"她的内心深处，仍然渴望丈夫的怜惜，暗暗企盼他回心转意。从班婕妤的人生经历来看，她对汉成帝的感情似乎并非仅仅是嫔妃之于帝王，年少时的爱、离心后的怨、来自丈夫的愧与惜都藏在她看似孤冷的文辞里。汉成帝选她入宫并非为了以她的才学来装点宫廷，对她的宠爱亦源自两人曾经共同的精神追求。他们有过美好的岁月，在最美好的年华里相遇相爱，而短促的人生经不起命运的捉弄，班婕妤人微言轻，怨不得帝王怨不得小人，能说的只有感叹命运的不公。

《昭明文选》及《玉台新咏》中载有一首诗②，题为班婕妤所作，流传颇广：

---

① 《汉书》，第2931页，中华书局，1999。
② 《玉台新咏》中载为《班婕妤怨诗一首》，《昭明文选》载为《怨歌行》，本书采用《昭明文选》版本。

新裂齐纨素，皎洁如霜雪。裁为合欢扇，团团似明月。
出入君怀袖，动摇微风发。常恐秋节至，凉风夺炎热。
弃捐箧笥中，恩情中道绝。

以团扇比喻夫妻，以火热的夏比喻帝王的宠爱，以秋风比喻帝王的变心，最终夏去秋来，恩情决绝。这首诗表面上来看，非常符合班婕妤的人生际遇，但从情感自述上细做推敲，又与班婕妤的性格不大吻合。而西汉时文人中尚流行赋体诗，文辞绮丽，此诗则更像简朴的歌谣，也许是后人伪托之作。历朝历代的宫苑中，与班婕妤有类似遭遇的女子不知还有多少，她们遭受了同样的痛苦，却并不能都像她一般借诗抒怀。如果《汉书》非班氏后人所撰，班婕妤也许只是许皇后遭受诬陷时被提上一笔的小配角，尽管班家人在《汉书·外戚传》中细细为她记叙，并附录了她的作品，仍旧没有记录她的名字。或许是出于避长者讳的缘故，却为历史留下了一个遗憾。

汉成帝死后，班婕妤为其守陵，死得孤寂却也算善终。在汉成帝的女人中，她要数受伤最小的那一个，飞扬跋扈如赵氏姐妹，最终也没有落得好下场。然而有趣的是，班婕妤不仅仅留在了史册中，也不仅仅是失宠宫妃的代表，还被深深记在文人的心里，成为一种命运的符号。因为有了历史上的班婕妤，便也诞生了文学中的江采萍。

翻开宋人无名氏[①]所著的短篇小说《梅妃传》，清词丽句中一段故国风流翩然再现于眼前。梅妃江采萍的故事自诞生起便深得

[①] 一般认为是宋人伪托之作，作者不详。见张友鹤选注《唐宋传奇选》："清陈莲塘《唐人说荟》曾指为唐人曹邺作，但文中提到叶少蕴，叶为北宋末期人，可证此篇应是宋人所作。"人民文学出版社，2018。

世人喜爱，又被录入戏曲传奇中，渐渐地，人们真的相信唐明皇身边确曾有过一名来自闽南的才女，她因喜好梅花而被唐皇戏称"梅妃"①。她为人孤冷，能诗善文，也受过荣宠，后因杨贵妃入宫而失宠，被杨贵妃排挤，最终死于安史之乱。

她的际遇听上去极似班婕妤，当细读《梅妃传》时，我们会发现两人之间那颇为高度的相似性，未知是巧合或是宋人作者有意为之。

梅妃少女时被选入宫中后，"选归侍明皇，大见宠幸。长安大内、大明、兴庆三宫，东都大内、上阳两宫，几四万人，自得妃，视如尘土。宫中亦自以为不及"②。白居易说杨贵妃是"三千宠爱在一身"已然夸张，而《梅妃传》作者一张口就是四万人，还说在梅妃面前皆成尘土，更是夸张至极。"妃善属文，自比谢女……妃有《萧兰》《梨园》《梅花》《凤笛》《玻杯》《剪刀》《绚窗》七赋。"③从自身学识修养到入宫际遇，梅妃已与班婕妤如出一辙，若说最大的不同，当是汉成帝彼时初立，尚是青年，而唐明皇已过盛年，身心渐衰了。

有趣的是，在遭遇由对手造成的失宠之前，梅妃也有过一段孤高标格的遭遇：

> 是时承平岁久，海内无事。上于兄弟间极友爱，日从燕间，必妃侍侧。上命破橙往赐诸王。至汉邸，潜以足蹑妃履，妃登时退阁。上命连趣，报言"适履珠脱缀，缀竟当来"。久之，上亲往命妃。妃拽衣迤上，言"胸腹

---

① 《唐宋小说鉴赏辞典》载："梅开赋赏，至夜分尚顾恋花下不能去。上以其所好，戏名曰'梅妃'。"第853—854页，上海辞书出版社，2018。
②③ 《唐宋小说鉴赏辞典》，第853—856页，上海辞书出版社，2018。

疾作，不果前也"，卒不至。其恃宠如此。

——《唐宋小说鉴赏辞典·梅妃传》

梅妃遭到汉王的调戏，竟不顾皇帝的颜面，退席而去，虽经几次三番的召唤，终托故不来。作者说梅妃如此大胆是因为"恃宠"，但看得出，作者对梅妃的这种不讲情面是暗持赞赏态度的。同样是恃宠而有违圣意，杨贵妃表现为争风吃醋，而梅妃则是抗拒侵扰，保持自己的尊严。为坚持原则，皇帝的情面也可不顾。恰如班婕妤拒绝与汉成帝同辇，底线颇高，多少令人面上难堪。但梅妃一如班婕妤，也懂察言观色，紧接着，作者安排了一出斗茶戏：

后上与妃斗茶，顾诸王戏曰："此梅精也。吹白玉笛，作惊鸿舞，一座光辉。斗茶今又胜我矣。"妃应声曰："草木之戏，误胜陛下。设使调和四海，烹饪鼎鼐，万乘自有心法，贱妾何能较胜负也。"上大喜。

——《唐宋小说鉴赏辞典·梅妃传》

梅妃虽赢，却说自己是"误胜"，玩的不过是"草木之戏"，治理国家这样的大事根本不堪与皇帝相比。唐明皇听了自然高兴，好比班婕妤进献李平时，正是汉成帝"稍隆于内宠"之际，也许是对当初自己的"任性"做一次挽回，希望皇帝不要过于计较，爱自己如初。但很快，风云突变，强势劲敌登场，彻底改变了梅妃的命运。

会太真杨氏入侍，宠爱日夺，上无疏意。而二人相嫉，避路而行。……太真忌而智，妃性柔缓，亡以胜。后竟为太真迁于上阳[东]宫。

——《唐宋小说鉴赏辞典·梅妃传》

小说中的杨贵妃与历史中的赵氏姐妹都是性格强势、手段强硬且不设底线的人，像班婕妤和梅妃这样做事讲究风骨和原则的人是没有办法与之抗争的，也许她们不屑于争，但后果就是彻底的失宠。虽然皇帝也曾有过愧悔，有过回心转意，但他已不能回头，而班婕妤作为失宠者所能做的，唯有在冷宫内写就诗文以抒发内心的愤懑。

班婕妤有《自悼赋》，梅妃写了《楼东赋》。

两者相比，《自悼赋》更显寂冷，感叹的是命运，词句间能微微感受得到失去爱情后的心酸。而《楼东赋》的词句则尖锐得多，对杨贵妃的指责和怨愤表达得十分露骨：

> 忆昔太液清波，水光荡浮，笙歌赏宴，陪从宸旒。奏舞鸾之妙曲，乘画鹢之仙舟。君情缱绻，深叙绸缪。誓山海而长在，似日月而无休。奈何嫉色庸庸，妒气冲冲，夺我之爱幸，斥我于幽宫。思旧欢之莫得，想梦著乎朦胧。度花朝与月夕，若懒对乎春风。欲相如之奏赋，奈世才之不工。属愁吟之未尽，已响动乎疏钟。空长叹而掩袂，踌躇步于楼东。
>
> ——《楼东赋》节选

杨贵妃见后大怒，诉明皇曰："江妃庸贱，以廋词宣言怨望，愿赐死。"而多情皇帝终是不忍，只是默然。

失宠者借文辞来挽回君心是汉朝的特色，《梅妃传》的作者将这一手法用于唐宫，就颇有点模仿借鉴的意味。当然只写赋是不够的，还须有诗，话说得太多未必起到作用，而诗句则形式简洁，情感直接，更易戳中心中的痛点。因此，作者安排了《一斛珠》：

> 桂叶双眉久不描，残妆和泪污红绡。
> 长门尽日无梳洗，何必珍珠慰寂寥。
>
> ——《谢赐珍珠》

唐皇送梅妃珍珠，却被退回，并附赠一首诗表明心迹。梅妃字字含怨，也许她已经绝望，也许她是在以怨博取怜惜。然而，人心已背，两人已走上不同的路，曾经的默契被打破，挽回再无可能。一斛珍珠变成了曲牌《一斛珠》，梅妃的文采也只化作了唐明皇感怀的一支曲子。

小说不同于历史的地方在于，一段故事必要有一个戏剧化的高潮方能结尾。在历史中，班婕妤寂寞地死去，而故事里，梅妃则经乱离，死于乱兵之手。死后被埋在梅树下，托梦给唐明皇，终得尸骨，得以安葬，成就了一段风流凄婉的爱情传奇。

无论是历史上际遇大起大落的班婕妤还是《梅妃传》中才华横溢却命运坎坷的宫妃，她们的遭遇与形象成为古代文人对自身遭遇的投射。班婕妤原本是无数后宫佳丽中的一个，身世不算最悲惨，容貌不是最秀丽，但却得到文人的青睐。也许，是文人在她的遭遇中找到了某种共鸣，看到了不得志的自己。学成文武艺，卖与帝王家。古代文人的终极理想就是将满腹诗书献给帝王，得到皇帝的赏识，随銮伴驾，君臣如夫妻，永不离弃。然而文人又有一种傲气，不屈强霸，不从媚俗，做事为人讲求一些原则，守自己的底线，并希望帝王可以懂得自己的这份真心，却在现实中屡屡碰壁，理想终究只是幻想。结局或如班婕妤或似梅妃，帝王固然有所怜惜，也终不肯与之长相厮守，吝于呵护珍惜他们的那颗真心。

蔡文姬：命运无情人有情

汉献帝建安年间，流落匈奴十二年的蔡文姬终于回到家乡陈留，而她眼前所见却是这样一番情景：

> 既至家人尽，又复无中外。城郭为山林，庭宇生荆艾。
> 白骨不知谁，从横莫覆盖。出门无人声，豺狼号且吠。
> ——《悲愤诗》（节选）

从前热闹的城镇消失了，树林遍布，野草丛生，白骨漫野，豺狼呼嗥，弥漫着凄凉的气息，令人心生恐惧。回到家乡的蔡文姬已"托命于新人"，嫁给了她生命中的第三任丈夫董祀，告别了从前的悲苦，正是"竭心自勖厉"的时刻。然而，面对眼前的荒凉之境，想起遗弃在匈奴的两个儿子，想想十几年来的屈辱，对未来的期待也变得渺茫而惶恐。"人生几何时，怀忧终年岁！"这是她当时的心声，也是她苦难人生的总结。

昭君出塞与文姬归汉历来被视为汉室两大佳话。但与王昭君肩负使命、风光入胡所不同，蔡文姬的归汉却是撕心裂肺、痛断肝肠的。后世同情王昭君的遭遇，对她入胡时的凄凉心境加以大量文学式的想象，却也不得不承认她在匈奴的生活较为顺遂平和。虽然匈奴生活水平低下，但她贵为呼韩邪单于的阏氏，又处于汉匈的和平年代，其境遇为后世的蔡文姬所远不能相比。然则，文姬归汉便是归家，又为何因离开匈奴而如此伤痛？她的故事则要从头说起。

> 陈留董祀妻者，同郡蔡邕之女也，名琰，字文姬。博学有才辩，又妙于音律。
>
> ——《后汉书·列女传》

蔡文姬出身不俗，乃东汉大家蔡邕之女，她的所有才学都传承于其父。蔡邕何许人也？《后汉书》为他单独列传，说他"少博学……好辞章、数术、天文，妙操音律"[1]。古代知识分子善文章、妙音律不算稀奇，但蔡邕还懂得数术和天文，则的确高于常人。蔡邕是名士，迫于政治原因"闲居玩古，不交当世"[2]，后又"乃亡命江海，远迹吴会。……积十二年，在吴"[3]。大抵政治生涯不顺，可谓一身才学无处施展，这在当时足以令人沮丧。蔡邕没有儿子，许是他的终生遗憾，但他对女儿没有放弃，尽心培养。蔡文姬的文学与音乐上的才能得到了父亲的真传，她日后报效汉室、流芳百世，凭借的就是这良好的基础和一身的学养。

说起"妙操音律"，蔡邕年轻时有一段故事被记录在《后汉书》中：

---

[1][2] 《后汉书·蔡邕列传》，第1338页，中华书局，2000。
[3] 《后汉书·蔡邕列传》，第1354页，中华书局，2000。

> 初，邕在陈留也，其邻人有以酒食召邕者，比往而酒以酣焉。客有弹琴于屏，邕至门试潜听之，曰："憘！以乐召我而有杀心，何也？"遂反。将命者告主人曰："蔡君向来，至门而去。"邕素为邦乡所宗，主人遽自追而问其故，邕具以告，莫不怃然。弹琴者曰："我向鼓弦，见螳螂方向鸣蝉，蝉将去而未飞，螳螂为之一前一却。吾心耸然，惟恐螳螂之失之也。此岂为杀心而形于声者乎？"邕莞然而笑曰："此足以当之矣。"

古人听乐所注重的并非只有旋律是否优美，更关注其内在的表达，如伯牙子期相互领悟的是琴曲里所表达的"高山"与"流水"之意象和气韵。当蔡邕受邀到邻居家赴宴时，听到主人家中有人鼓琴，出于好奇听了听，竟然听出"杀心"，以为邻居有害己之心，故连门都没敢进，转身回去了。后经琴师解释，原来是看到螳螂捕蝉之态，正为螳螂能否得手而担心。此"杀心"非彼"杀心"，误会解除，彼此欢笑一场。虽然是"误听"，但也可见蔡邕对音乐的辨识力和感知力非常人可比，是专业音乐人士的水平。

蔡家在陈留是大户，蔡文姬有这样的父亲，可谓含着金汤匙出生一般，家人自是万般宠爱，父亲悉心教诲。她成年后，嫁给"河东卫仲道"，关于此人，找不到任何史料，只知他不幸早亡。按照当时门当户对的传统来判断，蔡文姬的第一次婚姻在家世上应是相当的，至于夫婿人品才学如何，因两人缺少长期的共同生活，并不能被后世得知。丈夫死后，蔡文姬又回到了娘家。在娘家的生活，不见于史料记载，但根据其父蔡邕的生平推断，这期间蔡文姬没有再出嫁，而是守在娘家。汉灵帝中平六年（189年），董卓篡政，他非常仰慕蔡邕的才学，强召其入京为官。蔡邕无奈，只得依从。董卓虽名声不好，但对蔡邕还是敬重礼待的，蔡邕也因此对董卓有所感怀。然而，就是这番感怀却为他酿下了人生的悲剧。董卓死后，蔡邕在王允座上表露了他的心境，触怒了王允，招致杀身之祸。一代名家终不能免于政治斗争的残酷，成了牺牲品。而他的爱女文姬，虽然身在远离政治中心的家乡陈留，却未能免遭厄运。蔡邕死后，她也遭遇了人生中最不堪回首的巨创。

> 兴平中，天下丧乱，文姬为胡骑所获，没于南匈奴左贤王，在胡中十二年，生二子。
> ——《后汉书·列女传》

关于这场丧乱的具体经过，蔡文姬在所著长诗《悲愤诗》中有非常详细的描写，其情景令人动容：

汉季失权柄，董卓乱天常。……
卓众来东下，金甲耀日光。平土人脆弱，来兵皆胡羌。
猎野围城邑，所向悉破亡。斩截无孑遗，尸骸相撑拒。
马边悬男头，马后载妇女。长驱西入关，迥路险且阻。
……

按照她的叙述，这些士兵为董卓所有，按理应当是汉人，却不想都是"胡羌"。这些胡人的所作所为惨无人道，围城、杀人、抢劫妇女，无所不为。生长在富贵人家的蔡文姬，从小过的是太平日子，这样的经历当是平生所未有，故而对她造成了极强烈的刺激，留下了终生不可磨灭的阴影，乃至十几年后写诗回忆时仍能叙述详至，情绪悲痛，仿佛刚刚发生一般。蔡文姬是一个弱女子，胡人来袭时她做不得旁观者，而是成了受害者之一。被胡人掳掠后的日子可谓生不如死，惨烈比之洗劫时尤甚：

> 岂敢惜性命，不堪其詈骂。或便加棰杖，毒痛参并下。
> 旦则号泣行，夜则悲吟坐。欲死不能得，欲生无一可。
> 彼苍者何辜，乃遭此厄祸！
>
> ——《悲愤诗》（节选）

被俘虏的女人们遭受着非人的待遇，她们不断被殴打，白天哭声不断，夜晚不能入眠，求生不得，求死不能，精神与肉体都承受着巨大的痛苦。也许她们还承受了更多的痛苦，但蔡文姬没有忍心详细地写出来。从她流于笔端的叙述中，我们已然能够想象和感受到当时的惨状。

除了虐待之外，被掳掠到匈奴的人们还要承受地理文化的不同所带来的困扰。蔡文姬笔下，那里的气候是"处所多霜雪，胡风春夏起"；"惟彼方兮远阳精，阴气凝兮雪夏零。沙漠壅兮尘冥冥，有草木兮春不荣"，自然环境极其恶劣。而那里的人则更令汉地女子所不能忍受，他们"人俗少义理""人似禽兮食臭腥"。可想而知，蔡文姬在这里的生活是非常痛苦的。虽然她被送给了左贤王，算是过上了好于常人的贵族生活，但屈辱的遭遇和不堪的生活令她常常"哀叹无穷已"。她在此处，一住就是十二年，生育两子。对她而言，回归汉室是永远在期盼却无法实现的梦。

然而，却有一人想起了她，这个人就是曹操。

> 曹操素与邕善，痛其无嗣，乃遣使者以金璧赎之，而重嫁于祀。
>
> ——《后汉书·列女传》

曹操是蔡邕生前的好友，蔡邕无子，想来曹操也曾为他遗憾。而其死后女儿又身陷匈奴，曹操感念友情，愿意出重金将蔡文姬赎回。史书上虽然说曹操的意图只是"痛其无嗣"，我却猜测曹操另有私心。从付出成本来看，从寻找到谈判再到重金赎回，这里面都需要耗费相当的心血和代价。曹操感念故友不假，但花如此大的代价来找回蔡文姬，想必还有别的目的。而这背后的私心，说来不是普通人所有，一定是如曹操这般的文武全才才会有的，这就是身为一位文学大家对文人义士的怜惜，以及对被毁坏遗失的典籍的痛惜。从后来的史实来看，曹操的确实现了他的隐衷，但他并没有在蔡文姬回来后立即付诸行动，而是为她安排了较好的归宿，先让她安定下来。

此时的蔡文姬，承受着巨大的悲痛，在匈奴十二年艰难愈合的伤口被狠狠撕裂，而这次的撕裂竟也源自曹操的这份善心。

> 儿呼母兮号失声，我掩耳兮不忍听。
> 追持我兮徒茕茕，顿复起兮毁颜形。
> 还顾之兮破人情，心怛绝兮死复生。
> ——《悲愤诗二章》（其二）

死亡是痛苦的，重生也同样伴随着剧痛。蔡文姬在匈奴生有两个儿子，按照史料记载推测，他们当是左贤王之子。但史料记载并不详尽，想象当年惨烈的掳掠场景，不禁怀疑孩子的生父究竟是谁。无论如何，孩子是伤痛也是愈合伤痛的良药，从儿子的哭诉中可以看出，蔡文姬是一个慈母，也是孩子们的行为榜样。母子关系非常亲密，是绝望中的蔡文姬生存下去的最大动力。然而，曹操来赎她，不可能带上孩子们。一则，两个儿子有胡人血统；

二则，胡人也不会同意子嗣流入汉邦，他们毕竟归于左贤王名下。这样一来，蔡文姬要面对非常痛苦的抉择，是独自归汉还是留在匈奴？

无论哪一种选择都痛彻肺腑，也都令她陷入自责与愧疚之中。留下来，尽了母亲的责任，却对不住父母，对不住汉室对她的恩情，更对不住自己的汉人尊严。回去，则要遭受来自胡地亲人的谴责，特别是两个儿子的不解和怨恨。而她在汉地所接受的教育也没有脱离贤妻良母的框架，即使从自身文化背景来看，她身为母亲抛弃幼子独自归家也是有违道德的。

所以，再来看她的归汉，民族大义下是伤痕累累、鲜血淋漓。她有情、有义、有爱、有德，而这些优点却在人生关口上互相撕扯，让蔡文姬备受摧残。入胡是刀砍，出胡则宛如斧劈，比当初尤为艰难。最终，蔡文姬百般抉择，选择了回家，她的离去则给两个幼子留下了永久性的伤害。虽然史料并未对他们的生平有任何记载，但可以推断，即使将来成年，以他们的立场和所受到的教育，也很难理解母亲当年的选择。也许内心始终要问为什么，想起离别之景，内心深处永远无法消弭那种屈辱的愤恨。

告别往事，蔡文姬又有了新的归宿。可惜的是，关于董祀其人，史料里亦不见更多记载，唯一的一笔在《后汉书·列女传》中蔡文姬名下：

祀为屯田都尉，犯法当死，文姬诣曹操请之。

蔡文姬初婚丈夫早亡，二婚出于被迫，三婚又是个不成器的男人，不知做了什么恶，判了死刑。蔡文姬无亲无故、无权无势，从情感和现实两方面来说都不希望丈夫被杀。她已遭受了无数的生离死别，历经万难回到故里，难道还要准备四婚吗？"流离成鄙贱，常恐复捐废。"她一生自珍，不忍自弃，又到危险关头，当然要奋起一搏。而她在汉地唯一可以求助的人，就只有曹操了。

> 时公卿名士及远方使驿坐者满堂，操谓宾客曰："蔡伯喈女在外，今为诸君见之。"及文姬进，蓬首徒行，叩头请罪，音辞清辩，旨甚酸哀，众皆为改容。操曰："诚实相矜，然文状已去，奈何？"文姬曰："明公厩马万匹，虎士成林，何惜疾足一骑，而不济垂死之命乎！"操感其言，乃追原祀罪。时且寒，赐以头巾履袜。操因问曰："闻夫人家先多坟籍，犹能忆识之不？"文姬曰："昔亡父赐书四千许卷，流离涂炭，罔有存者。今所诵忆，裁四百余篇耳。"操曰："今当使十吏就夫人写之。"文姬曰："妾闻男女之别，礼不亲授。乞给纸笔，真草唯命。"于是缮书送之，文无遗误。
>
> ——《后汉书·列女传》

曹操自然也有他的难处。董祀是作恶犯法之徒，曹操是国家最有权势之人，公然偏袒赦免一个罪犯，就为了老朋友的女婿，恐为天下人指摘。他已然为老朋友付出了许多，可谓仁至义尽了。他曾经是蔡文姬与董祀的媒人，或许此时也为看走眼而懊悔不已。但蔡文姬身世实属可怜，如果不帮她，她下半生的日子又当如何继续？

也许，蔡文姬公然以"蓬首徒行，叩头请罪"的姿态出现在曹操的宴会上就是一出苦肉计。在她出场前，曹操先为她铺垫，告诉在座的公卿名士，著名学者蔡邕的女儿就在堂外，他要请进来为大家介绍。众人皆知蔡邕大名，他的女儿来了，定然引起无限好奇，说不定，他们也早就听闻了她在匈奴不幸的遭遇，更知道曹操爱惜她,花重金将她赎回之事。然而蔡文姬蓬头垢面的登场形象则足以令众人大吃一惊。紧接着,蔡文姬"音辞清辩,旨甚酸哀",在场嘉宾听闻她不幸的遭遇,全都悲叹不止,或许已有人抛洒了同情的泪水。到此,曹操巧妙地为蔡文姬赢得了舆论上的同情,也为自己顺利帮助蔡文姬开通了一条道路。不过,当着众人之面,掌权者仍旧不便公开袒护,因而曹操故意说"然文状已去,奈何?"这样的话,为的是让蔡文姬以回答来制造说服力,同时也给自己一个台阶下。

蔡文姬非常聪慧,立即捕捉到了曹操的深意,以一句"何惜疾足一骑,而不济垂死之命乎!"先巧妙地将犯法当死的丈夫转化成受害的"垂死之命",确立了施救赦免的合理合法性,继而以夸耀曹操手下名士猛将众多为手段,给了曹操一个派人救命的通道,同时也控制了舆情,令观者听众不由自主地产生同情,站在了她一边。蔡文姬达到了目的,最终保全了丈夫的性命,而曹操接下来做的两件事则更体现了一个当权者的智慧。

首先,他怜惜寒冬里蔡文姬衣衫褴褛,立即为她添置防寒用品。此举必定会引来所有人的褒奖和赞叹,也令蔡文姬感激涕零,他打出了一张政治家的感情牌。紧接着发生了历史性的一幕,具有深远的意义,进而我们也能窥到曹操内心深处最为重视的一件大事:曹操请求蔡文姬帮助重新修复汉室典籍。蔡邕曾是藏书家,令天下人称羡。战乱往往会带来文化典籍上不可挽回的损失,特别在书籍制作较为落后的年代,如秦始皇焚书造成的损失在后世是靠着老学儒们的记忆默诵而尽量弥补的。在曹操所处的时代,依然要靠着这种原始的方法来修复损失的文化典籍。蔡文姬是蔡邕爱女,早有才名远播,曹操自然知晓,她就是恢复其父藏书的最好助手。曹操助她救夫,当然也希望她有所回报,或者,他就等着这个蔡文姬自愿回报的时机。这一刻终于来了。

蔡文姬身为名家之后，天然带有一种传承文化的使命感，也许这也是她能够放下骨肉而回归故里的原因之一。曹操的请求于她而言不算回报，正是她身为汉家女儿应尽的一份责任。可惜先父藏书虽多，这些年亡命天涯，她还能默记的也只有十分之一，尽管如此，已然是不小的数目。曹操本想为她聘请十个助手，却被蔡文姬拒绝，全部自己操作，最终为文化的传承尽了一份绵薄之力。

如果说文姬归汉是等同于昭君出塞一般的国之大事，那么重中之重就在于蔡文姬对修复典籍所做出的贡献。她以个人悲痛成就民族文化的传承，其中所蕴含的历史意义要远超于我们常人所想。

历史关于蔡文姬的记载到此戛然而止，她卒于何时、后半生生计如何，全都淹没在了历史深处。相传她曾作曲《胡笳十八拍》，流传后世，成为中国古典十大名曲之一。其曲有十八段，以蔡文姬口吻自述流落匈奴的悲凉，历来受到文人称赞。明代陆时雍曾评价道："蔡文姬才气英英。读《胡笳吟》，可令惊蓬坐振，沙砾自飞，直是激烈人怀抱。"（《诗镜总论》）但细观每段文辞，基本脱胎于她的《悲愤诗》，且口吻有后世仿效之态。如果其曲确为蔡文姬所作的话，其词有后人伪托之疑。而蔡文姬的故事与作品能够广为流传后世，除了史料记载外，更重要在于历史不断地重演，强大的北方游牧民族的入侵对后世中原王朝始终构成潜在威胁并留下了巨大的创伤。从民族和个人感情上而言，蔡文姬在后世拥有一代又一代的化身，他们并非只拘束于女子，凡是拥有民族情怀却深陷亡国乱世的文人义士都是蔡文姬悲愤之情的延续。

左棻、鲍令晖：一样手足情，两朝兄妹诗

家族兴盛、族中人杰辈出在古代并不算新鲜事，父子相继、兄弟齐名也为文坛所常有。而因女子教育的缺失，同辈兄妹皆文名鼎盛者便屈指可数了。史学界有班固、班昭兄妹治学著书，文学界也不乏比肩者，西晋的左思、左棻兄妹与南朝的鲍照、鲍令晖兄妹不但文名远播，他们深厚的手足亲情也成为文坛佳话，伴随文字流传后世。

从身份上看，左棻是班婕妤的延续。其出土的《左棻墓志》中志文记载："左棻字兰芝，齐国临淄人。晋武帝贵人也。"① 从记载的家族情况可以得出，左棻的父母只生了这一对兄妹，那个时代，左思可以被看作独子，左家不算人丁兴旺。因兄妹在文坛的名声和社会地位的原因，《晋书》为他们分别做了小传。比照两人的传记，我们大体了解了他们的出身和性格。《晋书·左思传》载："其先齐之公族有左右公子，因为氏焉。"左家先祖当是大夫级别。

---

① 参见赵万里《汉魏南北朝墓志集释》卷一，科学出版社，1956。

然而到了左父一代，早已时代变迁，不过一小吏。如此说来，左家当属寒门，与汉代的班家是不能相比的。尽管如此，左氏兄妹却在文坛上大放异彩，气魄丝毫不逊于大家贵族。左思有著名的《三都赋》，"辞义瑰玮""洛阳为之纸贵"①。左棻亦不逊色，"少好学，善缀文，名亚于思"②，可谓名头不小，而声名远播的结果却并不如意，"武帝闻而纳之。泰始八年（272年），拜修仪"③。左棻被选入晋武帝后宫，命运从此改变。

因妹妹入宫的关系，左思亦"移家京师"④。然而，入宫非民间婚嫁，一入宫门，别说萧郎，就是亲人都很难再相见。左氏兄妹自幼情深，这个命运的转折点虽然客观上为家族带来了利益，却为兄妹二人在情感上留下了永久的遗憾。

左棻有一篇代表作名为《离思赋》，被录入《晋书·列传第一·后妃上》中，在结尾处有这样几句：

> 乱曰：骨肉至亲，化为他人，永长辞兮。惨怆愁悲，梦想魂归，见所思兮。惊寤号啕，心不自聊，泣涟洏兮。援笔舒情，涕泪增零，诉斯诗兮。

赋体文以文辞绮丽为突出特点，故而大多华而不实，即刘勰所批评的"繁华损枝，膏腴害骨"（《文心雕龙·诠赋篇》）。但《离思赋》却并没有跌入堆砌的泥潭，全文用词较朴素，表达也很直接，特别是结尾一段，直抒胸臆，可以看出绝非造作之文，她的

---

① 《晋书·列传第六十二》，第1585页，中华书局，2000。
②③ 《晋书·列传第一》，第624页，中华书局，2000。
④ 《晋书·列传第六十二》："复欲赋三都，会妹芬（棻）入宫，移家京师，乃诣著作郎张载，访岷邛之事。"第1585页，中华书局，2000。

愁苦是真实的悲痛。

作为兄长的左思，虽然因妹妹入宫得以迁居京师并从此踏上人生的新台阶，但却并未因此而沾沾自喜。兄妹离别带给他的愁怀比左棻更甚，他在《悼离赠妹诗二首》中对妹妹的品行才情不吝词句，亦尽情唱诉了离怀别苦。

诗中，他称左棻为人"如兰之秀，如芝之荣"，能力上"才丽汉班，明朗楚樊。默识若记，下笔成篇"，尚在闺中便已"行显中闺，名播八蕃"。从"早丧先妣，恩百常情"一句中可知，两人自幼丧母，母亲的缺席促使兄妹情谊更加深厚。因此，对左思来说，宫闱好比"天庭"，使两人"虽同京宇，殊逸异国"，明明是怀念离别之人，用词之哀却仿佛是在悼亡。除却夸赞，左思还用大量篇幅描述了两人分别时的凄切之景："将离将别，置酒中袖。衔杯不饮，涕洟纵横。"并化用《诗经·邶风》中的《燕燕》一诗描述左棻离去后自身的情景："燕燕之诗，伫立以泣。送尔涉涂，涕泗交集。云往雨绝，瞻望弗及。"人已经远去，而他仍依依不舍，流连在原地遥望，直到人影模糊，怎么也看不到为止。文学史上不乏手足情深之笔，然而左思的深情却并不多见，特别是兄妹之情上尤为罕见。

左思不惜笔墨，对左棻大加赞赏，在他眼中，妹妹是天下女子中最美的那一人。然而，根据《晋书》的记载，左棻文采虽佳，但样貌却距"如兰之秀，如芝之荣"较远。《晋书》载左思"貌寝，口讷，而辞藻壮丽"。不幸的是，左棻与其兄有相似之处：

> 姿陋无宠，以才德见礼。体羸多患，常居薄室……
> ——《晋书·列传第一》

不但容貌谈不上秀美，身体也多病，在宫中不受宠爱，如在冷宫。从这些描述来看，左棻在宫中的生活十分惨淡，也难怪《离思赋》如此哀婉。然而，有趣的是，左棻虽不受宠，她的后宫身份却不低。按照晋武帝划定的后宫等级，皇后以下设三夫人、九嫔等，左棻初入宫时位列九嫔中的修仪，还属于中下等。然而之后便升至三夫人之首的贵嫔（墓志中称贵人，但亦在三夫人之列）。三夫人在后宫内位比三公，可谓一人之下，万人之上，地位相当尊贵，左棻能升至这个位置，似乎与不得宠之说是矛盾的，但细究起来又并不矛盾。

左棻是晋武帝的御用文人。

《晋书》载左棻"言及文义，辞对清华，左右侍听，莫不称美"，口才上的过人能力也许是其与兄长的最大不同，想来也曾令左思暗暗称羡吧。而在文字功夫上，左棻的"名亚于思"也不是虚名，《晋书》谓"帝重芬词藻，每有方物异宝，必诏为赋颂"。除此外，皇后杨艳与爱女万年公主死后的诔文也都由左棻负责撰写，并"以是屡获恩赐焉"。可见，左棻是晋武帝身边的一等文秘，武帝对她少有男女之情，更多的是上司对下属的关怀。

《晋书》说左棻"答兄思诗、书及杂赋颂数十篇"，但流传于世的并不多，除却因时代久远而散佚的原因外，最重要的是左棻的作品相当一部分属于应制公文，极少有个人情怀的抒发。即便是著名的《离思赋》，根据《晋书》的记载，也是一篇应诏文，却也极为难得了。与左思在文学上的挥洒自如相比，左棻行文缺乏自由和自主性，她的身体被圈禁于高墙深院之内，心灵也同样飞不出禁锢的堡垒，体弱多病是她对现实的唯一反抗。

左棻死于永康元年（300年）三月十八日，此时晋武帝已去世十年，宫廷被贾南风祸乱，左棻虽然远离核心权力圈，想来也并不好过。而关于她最后的时光，《晋书》与墓志中均无记载，在生命终结前，她已黯然退出历史舞台。

兄长左思一生用情深厚，对家人无论男女皆厚爱无比。特别是两个小女儿，一首《娇女诗》，道尽浓浓父爱，为古人所稀有。曾让他依依不舍、思之落泪的妹妹，或许终生再未重逢。就在左棻病逝的那年，左思亦因故退出政治圈，专心著述，后迁居冀州，直至病逝。

左氏兄妹死后一百多年，文学史上又出现了鲍氏兄妹，与左氏相比，文采与情致有过之而无不及。

鲍照是南朝宋时期杰出的文学家和诗人，名不亚左思，与颜延之、谢灵运合称"元嘉三大家"。对现代人来说，因诗比赋传承更广的缘故，我们也许更熟悉鲍照。鲍氏亦出身低微，左父尚有出任小吏的经历，而鲍照的父亲并不见于记载有过任何职历。鲍照只有鲍令晖一个妹妹，根据他在《请假启》中的自述，似乎并无其他兄弟。他出来做官后，妹妹与母亲仍留在家乡，也没有其他亲戚照顾。

鲍令晖虽然有文名，但可惜的是，她没有留下详细的生平，史书上不曾为她留下记录。她闻名于世主要源自南朝文学家钟嵘在《诗品》中对她的赞扬：

令晖歌诗，往往断绝清巧，拟古尤胜，唯《百愿》淫矣。照尝答孝武云："臣妹才自亚于左棻，臣才不及太冲尔。"

短短一句中看不到鲍令晖的身影，但幸运的是，钟嵘让鲍令晖的名字留在了文学史上。从鲍照回答南朝宋孝武帝的话来看，鲍令晖在生前已有文名，且一如左棻，传到了当朝皇帝耳中。孝武帝为何会问起鲍令晖，我们不得而知，鲍照自谦，却以左氏兄妹作比，可见是以这对兄妹前辈为榜样的。

鲍照有诗集《鲍参军集》流传于世，但鲍令晖的作品却大多散失，仅在《玉台新咏》中留下若干篇。感谢这部诗集，不但整理了一个时代的风貌，更让许多无名女子的作品得以保存和流传。钟嵘评价鲍令晖诗句"清巧"，题材拟古，从其留存下来的作品看，钟嵘的评价是准确的。其最具代表性的作品题为《拟青青河畔草》：

袅袅临窗竹，蔼蔼垂门桐。灼灼青轩女，泠泠高台中。
明志逸秋霜，玉颜艳春红。人生谁不别，恨君早从戎。
鸣弦惭夜月，绀黛羞春风。

"拟"就是仿效的意思，《青青河畔草》为汉代《古诗十九首》中的一篇，原文为：

青青河畔草，郁郁园中柳。盈盈楼上女，皎皎当窗牖。
娥娥红粉妆，纤纤出素手。昔为倡家女，今为荡子妇。
荡子行不归，空床难独守。

从文辞上看，鲍令晖用词更清丽，从口吻上看，原诗是以男子视角描绘女子情状，而鲍令晖的叙述则遵循女性视角。从内容上看，原诗中的女子出身低微，所嫁非人。丈夫在外放荡，女子独守空房，内心寂寞。结尾戛然而止，似有余音，仿佛暗示着因不甘落寞而要发生的变故和反抗。但在鲍令晖的诗中，女子的丈夫出门参军，留守中的妻子独居高台之上，虽有艳容却矢志不渝，心中固然对丈夫远别存有哀怨，但坚定的意志则足以令夜月春风自感羞惭。两诗相较，一个危机四伏，一个清高自许；一个是世俗的，一个是理想的。

然而，鲍令晖在书写时并未标明此诗的主旨，根据鲍照曾出任参军一职的经历来看，或许此诗是一首思念兄长的怀人之作。诗中的女子并非在等待丈夫，而是期盼着兄长早日归家吧。

远行的鲍照也常常思念妹妹，在一次旅途上，他热情而细致地借文字与妹妹分享所见所感，作长文《登大雷岸与妹书》，结尾处殷殷嘱咐：

> 寒暑难适，汝专自慎，夙夜戒护，勿我为念。恐欲知之，聊书所睹。临涂草蹙，辞意不周。

鲍照特别嘱咐妹妹"勿我为念"，想来是知道自己不在时妹妹一定日夜思念挂怀，甚至有忘记照顾自己的时候。这恰好可与鲍令晖的那句"人生谁不别，恨君早从戎"对照来看。鲍令晖还有一首诗题为《题书后寄行人》，其中言道："自君之出矣，临轩不解颜。砧杵夜不发，高门昼常关。帐中流熠耀，庭前华紫兰。物枯识节异，鸿来知客寒。游用暮冬尽，除春待君还。"情谊深绵，又仿佛是对兄长寄文的答复。

鲍令晖不知何年亡故，生前是否出嫁也不见记载，但大约是死于鲍照卒前。鲍照却没有左思晚年那般闲逸，而是死于叛军的兵乱之中，未能善终。

鲍氏兄妹亡后，史册上再未见可与之比肩者，左氏、鲍氏兄妹的佳话成为永远的绝唱。

谢道韫：不意天壤之中乃有王郎

东晋才女谢道韫的名字早已超越了她自身的界限，渐渐成为才女的代名词。在她去世后的千年光阴里，凡聪慧而有才学的女子，大抵可以称为"谢女"。自此，谢女便与班姬（可指班婕妤也可指班昭）齐名，共同成了古典才女的代表人物。

史书给予谢道韫的评价之高、之多，可谓罕见。《晋书》载其"聪识有才辩""风韵高迈，叙致清雅"；《晋录》称其"清心玄旨，姿才秀远"；她的叔叔，东晋名相谢安夸赞她"有雅人深致"[1]；会稽太守刘柳在与她倾谈后赞她"实顷所未见，瞻察言气，使人心形俱服"[2]。而所有的夸赞中最传神也最有名的则来自一位尼姑之口：

> 初，同郡张玄妹亦有才质，适于顾氏，玄每称之，以敌道韫。有济尼者，游于二家，或问之，济尼答曰："王

---
[1][2]《晋书·列传第六十六》，第1678-1679页，中华书局，2000。

夫人神情散朗，故有林下风气①。顾家妇②清心玉映，自是闺房之秀。"

——《晋书·列传第六十六》

从此，谢道韫成了才女的典范，饱读诗书倒在其次，孤高傲世则在其先，生来要不落俗流。

然而历史中的谢道韫究竟是怎样一个人，我们还要从史书中寻找。对其记载最全面的当数《晋书》：

> 王凝之妻谢氏，字道韫，安西将军奕之女也。

在东晋时出身谢家又嫁入王家，谢道韫的身份可谓高贵至极。她的父亲是安西将军谢奕，如此说来，谢道韫也算将门之后。大抵是出身于武官家庭的缘故，从性格方面便可看出，谢道韫自小就处处强于族中男子，最有名的当数她的"咏絮之才"：

> 又尝内集，俄而雪骤下，安曰："何所似也？"安兄子朗曰："散盐空中差可拟。"道韫曰："未若柳絮因风起。"安大悦。

——《晋书·列传第六十六》

这段小故事早已家喻户晓，一句"未若柳絮因风起"便让小小女子名垂千古。谢道韫一生所著诗赋诔颂当不少，然而都没有这一句声誉响亮。而更可惜的是，这些著作大多散佚，虽然有一

---

① 林下风气：指魏晋间嵇康、阮籍等七人相与友善，游于竹林，号为"七贤"。后指人的优雅娴静风度，多形容女子风度娴雅，举止大方。
② 顾家妇：即张彤云，东晋女子，负有盛名。为张玄的妹妹，后嫁到顾家。

二首仍可寻到,却被淹没在浩瀚典籍之中。

而与她生前所撰写过的作品相比,作为女子的她,婚姻则成了千古谈资。

> 初适凝之,还,甚不乐。安曰:"王郎,逸少子,不恶,汝何恨也?"答曰:"一门叔父则有阿大(谢安)、中郎(谢据),群从兄弟复有封(谢韶)、胡(谢朗)、羯(谢玄)、末(谢川),不意天壤之中乃有王郎!"
> ——《晋书·列传第六十六》

这段故事亦被收录于《世说新语》中,只是略加修改,将"甚不乐"改为"大薄凝之"。有人借此称谢道韫的这段话是故意撒娇,并非真心看不起王凝之。果真如此吗?这要从史籍中寻找答案。

> 会稽内史王凝之,羲之之子也,世奉天师道,不出兵,亦不设备,日于道室稽颡跪咒。官属请出兵讨恩,凝之曰:"我已请大道,借鬼兵守诸津要,各数万,贼不足忧也。"及恩渐近,乃听出兵,恩已至郡下。甲寅,恩陷会稽,凝之出走,恩执而杀之,并其诸子。
> ——《资治通鉴·卷一百一十一》

王凝之出身会稽,是著名书法家王羲之的儿子。王羲之一生有七子一女,凝之行二。长子玄之早亡无子,还是过继了凝之的一个儿子继承香火。凝之有两个弟弟最出名,一个是献之,一个是徽之;一个情深不寿、身世坎坷,一个随性不羁,颇有其父之风。而与两个弟弟相比,凝之除了继承父亲的书法功底外,并未见任何特长。

孙恩兵变来袭，王凝之不做军事部署，却设坛作法，并坚信神明会退孙恩之兵。王家信奉五斗米教，但像王凝之这般虔诚的也仅此一例，结果当然是不幸的。王凝之不但自己被杀，子女也皆不能幸免。可笑的是，孙恩自己就是五斗米教的道士，对他请来的那些"鬼兵"自然不屑一顾，所谓魔高一尺，道高一丈。

王凝之请鬼退兵祸及家人的事滑天下之大稽，荒唐成了他被贴在史书中唯一的标签。也许有人会问谢道韫如何看待此事，她嘴上刻薄，但面对真刀真枪也强硬得起来吗？史书中也有答案：

> 及遭孙恩之难，举厝自若，既闻夫及诸子已为贼所害，方命婢肩舆抽刃出门。乱兵稍至，手杀数人，乃被虏。其外孙刘涛时年数岁，贼又欲害之，道韫曰："事在王门，何关他族！必其如此，宁先见杀。"恩虽毒虐，为之改容，乃不害涛。

——《晋书·列传第六十六》

听闻丈夫和儿子被杀，不再年轻的谢道韫毫无惧色，抽刀出门，亲手砍死乱兵数人。虽然被俘，仍面不改色。当乱兵要杀她外孙时，她以身阻挡，言辞有理有据。孙恩虽为人狠毒暴虐，但在谢道韫面前也不得不心服口服，放了她的外孙。谢道韫此举颇类《列女传》中所记载的伯嬴怒斥虐乱楚宫的吴王，但《列女传》不算正史，且伯嬴的长篇大论过于书面化，整体记述不够真实。而《晋书》中的记载则可信度较高，谢道韫虽为女子，想必未出阁时也跟着父兄习过武艺吧。从闺阁才女到巾帼英豪，王、谢两大家族中能与之相比者有几人？嫁给迂腐荒诞的王凝之的确是她一生最不甘的事。

"不意天壤之中乃有王郎"，短短一句，不仅仅是对丈夫的不满，更多的是对命运的不甘。大家族间联姻，长辈看重的是门第，对谢安来说"逸少子，不恶"便已足矣。然而，婚姻是要靠日复一日的生活维持的，幸福不幸福只有当事人自己知道。据说谢安最初选定的是王徽之，只是觉得他不够安分，便改选王凝之。大约年轻时的王凝之性格敦厚、模样老实，长辈觉得他为人踏实，可以安稳过日子。话虽没错，但人与人之间交往也需性情相投，谢道韫嫁给王徽之也未必一定会幸福。可叹的是，连选谁做夫婿都不能由她自己做主，才高如她，雅致如她，终究不过是谢家的女儿，是庞大家族运转中的一颗螺丝钉，传承香火的一枚工具而已。

年少时，谢安曾问她《诗经》中哪一句最佳，她答曰："吉甫作诵，穆如清风。仲山甫永怀，以慰其心。"诗句出自《大雅·烝民》，仲山甫是周宣王的卿士，全诗主要是在赞扬他的功德。谢道韫认为此句最佳，当是仰慕仲山甫的才能和品德，为国为民，呕心沥血，做出自己的一番事业，流芳百世。然而成年后，谢道韫作诗《拟嵇中散咏松诗》，却是如此感叹：

遥望山上松，隆冬不能凋。愿想游下憩，瞻彼万仞条。
腾跃未能升，顿足俟王乔。时哉不我与，大运所飘摇。

山上的青松不惧严寒，令山下的谢道韫敬仰。然而，她终不能与青松齐头并进，慨叹生不逢时，恨无能为力，为命运的不公而不甘。她的才情是真实的，故而内心的痛苦是真切的，一生也只能被迫碌碌无为。孙恩之乱时的风度虽名垂史册，但牺牲是惨痛的，丈夫子女全部被杀，自己年事已高却独居会稽，清寂孤冷，"家中莫不严肃"。太守刘柳慕名而来的拜访令她欣慰，夸赞其"亲从凋亡，始遇此士，听其所问，殊开人胸府"。也许，已经很久没有人陪她说说话了。

谢道韫不知卒于何年何月,生前作品中还有一首《泰山吟》流传于世,或许可作为她一生的注脚:

峨峨东岳高,秀极冲青天。岩中间虚宇,寂寞幽以玄。
非工复非匠,云构发自然。器象尔何物,遂令我屡迁。
逝将宅斯宇,可以尽天年。

长孙皇后：日望昭陵卿不还

五代时期的历史学家刘昫在其生前所著的《旧唐书》中说："然而三代之政，莫不以贤妃开国，嬖宠倾邦。"[1] 可见，古代文人并不糊涂，亡国不忘记女人一笔账，开国也同样为女人记一功。且不说在开国亡国一事上男人与女人谁因谁及，历代载入史册的皇后中，长孙皇后当为佼佼者，被誉为"千秋贤后"。

长孙皇后，名不详，《观世音经笺注》中说她"小字观音婢"，聊备一说，不可偏信。关于她的出生地有两种说法，后世普遍采取《新唐书》中的记载，称她为河南洛阳人。但在《旧唐书》中，长孙皇后被记载为长安人。至于出身和家庭状况，史籍记载较为一致。长孙一族原为北魏拓跋氏，"后为宗室长，因号长孙"[2]。这样看来，长孙一族并非汉人，而是汉化后的北方民族。长孙氏出生在官僚家庭，从高祖起先辈便在朝出任高官，到父亲一辈已入

---

[1]《旧唐书·列传第一》，第1457页，中华书局，2000。
[2]《新唐书·列传第一》，第2845页，中华书局，2000。

军籍，官至隋朝的右骁卫将军。母亲高氏为"隋扬州刺史高敬德女"，同样是官僚家庭出身。在这样的家庭环境中出生长大，长孙氏自小眼界不低，加之父亲"涉书史"，受父辈影响，她"少好读书，造次必循礼则"①。

长孙氏有兄两人，一为父亲前妻所生，名安业；一为同母所出，就是后来高宗时期的名相长孙无忌。长孙氏很小就被定下婚约，对方是陇西贵族出身，名李世民。关于这段姻缘的起始，《新唐书·列传第一》中是这样记载的：

> 晟兄炽，为周通道馆学士。尝闻太穆劝抚突厥女，心志之。每语晟曰："此明睿人，必有奇子，不可以不图昏。"故晟以女太宗。

太穆是李世民生母窦氏死后的谥号，为北周公主所生，自小有男儿志，名扬远播。长孙氏的大伯长孙炽当时在朝为官，听闻了窦氏的贤明，断定她生的儿子一定是"奇子"，劝弟弟长孙晟及早为侄女做打算。长孙晟便抢占先机，为小女儿定下了这一桩婚约。

按理说，有如此出身又有大好的前途，长孙氏的成长过程一定是幸福愉悦的。可惜，挫折总喜欢眷顾聪慧而坚韧的人，仿佛这是成就他们幸福的一部分。隋炀帝大业五年（609年），长孙晟离世，长孙氏当时只有八岁，而就在这之后，"异母兄安业无行，父丧，逐后、无忌还外家"。（《新唐书》）按常理，高氏有子，丈夫死后是可以留在夫家的。既然被逐，说明无忌还小，兄妹俩都没有成年。孤儿寡母被夫家驱赶出来，通常是件令母家感到丢脸

---

① 《旧唐书·列传第一》，第1459页，中华书局，2000。

的事，往往并不优待，甚至拒绝接纳。然而，长孙氏的舅舅高士廉却没有嫌弃他们，而是接纳并安顿了妹妹一家。长孙氏在舅舅家的生活没有详细记载，但《旧唐书》中说她"隋大业中，常归宁于永兴里"，既然婚后常回去看看，可以推断她出嫁前在舅舅家的生活是愉悦的。而更有趣的是，在某次回娘家时，舅舅还为她算了一卦，得出的结论是"女处尊位，履中居顺也。此女贵不可言"。关于这次卜卦，新旧《唐书》中对故事的来龙去脉乃至卦辞都做了详细的记载，可见舅舅一家对她相当重视。

但外甥女终究不比亲生，何况是已经许有婚约的。或许是出于这样的原因，长孙氏十三岁便出嫁，当时丈夫李世民也才十六岁。按今天的观点看，两个十几岁的孩子凑在一起，简直如同过家家。不想这一对少年夫妻却情投意合，相亲相爱，这一携手便走过了二十三年的风风雨雨。

婚后的三年里，天下动荡，李氏家族发展壮大并最终取皇位而代之。长孙氏的"仁孝俭素"与"好读书"大概也是在此时令李世民逐渐对其刮目相看，认识加深。两人常"从容商略古事"（《资治通鉴》），长孙氏的诸多观点和见解一定给李世民带来了不少启发，并产生了深远的影响。婚后第四年，李氏家族正式取代杨氏家族称帝，建立大唐帝国。李世民夫妇从此有了正式的身份：秦王和秦王妃。随着地位的变化，家族中的矛盾日渐凸显，父子兄弟间为争夺权力而积累的矛盾却将这对少年夫妻更加牢固地锁在一起，感情愈加深厚。

李唐能得天下，李世民南征北战，出功不小。功劳大了，野心也就会随之增长，随着封赏的不断增多，欲望的沟壑也就会越发难以填平。父亲李渊和太子李建成自然会察觉到李世民的变化，大家都是贵族家庭出身，深谙深宫内权力争夺的残酷与现实，李渊和李建成明白开疆拓土离不开李世民，但却也因此而猜忌提防他。男人间的摩擦升级，女人就是最好的润滑剂。李世民在外征战，长孙氏为他打理家事，为了缓和李氏家族的内部矛盾，还不满二十岁的她可谓煞费苦心。《旧唐书》载："时太宗功业既高，隐太子猜忌滋甚。后孝事高祖，恭顺妃嫔，尽力弥缝，以存内助。"孝顺公公，奉承一众婆婆，长孙氏竭尽全力讨好长辈，为的是让李渊念及她的孝顺减少对李世民的猜忌。《新唐书》说她的举动"消释嫌猜"，从史书记载来看，她的努力起到了一定作用，等于为李世民争取了时间和宝贵的资源。但矛盾终有爆发的那一天，为皇位必须争个你死我活的那一日还是到来了。

> 及难作，太宗在玄武门，方引将士入宫授甲，后亲慰勉之，左右莫不感激。
> ——《旧唐书·列传第一》

除了缓解矛盾，为丈夫收拢军心也是长孙氏的功劳。玄武门之变千钧一发，只可成功不可失败。谋划得再好，若将士不予配合，人心涣散，也终将功亏一篑。长孙氏亲自出马，令将士们感激不已，李世民也当是心存感激的，这一次政变的成功是夫妻齐心协力的成果。

李世民继位后，长孙氏受册封为皇后，本着发家不忘本的原则，长孙皇后继续秉持节俭持家的作风，"凡所服御，取给而已"，太宗自然不肯亏待发妻，"弥加礼待"（《旧唐书》）。除此外，太宗依旧保持着继位前大事皆与发妻商量的习惯，经常与她分享朝堂之事，打算听取她的意见。然而长孙皇后却恪守自己的原则，坚决不干预朝政，拒绝发表自己的意见，"牝鸡之晨，惟家之索"（《旧唐书》），亦不同意丈夫重用兄长无忌。甚至当太宗寻到机会欲要为她报当年被异母长兄驱逐之仇时，她也为长兄求情，免了长孙安业的死罪。如此说来，长孙皇后少年老成，似乎要走上刻板教条缺乏生趣的道路。太宗虽然爱发妻，但后宫嫔妃是皇帝之常伴，环境变了，人心不会变吗？长孙皇后的一首七律诗让我们看到了于史书记载不一样的面孔，看到了母仪天下背后的一颗少女心：

> 上苑桃花朝日明，兰闺艳妾动春情。
> 井上新桃偷面色，檐边嫩柳学身轻。
> 花中来去看舞蝶，树上长短听啼莺。
> 林下何须远借问，出众风流旧有名。

这首题为《春游曲》的七律收录在《全唐诗》中，是长孙皇后留下的唯一作品。《古今女史》说："帝见而诵之，啧啧称美。"可见唐太宗欣赏妻子的才学，亦被此诗所打动。虽然长孙皇后只有这一首诗留世，但从用词、句式、对仗等多方面看，这绝不会是长孙皇后生前唯一的一次写作。从技巧上看，长孙皇后的写作已相当成熟，接下来再看看作品中所蕴含的情愫。

从首联来看，这一次春游的地点在皇宫大内的花园里，人数不少，领队的自然是长孙皇后。队伍的主要组成人员当为太宗的嫔妃，或许也有王妃命妇在内，"兰闺艳妾"告诉我们，参与春游的女子都还很年轻。紧接着，颔联用比喻描绘了大好春光和少妇们的艳丽姿容。新桃的娇艳是从少妇们的面颊上偷取的，新柳的柔嫩是在学少妇们婀娜的姿态，景美人更美。明代柳如是曾有"桃花得气美人中"一句，被赞佳句，而她的书写方式则与长孙皇后神似，未知是否为借鉴。颈联讲少妇们看舞蝶听啼莺，游玩十分畅快。尾联借用魏晋遗风，表明少妇们虽为女子，却不落俗流，皆是出众风流之辈。唐太宗亦善撰文，从他所写的《小山赋》中可以体味到他对魏晋风流的赏识和传承。长孙皇后以林下自比，不仅是夫妻欣赏品位相同，也是受丈夫熏陶，心存向往。无论如何，短短八句诗里，看不见老成刻板的面孔，唯有春花烂漫、少女情思，风格清雅，令人赏心悦目。长孙皇后作此诗时当在二十出头的年纪，太宗也未及而立之年，深宫中有这样一对夫妻便不再寂寞。长孙皇后曾自评夫妇两人的关系是"情义深重"（《旧唐书》），绝非虚言。

长孙皇后生有三子四女，太宗皆钟爱有加。即便晚年出现了争权夺利的风波，太宗仍竭力保全，就连长孙皇后收养的女儿也被他视为掌上明珠。都说无情最是帝王家，但太宗却对所爱之人用情极深。可惜，长孙皇后未能享尽天年，贞观八年（634年）身染重疾，自此身体每况愈下，贞观十年（636年）崩，时年只有三十六岁。

长孙皇后的死对唐太宗打击沉重。在她病重时，太宗想尽各种办法为她治疗祈福。她死后，太宗翻阅她生前所撰写的《女则》，"览而增恸，以示近臣曰：'皇后此书，足可垂于后代。我岂不达天命而不能割情乎！以其每能规谏，补朕之阙，今不复闻善言，是内失一良佐，以此令人哀耳！'"（《旧唐书》）太宗说得没错，他死于知天命之年，而这份感情当是至死难忘。他多次在各地为长孙皇后造佛塔、写佛经，几个儿子也为了讨好他为母亲造佛像、建寺庙。在这一切之上，最令人动容的是《资治通鉴》中这段有名的记载：

> 上念后不已，于苑中作层观以望昭陵，尝引魏徵同登，使视之。徵熟视之曰："臣昏眊，不能见。"上指示之，徵曰："臣以为陛下望献陵若昭陵，则臣固见之矣。"上泣，为之毁观。

为了遥望追念亡妻，太宗在宫苑内造层观，不但自己观望，还要让大臣观望。魏徵遵守那个时代的忠臣守则，故意不理会太宗的悼思，目的是劝谏皇帝及早从悲痛中走出，将心思放在国家大事上。太宗一辈子听魏徵的逆耳忠言，当然懂得他的心思。然而，太宗哭了，英明神武如他，杀伐决断、佳丽无数，却终不舍发妻，为不得不遵守那个时代的规矩而流泪。也许是愧对亡妻，也许是自叹身不由己，这一哭却哭出帝王的柔情。谁说帝王没有爱情？这就是最真挚的爱。

　　人死不能复生，任尔如何思念，终不能还魂与生者相伴。若要长相守，只有死后同穴。贞观二十三年（649年），唐太宗病逝，死后与长孙皇后同葬昭陵，熬过了这些年的思念，终于可以在另一个世界相聚。不灭的魂灵宛如回到大婚之时，他正年轻，她正年少。

徐惠：恨不生同时，日日与君好

唐贞观二十二年（648年），太宗李世民外征高句丽，内兴土木，一时民怨四起，《旧唐书》谓"百姓颇倦劳役"。当此时，太宗案上摆放一卷疏文，全文洋洋洒洒近千字，文采绝然，气度舒异。博学善文如唐太宗，读罢亦不禁点头称赏。

这篇令唐太宗频频点赞的疏文至今仍保存于世，名为《谏太宗息兵罢役疏》，题目当为后人所添。而它之所以保存完好，是因为它被全文录入《旧唐书》中，亦被部分引入《新唐书》，而这篇疏文非但感动了晚年的唐太宗，更令后世帝王如朱元璋、乾隆等激赏不已。自古上书劝谏帝王乃常有之事，所谓"文死谏，武死战"，如此一篇《谏太宗息兵罢役疏》竟何德何能令后人赞叹、念念不忘？

翻开疏文，先来看看都说了些什么。

疏文开篇先道："自贞观已来，二十有二载，风调雨顺，年登岁稔，人无水旱之弊，国无饥馑之灾。"① 短短几句，先肯定了唐太宗的政绩，为全文奠定了基调，即希望国家能够锦上添花。如此开篇，使受批评者不会被触怒，能够气定神闲地读下去，可见撰文者心思缜密，用笔微妙。紧接着，作者以汉武帝、齐桓公这样的古代明君为例，委婉地向唐太宗提出建议："望陛下推功损己，让德不居。"之所以有此建议，是因为"业大者易骄""善始者难终"。

由此看来，作者极富远见，格局宏大，能够从历史发展轨迹来看问题，在一片大好形势中洞察到了危机。行文进入第二段，作者直入主题，将唐太宗的疲民之政提了出来，先扼要叙述了不良政策造成的后果，进而直言不讳地提出自己的观点和谏言：

> 虽除凶伐暴，有国常规；然黩武玩兵，先哲所戒。昔秦皇并吞六国，反速危亡之基；晋武奄有三方，翻成覆败之业。岂非矜功恃大，弃德而轻邦；图利忘害，肆情而纵欲。

上谏者以秦始皇和晋武帝为例，指出他们的衰与败恰隐藏在曾经的兴与盛中。特别是秦朝，曾经气吞山河，然而终于二世，成为短命王朝，曾参与大唐开国的唐太宗，是一定要引以为戒的。作者在第二段末尾明确抛出自己的观点："故有道之君，以逸逸人；无道之君，以乐乐身。"在作者眼中，秦始皇并非有道之君，因他贪图一己之快而使天下民不聊生。真正的有道明君应该与民同乐，即"以逸逸人"。最后一段，作者进一步阐述了玩物丧志的后果后向唐太宗表达了殷切的期望：

---

① 《旧唐书·列传第一》，第1462页，中华书局，2000。

> 惟恐知之非难，行之不易，志骄于业泰，体逸于时安。伏愿抑志裁心，慎终如始，削轻过以添重德，循今是以替前非，则令名与日月无穷，盛业与乾坤永大。

全文一气呵成，条理分明，刚柔并济，满含着一颗赤诚之心，颇有当年李斯《谏逐客书》之遗风。唐太宗以善于纳谏而闻名，此时被这字句所触动，《旧唐书》载"太宗善其言，优赐甚厚"。

这篇疏文的作者名叫徐惠，浙江湖州人士，生于官宦之家，族辈皆有学名。然而，徐惠却并非唐太宗治下的能臣，而是后宫中一名年纪轻轻的妃嫔，位列九嫔之充容。后世明朝开国皇帝朱元璋亦评价她"唐妇人过今儒者"（明·姚福《青溪暇笔》）①，对她的文章见解钦佩不已。

徐惠自小便有异慧，新旧两《唐书》对她的早慧皆有详细记载：

> 生五月而能言，四岁诵《论语》《毛诗》，八岁好属文。……词甚典美。自此遍涉经史，手不释卷。太宗闻之，纳为才人。其所属文，挥翰立成，词华绮赡。
> ——《旧唐书·列传第一》

有如此高的智商已然令人艳羡，而徐惠小小年纪便能下笔成诗，则更让人惊叹：

---

① 上览之曰："……昔唐太宗繁工役，好战斗，宫人徐充容犹上疏曰：'地广非久安之道，人劳乃易乱之源。东戍辽海，西役昆丘，诚不可也。'今所答皆顺其欲，则唐妇人过今儒者。"

> 父孝德，尝试使拟《离骚》为《小山篇》曰："仰幽岩而流盼，抚桂枝以凝想。将千龄兮此遇，荃何为兮独往？"
> ——《新唐书·列传第一》

父亲徐孝德给年幼的徐惠出了一道考题，想来只为锻炼启蒙她，未必有过高的要求。不想徐惠落笔便成骚体，不但用词典雅有古风，且文意上亦超出幼童所能领悟，因而"孝德大惊"。父母喜好传扬子女的慧名，徐孝德亦不能免俗，明明是沾沾自喜，却偏说是"知不可掩"，到底令女儿"所论著遂盛传"。这一传便传进了有心人的耳中，"太宗闻之，召为才人"[1]。徐惠入宫成为帝王侍妾，然而，唐太宗的年龄只比她的生父小一岁。

如此悬殊的年龄差，是否生得出夫妻情？当年班婕妤与汉成帝少年夫妻却难成老来伴，左贵嫔因才名被召晋武帝身边，却成了老领导的一等文秘，徐惠的命运又将如何？帝王之幸能在徐惠身上绵延多久？聪慧的女子一定仔细思虑过这个问题，她曾作诗《长门怨》咏叹班婕妤：

旧爱柏梁台，新宠昭阳殿。守分辞方辇，含情泣团扇。
一朝歌舞荣，夙昔诗书贱。颓恩诚已矣，覆水难重荐。

从身份和学识素养来看，徐惠与班婕妤都极为相似，班婕妤的命运也辐射着她身后每一代宫廷之中有相似际遇的人。她们大多数都失去了美好的青春时光，将大把年华和才情空耗在寂寞宫廷内，说着自己不爱说的话，写着自己不情愿的文，班婕妤已成为一种符号。徐惠入宫时，面对已至中年的唐太宗，想想自己低

---

[1] 《新唐书·列传第一》，第2846页，中华书局，2000。

下的妃嫔之位，心里不会不感到忐忑，所谓宠幸不过是过眼云烟吧？她写班婕妤，也许是在暗暗揣度自己的命运。

然而，徐惠当是唐太宗晚年最珍爱的那一人。

如何称得上最珍爱？有几件事可以为证。

唐贞观十八年（644年），太宗亲征高句丽，一般来说，帝王出征，妃嫔大多不会随行，即便随行也一定是皇帝最不舍的那一人。而这一次，徐惠就陪在唐太宗身边，先至洛阳再至定州。途经函谷关时，太宗心生感慨，命徐惠赋诗，徐惠因题《秋风函谷应诏》一首：

秋风起函谷，劲气动河山。偃松千岭上，杂雨二陵间。
低云愁广隰，落日惨重关。此时飘紫气，应验真人还。

虽然是奉旨作诗，却颇见气度，不是一般讨帝王欢心的应景之作，唐太宗应是满意的。而唐太宗对徐惠才华的欣赏并不止于命她应景题诗，更没有如晋武帝一般把她当成文秘。唐太宗与徐惠之间亦在文墨上有交流唱和，仿佛圈中友人的心灵交流。

唐太宗曾撰文《小山赋》，是一篇赋体的赏景抒怀之作，文笔清幽，有魏晋遗风。想来太宗十分自得，写了好文是一定要与人分享的，不但分享还要邀知己一同来写，这在文人间也是常事。和太宗最亲近的女人自然是身边的妃嫔，徐惠想必是最早阅读这篇赋文的人。除了赞赏，作为八岁便能写文的才女，太宗一定不肯让她只说几句漂亮话，邀她一同写几笔不算非常之举，说不定太宗欣赏美景时徐惠就陪在身边呢！

徐惠不负太宗期望，撰写了《奉和御制小山赋》一文，与太宗的魏晋遗风不同，徐惠的文辞继承的仍旧是骚体，看得出楚辞汉赋的旧影，更显古意。

寸中孤嶂连还断，尺里重峦欹复正。岫带柳兮合双眉，石澄流兮分两镜。尔其移芳植秀，擢干抽茎；松新翠薄，桂小丹轻。细影杂兮俱乱，弱势交兮共萦。才有力以胜蝶，本无心而引莺。半叶舒而岩暗，一花散而峰明。

——李世民《小山赋》（节选）

含仁自下，带崄非崇，分上林之卉木，点重峦之翠红。叶新抽而不树，花散植而无丛。杂当窗之带柳，交约砌之圭桐。纤尘集兮朝岭峻，宵露晞兮夕涧空。影促圆峰三寸日，声低叠嶂一寻风。

——徐惠《奉和御制小山赋》（节选）

知己行文方能互见心意，否则便沦为炫技和比拼。太宗邀徐惠撰文亦不是为了听她歌功颂德，而是想要与她分享，故徐惠行文用不着挖空心思揣度圣意，因为他的心思她心里明了。都说帝王没有爱情，女人再美也是几天热情，与女人成为知己则更如天方夜谭。太宗早年有长孙皇后相伴，夫妻恩爱却摆脱不了命运的捉弄。身边妃嫔虽多，称得上志趣相投者恐怕很难找到，而他在晚年遇到徐惠，也是一种幸运。

一如长孙皇后，徐惠身上也看得到娇俏的女儿情。一次太宗召她入侍，徐惠却姗姗来迟，太宗不大高兴，徐惠不慌不忙，写了一首五言诗：

朝来临镜台，妆罢暂徘徊。千金始一笑，一召讵能来。

——《进太宗》

徐惠告诉太宗，我一早起来对镜梳妆，妆罢在镜前流连不去。要知道周幽王千金才得美人一笑，所以，您一声召唤我就立刻来吗？虽然短短几句诗，徐惠却用词用典十分大胆。用周幽王的典故是存在一定风险的，如果唐太宗心胸不够豁达，仅凭"千金始一笑"五个字就可以治她的罪。她的迟到本已令皇帝不满，却敢反问皇帝自己怎么能一受召唤就来呢？语气间满蕴着调皮和娇俏，看似讽刺，实则在向皇帝撒娇。这是夫妻间才常有的私密情怀，徐惠身为中等妃嫔，敢在皇帝面前开这样的玩笑，以这样的语气说话，可见她在唐太宗心中地位之高，同时也可看到她性格中的活泼不拘，写大文章的才女也有小女人的一面。

　　如果岁月眷顾唐太宗，或许当初会让长孙皇后伴他到白头。同样的，如果时光宠爱徐惠，也不会让她出生太晚，在唐太宗晚年才与他相遇。恩爱的岁月是短暂的，英明神武如太宗也终于走到了生命的尽头，而此时，徐惠处在风华正茂的年纪。太宗于她是皇帝，是丈夫，是知己，是良伴，斯人已逝，徐惠受创甚深。《旧唐书》载"哀慕愈甚，发疾不自医"。很快，徐惠的生命也走到了尽头，临终前她对亲人说："吾荷顾实深，志在早殁，魂其有灵，得侍园寝，吾之志也。"高宗继位的永徽元年（650年），徐惠病逝，"诏赠贤妃，陪葬于昭陵之石室"[1]。这一年，她只有二十四岁。

　　徐惠的名字与作品没有湮没在尘世间，完好地保留到了今日。但可惜的是，当代的文艺作品中，为了刻意塑造武则天，往往故意丑化徐惠的人格，将她刻画为心机深沉、谋算颇多的女子，这不但不符合历史真貌，也是对这位德才兼备的女子的羞辱。武则天不得唐太宗宠爱是事实，也是成全她日后发达的不幸中之万幸，

---

[1] 《旧唐书·列传第一》，第1463页，中华书局，2000。

与徐惠毫无关系。徐惠恰如长孙皇后,是唐太宗心中的那一份情结,这段难得的忘年恋短暂而仓促,于徐惠而言,只恨未能同生,长久相伴。

上官婉儿：世态便如翻覆雨，
妾身元是分明月

　　唐高宗龙朔三年（663年）的一个夏夜，身怀有孕的少妇郑氏做了一个梦。梦中，一个巨人送给她一杆秤，并告诉她："持此称量天下。"①郑氏醒后将这个梦讲给丈夫上官庭芝听，因为是婚后第一个孩子，上官庭芝十分重视，便请来占卜人以测吉凶。结果令人欣喜，卜者告诉他们："当生贵子，而秉国权衡。"（《旧唐书》）年轻的夫妇听了别提有多高兴。父亲上官仪已经是朝中宰相，深受皇帝倚重，担负着为皇帝草拟诏书的重任。待长子出生，必然继承祖父的恢宏事业，上官家将来要再出一个宰相了！

　　是年十二月，皇帝下诏自次年正月起改元麟德。也就是在麟德年的正月，那个被预言可以"秉国权衡"的"贵子"出生了。只是万万没想到，这是一个女娇娃。虽然同样得到了父母的疼爱，但想起卜者的那个预言，"闻者嗤其无效"（《旧唐书》），也许嘲

---

① 《新唐书·列传第一》，第2857页，中华书局，2000。

笑他为拍马屁而胡言乱语。不过，对上官家来说，卜者的话是真是假还不能立见分明，甚至都谈不上是一件重要的事。因为就在同一月里，上官家出大事了。

> 初，武后得志，遂牵制帝，专威福，帝不能堪；又引道士行厌胜，中人王伏胜发之。帝因大怒，将废为庶人，召仪与议。仪曰："皇后专恣，海内失望，宜废之以顺人心。"帝使草诏。左右奔告后，后自申诉，帝乃悔；又恐后怨恚，乃曰："上官仪教我。"
> ——《新唐书·列传第三十》

唐高宗晚年，与共同奋斗半生的妻子武后之间产生了不愉快的帝后纷争，因而打起了离婚的主意。唐高宗已然不是第一次离婚了，当年为了与武后结为正式的夫妻，他已经费了九牛二虎之力与前妻王氏办理了离婚手续。彼时，他与新婚妻子武氏不但是情投意合，更是并肩战斗的同志。他们携手斗倒了权臣长孙无忌，将大权牢牢掌控在自己手中，将朝臣重新洗牌，终于建立了新的领导班子。谁知，外敌被消灭了，内部却起了嫌隙，最终引发为激烈斗争。麟德元年的正月，唐高宗李治终于忍无可忍，把宰相上官仪从家里拉出来，向他诉诉苦，要他拿拿主意，表表态。

也许上官仪是耿直发言，也许是看出了皇帝想说却没敢直接说明的话，总之，上官仪说了他这一生可能唯一为之悔恨不已的话："皇后专恣，海内失望，宜废之以顺人心。"（《新唐书》）唐高宗见一等文秘一眼就看出了自己的心思，高兴非常，当即命他草拟废后诏书。岂料，就在他们搞小动作的时候，早有人健步如飞向武后通了气儿。还没等诏书写完，武后人就到了。武后究竟说了什么，史料无载，但从简要的叙述来看，其气场当是强大的，"申诉"当是动之以情、晓之以理的。结果，高宗当即为自己的鲁莽而感到悔恨，念起了妻子的好，将责任全部推给了上官仪。

《新唐书·列传第三十》说唐高宗推卸责任是"恐后怨恚"，我以为未必。在当时的紧要关头，主动权已被武后掌控，唐高宗本来就有些意气用事，更在乎的是面子。在《新唐书·列传第一》里同样讲述了此事，用了"帝羞缩"三个字，可谓传神[①]。堂堂一国皇帝，在妻子面前承认自己忘恩负义是件极丢面子的事。武后虽强势，但高宗至死都没有丧失权力，说不上是怕武后怨恨，而那一刻最难堪的是龙颜大伤。也许那句"上官仪教我"是为了给自己保全颜面而顺口抛出的，按理也不算全错。可怜上官仪，揣摩了圣意却不懂保全自己，为了这一句话而惹祸上身，"后由是深恶仪"（《新唐书》），被武后废黜杀害，连年轻的儿子庭芝也一并受到牵连。

那个被预言可"称量天下"的"贵子"似乎真的再也没有机会了。上官仪和儿子被杀后，郑氏带着刚出生不久的女儿被充配到掖廷为奴。当年抱着女儿笑问"称量者岂尔邪"的郑氏恐怕再也笑不出来了。未来的人生想都不敢想，也许能平安老死一卷席子埋了都是最大的造化。

这个刚出生的女娇娃名叫婉儿。她的名字与她此后的命运被一同载入史册，那个预言宛如天外之光照耀着她，然而此时，无论是她自己还是母亲郑氏，所能看到的只有一片黑暗。

一个人的命运如何，有相当的部分取决于他的才能和资质。从这一点来看，婉儿的资质可谓优秀。《新唐书》说她"天性韶警，

[①] 《新唐书·列传第一》："左右驰告，后遽从帝自诉，帝羞缩，待之如初，犹意其恚，且曰：'是皆上官仪教我！'后讽许敬宗构仪，杀之。"第2848页，中华书局，2000。

善文章"，《旧唐书》也称她"及长，有文词，明习吏事"。婉儿在掖庭是如何受到如此良好的教育的，史书里没有说明，但我想一定与其母亲郑氏有关。郑氏亦出身官宦之家，应当受过良好的教育。孩子童年的塑造和养成主要靠母亲的抚育和培养，落魄如罪臣之后的婉儿，更不可能指望得到什么良师益友。上官仪的基因倘能遗传给她，是上天的恩赐，而有郑氏这样的好母亲，则是婉儿的造化。

命运在她长成少女时发生了神奇的改变。

年十四，武后召见，有所制作，若素构。
——《新唐书·列传第一》

武后是怎么想起她的，史书中没有记载。武后爱才，骆宾王写檄文骂她，她却责怪宰相没有重用如此有才学的人。上官仪固然得罪了她，就事论事，不杀不行，但这不代表武后不珍惜上官仪的才干。也许，她内心深处也甚感惋惜，因而十四年过去了，并没有忘记他还有个孙女。也许，婉儿在奴婢中表现出的突出才智被人传到了武后的耳中，让她大为惊讶。武后不但爱才且钟爱女才子，婉儿有这样的文学功底，自然终会遇到懂得赏识她的那一人。

这一次的召见令武后颇为满意。唐朝人武平一所撰写的《景龙文馆记》描绘此次面试的情景为"天后闻而试之，援笔立成，皆如宿构"。她并没有计较婉儿的出身，甚至都没有想过防备婉儿的报复，就将她留在了自己身边，委以重任。"自通天以来，内掌诏命，掞丽可观。"从这段《新唐书》的记载中我们看到，婉儿已经开始继承了祖业，在当权者身边做起了同样的工作。当年的梦与预言是否又被想起了呢？也许会的，但期待完全实现仍是奢望。婉儿毕竟是女子，自古哪有女人做官的？更何况，婉儿此时的身份也发生了惊人的变化：

年十三为才人，该通备于龙蛇，应卒逾于星火。

如果不是2013年9月在西安咸阳机场附近的那次历史性的大发掘，我们永远都不会得知上官婉儿的人生中曾经有过这样一次经历。这一次发掘的唐朝墓葬正是上官婉儿死后埋骨之处，虽然没有找到与之相配的金银财宝，却发现了比金银财宝更具历史研究价值的文物——墓志铭。该墓志盖题《大唐故昭容上官氏铭》，全文共982字，略述了上官氏一族的传承及上官婉儿的生平。其中有对现有史料的补充，也有与史料的不同之处。关于婉儿于唐高宗在世时被册封为才人一事，是首次披露于世。

才人是帝王的妃子才有的封号，武后当年就做过唐太宗的才人。但也因此，一女侍父子两个皇帝的身世是不那么光彩的，唐高宗就曾为武后找过理由，说她是太宗赐给他的。在公开的史料里，婉儿的正式身份是唐高宗之子中宗的妃嫔昭容，也许正因为这个原因，史料抹去了婉儿曾为唐高宗才人的经历。墓志铭历来是为死者说好话的，婉儿的墓志中同样赞颂连篇，但却没有抹掉这一记载，想必记载无误。那么，婉儿真的做过高宗妃嫔吗？从高宗晚年的身体状况及武后的强势来看，恐怕没有这个可能。才人的名分极有可能是武后安排给她的，为的是给她在宫中一个合法合理的身份。

从新旧《唐书》的记载来看，婉儿在武后身边的时光总体上是较为顺遂的，并且得到了武后极大的信任和栽培。"自圣历已后，百司表奏，多令参决。"（《旧唐书》）"群臣奏议及天下事皆与之。"（《新唐书》）参决奏章原本是宰相的职责，武皇将其交给婉儿来做，除了对她才华的赏识，也是对她工作能力的肯定。婉儿虽不能拥有宰相的职位，却部分承担了宰相的工作，是上官家族的另一位"宰相"。但她在职期间也不是没有过波折："尝忤旨当诛，后惜其才，止黥而不杀也。"（《新唐书》）为的什么事，竟有杀头的危险，史书上没有明确记载，有小道消息称婉儿勾引了武则天的男宠，但未见确切证据。无论如何，婉儿已在武则天心里留下了极重的位置，武则天不忍心要她死，便在她脸上留下了伤疤以示惩处。

上官婉儿的人生已经因武则天而发生了两次大逆转。但武则天年岁已高，不能再留婉儿于身边，生命走到了尽头，至此彻底结束了她的政治生涯。随着武则天的逝去，婉儿的前半生也做了一个小结。但，她人生的辉煌还没有到来，真正让她成为上官婉儿的人是武则天的第三个儿子，唐中宗李显。

中宗即位，又令专掌制命，深被信任。
——《旧唐书·列传第一》
帝即位，大被信任，进拜昭容，封郑沛国夫人。
——《新唐书·列传第一》

唐中宗是个悲剧皇帝，前半生窝囊，后半生滑稽，疼老婆、怕老婆，最终死在老婆手上。他虽然不满母亲武则天对他的百般迫害，但对母亲身边的一等文秘却敬重有加，加封其为昭容。封号虽为中等，婉儿在宫中的地位却极为特殊。她仍旧是有封号而无侍妾之实的女人，她的工作是"专掌制命（皇帝诏令）"，她的母亲也得到漂亮且尊贵的封号，终于可以抬头做人了。

婉儿常劝广置昭文学士，盛引当朝词学之臣，数赐游宴，赋诗唱和。婉儿每代帝及后、长宁安乐二公主，数首并作，辞甚绮丽，时人咸讽诵之。

——《旧唐书·列传第一》

婉儿劝帝侈大书馆，增学士员，引大臣名儒充选。数赐宴赋诗，群臣赓和，婉儿常代帝及后、长宁安乐二主，众篇并作，而采丽益新。又差第群臣所赋，赐金爵，故朝廷靡然成风。当时属辞者，大抵虽浮靡，然所得皆有可观，婉儿力也。

——《新唐书·列传第一》

与祖父上官仪的相似之处，除了婉儿的工作职能外，祖孙两人亦都是文艺青年。

上官仪的诗作清新畅丽，试引《全唐诗》中收录的一首《入朝洛堤步月》为证：

脉脉广川流，驱马历长洲。鹊飞山月曙，蝉噪野风秋。

大唐诗风流传千载，上官氏祖孙两人也为这浩荡的诗坛注入过自己一份清新的力量。墓志铭中评价婉儿的才能为"诗书为苑囿，捃拾得其菁华；翰墨为机杼，组织成其锦绣"。她的诗作继承了祖父上官仪的清丽，更形成了婉转风流的个人特色，最有名的代表作要数《彩书怨》了。

叶下洞庭初，思君万里馀。露浓香被冷，月落锦屏虚。
欲奏江南曲，贪封蓟北书。书中无别意，唯怅久离居。

在留存下来的三十二首上官婉儿的遗作中,《彩书怨》最特别,因为这是唯一一首个人抒情诗。从前引的史料中可以看出,婉儿工作中重要的一项是写诗。在职场内写诗,命题、用词、立意都有格式、套路和讲究,不是自己想怎么写就怎么写的。也因此,歌功颂德、曲意逢迎充斥于辞藻华丽的作品中,美则美矣,无真情实感,令人惋惜。然而,《彩书怨》却全然不在此列,从标题到内容,都是婉儿寄托个人情思的一首抒怀之作。但这并不是该作品最突出的特点,更引人注目的是,尽管《彩书怨》是一首宫妃所作的咏怀诗,却不是宫怨诗。没有班婕妤的寂寞凄凉,也没有梅妃的怅恨怨怼,更没有左棻的悲戚愁怨。《彩书怨》中没有君主的意象,也不哀求帝王的宠幸,它所蕴含的仅仅是别离人单纯的思念之情。没有怨恨也没有伤痛,情感上看似聊聊点缀,却在尾句点出主旨时戛然而止。越是无别意,越是有无尽的心思。言在诗外,欲说还掩。一切情绪和深意点到为止。

可惜的是,婉儿的作品中,《彩书怨》一类的诗作不多。更可惜的是,我们甚至不知道这首诗是写给谁的。婉儿的一生充满了波折和动荡,每一步都像一个华丽的音符,谱写最惊心动魄的乐章。她永远在躁动、在进取,很难想象有谁曾经让她如此沉郁过。

朝臣们见婉儿有才学有地位,便皆来巴结。婉儿得到了祖父上官仪所未有过的殊荣,可以任意品评朝臣诗作,并引领诗坛文风。她借中宗之手造书馆,收揽能诗善文的大臣名儒,并借此笼络人心,为自己集聚政治资本。她为帝后公主代笔,是当权者面前一等一的红人。她为皇帝出谋划策,干预政策规定:"时昭容上官氏常劝后行则天故事,乃上表请天下士庶为出母服丧三年;又请百姓以年二十三为丁,五十九免役,改易制度,以收时望。制皆许之。"(《旧唐书》)中宗一朝,上官婉儿一时间风头无两,她作风张扬恣意,前朝宫苑中因失宠而哭泣的女人都显得那样黯淡无光，婉儿为她们集体出了一口气。

唐中宗李显不是婉儿的男人，但婉儿身边从不缺男人，史书上留下来的有头有脸的人物就有两人，一个是武则天的侄子武三思，另一个是宰相崔湜。

> 婉儿既与武三思淫乱，每下制敕，多因事推尊武后而排抑皇家。
>
> ——《旧唐书·列传第一》

> 婉儿与近嬖至皆营外宅，邪人秽夫争候门下，肆狎昵，因以求剧职要官。与崔湜乱，遂引知政事。湜开商山道，未半，因帝遗制，虚列其功，加甄赏。
>
> ——《新唐书·列传第一》

难怪婉儿的宫中生活不寂寞，原来她有外宅，能够满足她欲望的男人甚至可以加官晋爵。而与她有过绯闻的武三思，竟被她转手送给了中宗的发妻韦皇后，"及得志，受上官昭容邪说，引武三思入宫中，升御床，与后双陆，帝为点筹，以为欢笑，丑声日闻于外"。（《旧唐书》）如此荒唐，皇帝竟然只懂配合不加整饬。而婉儿与崔湜之间的姐弟恋则让崔湜政治上平步青云，经济上中饱私囊，公家财物都进了个人腰包。婉儿的作风如此招摇定会引来非议与怨愤。就在中宗在世时，三子李重俊便已忍无可忍，发动士兵"清君侧"，要捉拿婉儿。于是，唐朝宫苑里出现了极为戏剧性的一幕：

> ……节愍太子不平。及举兵，叩肃章门索婉儿，婉儿曰："我死，当次索皇后、大家矣！"以激怒帝，帝与

> 后挟婉儿登玄武门避之。会太子败，乃免。
> ——《新唐书·列传第一》

得知消息的婉儿迅速采取行动，第一时间将自己与帝后捆绑在了一起，并采取心理攻势，利用中宗懦弱昏聩、韦后忌惮李重俊非己所出的弱点，将两人控制住，心甘情愿保护她并最终平安渡过危机。从这一事件来看，婉儿可谓机智勇敢，临危不乱，是权力场中的老手。然而，这个得意的政治家也终有失手的那一天。中宗死后，婉儿面对临淄王李隆基在唐隆政变中的强大攻势，最终没有保全性命，与韦后一同被杀。

上官婉儿的故事结束了？等一等，似乎忽略了什么。按照新旧《唐书》的记载，她的故事经沿这样一个脉络发展下来，已经相当全面了。史书中的上官婉儿有才学、有气魄、有胆识，在那个时代大放异彩，同时她的另一面却也是操控皇家、玩弄政治、私生活混乱不堪。尽管在生前，有政治远见的母亲郑氏曾经警告过她，但她似乎除了"始忧惧"外没有任何收敛。她与韦后和安乐公主沆瀣一气，将皇宫搞得一团糟，死在李隆基手中似也罪有应得。在后代所撰的唐代历史中，她的过大于功。然而，她的同代人似乎另有看法。

> 玄宗令收其诗笔，撰成文集二十卷，令张说为之序。
> ——《旧唐书·列传第一》
>
> 景云中，追复昭容，谥惠文。
> ——《新唐书·列传第一》

上官婉儿身为一介中等嫔妃，死后竟然有谥号，且是"惠文"这样优美的上谥，首先就表明了时人对她的态度。其次，经李隆基授意，身为政治家同时也是诗人的张说为上官婉儿的遗作写序，让我们看看他是如何评定已故的上官昭容的：

> 敏识聆听，探微镜理，开卷海纳，宛若前闻，摇笔云飞，成同宿构。古者有女史记功书过，复有女尚书决事言阁，昭容两朝兼美，一日万机，顾问不遗，应接如意，虽汉称班媛，晋誉左媪，文章之道不殊，辅佐之功则异。

"昭容两朝兼美，一日万机""虽汉称班媛，晋誉左媪，文章之道不殊，辅佐之功则异"。从这两句话中可以明显看出张说对上官婉儿的看法，一则她有美誉，工作日理万机，堪比宰相。其次与著名的班婕妤和左棻相较，才学上不分伯仲，但在辅佐帝王一事上，婉儿却以优势胜出。按常理推断，既然婉儿死于李隆基之手，两者必是有利益纷争的政敌。尽管李隆基爱才，不忍上官婉儿的诗作从此失传，但身为胜利者的他也自然用不着讨死人的欢心。张说由衷的赞美是经过李隆基批阅的，也就是得到认可的，可以看作是李隆基自己的看法。

那么，李隆基为何如此善待婉儿？这曾经是个谜，但婉儿墓志的出土为我们提供了一个答案：

> 以韦氏侮弄国权，摇动皇极。贼臣递构，欲立爱女为储，爱女潜谋，欲以贼臣为党。昭容泣血极谏，扣心竭诚，乞降纶言，将除蔓草。先帝自存宽厚，为掩瑕疵，昭容觉事不行，计无所出。上之，请摘伏而理，言且莫从；中之，请辞位而退，制未之许；次之，请落发而出，卒刀挫鈕；下之，请饮鸩而死，几至颠坠。先帝惜其才

用，憖以坚贞，广求入膝之医，才救悬丝之命，屡移朏魄，始就痊平。表请退为婕妤，再三方许。

史书上记载了安乐公主想当皇太女未能如愿，但没有告诉我们婉儿在这一事件中的所作所为。按史料中的记载，婉儿始终与韦后站在一条线上，直至一同被杀。但在韦后与奸臣勾结，欲立安乐公主为储君一事上，婉儿为阻止此事的发生，泣血死谏，竭诚掏心，却无计可施，差点送了自己的命。

阻止安乐公主做皇太女，未必因为她是女子。婉儿在武则天身边长大，思想做派是前卫的。这里面的原因，应该主要在于安乐公主的骄奢淫逸以及比她更令人发指的母亲韦后。上官婉儿表面上与她们处于同一阵营，其实，她真正的盟友是太平公主。

昭容居危以安，处险而泰。且陪清禁，委运于乾坤之间；遽冒铦锋，亡身于仓卒之际。时春秋四十七。皇鉴昭临，圣慈轸悼，爰造制命，礼葬赠官。太平公主哀伤，赙赠绢五百匹，遣使吊祭，词旨绸缪。

婉儿死后，关于李隆基的追赠，墓志铭与史料的记载是一致的，但关于太平公主的表现则是首次提及。原来，她们才是一个阵营中的姐妹。太平公主比婉儿小一岁，两人相识时当在十三四岁的年纪。一个是武后的爱女，一个是武后的得力助手，她们的情谊当是青少年时便种下的。如果唐朝应该再有一位女皇，论才智论情义，婉儿都该支持太平公主。《新唐书》中说："韦后、上官昭容用事，自以谋出主下远甚，惮之。"婉儿因为自觉不如太平公主而与韦后一党排挤她这一说法，个人认为是不成立的。

上官婉儿生前的故事终于讲完了，但在死后，她仍旧没有归于岑寂。当千年后她的埋骨之所被发现后，人们惊讶地发现墓中空空如也，唯一的几块骨头竟然是牛骨！专家说，上官婉儿的墓曾遭毁坏。何人所为？有说是李隆基与太平公主分道扬镳后的报复，有说是盗墓贼所为，众说纷纭，莫衷一是。婉儿从胚胎到尸骨，没有一日活在安宁中，没有一日不波澜起伏。及至尸骨无存、遗作散佚后，她的名字依然鲜活，作品依然受到追捧。清代文人陆昶就曾夸赞她"才思鲜艳，笔气舒爽，有名士之风"。（《历朝名媛诗词》）后世也赠予她"巾帼宰相"这一非凡的头衔。

而当代文学影视作品中依然不乏她的身影，受人思慕，惹人怜惜。当她的墓葬被发掘后，更掀起一股热浪，产生了不小的轰动效应。无论时代如何变迁，人们总不能遗忘，曾经有个搅动唐宫的奇女子，她的名字叫上官婉儿。

薛涛：自由的代价

在古代，女子不自由。但也许我们忽略了一个事实，其实她们并不渴望自由。因为在那个时代，自由的代价太沉重，拥有自由的女人甚至不能拥有完整的人生。

时光流转至唐代，女人的世界达到了前所未有的流光溢彩，女人也在某种程度上获得了空前的独立与自由。受教育的女性不再局限于士族豪门或幽幽深宫，更不再是某个个体的特殊存在，在唐代，这些人凝聚成了几个团体，一同站在了历史舞台上，大放异彩。如果说上官婉儿是传统的宫廷才女之延续与发扬，那么，薛涛便是前朝所不多见的民间受教育女性的最佳代言人。

薛涛之名，可与谢道韫比肩，传扬千古不为过，在文坛为人津津乐道。但可惜的是，《唐书》是不会为她立传的。关于她的故事，散记于各种文学笔记中，且以八卦逸事为主，往往一事两说，莫辨真伪。现存的资料中，元代文人辛文房所著的《唐才子传》中对薛涛的记载较为全面，从中我们大致可以获悉一些关于她的个人信息：

> 涛，字洪度，成都乐妓也。性辨慧，调翰墨。居浣花里，种菖蒲满门。①

女子有名有字，在古代是件不容易的事，我们大致可以推断：其一，薛涛出身较好，父辈是读书做官之人；其二，父亲喜爱这个女儿，并且竭力培养，寄予厚望。可讽刺的是，薛涛的正式身份却是乐妓，似乎与她的名字所承载的信息极为不对等。根据现有的资料，薛涛的父亲名薛郧，曾在成都做官，却不幸中年离世。这一年是唐德宗贞元元年（785年），薛涛只有十五岁，他父亲应当没有给她订过婚约，这就意味着失去了父亲庇护的同时也失去了正当的社会身份。她的母亲似乎没有带着她投奔娘家，并不是所有女人都有这样的好运。薛涛迫于生计，她加入了乐籍，成了一名官妓。

古人喜欢讲寓言故事，关于薛涛这段不幸的落水，也有一个小故事作为谶语：

> 涛八九岁知声律，其父一日坐庭中，指井梧示之曰："庭除一古桐，耸干入云中。"令涛续之，即应声曰："枝迎南北鸟，叶送往来风。"父愀然久之。
>
> ——《薛涛李冶诗集》

根据辛文房的记载，薛涛"以灵慧获名当时"，从上面那段小故事中已可看出薛涛的机敏。但以"枝迎南北鸟，叶送往来风"来作为薛涛日后不幸遭遇的谶语，梧桐本应招凤引凰，在薛涛眼

---

① 《唐才子传》，第81页，中华书局，1991。

中却是迎来送往的东西，颇有以果推因之嫌，使这句原本可以与"未若柳絮因风起"相媲美的联句平白增添了一层浓重的阴影。其实，薛涛身属乐籍的时间只有五年，仅占她人生总长度的十三分之一。但也恰是这十三分之一，成为她一生的定性，人们提到薛涛，永远加上"乐妓"两字。这便产生了一种微妙而尴尬的境况，无论她如何才华横溢，在严格讲求出身的古代，她的名字不能随意作为称赞才女的代名词。

在做乐妓的五年时光中，薛涛主要生活在成都，与她较为密切的人是时任剑南西川节度使的韦皋。韦皋是中唐名臣，在他供职蜀中的那几年，对反抗吐蕃入侵做出过很多贡献。他与薛涛的相识大抵属于文人雅妓在酒桌上的诗酒流连，彼时薛涛正年少，加之聪颖有才华，自然得到像韦皋这样风雅之人的赏识和垂怜。在薛涛所留下来的诗作中，有几首是写给韦皋的，但有趣的是，它们并非情诗，而是求情诗：

其一
闻道边城苦，今来到始知。羞将门下曲，唱与陇头儿。

其二
黠虏犹违命，烽烟直北愁。却教严谴妾，不敢向松州。

这两首诗题名《罚赴边有怀上韦令公二首》。从标题和内容上看，薛涛似乎犯了重大的错误，被韦皋惩罚，发配到了一个叫松州的地方。那里生活粗粝凄苦，薛涛不胜困苦，写诗请求韦皋宽恕，为自己求情。松州是什么地方？它是四川的边陲之地，有"川西门户"之称，在唐代是防御吐蕃的重要军事驻地。可想而知，这里的山水荒凉寂寞，饮食鲜少精致。薛涛虽是乐妓，但来往结交的都是名士高官，生活水平是维持在较高水准的。把她发配到这样荒蛮的地方，如今身边都是莽撞粗鲁的军汉，薛涛自然受不了。关于薛涛所犯的罪责，有一种说法是她以韦皋之名收受了贿赂，无论如何，一定是惹得韦皋震怒。但韦皋也是个怜香惜玉之人，薛涛接二连三地写诗来，终于在韦皋的首肯下，薛涛被接了回来。不但如此，薛涛从此脱离乐籍，成为真正的自由人，"居浣花里，种菖蒲满门"的生活便是从这时开始的。

然而，在古代，女人没有自由身份可言。拥有从属身份的女人才是良家女子，独门独户独居的女人是遭人非议的。加之薛涛的社会活动较为开放频繁，并不避讳与慕名而来的文人雅士相结交，也因此，在时人眼中，脱离乐籍的薛涛并没有实质上的身份变化，不过是从官妓转为了自立门户的私妓而已。

独居的薛涛有两件事较为出名，其一是改制纸笺：

> 涛工为小诗，惜成都笺幅大，遂皆制狭之，人以为便，名曰"薛涛笺"。
>
> ——《唐才子传》

"薛涛笺"又名"浣花笺""红笺"，前者当以薛涛所居之地得名，后者应是以纸色得名。其实红色也只是其中的一种，这种名为松花纸的彩笺虽不是薛涛首创，却得到她极大的喜爱，并独家研创改良，题小诗于彩笺上，寄与名家往来唱和。因薛涛名气大，久而久之，这种诗笺也名扬远播，成为一种重要的制笺技艺，一直流传到后代。从唐代文人留下的诗歌作品来看，"薛涛笺"不但风雅，且较为名贵。韦庄有长诗《乞彩笺歌》，其开篇这样写道：

> 浣花溪上如花客，绿暗红藏人不识。

>留得溪头瑟瑟波,泼成纸上猩猩色。
>手把金刀裁彩云,有时剪破秋天碧。
>不使红霓段段飞,一时驱上丹霞壁。
>……

开篇八句描绘出薛涛制笺的生活情趣,也将这种彩笺形容得具体逼真,其美丽精致令人无限遐思。紧接着,诗人说自己"我有歌诗一千首,磨砻山岳罗星斗。开卷长疑雷电惊,挥毫只怕龙蛇走"。手里有这样曼妙的词句,自然要写在名贵精美的纸笺上,因此他"人间无处买烟霞,须知得自神仙手。也知价重连城璧,一纸万金犹不惜"。一纸万金尚不觉得可惜,可见诗人对这种纸笺的推崇,难怪标题中要用乞字。最后,诗人在梦中竟然见到了彩笺鼻祖薛涛:"薛涛昨夜梦中来,殷勤劝向君边觅。"在韦庄心中,薛涛宛如巫山神女一般,翩然而来,劝他去向她索要。这位女子的风雅与才情早已不是"乐妓"两字可以囊括,到了韦庄的时代,薛涛已经成了近似神话传说似的人物。

除了流芳百世的"薛涛笺",收获"女校书"这一名号也是她人生中极为重要的一件事。

>及武元衡入相,奏授校书郎。蜀人呼妓为校书,自涛始也。后胡曾赠诗曰:"万里桥边女校书,枇杷花下闭门居。扫眉才子①知多少,管领春风总不如。"
>——《唐才子传》

武元衡是武则天的后代,据《旧唐书》载,唐德宗曾在众人

---

① "扫眉才子"指女才子。

面前夸赞其"元衡真宰相器也"。他擅写五言诗，自然易与爱写诗的人打交道，甚至结为朋友。唐宪宗元和二年（807年），武元衡来到四川，出任剑南西川节度使，接手了当年韦皋曾经出任过的职务，便也因此与才名远播的薛涛有了交集。

诗人与诗人碰撞，一定有诗作产生。武元衡赴任四川时似乎并不愉快，写下《题嘉陵驿》一首发发牢骚：

悠悠风旆绕山川，山驿空濛雨似烟。
路半嘉陵头已白，蜀门西更上青天。

武元衡此时已年过半百，说"头已白"不是矫情，之前也曾经历了宦海沉浮。这个岁数又来到四川，心里难免会多想了那么几分。此时的薛涛也早已不是当年天真的少女，年近不惑，对武元衡的心境是理解的，于是写诗相赠，以表劝慰：

蜀门西更上青天，强为公歌蜀国弦。
卓氏长卿称士女，锦江玉垒献山川。
——薛涛《续嘉陵驿诗献武相国》

自称"强为"，当不是被迫之意，而是明白武元衡的心境，知难解而犹愿出力为其解。但究竟如何解呢？从后面两句来看，薛涛其实也并不擅长心理疏导，只好以蜀地的好人好山好水加以安慰了，要是武元衡看到四川的妙处，大概他心里会平衡些吧。

虽不知此诗的直接效果如何，但武元衡对薛涛是赏识的，并上书朝廷要给薛涛一个官做，这就是校书郎[①]。

---

① 另有韦皋推荐说，见五代后蜀吴光远《鉴诫录》。

校书郎没什么实权，就是文秘一类的职务，但即便如此，也没有女人做过这样的职务。薛涛自然不能真的任职校书，但武元衡的举动却流传成了一段佳话，从此人们称薛涛为"女校书"，一直到今天，提起"女校书"三个字都是在指薛涛。然而讽刺的是，薛涛因女校书一名而声誉日隆，女校书一词却急转直下，不但没有为才女正名，反倒成了妓女的代名词。不但"蜀人呼妓为校书"，风月场上擅长文墨的女子都可以用女校书作比。武元衡的一片好心却起了反作用，而那句"枇杷花下闭门居"也不能还薛涛以历史的清白，尽管"扫眉才子知多少，管领春风总不如"，在这些风雅的士人心中，薛涛不过是一名拥有自主权的妓女。

也就在这样的背景下，元稹走进了薛涛的生活。

元稹比薛涛小九岁，在薛涛唱出"枝迎南北鸟，叶送往来风"一句时，他还没有出生。他们与彼此的交集出现得相当晚。那一年，元稹三十岁，抛弃过崔莺莺，娶了太子少保之女韦丛，两年前做了校书郎，诗名与风流俱在，才情与薄情齐驱。此时的薛涛，年在四十光景，人生的悲欢离合、风月场上的红尘男女大抵都看了一遍。当元校书遇上薛校书，历史似乎需要发生点什么，即便没有，好事者也会为其补缀。

> 元和中，元微之使蜀，密意求访，府公严司空知之，遣涛往侍。
> 　　　　　　　　　　　　　　——《唐才子传》

从这段记载来看，元稹对薛涛是慕名已久，既然来到四川，当然要亲眼一见。但从薛涛的实际年龄来看，若元稹想见薛涛是出于风月之意，倒也不现实，出于好奇或是仰慕更合情合理。据说，元稹当场考了薛涛，而薛涛的答卷令元稹分外满意，两人便有了交往。至于两人是如何交往的，史料未见记载，从时间长度来看，仅仅三个月左右，可谓极短。但人们都说，薛涛用情至深，对元稹痴情不改，而元稹又是始乱终弃，并未有半点真心。传闻是否准确，还要看当事人的表达与自述。

元稹离川后的第二年，薛涛写有《赠远二首》，虽然没有题上收信人的姓名，但判断为元稹当不为虚。

其一
芙蓉新落蜀山秋，锦字开缄到是愁。
闺阁不知戎马事，月高还上望夫楼。

其二
扰弱新蒲绿又齐，春深花落塞前溪。
知君未转秦关骑，月照千门掩袖啼。

元稹一去不归，薛涛是思念的。尽管韦皋和武元衡都赏识薛涛，但从薛涛赠予他们的诗作来看，他们之间并无爱情可言，至少薛涛自己是没有动过情的。看来，元稹在她心中的确很特别。与前两人相比，元稹诗文名满天下，也就更容易走入薛涛的内心。从元稹的情感经历来看，他是情场老手，对女人的欣赏是带着点暧昧和挑逗的。女人到底希望男人更尊重她还是更爱她，这是一个令人纠结的问题。现代眼光看，当然两者是一回事，但事实上又往往不是一回事，而女人的确更容易掉进爱的陷阱。

薛涛有一首诗题名《牡丹》，其中也充满了离怀愁绪：

去春零落暮春时，泪湿红笺怨别离。
常恐便同巫峡散，因何重有武陵期。

传情每向馨香得,不语还应彼此知。
只欲栏边安枕席,夜深闲共说相思。

世人写牡丹都道其雍容华贵,唯有薛涛说起了相思之苦,虽与花意不符,却是一番真情流露,更显别致。元稹离开四川后几乎是一年换一个任职地,回四川是不可能了,连安定下来都成了奢望,两人也就没有重聚的可能。别后第十一年,元稹寄给薛涛一封信,信里是一首七律诗:

锦江滑腻蛾眉秀,生得文君与薛涛。
言语巧偷鹦鹉舌,文章分得凤凰毛。
纷纷词客多停笔,个个公侯欲梦刀[①]。
别后相思隔烟水,菖蒲花发五云高。
——《寄赠薛涛》

从元稹的词句来看,他对薛涛的才华非常赏识,王建的"扫眉才子知多少"还是在同性中作比,而元稹直接打破两性界限,什么"词客",在薛涛面前都纷纷搁笔,自愧弗如;什么"公侯",个个都想像王濬那样任职四川,只因那里有薛涛。薛涛的能言善辩和锦绣文章是天下稀有,不可奢求。元稹在尾联中说了句心里话,相思之情被千山万水阻隔,女校书种下的菖蒲花都已经开到天际了吧?一别经年,无缘重逢,元稹未必不引为遗憾。

另有一诗非常有趣,先看一下原诗内容:

[①] 《晋书·王濬》载:"濬夜梦悬三刀于卧屋梁上。须臾又益一刀,濬惊觉,意甚恶之。主簿李毅再拜贺曰:'三刀为州字,又益一刀,明府其临益州乎?'"益州泛指四川省一带。欲梦刀,欲被升任于益州。

> 诗篇调态人皆有，细腻风光我独知。
> 月夜咏花怜暗淡，雨朝题柳为欹垂。
> 长教碧玉藏深处，总向红笺写自随。
> 老大不能收拾得，与君闲似好男儿。

诗的主旨是在赞美诗人的才情，叙写作者的倾慕以及两人间的情愫，似乎没什么特别之处。但此诗与众不同之处在于它有两个标题，分别为《寄旧诗与元微之》和《寄旧诗与薛涛因成长句》，那么，这首诗是谁写给谁的？查了各处引用，大部分取前一个标题，认为是薛涛写给元稹的，但也有资料采取后者说法，是元稹写给薛涛的。再细看全诗，开篇极似元稹笔法，但写着写着又有薛涛情韵，也许，这是两人的联合创作吧。

从以上的作品来看，两人的感情都比较真挚，但必须阐明的是，这种真挚是不能以今天的爱情观来检验的。元稹固然情场名声欠佳，但真正阻碍他与薛涛情缘的并非他的多情与薄情。时代虽给了薛涛追寻自由独立的机遇，却没有前进到可以赋予她一个与之相应的合礼合法的身份。薛涛在结识元稹前已活了四十年，虽没有遇到元稹一般的才子，却也不乏有知识有身份有地位的结交者，他们赞美她、欣赏她，以结识她为荣，乃至为她争取社会地位，但没有人能够给她一个真正的家。古人并不能真正理解自由的含义，更不会给履行这一原则的女人以正式的身份地位。男人可以纳薛涛为妾，薛涛却未必愿意，独居固然清寂，也总好过没入深宅大院与他人争风吃醋。薛涛要的是爱情与婚姻，可是她所生活的时代无法给予她，元稹也不能。

元稹生前与诗人白居易是至交，想必白居易也听元稹讲述过与薛涛的情事，不知出于什么想法，写了一首言辞较晦涩的诗寄给薛涛：

峨眉山势接云霓，欲逐刘郎北路迷。
若似剡中容易到，春风犹隔武陵溪。

——《与薛涛》

白居易向来以直白见长，他的诗很少有看不懂的。但这首寄给薛涛的诗却一反其道，仿佛话中有话。此时，距离元稹寄诗给薛涛又过了两三年，元稹任越州刺史兼浙东观察使，人在浙江。白居易用著名的刘晨在天台山遇仙女一典，暗喻元稹早已另觅佳偶，乐不思蜀，而薛涛仍对元稹念念不忘，似有跨千山万水来寻良人之意。然而白居易话锋一转，即便剡中容易来到，四川与浙江之间还隔着武陵溪。武陵溪即桃花源，是文人的一个美妙之梦，元稹是薛涛的难寻之梦。

根据此诗，我大胆猜测，晚年的薛涛曾有与元稹重逢的意愿并表示过要去浙江。而元稹不便亲自拒绝，便将这件事告诉了白居易。也许是白居易受人之托，也许他主动帮忙，也许他无事生非，总之，他写了这首诗寄给薛涛。薛涛当然明白其中深意，她是有自尊的，不会强人所难，更不会为难自己。元稹继续在官场上颠沛流离，薛涛则留守蜀地，过着她自由的生活，没有卷进乌七八糟的丑闻，维持了尊严和体面，直至离世。

薛涛的名字没有被人遗忘，她的诗作虽难逃散佚的厄运，却也有相当一部分保存在了《全唐诗》中。后人不忘她的风雅才情，不忘她另类精致的生活，不忘她伤感的爱情，也同样没有忘记在她名字后面写上一个"妓"字。在女性没有自由的时代，提前拥有自由的女人总会被误读为"妓"。

鱼玄机：真面难寻是玄机

感情上遭遇挫折的女子常有这样的感叹："易求无价宝，难得有心郎。"无价之宝固然珍贵，但真心相爱的男人则更是千金难求。人心皆渴望真情，男人为何必然无心无情？理论上这句话是与人性相违背的，但现实中却也不能说它是全然的诽谤。这其中的矛盾是文化束缚所造成的错位，当男女两性不能拥有相同开放的性资源和承受对等的性包容时，有权利享有更多机会的男性就会被太多诱惑和利益稀释感情，而缺少机会与道德支撑的女性则显得被动而保守，在无法得到自由与补偿时，将满腔怨愤抛向对方。

"易求无价宝，难得有心郎"一句虽然通俗易懂，但却并非民间俗语，而是来自一首唐诗：

羞日遮罗袖，愁春懒起妆。易求无价宝，难得有心郎。
枕上潜垂泪，花间暗断肠。自能窥宋玉，何必恨王昌。

此诗有两个名字，一名《赠邻女》，一名《寄李亿员外》。邻女是何人不得而知，这个李亿员外确实有名有姓有记载可寻。李亿字子安，唐宣宗年间状元及第，曾任负责向皇上举荐人才的补阙一职，看来是个才子，但官位又不高。诗人敢寄给李亿这样一首诗，想必两人关系不同寻常。从遣词造句和语气上看，诗人是一位女子，她似乎幽怨甚深，对李亿有怨恨和指责。最有趣的是尾联。宋玉与王昌皆是美男子的代称，在唐诗中常常被并用，如王维曾有《杂诗》一首道："双燕初命子，五桃新作花。王昌是东舍，宋玉次西家。"王、宋两位美男俨然是女主人公不能抉择的爱与被爱。而当王昌与宋玉出现在这位女子的诗中时，显然已经不是不能抉择的问题，而是已经被迫抉择之后，作为被动者的诗人以"窥宋玉"来自我安慰，同时讽刺那个薄情寡义的"王昌"。

诗中的王昌指代的是李亿，"花间暗断肠"的诗人又是谁呢？她的名字叫鱼玄机。

说起唐代女诗人，鱼玄机与薛涛齐名。两人不但有诗名，还有一身的风流债。然而与生活在中唐时期的薛涛相比，晚唐的鱼玄机虽才华横溢，却少了与之匹敌的诗坛知音，更少有人真正怜惜她、赏识她。她的爱恨更尖锐，情感更激烈，而她的身世则基本失去了史料的依托，面目飘忽，只得向小说中找寻。

元代辛文房的《唐才子传》里收录了鱼玄机的小传，也为这首《寄李亿员外》做了注脚：

> 玄机，长安人，女道士也。性聪慧，好读书，尤工韵调，情致繁缛。咸通中及笄，为李亿补阙侍宠，夫人妒，不能容，亿遣隶咸宜观披戴，有怨李诗云："易求无

价宝,难得有心郎。"①

从简短的记录里我们得知了鱼玄机的籍贯、身份、秉性以及她的遭遇。她出生在长安,家境不详,聪慧好学。她成为女道士源于她的另一个身份:李亿补阙侍宠。鱼玄机曾有一段时间是李亿的侍妾,可惜被正妻所不容,遂逐出家门,李亿也许是怜惜她命苦,不忍她沦落为娼,故而送她去了咸宜观出家。根据小传里的交代,鱼玄机因此怨恨李亿,并作诗抒怀。

鱼玄机的遭遇的确不幸,作诗刺李亿也情有可原,但两人之间的感情其实没有这样破裂,鱼玄机一生写了许多诗作寄给李亿,且都是诉说离愁别苦之作,这样看来两人分别后并没有断绝关系,李亿也并没有完全斩断与鱼玄机的情丝,而是保留了这些诗作。虽然看不到李亿方面的回应,但从保留下来的鱼玄机诗作中,我们看得她对这位负心的"王昌"所不能割舍的恋情,以及不幸的婚姻给她带来的打击。

枫叶千枝复万枝,江桥掩映暮帆迟。
忆君心似西江水,日夜东流无歇时。

这首《江陵愁望寄子安》是两人分别后鱼玄机寄赠前夫的,诗中说怀念李亿之心如江水不歇,可见她并非真有"窥宋玉"之心,大抵是嘴上凌厉而已。分别后的心是"离肠百结解无由"(《寄子安》),而从她的另一首寄给李亿的诗里,我们可以更真切地窥探到她的悲伤:

---

① 《唐才子传》,第109页,中华书局,1991。

> 山路欹斜石磴危，不愁行路苦相思。
> 冰销远涧怜清韵，雪远寒峰想玉姿。
> 莫听凡歌春病酒，休招闲客夜贪棋。
> 如松匪石盟长在，比翼连襟会肯迟。
> 虽恨独行冬尽日，终期相见月圆时。
> 别君何物堪持赠，泪落晴光一首诗。

这首《春情寄子安》是鱼玄机的代表作，形制与一般不同，是七言排律。用此形制写诗的人不多，流传下来的佳作自然就更少。明代诗论家胡应麟对这首诗的评价极高，言："唐惟女子鱼玄机酬唱二篇可选。诸亦不及云。"（《诗薮》）把鱼玄机的这首诗推举为七言排律第一的位置，可见赏识和珍视。从立意上看，鱼玄机在此诗中所表达的情感与其他寄赠李亿的诗作是一致的，分离令她异常痛苦，然而她却不能为自己的命运做主，也没有权力挽回爱人。但她仍不能忘情，还要寄诗咏怀，还要告诉对方自己的痴情。与薛涛寄给元稹的离别诗中所流露的矜持不同，鱼玄机是痴缠的、苦涩的，近似于哀求的，希望得到怜悯的。她不甘心感情就这样夭折，命运受人摆布，希望一首首诉衷肠的情诗可以挽回什么，改变什么。虽然结局终是枉然，但枉然不足以熄灭她心中的火焰，她用最微弱无力的姿态抗争，直到气力耗竭。

关于做女道士后的生活，现存的资料中有两种说法，其一仍旧来自《唐才子传》：

> 与李郢端公同巷，居止接近，诗筒往反。复与温庭筠交游，有相寄篇什。尝登崇真观南楼，睹新进士题名，赋诗曰："云峰满目放春情，历历银钩指下生。自恨罗衣掩诗句，举头空羡榜中名。"观其意激切，使为一男子，

必有用之才，作者偏赏怜之。

从这段叙述来看，鱼玄机入道后的生活与薛涛很相似，获得了一定的自由，也过起了与文人雅士交往唱和的生活。虽然李郢、温庭筠不及武元衡、元稹等人身份显赫，但在同时代也是数一数二的风流人物。鱼玄机写给两人的作品仍有流传，与温庭筠的诗作较多，多自述孤寂辛苦。然而，从她的一首送给李郢的诗中，我们似乎看到了某种不一样的情愫：

> 无限荷香染暑衣，阮郎何处弄船归？
> 自惭不及鸳鸯侣，犹得双双近钓矶。

此诗题名《闻李端公垂钓回寄赠》，看来李郢去垂钓时，鱼玄机并不在身边，事后听说此事，似乎有些小小的不满，也许在责怪他没有带上自己，故而写诗告诉他自己多么想陪在他身边，明里"自惭"，暗里却在埋怨李郢没有及时邀她同去。如此看来，两人关系不同寻常。那么这李郢又是何人？

李郢来自浙江，家境不俗，好郊游，善写诗，《全唐诗》里录有他的诗作。唐宣宗十年进士及第，做过职位不高的官，为人洒脱，是一位文艺型才子。这样的人历来较易获得女才子的青睐，特别是受过感情创伤、又身处自由空间的文艺女性更易动心。《唐才子传》说他们两人住在同一条巷子里，又经常互赠诗篇，想来交往颇多，关系不俗。可惜，找不到更多关于他们两人的交往资料，究竟他们发展到何种程度不得而知。即便有男女之情，李郢的身份也难娶鱼玄机为正妻，而受过伤害的鱼玄机也未必肯再低头做妾，所以，这大概又是无果之恋吧。《唐才子传》没有对鱼玄机的私人生活做过度渲染，也没有以男性视角贬低她的身份，而是对她的才学和禀赋持以激赏肯定的态度,可见作者辛文房的豁达宽厚。他称赞当时的才女为"时京师诸宫宗女郎,皆清俊济楚,簪星曳月,惟以吟咏自遣,玄机杰出,多见酬酢云"。对女性也较少偏见,无论男女,有才学者皆一视同仁。这样的观念在古人中相当难得。

然而,能做到如辛文房般客观的人是少数的,在北宋文人孙光宪所著的笔记小说《北梦琐言》里,我们看到的鱼玄机是另一种面貌:

> ……为李亿补阙执箕帚。后爱衰下山,隶咸宜观为女道士……自是纵怀,乃娼妇也。竟以杀侍婢为京兆尹温璋杀之。有集行于市。

对鱼玄机离异后的生活状态,孙光宪给出的是否定性评价,不但批评她放纵自己,更直指她为娼妇,将鱼玄机的身份贬低了一个层次,并牵出一桩凶案。

唐代女道士是一个特殊群体,并非纯粹的出家修道之人。她们身份较自由,可以不受道德束缚与异性交往,比较接近于现代女性的交友方式,但在旧时代的卫道士们看来,此举与娼妓无异。鱼玄机虽没有如薛涛般入籍的经历,但终难逃被视为妓女的不公。而关于文中所提到的凶案,源头来自唐朝末年的一部笔记小说《三水小牍》。

《三水小牍》为小说家皇甫枚的一部作品集,其中一篇题为《鱼玄机》的小说是以鱼玄机为女主角,讲述她因妒而杀害婢女绿翘的故事。

皇甫枚笔下的鱼玄机,样貌大异于辛文房的记载。开篇便说鱼玄机为"长安倡家女也",直接将其定位为低贱出身。小说里没有提及李亿，也没有说到李郢和温庭筠，而是这样一种生活状态：

> 咸通初，遂从冠帔于咸宜，而风月赏玩之佳句，往往播于士林。然蕙兰弱质，不能自持，复为豪侠所调，乃从游处焉。于是风流之士争修饰以求狎，或载酒诣之者，必鸣琴赋诗，间以谑浪，懵学辈自视缺然。

在皇甫枚的笔下，鱼玄机拥有绝对的性自由，生活放浪，似有执意将好牌打烂的斗志。果不其然，情人太多，就会引来猜忌和嫌隙。这一日，鱼玄机的不满发泄在了婢女绿翘头上，其缘由是这样的：

> 忽一日，机为邻院所邀，将行，诫翘曰："无出。若有客，但云在某处。"机为女伴所留，迨暮方归院，绿翘迎门曰："适某客来，知炼师不在，不舍辔而去矣。"客乃机素相昵者，意翘与之私。及夜，张灯扃户，乃命翘入卧内讯之。翘曰："自执巾盥数年，实自检御，不令有似是之过，致忤尊意。且某客至，款扉，翘隔阖报云：'炼师不在。'客无言，策马而去，若云情爱，不蓄于胸襟有年矣，幸炼师无疑。"

绿翘是个聪明美丽的女孩儿，年纪渐长，自然就会成为女主人的潜在威胁。这一日鱼玄机外出会友，嘱咐绿翘看门，若有客来就告知女主人去处。不想回来一问，老相好果然来了，而绿翘的话却不是按照嘱咐好的那般说法。按绿翘的表述，她告知那人的话是"炼师不在"，那人二话不说就策马离开了。这样的表述引起了鱼玄机的猜疑，为什么绿翘没有按她吩咐的那样做？她所陈述的经过又有几分真假？最让鱼玄机担忧的是绿翘趁她不在而与她的老相好成了好事。然而，绿翘太聪慧了，巧言善辩，说话滴水不漏且振振有词，这惹怒了鱼玄机，于是悲剧发生了：

> 机愈怒，裸而笞百数，但言无之。既委顿，请杯水酹地曰："炼师欲求三清长生之道，而未能忘解佩荐枕之欢。反以沈猜，厚诬贞正，翘今必毙于毒手矣。无天则无所诉；若有，谁能抑我强魂？誓不蠢蠢于冥冥之中，纵尔淫佚！"言讫，绝于地。机恐，乃坎后庭瘗之，自谓人无知者。时咸通戊子春正月也。有问翘者，则曰："春雨霁，逃矣。"

绿翘果然是勇士，临死时还在慷慨陈词，且言辞一针见血："炼师欲求三清长生之道，而未能忘解佩荐枕之欢。"言外之意，你想求三清长生之道，却忘不了男女枕席之欢，斥责鱼玄机不过一娼妇耳。绿翘越是能辩，鱼玄机越是愤怒，终酿成祸端，出了人命，又怕被人知晓，匆忙掩埋后谎称绿翘私逃。

纸里包不住火，命案终究被识破，当绿翘的尸体被挖出来时，皇甫枚说她"貌如生"，十分小说笔法，似暗含死不瞑目之意。尽管有人替鱼玄机求情，但终难免一死，一代才女遂亡于一场狗血的争风吃醋案。

故事里究竟有多少真实？不得而知。皇甫枚生活的年代距鱼玄机较近，按理他的叙述当有一定的史料价值。然《三水小牍》终究是一本小说集，故事人物的叙述极富戏剧性，鱼玄机有诗名，生活自由，那时关于她的传说应当不少，皇甫枚一定也听说过，故而记录下来，再佐以文学创作者的想象，遂成一篇名人八卦。可是，那些传说又有多少可以展现鱼玄机当年的真面目呢？想必真假参半，附会颇多。一个行动自由的女人本就易惹非议，加之其性情外放，骨子里不愿屈就服输，产生的传言也就会更多。传言渐渐变为传说，在文人圈里发酵，再变成小说家的笔下之物，人物的真实面目就更加难寻了。

  皇甫枚的这篇小说十分有名，成了后世了解和研究鱼玄机的重要资料。因有关鱼玄机的史料有限，很多人并不以其为文学作品，而是当作小传来读。这样，鱼玄机的形象则产生了变化，放荡、暴烈、残忍成了她撕不掉的标签，她没有薛涛的温润和淑婉，而是字字句句在表达着心里的愤怒和不甘。也许她的性格天生是强势的，薛涛是水，鱼玄机是火。对李亿，她有爱更有怨；看到新进士发榜时她"自恨罗衣掩诗句，举头空羡榜中名"，是满腔的委屈与不甘；她爱慕李郢便大胆表白，写给温庭筠的诗亦直抒胸臆、不卑不亢；在皇甫枚的小说里，她亦是不肯向生活低头，处事不懂迁就，性格不够宽和。也许这样的女子注定要饱尝更多的人世艰辛，渴望爱情，得不到爱情；渴盼公平，没有公平；跻身自由，却被自由所侮。命运之舟终不能为自己掌握，恰如电影《唐朝豪放女》里她自己说的那样，漂到哪里算哪里。

李季兰：从谑浪仙凡到身不由己

在《唐才子传》中，作者辛文房将李季兰与鱼玄机列为一组，评价颇高：

> ……皆跃出方外，修清净之教，陶写幽怀，留连光景，逍遥闲暇之功，无非云水之念，与名儒比隆，珠往琼复。①

辛文房虽是旧时代书生，思想却并不迂腐，对有才华的女子，无论身份高低，都予以赞赏的眼光，并给出相当高的评价。对薛涛和鱼玄机，他不惜溢美之词；对李季兰，他也同样没有吝惜笔墨，甚至有过之而无不及：

> 夫士有百行，女唯四德。季兰则不然，形气既雄，

---

① 《唐才子传》，第20页，中华书局，1991。

诗意亦荡。自鲍昭[1]以下，罕有其伦。

短短一句，不但暗中否定了所谓的"女德"，更将李季兰的才华与著名诗人鲍照相比肩，并提出了鲍照之后只有一个李季兰的大胆论断。如此气魄，有唐一代的才女似皆有所不及，李季兰可谓唐朝第一女诗人了。那么，能获得如此高的赞誉，这位女子究竟何人？

季兰，名冶，以字行，峡中人，女道士也。美姿容，神情萧散。专心翰墨，善弹琴，尤工格律。当时才子颇夸纤丽，殊少荒艳之态。[2]

这也是辛文房为我们留下的一些简要的资料，虽然不算详尽，但几个关键点也都提到了。李季兰名冶，季兰是她的字，有名有字的女子，出身不会特别低，即使不是官宦人家，至少也是书香门第。她生在三峡一带，不知什么原因，出家做了女道士，得了个自由身。她自幼受到了良好的教育，能诗善琴，人美，气质也好。如此看来，她是典型的古典才女，更是典型的唐才女。

根据《唐才子传》的记载，李季兰活跃于开元天宝年间，这样说来，她比薛涛、鱼玄机出生要早，属于盛唐时代的诗人。既然是天资不凡的才女，按照惯例，一定自幼便有不凡的表现。谢道韫、徐惠、薛涛都有类似的故事，李季兰也有。关于她的童年纪事，最初被收录在一本叫《玉堂闲话》的书里，后被编入著名的笔记大全《太平广记》中。

---

[1][2] 鲍昭，即鲍照，《唐才子传》，第20页，中华书局，1991。

李秀兰①以女子有才名。初五六岁时,其父抱于庭,作诗咏蔷薇,其末句云:"经时未架却,心绪乱纵横。"父恚曰:"此女子将来富有文章,然必为失行妇人矣。"竟如其言。

不难发现,这个故事与薛涛极为相似,不知是否为后人以同样架构,佐以以果推因的方式杜撰而成。因李季兰成年后做了女道士,拥有了较为开放自由的个人生活,后世文人难免引以为坊间八卦,添油加醋并以《左传》笔法叙之。故事自然生动,但真实性需要读者斟酌。或许李季兰的确于幼年随口诌了这么两句,但其父以此推论女儿将来"必为失行妇人"则难免臆想过度。

作为生长于三峡的才女,李季兰对家乡充满热爱。在她心中,三峡不但有巫山神女的传说,其景物风流潇洒,本身就是神仙所在。成年后李季兰曾作长诗《三峡流泉歌》②,其中说到童年时眼中的三峡,如此描绘:

> 妾家本住巫山云,巫山流水常自闻。
> 玉琴弹出转寥夐,直似当年梦里听。
> 三峡迢迢几千里,一时流入幽闺里。
> 巨石崩岩指下生,飞泉走浪弦中起。
> 初疑愤怒含雷风,又似呜咽流不通。
> 回湍曲濑势将尽,时复滴沥平沙中。
> ……

---

① 《唐诗纪事》《唐才子传》均称"李秀兰"为"李季兰"。
② 《太平广记》引《中兴间气集》云此诗为李季兰所作。另据《琴集》:"《三峡流泉》,晋阮咸所作也。"

开篇一句"妾家本住巫山云",起笔便仙气飘摇,暗中自比传说中的神女,而在这仙居之所,常常听到的是清泉流响之音,其悦耳高妙一如玉琴所弹,如梦似幻。"三峡迢迢几千里"的壮阔,倏忽间闯入春归少女的梦境,江水滔滔,奔流激荡,震动了少女的心,或许也启发了她高远的志向。

成年后的李季兰离开了家乡,在浙江生活多年,正如那个时代的众多才女一般,她也结交了自己的朋友。只是与薛涛、鱼玄机较为不同的是,李季兰的朋友并非全部是寻常文人雅士,而是带着点化外的色彩。他们之间的关系也更加微妙,不止诗歌酬唱这么简单。

天女来相试,将花欲染衣。禅心竟不起,还捧旧花归。

这首《答李季兰》并非一般诗人所作,而是出自一名僧人之手。他的名字叫皎然,俗家姓谢,是谢灵运的后代,也是唐朝著名的诗人。皎然是李季兰的好友,而他们两人又都是"茶圣"陆羽的好友,据传,三人常常在一处聚会赋诗,甚是逍遥。

辛文房评价此诗为"其谑浪至此",话中有谑讽之意。论理,出家人不近女色,当在世外清修。而皎然不但打破禁忌,且赋诗将李季兰比作天女,手捧鲜花要沾染他的衣服。皎然说李季兰是来试他的,究竟试什么却没有明言。而花在诗中似乎别有深意,仿佛代表着来自红尘的种种诱惑。皎然面对这如花似玉般的天女的诱惑,一颗禅心竟不能撩拨而起,天女无奈,只得捧着渐渐枯萎的花黯然离去。这样看来,李季兰似乎向皎然表达了什么,却被皎然如此文雅地拒绝了。按惯例,既然皎然是以诗相答,李季兰也应该是以诗来试的,可惜今存李季兰的作品中不见其诗,倒是一首写给陆羽的五律被保留了下来，题名《湖上卧病喜陆鸿渐至》：

> 昔去繁霜月，今来苦雾时。相逢仍卧病，欲语泪先垂。
> 强劝陶家酒，还吟谢客诗。偶然成一醉，此外更何之。

从语境和内容上看，李季兰与陆羽之间是单纯的友谊之情，而这份友谊却是温情慰藉的。大概李季兰曾久病不起，身为朋友的陆羽前来探视，李季兰非常感动，加之久病导致心情不畅，在陆羽面前痛哭流涕。陆羽当然也很难过，为了排遣她的忧郁，与她吟诗饮酒。陆羽的善意果然奏效，两人痛饮而醉，李季兰的心灵得到了极大的慰藉。

然而史料中关于他们友情的记载不多，《唐才子传》只说他们"意甚相得"，连具体事例都未记载。人们往往更关注男女间那些友情以外的东西，于是有这样一则故事便被详细地记录下来：

> 又尝会诸贤于乌程开元寺，知河间刘长卿有阴重之疾，诮曰："山气日夕佳。"刘应声曰："众鸟欣有托。"举坐大笑，论者两美之。

刘长卿是唐朝诗人，因患有疝气，被李季兰得知。按常理说，这样的病不该在大庭广众下探问，更何况两人男女有别。但李季兰仿佛偏要调笑，故借用陶渊明诗句询问。"山气"谐音"疝气"，"日夕佳"谐音"日益加"，意即你的病有没有加重？不知当时现场的气氛是否一度陷入尴尬，不过刘长卿自然不会当即羞红了脸做扭捏状，于是也用陶渊明诗句回应。患有疝气会导致阴囊肿大，需要用带子系住托着。于是"众鸟"便暗指日益变重的生殖器，

85

幸而有夹带托住，可谓反应快，回答机智而不伤大雅。在座之人听了，自然也会心大笑。而李季兰的口无遮拦也似见怪不怪，并无人批评她不守女德，而是容许她的不羁之风，乃至颇为欣赏。

在唐代，道士的身份难以禁锢一个女人，却反倒会赋予她更开放的生活方式。而李季兰不但拥有这些，她还拥有爱情，甚至结了婚。但可惜的是，关于她相爱的对象乃至夫君都没有确切的史料留存下来。她曾有诗云："欲知心里事，看取腹中书。"我们所能获知的信息，都是从她所作的诗歌中探寻而来的。

李季兰的作品中，描写爱情的诗篇很多，有一首《相思怨》是这样诉说心中情愫的：

人道海水深，不抵相思半。海水尚有涯，相思渺无畔。
携琴上高楼，楼虚月华满。弹著相思曲，弦肠一时断。

海水之深不及相思之一半，因相思而弹琴，而琴弦却与愁肠同断，可见诗人用情极深。李季兰如此才华横溢，能令其动情者当为谁？从她现存的诗作中，首先找到了一个名字：朱放。

望水试登山，山高湖又阔。相思无晓夕，相望经年月。
郁郁山木荣，绵绵野花发。别后无限情，相逢一时说。
——《寄朱放》

查阅史料，关于朱放的记载不多。他并非高官，也算不得严格意义上的诗人，居住在浙江，沾一些世外高人的色彩，大约是一位隐士。朱放与皎然有交情，而李季兰也与皎然是朋友，因此两人之间有交往是正常的。从李季兰这首诗所描述的情境来看，此时两人已然分别多年，但李季兰对他是念念不忘的。"相思无晓夕"说明她从早到晚都在思念他，"别后无限情"更为相思添上一层凄楚，而诗人心中有如此情思却无处诉说，只待与朱放重逢时一吐为快。

如此别离，似乎未能再续前缘。但在李季兰的诗作中，还存在着另一个人的名字，而李季兰对他的情愫似乎要胜过朱放。

流水阊门外，孤舟日复西。离情遍芳草，无处不萋萋。
妾梦经吴苑，君行到剡溪。归来重相访，莫学阮郎迷。

这首诗题名《送阎二十六赴剡县》，看来也是一首送别诗。从地点来看，离别处似在姑苏，而行人是去往浙江的剡县。结尾处化用《幽明录》中剡县人刘晨、阮肇入天台山遇仙女不归的故事，嘱咐他不要像阮肇一般被仙女迷惑，要记得回来找她。

李季兰生前有多首诗作赠予这位阎公子，根据诗作透露，此人名阎伯钧，具体信息不详，似在江州做过官。尽管如此，能与李季兰相爱，博得才女芳心，也应是一位不俗之人。阎伯钧离开后，没有辜负李季兰的相思之情，有书信寄来，李季兰见字如面，触景伤情，又赋诗一首：

情来对镜懒梳头，暮雨萧萧庭树秋。
莫怪阑干垂玉箸，只缘惆怅对银钩。

——《得阎伯钧书》

离别令李季兰黯然神伤，形容憔悴。她心里凄苦，连打理自己的妆容也懒怠了，不知应为谁容。阎伯钧多次赴外地，且目的地不同，根据当时的历史判断，应该是被朝廷外派为官所致。而李季兰身为女道士，没有正式的名分，自然是不能随行的。在这一点上，李季兰的苦楚当与薛涛极为相似，她们的相思之怀也只能靠一首首诗歌来传递。从诗作的情感表达上来看，虽然都是相思之情，但薛涛要比李季兰更矜持些，她的感情是竭力在收拢的。李季兰虽然没有鱼玄机那般恣意，但她对情的执念，对恋人的痴怀则柔肠百转，如万缕情丝将人缠绕。

李季兰与朱放和阎伯钧似乎都没有得到好的结局，但她却最终嫁了人，而这要从她人生中的一个重要转折说起。

> 无才多病分龙钟，不料虚名达九重。
> 仰愧弹冠上华发，多惭拂镜理衰容。
> 驰心北阙随芳草，极目南山望旧峰。
> 桂树不能留野客，沙鸥出浦谩相逢。

此诗题名《恩命追入，留别广陵故人》，这一次不是她送别而是出发离别。离别的原因是"虚名达九重"进而"恩命追入"。此时她虽在病中，也不得不奉命北上，离别不舍的朋友与故园，一步三回头地走了。她奉了谁的命令不得不走？又是要去往何处呢？

> 天宝间，玄宗闻其诗才，诏赴阙，留宫中月余，优赐甚厚，遣归故山。

《唐才子传》提供了这样一条信息。恰如当时诸多女才子一般，李季兰的才名传到了京师，被天子得知，召她入宫。然而唐玄宗召李季兰是与当年唐太宗召徐惠迥然不同的。且不说玄宗身边已有杨贵妃，李季兰生于开元初年，此时也已人到中年，且出身低微，不可能行随銮伴驾之事。玄宗召她入宫，大约只是出于欣赏与好奇的心理，并且没有因她是女子而看低她。但关于她入京后的人生际遇，说法便有不同。辛文房说她"遭归故山"，也有资料表明她非但未能回家，反倒陷落战乱的泥流，且最终被杀。

> 日日青山上，何曾见故夫。古诗浑漫语，教妾采蘼芜。
> 鞞鼓喧行选，旌旗拂座隅。苍黄未得死，不是惜微躯。

此诗仅有颈联一句收录在《全唐诗》中，被录为残句，而整首诗则是从保存在俄罗斯的敦煌文献中发掘出来的，题名《陷贼后寄故夫》。这首诗补充了李季兰晚年的一些重要信息。其一，李季兰没能回到故山，而是在一次战乱中被困。关于这次事件的起因和经过，从敦煌文献中李季兰的一首残诗中可以窥见原委。此诗是李季兰上呈给叛将朱泚的。朱泚曾先后被任命为陇右节度使和凤翔节度使，唐德宗时发动泾原兵变叛乱称帝，德宗仓促逃离长安。此事发生在建中四年（783年），是李季兰晚年时遭遇的一件大事。朱泚称帝时，曾要求李季兰写贺诗，她被迫题诗，其中有"闻道乾坤再含育，生灵何处不逍遥"一句，为她惹下了祸根。其二，李季兰在长安成婚了，而在兵变中，她与丈夫分离，一个人留在了长安。也许她的夫君是朝中官员，兵变时伴驾仓促撤离了，而李季兰作为家眷来不及一同上路，也可能是她在家中身份较低，没有带上她。但李季兰却对丈夫撇下自己一事没有产生怨恨之情，而是日日遥望思念，并自说战乱中自己没有死，并非贪生惜命。原因究竟是什么呢？也许是她割舍不掉这份情，也许是她被朱泚强召入宫，身不由己。无论如何，她似乎心中有愧，未能成全一个烈名。她是否终于等到了丈夫回京？这又是不得而知，唐人赵元一所著《奉天录》中记载的李季兰最终的结局是这样的：

>……时有风情女子李季兰,上沘诗,言多悖逆,故阙而不录。皇帝再克京师,召季兰而责之,曰:"汝何不学严巨川?"有诗云:"手持礼器空垂泪,心忆明君不敢言。"遂令扑杀之。

文中所说的严巨川是泾原兵变时与李季兰一同被强召入宫之人,唐德宗返回长安后清算总账,严巨川赋诗剖白内心,说自己不得已侍奉逆臣,故有"手持礼器空垂泪,心忆明君不敢言"之语。但李季兰却未能有此机会,她献给朱泚的那句"闻道乾坤再含育,生灵何处不逍遥"成了最大的罪证,被德宗下令处死。关于唐德宗的提问,李季兰似乎没有回答,也有人说她不知悔改,没有更多的史料流传下来。

恰如鱼玄机,李季兰的死也非常令人惋惜。她早年的生活自由而惬意,在江南的山水间郊游访友,写诗度曲,是文人世界里最理想的生活情态。如若不曾入京,尽管时常被疾病和相思所折磨,她的人生也当属快慰的。而来到北方,特别是进入中唐以后是非不断的长安,她的命运便不由自己做主,被动荡不安的局势撕来扯去,最终不得善终。她的悲情之处在于被迫做了时代的牺牲品,这般仙气飘飘的女子似被斩断仙根,丢弃在浊水中任意飘零,从此再难寻回当初的自己。

宋氏三姐妹：唐宫深苑中的女学士

唐朝皇帝中出了相当多的文艺青年，也许是这个缘故，唐皇后宫中也不乏文艺女青年的身影。上自皇后下至宫人，能诗善文已经成为一种普遍的风气，且得到国家最高统治者的推崇、扶持和嘉奖。前有大唐女相，后有红叶题诗，个个文采出众，落笔不俗。她们有的留下了名字，有的无名可考，翻开《全唐诗》，惊诧于这一群作者数量之庞大，也感叹在浩瀚的诗歌历史中，这些作品可以跨越千年，流传至今。

在唐宫里，除了徐惠、上官婉儿这般声誉响亮的女诗人外，还有另一群人已经被今人遗忘，而她们也曾在唐朝宫苑里享有相当高的声望和地位。而更不同寻常之处在于，她们并非个体的存在，而是来自同一个家族，历经德、顺、宪、穆、敬、文六代皇帝，凭借自身的才学，得到过至高无上的荣耀，也因卷入政治斗争的旋涡而身败名裂，祸及家人。她们名留史册，列传于新旧《唐书》中。虽诗作流传不多，却终究在《全唐诗》中留下属于自己的一席之地。

她们就是中唐宫廷中的宋氏三姐妹。

说是三姐妹,原本是五人,又称"尚宫五宋",分别是"长若莘,次若昭、若伦、若宪、若荀"。(《新唐书》)之所以后来变为三姐妹,是因为三姐若伦与小妹若荀去世较早,没能留下作品和生活记载,故而在史籍中有名无史。真正在唐朝宫廷里留下人生足迹的是宋若莘、宋若昭和宋若宪。

这宋氏三姐妹与唐宫中的任何女子都不同,论及性格和人生理想,当数唐朝女子中较特殊的存在。据记载,宋氏姐妹为"贝州清阳人","父庭芬,世为儒学,至庭芬有词藻。生五女,皆聪惠,庭芬始教以经艺,既而课为诗赋,年未及笄,皆能属文"。(《旧唐书》)宋庭芬共有六个孩子,五女一子,据《新唐书》记载:"庭芬男独愚不可教,为民终身。"也就是说,宋家唯一的男嗣未能为家族光宗耀祖,也许曾令其父甚感惋惜。而宋氏姐妹入宫后,"庭芬起家受饶州司马,习艺馆内,敕赐第一区,给俸料"。(《旧唐书》)即使这样,唯一的儿子仍旧"为民终身",或许"愚不可教"的记载并非夸张。

儿子虽然是庸才,五个女儿却个个争气,小小年纪便能诗善文,慧名远播。这五人中才华最出众的是年长的两个女儿,而她们的志向也极为特殊,即便在当代也不多见:

> 若莘、若昭文尤淡丽,性复贞素闲雅,不尚纷华之饰。尝白父母,誓不从人,愿以艺学扬名显亲。
> ——《旧唐书·列传第二》

如果说不慕荣华是才女们都会有的品格标签,那么以终身不嫁、矢志向学为人生目标的女子则在古今中外都是凤毛麟角。宋家年长的两个女儿不但这样想,还要这样做,并且大胆地向父母说了出来。可以想象，即使在今天，父母们听闻女儿说出类似言辞的反应。唐代再开放，也是传统道德主导的男尊女卑、以传宗接代为人生首要任务的社会。当年少的女儿说出这样一番话时，宋庭芬夫妇又是如何做的呢？《新唐书》里提供了答案：

> 家亦不欲与寒乡凡裔为姻对，听其学。

可以看出，儒学世家出身的宋庭芬心高气傲，对女儿十分珍视。本着宁可独身也绝不嫁错的原则，容许了女儿的想法，肯定了她们求学的热望，并提供了大量支持与援助。虽然独身治学的诉求是年长的两个女儿提出的，但上行下效，底下三个妹妹也都以姐姐为榜样，五个女儿都留守闺中，要做女学者。不知身为父亲的宋庭芬在当时要承受多么大的社会和宗法压力，但显然，他并未退缩，并且得到了意想不到的收获。

> 贞元四年，昭义节度使李抱真表荐以闻。德宗俱召入宫，试以诗赋，兼问经史中大义，深加赏叹。
> ——《旧唐书·列传第二》

多个事例表明，身在皇宫大内的唐朝皇帝非常关注民间女子的教育问题，一旦听闻有奇女子出现，一定要召进宫中亲自考核并予以资格认证。初唐有徐惠，盛唐有李季兰，到了中唐，这一传统没有被唐皇废弃，而是继续发扬光大，且显示出了空前的"无私"性。唐德宗贞元四年（788年），宋家的五朵金花奉诏进宫，踏上了前人的道路，而她们的命运却未可知。

唐德宗也是一位文艺青年，《唐书》里说他"能诗"，《全唐诗》里也存有他的诗作。基本上是与群臣欢宴时所赋，文辞非常皇家范，篇幅也较长。只有一首七言绝句可以略微看得到一丝人间烟火气，题名《九日绝句》：

> 禁苑秋来爽气多，昆明风动起沧波。
> 中流箫鼓诚堪赏，讵假横汾发棹歌。

虽然唐德宗未能留下什么传世名作，但并不能以此来否定他的才学，至少，他能够赏识宋氏姐妹并予以嘉奖，继承了唐皇开放的传统。而唐德宗与先皇们不同之处在于他的"无私"：

> 又高其风操，不以妾侍命之，呼学士。
> ——《新唐书·列传第二》

徐惠入宫后做了唐太宗的侍妾，上官婉儿至少名义上是两任帝王的妃嫔，即使跳出唐代，向前推至汉魏晋，班婕妤和左棻的身世也无须赘述。凡是未婚的青年女子入宫，皆逃不开侍奉帝王的命运，至于是得宠还是失宠，则要看命运的安排了。纵有满腹才学，终不过是隐形的嫁妆、媚上的资产，这一角度来看，她们的人生都让人怜惜。而唐德宗却一反前人行事，不但嘉赏宋氏姐妹的才学，且破例没有将她们据为己有，而是以学人待之，最终将她们任命为内宫"女学士"。也许是五姐妹姿色平平未能引起皇帝的情欲，也许是德宗无从选择，又怕破坏姐妹情分，故而一概不纳。但我更愿意相信这是他对宋氏姐妹的尊重，正如宋庭芬一样，尊重她们"誓不从人，愿以艺学扬名显亲"的志向。固然显得有些离奇，但难得来自皇帝的这份理解与支持。

五姐妹中最先获得重视的是长姐宋若莘，《全唐诗》中收录她遗作一首，而名字却变成了若华，许是华字的繁体与莘字较接近的缘故。若莘自幼便是姐妹中的老师和领头人,"教诲四妹,有如严师"。(《旧唐书》)除了诗作,她还有著述,即"女四书"中之一的《女论语》。"其言模仿《论语》,以韦逞母宣文君宋氏代仲尼,以曹大家等代颜、闵,其间问答,悉以妇道所尚。若昭注解,皆有理致"。(《旧唐书》)从史籍记载的时间顺序来看,这是她在家中做女儿时的作品,以中国第一位女博士宣文君为老师,而以班昭等为学生,内容主要阐释唐代社会中的女德教育。《女论语》保存至今,其内容已失去了教育价值,仅存历史文献参考价值。但若莘著《女论语》,有两点十分有趣。

其一,老师与学生的设置。宣文君是前秦时代的女学者,而班昭(即曹大家,其夫姓曹)则是东汉时期的历史学家,两者在时代上的先后顺序被颠倒了。虽然宣文君以讲解《周官》而闻名,但从年代上来说,她毕竟晚生于班昭。且班昭寡居后曾入宫为皇室妇女讲学,又参与续写《汉书》,无论如何不该成为宣文君的学生。未知若莘著书时是如何考量的[①]。

其二,翻开《女论语》,其内容非常保守传统,按今人眼光观之,可谓赤裸裸的封建道德说教。而较为讽刺的是,宋氏姐妹都不是这些论调的身体力行者。比如第八篇《训男女》中关于女子行为教育有这样一段:

> 女处闺门,少令出户。唤来便来,唤去便去。稍有不从,当加叱怒。朝暮训诲,各勤事务。扫地烧香,纫麻缉苎。若在人前,教他礼数。莫纵娇痴,恐他啼怒。莫从跳梁,恐他轻侮。莫纵歌词,恐他淫污。莫纵游行,

---

[①] 《新唐书·列传第二》:"著《女论语》十篇,大抵准《论语》,以韦宣文君代孔子,曹大家等为颜、冉,推明妇道所宜。"第2870页,中华书局,2000。

恐他恶事。

以宋氏姐妹所受到的教育、生发的志向和人生选择来看，她们自己非但没有践行这套准则，且堪称完美的践踏者。如果她们的生活如笔下所要求的那样，她们非但会失去受教育的机会，更没有权利胆敢在父母面前扬言终身不嫁。父母给予了她们同时代人所不能拥有的自由，而这些身在福中的女孩子却还要自我编排出一套说辞，既是否定了父母的宽容和良苦用心，也是打了自己的脸。如果著述者一生都没有践行自己制定的准则，又为何以此来要求别人呢？

也许是少年时在闺中闭塞的环境未能开阔她们的眼界，在迈入唐宫后，宋家姐妹的生活发生了变化，随之性格处事也体现出了不同。史籍中关于若莘在宫中的生活记载不多，只说"自贞元七年（791年），秘禁图籍，诏若莘总领"。（《新唐书》）可以看出，若莘在后宫中的职能相当重要，工作职位不低。关于她在唐宫内的生活和交友情况，史籍中未有记载，不过倒是可以从她保留在《全唐诗》的一首诗中窥测一二：

十二层楼倚翠空，凤鸾相对立梧桐。
双成走报监门卫，莫使吴歆入汉宫。

此诗题名《嘲陆畅》[①]，短短四句却一改史书中留下的严正刻板的形象，言辞间的揶揄显得有些俏皮。陆畅是进士出身，又做

---

① 关于这首诗有另一种说法，尤袤所著《全唐诗话》中记载：陆畅为江西王仲舒傧相，迎娶云安公主，在催妆时作了一首诗，公主内人因其"吴音捷才，以诗嘲之"。陆酬曰："粉面仙郎选尚朝，偶逢秦女学吹箫。虽教翡翠闻王母，不奈乌鸢噪鹊桥。"

过皇太子僚属，应该有机会常在宫中走动，与女学士宋若莘有所接触。从诗的语气来看，两人的关系应当较近。陆畅是苏州人，满口吴语，而若莘是河北人，故以诗戏之。虽未见陆畅有诗回应，但若莘如此自律，又贵为唐宫学士，写此诗给陆畅，大抵有玩笑之意，陆畅也不会和她较真儿。

若莘卒于唐宪宗元和末年[①]，追封为河内郡君，生前死后都得到了嘉奖。次年，唐穆宗继位，他传承了父辈的优良传统，"复令若昭代司其职，拜尚宫"。（《旧唐书》）尚宫是唐宫内的正五品职，位在四品才人之后[②]。而事实上，虽然宋氏姐妹有"尚宫五宋"的称号，真正做过尚宫的只有若昭而已[③]。

三姐妹中，若昭最大的特点是善于搞好人际关系，且收获颇丰：

> 姊妹中，若昭尤通晓人事，自宪、穆、敬三帝，皆呼为先生，六宫嫔媛、诸王、公主、驸马皆师之，为之致敬。进封梁国夫人。
> ——《旧唐书·列传第二》

"通晓人事"四字，让我们看到了一个善于交际、人情练达的女性形象，而"六宫嫔媛、诸王、公主、驸马皆师之"则彰显了她的博学。可以说，她在唐宫中的人缘和声望是远超长姐若莘的，

[①] 元和（806年—820年）。
[②] 《旧唐书·列传第一》："尚宫、尚仪、尚服各二人，为正五品。"第1457页，中华书局，2000。
[③] 《旧唐书·列传第二》载若昭死后"敬宗复令若宪代司宫籍"，《新唐书·列传第二》载"若宪代司秘书"，究竟有没有被封为尚宫从行文看未有一定。

《唐书》之所以会为宋氏姐妹立传，其根本是为了记录她在唐宫内的生活遗迹，故史书里谈到宋氏姐妹时皆是以若昭的出场为开端。

若莘在家中撰写《女论语》时，若昭负责全书的注解工作，《旧唐书》谓"皆有理致"，可见她非常善于处理细致而略带烦琐的工作，这大概也是她能够在唐宫中厘清错综复杂的人际关系、不得罪任何人、不卷入任何纷争，从而得到自皇帝到驸马的交口称赞和尊敬，并进封梁国夫人的内在原因之一。可惜的是，她才学虽高，留下的作品却极少，《全唐诗》中仅存五言一首，且是一首应制诗：

> 垂衣临八极，肃穆四门通。自是无为化，非关辅弼功。
> 修文招隐伏，尚武殄妖凶。德炳韶光炽，恩沾雨露浓。
> 衣冠陪御宴，礼乐盛朝宗。万寿称觞举，千年信一同。
> ——《奉和御制麟德殿宴百僚》

从内容和形式上看，作品与徐惠、上官婉儿等人在类似场合所写的作品大同小异，仅在文风上有所不同。徐惠是清雅中带着一丝浩荡，可以看出是有意在模仿唐太宗的文风。上官婉儿的作品绮丽风流，无须讨好逢迎，自带引领大唐诗风的光环。与前辈们相比，宋若昭的作品则四平八稳，没有太多特点，却也挑不出什么毛病，与她的身份和赋诗的场合十分匹配。若诗风可以看出时代特色，徐惠有魏晋遗风，上官婉儿有初唐气象，宋若昭则是持重守节、温柔敦厚了。

长姐卒后几年，若昭也离世了，享年六十八岁[①]。此时唐敬宗刚刚登基不久，那时宋氏姐妹里只剩若宪一人。敬宗也很尊重她，命她接手了姐姐们生前的工作，继续在唐宫任职。若宪未见加封任何品级或封号，《新唐书》中只说她"代司秘书"，似乎有职无衔。真正重用她的却并非唐敬宗，而是下一任的唐文宗。可就是在文宗手下，若宪从峰顶跌入谷底，甚至惹来杀身之祸。可谓成也文宗，败也文宗。

> 文宗好文，以若宪善属文，能论议奏对，尤重之。
> ——《旧唐书·列传第二》
> 文宗尚学，以若宪善属辞，粹论议，尤礼之。
> ——《新唐书·列传第二》

唐文宗也是一位文艺青年，继承了祖上的光荣传统，而若宪的特长便是擅写文章，故而一拍即合，成了真正的帝王文秘。文宗登基时年仅十八岁，若宪生年虽不详，但从姐姐若昭的去世年龄判断，此时的若宪当已年过六旬，已经是老妇人了。自姐妹入宫以来，短短四十年光阴里，唐朝已换了六个皇帝，他们有的卒于疾病，有的则死于宫廷阴谋。大唐早已失去了盛世荣光，开始进入衰退期，皇帝也一个比一个无能，政治日渐昏暗。唐文宗固然尚文，却并不是一个头脑清醒的好皇帝，在残酷的政治斗争中时常犯错误，把本已污浊的政坛越搅越黑。

文宗时，宦官的势力嚣张庞大，朝臣中也是派系纷争不断，

[①] 新旧《唐书》均载其为"宝历（825—827年）初卒"，但据其出土的墓志记载："春秋六十八，大和戊申岁七月廿七日属纩于大明宫，就殡于永穆道观，以其年十一月八日付葬于万年县凤栖原先茔……"则宋若昭卒于唐文宗大和二年（828年），晚于史书记载。

文宗曾绞尽脑汁与他们斗法。而在这复杂的斗争环境里，原本避居后宫，以文学教育为己任的宋若宪却稀里糊涂地被卷进了斗争之中。

> 大和中，神策中尉王守澄用事，委信翼城医人郑注、贼臣李训，干窃时权。训、注恶宰相李宗闵、李德裕，构宗闵憸邪，为吏部侍郎时，令驸马都尉沈䶑通赂于若宪，求为宰相。文宗怒……幽若宪于外第，赐死。若宪弟侄女婿等连坐者十三人，皆流岭表。李训败，文宗悟其诬构，深惜其才。
>
> ——《旧唐书·列传第二》

王守澄是晚唐时期在唐宫中一度只手遮天的人物，而他只是一个宦官。唐文宗非常厌恶他，一直寻找将其除掉的机会。郑注和李训曾与之勾结，共同打击异己。为了陷害李宗闵和李德裕，他们编造谣言，谎称李宗闵做吏部侍郎时，曾通过驸马都尉沈䶑贿赂宋若宪，目的是得到宰相的职位。谣言传到唐文宗耳中，似乎他未经任何查证便对其深信不疑。手下的文秘公然参与卖官鬻爵、干预朝政，年轻的皇帝非常愤怒，毫不犹豫地处死了宋若宪，她的亲属也一并连坐，遭到流放。宋氏姐妹风光入宫，历经六朝，宫廷变换，却不幸落得凄惨的结局。当年风华正茂、志存高远的五姐妹一定想不到会以这样的收场来退出历史舞台。

唐文宗虽勤于政务，但个人才能有限，终未能扭转危局，使自己郁郁而终，死时也刚过而立之年。李训后因政变被杀，唐文宗也意识到了错罚宋若宪，但斯人已去，一切不能挽回。他曾有一首五言绝句名《宫中题》，文辞虽简，却颇能代表在位时的荒冷凄凉之境：

辇路生秋草，上林花满枝。凭高何限意，无复侍臣知。

虽不知侍臣者究竟指向何人，但从身份来看，宋若宪也属侍臣之列。当唐文宗独自登高凭栏，望路上秋草与上林花开之时，旧人不复，祖上留下来的江山也陷入混乱之境，文宗的内心一片寂寞悲伤，没有人能够体味他的孤独了。

宋氏姐妹去后，唐宫之中再未留下才女之名，唐帝国也在七十余年后退出历史。可惜的是，宋氏姐妹的名字和大部分作品一同淹没在浩瀚历史中，鲜有提及，唐宫诗媛的历史到此画上了句号。

花蕊夫人：消逝的旖旎宫声

在被贬黄州的岁月里，四十七岁的苏轼忽于一日想起四十年前的一个故人。那是一个朱姓老尼，九十岁了，见过前朝人物，便向小苏轼讲起了年轻时在蜀国宫中的见闻。说有一年夏天大热，蜀主孟昶与他的宠妃花蕊夫人于一晚在摩诃池上纳凉，填了一首词。老尼能够背诵，虽年事已高却不曾忘记，并当着小苏轼的面背诵了一遍。也许是老尼的讲述特别传神，让小苏轼不禁对蜀国风流心生遐想；也许因他天生对文辞感触敏锐，老尼口中背诵的篇章华美绮丽，触动了他幼小的心。四十年后，遭遇人生剧变的苏轼仍旧记得童年时的这段相遇，记得老尼口中讲述的那个故事，或许还清晰地记得老尼讲述时那传神的描述和描述中带着羡慕与追惜的神情。只是，老尼背诵的那首词却偏偏只记得前两句，令苏轼深以为憾。所幸，他自己已是词坛高手，长调小令皆信手拈来。生活的痛苦与人生的黯淡激发了苏轼的诗情与遐想，遂提笔填词《洞仙歌令》一阕，以慰愁怀：

冰肌玉骨，自清凉无汗。水殿风来暗香满。绣帘开，一点明月窥人，人未寝、欹枕钗横鬓乱。

起来携素手，庭户无声，时见疏星渡河汉。试问夜如何，夜已三更，金波淡、玉绳低转。但屈指、西风几时来，又不道、流年暗中偷换。

在这首清丽婉转的词作中，苏轼借助文字完成了一场穿越。他乘笔踏破时空的界限，飞向遥远的历史光阴中去，回到久别的故乡，回到久已湮灭的宫舍。那正是老尼口中说起的湿热的夜晚，摩诃池上华丽的殿宇里灯火已暗，一阵风来，吹开雾霞般的帘幕，月光照进寝殿深处，佳人未眠，钗横鬓乱。那窥人的月光就是苏轼的双眼吧？他眼中所见、耳中所闻并未尽数讲出，只用白描轻轻点染。暑热难耐，寝殿中人携手起身到殿外乘凉。时已三更，殿外寂静无声，仰头见星宇漫天，乘凉人轻声私语，期盼着西风尽快驱走炎热，却未承想，一年秋来，一年老去。

苏轼停笔至此，回到现实中来，心却似乎留在了深夜里的摩诃池上。故乡的人情风物、乘凉人的锦丽生活是他亲切熟知的，如今却不堪回首。风流不羁的少年时光里，他自己亦如"屈指西风几时来"的蜀国故人，只盼流光飞转，却不知"流年暗中偷换"后所要承受的痛苦。

那"起来携素手"的正是蜀主孟昶，"冰肌玉骨"的佳人便是花蕊夫人。关于孟昶，可以在《旧五代史》(《梁唐晋汉周书》)和《新五代史》(《五代史记》)中寻到身影，而花蕊夫人则于史书中未见详录，只能从后世的笔谈中寻得一点踪迹。

北宋文人陈师道在《后山集》中曾记录下关于花蕊夫人的一些故事，其文曰："费氏，蜀之青城人。以才色入蜀宫，后主嬖之，号花蕊夫人"。陈师道并未提到她的名字，只说她姓费。关于姓氏，南宋的吴曾提出异议，认为花蕊夫人姓徐，其父为徐匡璋，陈师道的记载有误。虽然记载不同，但两人对花蕊夫人的评价却较为一致：其一，她美；其二，她有才，即能诗。陈师道说她"效王建作宫词百首"，吴曾在《能改斋漫录》卷十六的《乐府·上》项中记《花蕊夫人词》一篇，其中谈到了她在蜀国灭亡被俘后，押解北上的路上写下的一首词，其文如下：

> 初离蜀道心将碎，离恨绵绵。春日如年，马上时时闻杜鹃。　　三千宫女皆花貌，妾最婵娟。此去朝天，只恐君王宠爱偏。

文辞不算上佳，却颇耐人寻味。

上阕语意明确，被俘北上，从万千宠爱于一身的贵妃沦为阶下囚，命运难料，忧心如焚。词意与她的身份和遭遇皆契合，是意料中之语。行文至下阕，"三千宫女皆花貌，妾最婵娟"一句当为写实，《新五代史·后蜀世家第四》载孟昶"又为方士房中之术，多采良家子以充后宫"，可见孟昶酷好美色，而吴曾说花蕊夫人"拜贵妃……意花不足拟其色，似花蕊翾轻也。又升号慧妃"（《能改斋漫录》），可见花蕊夫人是孟昶生前最爱之人，故她说自己"最婵娟"并非虚夸。依照常理，美人沦为阶下囚当为命运忧虑甚至恐慌，"此去朝天，只恐君王宠爱偏"恰是她内心的忧虑，这一去见到宋朝皇帝，也许自己与孟昶的夫妻之缘便到了尽头，从此换做宋太祖的枕边人了。

花蕊夫人的担忧并非杞人忧天，根据吴曾的说法，"王师下蜀，太祖闻其名，命别护送"（《能改斋漫录》），也就是说，宋太祖早就听闻其大名，此次伐蜀前作了特别交代，要把花蕊夫人保护好并派专人从专道护送至京师。这样的安排下来，目的再明确不过，就是欲亲自检校，若与传闻无差，便自行占有。作为胜利者的宋太祖，当然认为这是天经地义的事，但作为囚徒的花蕊夫人，心里则必然是恐惧哀戚的。这一路上她与孟昶分开，到了汴梁，丈夫生死难料，也许这便是永别。想起曾经与孟昶相伴的日日夜夜，面对宋太祖可能施加给她的"宠爱"，她想反抗而无力反抗，只有一个"恐"字可以说。

花蕊夫人在蜀宫的生活究竟如何，史书中没有记载，只能将《新五代史·后蜀世家第四》和从陈师道所说的"宫词百首"相对照以猜测还原。关于花蕊夫人的宫词，明代学者陈继儒在他的《花蕊夫人宫词叙》中说："李希颜奉诏料理蜀氏、秦氏、楚氏三家所献书，得一敝纸，出花蕊手书《宫词》。郭祥口诵数篇于王荆公，故王禹玉辈争相传写，行于人间。"这些宫词后被收录于《全唐诗》中，但其中有四十一首有说为北宋王珪所作，存在争议。尽管如此，略掉有争议的部分，仍旧有几十首可作为花蕊夫人早年生活的参考资料。

宫词作为一种诗歌体裁，并非花蕊夫人独创，在唐代就已经盛行。但唐代宫词多为文人拟作，是借他人酒杯浇自己块垒。真正居住在宫中的女子，她们的情思与生活都没有文人宫词里所描摹的那般瑰丽。而有趣的是，她们的作品一般都不算入宫词一类。花蕊夫人是唯一一个以宫人身份写宫词的人，陈继儒说这些诗"清而绮，香而艳"，评价较为准确。从文辞上看，诗篇的确华丽，但从内容上说，其所描绘的生活却是写实的，好似宫廷内的录影机，花蕊夫人借它拍下蜀宫内的楼台亭阁，石山流水，人物生活，休闲娱乐，这一切在她的宫词里栩栩如生，虽已历经千年，仍鲜活如初。

这种写作手法也是花蕊夫人学习来的，便是陈师道所说的"效王建作宫词"。王建是晚唐诗人，也曾作有宫词百首，然而他所获得的资料都是来自太监王守澄，这一点来看便不及花蕊夫人作为当事人来得直接。都说花蕊夫人奢靡风流，连大文豪苏轼都不禁心生遐思，她从前的生活究竟如何，不如去她笔下寻个究竟。

> 五云楼阁凤城间，花木长新日月闲。
> 三十六宫连内苑，太平天子住昆山。

从以上这首诗可以想象得到蜀国旧宫的华丽。《花蕊夫人宫词叙》载："蜀僻在西裔，其俗富而喜邀，城上环植芙蓉，几四十里，号曰锦城。夹江两岸，亭榭，与名花相错。"花蕊夫人在宫词的开篇里便描绘了锦城内外的绮丽美景，使人身临其境。而苏轼穿越时空窥见花蕊夫人的那个摩诃池上的"水殿"，也许就是这个名叫"重光殿"的地方：

> 殿名新立号重光，岛上亭台尽改张。
> 但是一人行幸处，黄金阁子锁牙床。

说罢亭台楼阁再看起居生活：

> 厨船进食簇时新，侍宴无非列近臣。
> 日午殿头宣索鲙，隔花催唤打鱼人。

> 立春日进内园花，红蕊轻轻嫩浅霞。
> 跪到玉阶犹带露，一时宣赐与宫娃。

国主吃的美食自然是新鲜美味，这边厢要吃鱼，那边便有人"催唤打鱼人"了。"侍宴无非列近臣"一句看得出孟昶喜欢宴饮，与会者皆是朝中近臣。早晨采摘最新鲜的花朵，君王欣喜地赐给宫内佳人。两诗皆由静及动，从近景描写到全景展示，仿佛一幅古画徐徐展开。但转瞬间，画上的人都动了起来，而我们也不再是观画的看客，跟着那一声声呼唤走入了画中时空，竟也不自觉地想要索取带露的晨花，尝一尝那美味的鲙鱼。不过，这美妙动人的表面荣华之下其实潜藏着影响后蜀命运的危机。《新五代史·后蜀世家第四》载："然昶年少，不亲政事，而将相大臣皆知祥故人，知祥宽厚，多优纵之。及其事昶，益骄蹇，多逾法度……"知祥是孟昶之父，也是后蜀的建立者，待人较为宽厚，但他的宽厚纵容了淫邪。这些大臣们骄奢淫逸，陪着国主吃喝玩乐之外更有不齿之行，"务广第宅，夺人良田，发其坟墓"，缺德事做得罄竹难书。孟昶不是不知，但他尚根基不稳，而旧臣势力庞大，历经十几年才"故将旧臣殆尽"。这诗中"侍宴"的"近臣"是否就是这些腐蚀后蜀的蛀虫？想到此，美好的画面中飘过一丝冷意。

饮食起居之外，还需些艺术的熏陶，比如：

离宫别院绕宫城，金板轻敲合凤笙。
夜夜月明花树底，傍池长有按歌声。

看得出，孟昶也很喜欢音乐，而花蕊夫人又恰是一位能诗善词的才女，想必在蜀宫内也依律填了不少新词。每当月夜，水殿风来，清歌飘荡，当别是一番清韵。翻制新曲应该也是孟昶所喜爱的，故宫人们以此为乐，十分尽心。除了音乐，孟昶最爱的还是女人。《新五代史》说他好房中术，后宫人数众多，从花蕊夫人的宫词中也可得到印证：

六宫官职总新除，宫女安排入画图。

> 二十四司分六局，御前频见错相呼。

宫女人数太多，官职繁复，以至于经常叫错，宫词中另有"诸院各分娘子位，羊车到处不教知"一句则暗示了孟昶后宫的庞大。关于孟昶后宫之女子究竟是何面貌，宫词中也有描述：

> 修仪承宠住龙池，扫地焚香日午时。
> 等候大家来院里，看教鹦鹉念新诗。

从诗中可以看出，宫妃们都有较高的文化修养，不是仅容颜艳丽便可讨孟昶欢心的。花蕊夫人得宠，也是出于同样的缘由，虽然宫词中并未写到自己的处境，但从这两首诗中已经可以看到花蕊夫人的影子。花蕊夫人提到这些宠妃时笔端并未流露嫉恨之情，也许可以借此推测，她在孟昶心中的地位是其他人不堪比的。

《新五代史·后蜀世家第四》载，"昶好打球走马"，是个酷爱娱乐的人，关于这一点，宫词中也有提及：

> 殿前宫女总纤腰，初学乘骑怯又娇。
> 上得马来才欲走，几回抛鞚抱鞍桥。

上行下效，国主喜欢，宫女们自然也争相学习，一个个娇柔的身影便出现在骏马之上，陪着国主打发时光。孟昶沉浸在脂粉堆中，不能自拔：

> 早春杨柳引长条，倚岸沿堤一面高。
> 称与画船牵锦缆，暖风搓出彩丝绦。

《花蕊夫人宫词叙》载:"昶且与内尚书、教坊小妇,打毬走马,斗草采莲,鱼龙竞渡,鹦鹉诵诗,而宋兵已入夔州矣。"蜀地虽好,风景虽美,终不是世外桃源。宋太祖南征北战,意在统一四方,怎会容忍孟昶在蜀地独自做神仙梦?而此时的孟昶还大梦不醒,以为他"温衣美食"所养的将士们可以守卫他的桃花源,殊不知这些人早已腐化堕落,根本无力抵抗强大的宋军。于是当宋军南下而来时,史书留给我们的是这样的画面:

> 而蜀兵所在奔溃,将帅多被擒获。昶问计于左右,老将石頵以谓东兵远来,势不能久,宜聚兵坚守以敝之。昶叹曰:"吾与先君以温衣美食养士四十年,一旦临敌,不能为吾东向放一箭,虽欲坚壁,谁与吾守者邪!"乃命李昊草表以降,时乾德三年(965年)正月也。自兴师至昶降,凡六十六日。
> ——《新五代史·后蜀世家第四》

被宋军铁蹄惊醒的孟昶哭也无用,后蜀四十一年基业只两个月便灰飞烟灭。画面回到花蕊夫人被专送至汴梁的路上,曾经享尽荣华、受尽宠爱的女子,此时也不得不面对恐怖的命运。当她来到宋宫,宋太祖终于见到这位传说中的佳人,竟当场出了考题,要试试她的才学。于是,悲痛而幽怨的花蕊夫人写下了那首有名的《述国亡诗》[①]:

> 君王城上竖降旗,妾在深宫那得知。

---

① 此诗录自《全唐诗》卷七九八。

十四万人齐解甲，宁无一个是男儿。①

  文辞一改往日的绮丽之风，也没有妇人无力的怨诉，而是犀利谴责了蜀国上下的无能，这一次竟连丈夫孟昶都没有放过。似乎在为自己辩白，也许宋太祖见她貌美，言语间指责她有祸国之罪。面对这样的责难，女人自然委屈，但大多无力抗辩，甚至还要赔上性命，背上永世骂名。但花蕊夫人不肯服输，要为自己辩上一辩。路上的焦恐此刻似乎全然不见了，言辞激烈，令人敬佩，言语间表达了对亡国的沉痛和对误国者的痛切之情。《一瓢诗话》评此诗曰："何等气魄，何等忠愤！当今普天下须眉，一时俯首。"宋太祖似也被她打动，据说将她纳入后宫，十分宠幸。而那个从梦中惊醒的孟昶，来到汴梁后被封秦国公，七天后就死了。死因为何，史书避而不谈，想必与花蕊夫人多少有些关系。

  可惜的是，尽管花蕊夫人得到宋太祖的宠爱，却也未得善终。《花蕊夫人宫词叙》载："宋祖惑之，晋王谏不听，从猎园中，射死焉。"晋王就是后来的宋太宗，从这段记载来看，他是怕兄长被花蕊夫人迷惑而误国，这才做了清君侧的举动。然而，他自己后来却召幸南唐小周后，似乎又不怕被红颜误国了。个中缘由，后人难以说清，可供演绎爱好者们尽情遐想。而被皇权摆布的花蕊夫人，终究只是一朵娇艳的花朵，被人摘来戴去，最终零落成尘，只留下一段传说，几十首诗歌，依稀芬芳如故。

---

① 宁无：一作"更无"。

李清照：问此生，可称人怀抱？

有时不禁要问，那些名传千古的文豪与艺术家们，他们生前是如何审视自己的生活，看待自己的一生的？那无法企及的成就，不可匹敌的智慧，那些令我们心生艳羡的名誉地位，令人神往的传奇经历，跌宕起伏的岁月，在他们眼中究竟是充实快慰的，还是悲痛自悔的？每个人都会有他自己的答案，每个人在各自不同的人生阶段也总会有不同的感慨吧。

李清照，大众眼中最有名的古代才女，文学家眼中中国古代成就最高的诗人之一，学术界第一个将词提升至理论高度的词论家。除此之外，金石学家、散文家、博弈高手、名门闺秀、失节妇人，这些都曾是她人生中的某一个标签，有的为人称道，有的被人诟病，有的已有定论，有的则存在争议。无论如何，以李清照留存下来的全部作品来看，她的个人成就足以匹敌中国古代所有知识女性的总和。

然而，李清照并不知道这些。她对自己的一生，也许另有斟酌。

> 常记溪亭日暮，沉醉不知归路。兴尽晚回舟，误入藕花深处。争渡，争渡，惊起一滩鸥鹭。

这首脍炙人口的《如梦令》历来被世人公认为李清照少女时光的写照。风华正茂的少女在野外玩耍，兴尽方知归家，是何等的娇憨恣意。不小心闯入藕花深处，急着划船，惊起一群飞鸟，生动传神的文字勾勒出一幅活泼的画面，画面中一定有一颗活泼的少女心。的确，李清照的青春回忆里充满了烂漫的生趣，但倘若她的父亲不是李格非，也许她只不过是一名被嫌弃的孤儿。

李格非何许人也？《宋史·列传第二百三》中为他留下了几段文字，称他自幼便"俊警异甚""著《礼记说》至数十万言"，当然他最有名的代表作是《洛阳名园记》，《宋史》如此推崇此文是因为他理论性地预见了北宋洛阳城的沦陷。可见，李格非是一位饱读诗书、著作等身的大学者、大文士。李格非先后结过两次婚，妻子都姓王，亦都是知识女性。第一任妻子乃元丰宰相王珪之女，她是李清照的生母①，但不幸的是，李清照两岁时王氏亡故，李清照还不通人事便失去了母亲。同年，宋神宗去世，哲宗继位，重新任用司马光、苏轼等人。作为"苏门后四学士"之一的李格非也得到任用，于第二年进京供职，而李清照却被留在故乡跟随伯父一家生活，直到六岁才回到父亲身边。

许多有类似遭遇的人都有着失落的童年，李清照的童年是否失落，我们不得而知。虽然六岁时终于回到父亲身边，但继母王氏于她八岁时来到李家并生下弟弟李迒，丧母、寄养、继母、异母弟，对于一个女孩来说，人间的不幸元素皆已齐备，即便是今

---

① 关于李清照生母的说法，目前尚存在争议。本文采原配说。

天，又有多少女子能够幸福成长？

李清照有一个好父亲。

《宋史·列传第二百三》对继室王氏的记载是"妻王氏，拱辰孙女，亦善文"，想见是与李格非精神气质相通的。李格非续娶王氏，除了考虑到门户之外，也一定为女儿的成长和教育做了考量。父亲固然疼爱女儿，但一个女孩的成长中扮演重要角色的还有母亲。童年的李清照还不能选择自己的人生，爱护她的父亲则用心地为她选择了一位优秀可靠的监护人。王氏来到李家后的生活未见于史料和李清照的个人回忆，但从李清照晚年所著的《〈金石录〉后序》中可以猜测她与异母弟李迒的关系不算疏远，在人生危难时刻，他曾是丧夫无子的李清照的一个依靠。由此推断，李清照与继母的关系应该很好，而从她对少女时代的回忆和一生所取得的个人成就来看，继母也尽到了照顾和教育女儿的责任。

李格非的主要著作都是在李清照回到自己身边后完成的。他对文章的要求极高，《宋史》谓："格非苦心工于词章，陵轹直前，无难易可否，笔力不少滞。"他对著文有独到精辟的见解："文不可以苟作，诚不著焉，则不能工。且晋人能文者多矣，至刘伯伦《酒德颂》、陶渊明《归去来辞》，字字如肺肝出，遂高步晋人之上，其诚著也。"有这样的父亲作为治学著述的标杆，又有知书达理的继母悉心照料，李清照的才学突飞猛进，十四岁时受到父亲的肯定和赞许，并得到其友人的高度评价："中郎有女堪传业。"在古代，传业是男子事，父亲并未因她是女孩便疏于教导，谆谆教诲中自然倾注了心血和期盼。想必朋友也定是从他的言谈中体味到了他的良苦用心，才有如此夸赞。

及笄之年的李清照不但已有质量较高的诗词作品，且因父亲的关系得以受到前辈名家的指点。根据考证，以"绿肥红瘦"四字而令无数人折腰的《如梦令·咏海棠》就创作于出嫁前的少女时期。此时的词作，格调清婉，用词奇崛，想象力超群，已可比肩于名家。而在我看来，她此时最震撼人心的应该是她的诗作。

李清照以词闻名，诗作留存不多，最有名的当数《夏日绝句》，"生当作人杰，死亦为鬼雄"已成为千古警句，而"至今思项羽，不肯过江东"又叹煞多少读书人。李清照的诗作史韵甚浓，思辨力强，以古鉴今中有自己独到的见解和感悟，这在她少女时的两首长诗中已可窥见。"苏门四学士"中的张耒和晁补之都与李格非交往友善，后者亦与李清照结为亦师亦友的忘年交，而张耒的一首诗则直接激发了李清照的创作热情，写下了《浯溪中兴颂诗和张文潜二首》。

《浯溪中兴颂》即《大唐中兴颂》，是唐代宗时期刻于浯溪石崖上的碑文，说的是唐肃宗平定安史之乱、中兴大唐的史实。张耒曾赋诗《读中兴颂碑》，流传颇广，引名流唱和无数。李清照在当时是晚辈，身份不过闺阁女子，却不甘示弱，和诗两首，大胆表达了自己的见解，虽不脱青年人的激愤之情，却也表现了她对历史的思索和对当世的警醒。

两首诗结构相似，均以唐玄宗的荒淫无道开篇，结尾讽刺中兴颂碑文的自作聪明。其一的开篇之句"五十年功如电扫，华清花柳咸阳草"气势颇足，极具青年人的锐气。在历数了唐玄宗的种种荒淫后，道出"尧功舜德本如天，安用区区纪文字。著碑铭德真陋哉，乃令鬼神磨山崖"四句，对中兴颂碑文道出不以为然之态度。在诗末又提出自己的看法："夏商有鉴当深戒，简策汗青今具在。"意即历史的教训已然写满史书，足以警示今人，区区中兴颂碑文似有替唐肃宗歌功颂德之意，怎堪与夏商之教训、史册之记载相比拟？如若唐玄宗生前能够以史为鉴，恐怕唐代宗也不必劳烦刻下这一篇碑文了。结尾更语出尖锐："君不见，当时张说最多机，虽生已被姚崇卖。"张说和姚崇均为唐玄宗时的名相，但据记载两人"衅隙甚深"，姚崇临死前还算计了张说，令张说痛悔不已，故有"死姚崇犹能算生张说"之语（《明皇杂录》）。或许，李清照借此典故来暗讽当朝愈演愈烈的党争，提出自己对朝局的忧虑和深思。全诗固然有失沉稳，却难得诗人十几岁年纪便有如此洞察力，令人钦佩。

宋徽宗靖国建中元年（1101年），十八岁的李清照与吏部侍郎赵挺之之子赵明诚结婚，走入了那段令世人称道艳羡的婚姻。结婚时，赵明诚二十一岁，做太学生，正是风华正茂之时。这一年，党争出现了缓和的假象，赵、李两家未成仇人而先做了亲家。风云未起，门当户对，学识相当，此时的李清照应当是快乐的吧。

> 卖花担上，买得一枝春欲放。泪染轻匀，犹带彤霞晓露痕。　怕郎猜道，奴面不如花面好。云鬓斜簪，徒要教郎比并看。

一首简短的《减字木兰花》，道出少妇情思。那带着"彤霞晓露"的"春欲放"想必就是李清照一生酷爱的梅花吧？在她的一生中，梅花是她各个生命时段的代表和象征，每一首咏梅之作都凝聚了她创作的心血，更描摹了她的内心境遇。这第一次出现在她笔下的梅花，还是清新美艳的容姿，是少妇鬓发间的一个装饰。而她的新婚丈夫要为她的突发奇想做一个裁判，亲自评定妻与花何者更美。

对美色的评定也许不是赵明诚的专长，但对妻子的才情，赵明诚当早已心服口服，并似冥冥之中已有姻缘定。元人伊世珍在著作《琅嬛记》中曾记述了这样一段有趣的故事：

> 赵明诚幼时，其父将为择妇。明诚昼寝，梦诵一书，

觉来惟忆三句云:"言之司合,安上已脱,芝芙草拔。"以告其父。其父为解曰:"汝待得能文词妇也。言与司合是'词'字,安上已脱是'女'字,芝芙草拔是'之夫'二字。非谓汝为词女之夫乎?"后李翁以女妻之,即易安也,果有文章。

笔记小说之言不可全信,有后人附会之意。但这段故事放在赵李夫妇身上又显得极为贴切。有趣的是,赵明诚梦中所得奇句虽未必真,李清照常有奇梦却是事实,梦中所见所闻常常超凡脱俗,与她的创作有共通之处。她曾为自己的梦写诗填词,这首《晓梦》似是青年时所作:

晓梦随疏钟,飘然跻云霞。因缘安期生,邂逅萼绿华。
秋风正无赖,吹尽玉井花。共看藕如船,同食枣如瓜。
翩翩垂发女,貌妍语亦佳。嘲辞斗诡辩,活火烹新茶。
虽乏上元术,游乐亦莫涯。人生能如此,何必归故家?
起来敛衣坐,掩耳厌喧哗。心知不可见,念念犹咨嗟。

李清照常在梦中遇见仙人,《晓梦》便是最佳代表。在梦中,她飞升天外,遇到传说中的仙人安期生[①]和萼绿华[②],看到了书上记载的奇事奇物,而更有趣的是,仙人们的生活也与时俱进,如宋人一般"活火烹新茶"了。梦中与仙人侃侃而谈是快乐的,使她不禁感叹"何必归故家"。但梦终要醒来,当回到人间,只听满耳喧哗,短暂的幸福时光即将结束,坎坷在等待着她。

---

① 安期生,郑仙,原名郑安期,又名安期生,北极真人,千岁仙翁,是道教神仙。
② 萼绿华,道教女仙,自言是九嶷山中得道女子罗郁。

父亲的爱护让她逃过了灰姑娘的童年，政治的残酷却不能给她的父亲一个安稳的栖身之处。婚后第二年，李格非遭受排挤，被列入元祐党人赶出京城，而与之相反，公公赵挺之却平步青云。赵家得势，李家衰落，这突如其来的变化让夹在其中的李清照非常难过。此后的四年时间里，父亲一直遭受打压，而身为亲家的赵挺之因各种原因并没有施以援手，身为儿媳的李清照曾赋诗呈献赵挺之，可惜的是全诗未能留存，只有"炙手可热心可寒""何况人间父子情"等残句被后人记录了下来。从和张耒的两首诗中已看到李清照文辞的尖锐，想必全诗亦是直捣痛处。至于赵挺之的反应，不见于记载和传说，而李清照在《〈金石录〉后序》中的回忆并未提及她在夫家有任何怨愤，夫妇两人的感情也没有受到影响，想必赵挺之并没有因这首诗而为难她。

崇宁五年（1106年），宋徽宗大赦天下，但李格非却未重新奋起。他被派往广西，也许默默地亡故于此。而风光了几年的赵挺之此时因与蔡京的斗争失败，罢相后猝然而逝。赵家失去了政治依靠，赵明诚便与李清照回归青州故里，开始了长达十年的隐居生活。

青州的十年是赵李二人最幸福的十年，是他们人生追求的顶点，达到了理想与成就的最高境界，也是为无数人羡慕称道的时光。

关于两人的日常生活，李清照在《〈金石录〉后序》中有翔实而生动的记述：

> 后屏居乡里十年，仰取俯拾，衣食有余。连守两郡，竭其俸入，以事铅椠，每获一书，即同共勘校，整集签题。得书、画、彝、鼎，亦摩玩舒卷，指摘疵病，夜尽一烛为率。故能纸札精致，字画完整，冠诸收书家。余

性偶强记，每饭罢，坐归来堂烹茶，指堆积书史，言某事在某书、某卷、第几页、第几行，以中否角胜负，为饮茶先后。中即举杯大笑，至茶倾覆怀中，反不得饮而起，甘心老是乡矣。故虽处忧患困穷，而志不屈。

清人纳兰性德那句为人津津乐道的"赌书消得泼茶香"即是化用了赵李二人夫妇的典故，也许纳兰性德生前也曾效此雅好，可见李清照当年的婚姻生活已然达到读书人心中至高无上的理想境界。而对当年的赵李夫妇来说，这样的雅好不仅仅是日常消遣，也是他们治学生涯的一部分。早在新婚初期，赵明诚便表现出了对金石古玩的浓厚兴趣，靠卖衣服和微薄的俸禄收集了大量的古代文物，竟有"尽天下古文奇字之志"。收集、整理、赏玩这些古物成了年轻夫妇共同的爱好，也曾经因无钱购得徐熙《牡丹图》而怅恨不已。到了青州，宽松的生活环境让夫妇两人将全部身心都投入进去，金石已不仅仅是爱好，而成了两人愿意奉献一生的事业。赵明诚着手撰写《金石录》，并于政和七年（1117 年）成书，自题一序。李清照回忆成书时写道："因忆侯在东莱静治堂，装卷初就，芸签缥带，束十卷作一帙。每日晚吏散，辄校勘二卷，跋题一卷。此二千卷，有题跋者五百二卷耳。"[1]可见这是一项浩大的工程，却几乎全部由夫妇两人完成，应是倾注了全部的时间和心血。当全书著成之后，夫妇两人的心情是激动、畅快而惬意的，李清照自言"甘心老是乡矣"。

除了参与赵明诚的学术研究，李清照在个人创作上也迈上了一个新的台阶。填词之外，她的最大成就是撰写了文学史上第一篇论述词学的文章——《词论》。

---

[1]《李清照集校注·〈金石录〉后序》，第182页，人民文学出版社，2000。

词从市井传唱到士大夫执笔已有百余年的历史，其中名家辈出，已发展成相当完备之规模，历史上最出色的词作已有十之八九诞生于世。然而，词还不能与诗平起平坐，也不曾有人为这种流行文体著书立说。大家都是依照自己的理解和兴致各自抒写，没有严格的规矩，也许也不屑于如此。但李清照却持不同看法，在她眼中，词不是诗余或文余，乃"别是一家，知之者少"。简单的几个字便将词提升了一个高度，奠定了其存在地位。因李清照文辞中多有尖锐的特点，又在《词论》中一一指出了前辈作者作品的瑕疵和不足，故历代批评家对她的《词论》颇有微词，裴畅便有"易安自恃其才，藐视一切，语本不足存；第以一妇人能开此大口，其妄也不待言，其狂亦不可及也"（《词苑萃编》卷九）这样的看法，一则存在强烈的贬损女性的观点，而更重要的，是评论者没有看懂李清照指出这些不足的真正用意。她的批评意在立论而非贬人。

《词论》中，李清照对名家的品评都是一褒一贬的原则，绝无把名家看作一无是处的态度，而那些"贬"即是她身为词人对词的写作提出的要求。比如，在评论名家柳永时，谓"虽协音律，而词语尘下"。"协音律"是李清照所赞成的，但"词语尘下"则是她认为写作中所不该有的，即词应该上升到一个文学的高度，而非献媚于歌宴瓦肆间，是将词从通俗转向高雅的一个提升。再比如文末著名的点评："又晏苦无铺叙，贺苦少典重。秦即专主情致，而少故实，譬如贫家美女，虽极妍丽丰逸，而终乏富贵态。黄即尚故实，而多疵病，譬如良玉有瑕，价自减半矣。"通过对晏几道、贺铸、秦观、黄庭坚四人词作的批评，点出她的词学主张，即词中应含有铺叙、典故和故实，且运用须严谨。在李清照眼中，词已经不再是不上台面的卑微存在，而应该吸纳更多元素，成为一种有内涵有质感的创作文体，从小家碧玉而上升为大家闺秀。在功能上词要能歌，在内涵上词要丰富。经过李清照系统的论述，词已经得到极大的飞跃，可以与诗比肩了。

有了自己的理论支撑之后，李清照的创作也提升到了新的高度，代表作《醉花阴·重阳》据考证便是作于青州时期：

> 薄雾浓云愁永昼，瑞脑消金兽。佳节又重阳，玉枕纱厨，半夜凉初透。
> 东篱把酒黄昏后，有暗香盈袖。莫道不销魂，帘卷西风，人比黄花瘦。

《琅嬛记》也给这篇名作留下一段有趣的故事：

> 易安以重阳《醉花阴》词函致赵明诚。明诚叹赏，自愧弗逮，务欲胜之。一切谢客，忘食忘寝者三日夜，得五十阕，杂易安作，以示友人陆德夫。德夫玩之再三，曰："只三句绝佳。"明诚诘之。答曰："莫道不销魂，帘卷西风，人比黄花瘦。"正易安作也。

隐居青州的后期，赵明诚一度离家出仕，李清照无儿女，独自一人留家自然孤寂，写了许多抒发离愁别绪的词作，《醉花阴》大概就是这样的背景下创作的。当年梦见要娶词女为妻的赵明诚，这一次真正领教了"词女"一词的精髓，废寝忘食所作的五十首词均不及妻子的一句"人比黄花瘦"，从此心服口服了。虽然从内容上看，此词含义较窄，但在艺术上已经达到了高峰。李清照喜欢用"瘦"字，大概是传承了宋人审美的文化特性，而在她的文字中，"瘦"字更达到了一种至臻至美的境界。它已不仅仅是一种表象美，而是打通了人与物的界限，通过看似荒谬的比较，将作者内心的情感巧妙地表达出来。意象上借用了秋日菊花的孤冷和瘦弱，使读词人瞬间领略花之雅韵和人之清苦，达到了哀而不伤的境界。词中所写虽不出闺房之物，但李清照却将视觉延展，做到了铺叙、典故、情致和故实的四体合一，是依循她自有理论的一篇上佳的作品。

生活在幸福中的人，对未知的命运能有多少预见？"甘心老是乡"的李清照自诩已经达到了人生的极致，希望后半生就这样生活下去，直至生命的终结。那年夫妇两人于月下共赋赏花诗的时候，他们未能想到一个凶蛮的国家在北方建立，仅用了十二年时间便摧毁了他们共同缔造的幸福生活，也摧毁了一个国家。

> 至靖康丙午岁（1126年），侯守淄川。闻金人犯京师，四顾茫然，盈箱溢箧，且恋恋，且怅怅，知其必不为己物矣。
>
> ——《〈金石录〉后序》

大难来时，沉浸在幸福生活中的人根本无法迅速做出反应，华夏已承平百余年，这对夫妻哪里见过干戈？任是谁也无法面对这突发的遽变。赵李夫妇虽无子女却有着爱如生命的珍玩古物，这些年的藏物已堆满居所，也填满了生活的每一个缝隙。皇帝被俘，山河破碎，他们夫妇又当向哪里去？这些宝贝能带在身边吗？"且恋恋，且怅怅"一句已道尽心中恓惶。尽管茫然无措，夫妇两人还是做出了应急的方案：

> 建炎丁未（1127年）春三月，奔太夫人丧南来。既长物不能尽载，乃先去书之重大印本者，又去画之多幅者，又去古器之无款识者。后又去书之监本者，画之平

常者，器之重大者。凡屡减去，尚载书十五车。至东海，连舻渡淮，又渡江，至建康。青州故第，尚锁书册什物，用屋十余间，期明年春再具舟载之。十二月，金人陷青州，凡所谓十余屋者，已皆为煨烬矣。

——《〈金石录〉后序》

经过一番苦心甄别后，先将最不舍抛下的宝贝装了十五车运往建康，而家里还剩下十余间屋子的"书册什物"，却不想一去即成永诀。痛心是难免的，只是李清照不知，这是她人生境遇的分水岭，是命运巨大扭转的序曲。曾经，丧母、丧父、党争都未能带给她命运的重创，但这一次，她在劫难逃，再无转圜的余地。

来到建康后，因赵明诚在建康任职的关系，李清照的生活曾得到过一个短暂的缓和。家乡已经沦陷，多年收藏化为灰烬，国土沦丧的大环境下，短暂的缓和并不能让李清照感到安慰。建炎三年（1129）的上巳节，南渡后与族人团聚，李清照填词《蝶恋花》，述说了危局中复杂的情怀：

永夜恹恹欢意少。空梦长安，认取长安道。为报今年春色好。花光月影宜相照。

随意杯盘虽草草。酒美梅酸，恰称人怀抱。醉莫插花花莫笑。可怜春似人将老。

上巳在三月三，正是花好月圆的时节。但危难不可预料的环境里人心是苦楚的，故都、家乡都回不去了，却偏偏赶上今年春光格外秀丽，社会环境与自然环境形成强烈的反差和对冲。亲人们劫后相聚，有辛酸也有快慰，酒食虽粗鄙，所幸大家都在，人情相拥也是一份温暖。酒席上一时忘却烦忧，醉中忘形，鬓发簪花,不似四十几岁的妇人应有的持重。但又何必嘲笑,这平和的春天也许只是梦幻泡影,又将消逝了。

> 夏五月,至池阳,被旨知湖州,过阙上殿。遂驻家池阳,独赴召。六月十三日,始负担,舍舟坐岸上,葛衣岸巾,精神如虎,目光烂烂射人,望舟中告别。余意甚恶,呼曰:"如传闻城中缓急奈何?"戟手遥应曰:"从众。必不得已,先弃辎重,次衣被,次书册卷轴,次古器,独所谓宗器者,可自抱负,与身俱存亡,勿忘也。"遂驰马去。
> ——《〈金石录〉后序》

这是赵明诚生前与李清照的最后一次离别,也是让她终生难忘的一次。被任命去湖州任职的丈夫再次独自上路,将家事辎重器物全都留给李清照一人照管。此时城内已有传闻金兵将至,李清照独自面对危局,心中自然惶恐,向丈夫追问应急预案。赵明诚嘱咐直到生命最后一刻,也不能抛弃那些珍贵的宗器。他的嘱托最终没能在战火纷飞和颠沛流离中得以实现,混乱的生活让李清照频频受挫,终生为未能保护好这些文玩而痛惜自责。赵明诚意气风发的身姿是她平生最后一见,"精神如虎,目光烂烂射人"恍若回光返照,生离即将转为死别。

因正值盛夏,赵明诚于路上患恶病,又因医治不当而导致病情恶化,不久于人世。听闻消息的李清照"一日夜行三百里"直奔丈夫身边,然为时已晚,仅半个月后,赵明诚病逝。死前"取笔作诗,绝笔而终",因太过仓促,没有交代后事。赵明诚的死对李清照打击极大,也预示着前半生幸福时光的终结,李清照一生真正的劫难都是从这一刻开始的。下葬赵明诚后,"顾四维,无所之"的李清照也重病在身,然形势迫人,眼看金兵将至,只得先命人运送所藏文物先往驻守在洪州的亲戚家,委托保管,却不料洪州陷落,"所谓连舻渡江之书,又散为云烟矣"。病后余生的李清照携带着仅存的一些珍玩开始了仓皇的流亡生活:

> 上江既不可往,又虏势叵测,有弟远任勅局删定官,遂往依之。到台,台守已遁。之剡,出陆,又弃衣被,走黄岩,雇舟入海,奔行朝,时驻跸章安。从御舟海道之温,又之越。庚戌十二月,放散百官,遂之衢。绍兴辛亥(1131年)春三月,复赴越。壬子,又赴杭。

　　路上艰辛备尝,狼狈不堪。李清照已年近五十,丧夫无子,又负担着家中用人和古物文玩,混乱中跟随着宋高宗的奔逃路线辗转浙江各地,最终得以在杭州落脚。然而比颠沛流离更痛苦的是谣言对亡夫的诬陷:"不知何人传道,遂妄言有'颁金'之语,或传亦有密论列者。余大惶怖,不敢言,亦不敢遂已,尽将家中所有铜器等物,欲赴外廷投进。"赵明诚本就英年早逝,已逝之人却还要在国家沦亡之际,被这样诬陷,李清照承受了巨大的精神压力。为了向朝廷辩白,她不惜辛苦一路跟随,想将毕生所藏都献给朝廷。此举固然笨拙迂腐,但仓皇无助之际,李清照已没有更好的办法。却未想非但未能奏效,因兵变和偷盗,她苦苦保存的珍玩又损失殆尽。回忆这段岁月,李清照自恨自责,但动荡的环境下已没有她自保求安稳的可能。她只能被狂流席卷,忽而向东,忽而向西,身不由己。

　　到了杭州,生活终于有了暂时的安稳,却不料大难又至,而这一次的劫难直接为她的个人名誉染上了污点,在身后几百年陷于是非争议之中。那就是再嫁张汝舟。

张汝舟不知何许人,但根据他的所作所为,可以断定他是一个乘人之危、借花言巧语欲获取李清照手中珍玩的骗子。后人多为李清照错嫁不解和不齿,根据李清照自己的回忆,当时的情形是这样的:

> 既尔苍皇,因成造次。信彼如簧之说,惑兹似锦之言。弟既可欺,持官文书来辄信;身几欲死,非玉镜架亦安知。僶俯难言,优柔莫决。呻吟未定,强以同归。
> ——《投翰林学士綦崇礼启》

当时李清照受到弟弟照顾,正值重病在身,张汝舟趁势骗取了姐弟二人的信任,与李清照结为夫妇。李清照说"强以同归"当是对当时错误抉择的一种自我解读,张汝舟未必敢强迫,但李清照因病痛和困苦而导致判断力下降应该是事实。在古代,女人的合法归宿是丈夫,靠弟弟照顾难免惹人闲话,也会给弟弟一家带来不必要的麻烦,想必这也是当时的社会环境给她的压力。李清照在晚年有个归宿,在结婚初始应该是受到认可的。但张汝舟的丑恶嘴脸很快便显露出来,不但是"驵侩之下才",竟"日加殴击",对李清照施以暴力。李清照不堪其辱,坚决与之离异。这段遭遇对李清照来说是莫大的耻辱,宋朝法律也对她不利,离婚需要服刑,幸得亲戚(翰林学士綦崇礼是赵明诚的妹夫)搭救才免除牢狱之灾。

> 落日熔金,暮云合璧,人在何处。染柳烟浓,吹梅笛怨,春意知几许。元宵佳节,融和天气,次第岂无风雨。来相召,香车宝马,谢他酒朋诗侣。
> 中州盛日,闺门多暇,记得偏重三五。铺翠冠儿,

撚金雪柳，簇带争济楚。如今憔悴，风鬟霜鬓，怕见夜间出去。不如向，帘儿底下，听人笑语。

——《永遇乐·元宵》

重创后的李清照对生活几乎心灰意冷，即便是喜庆的节日，朋友的召唤也提不起她对生活的热情。欢笑只留在回忆里，如今是身老心艰，怕见人，怕看到热闹的场景，岂知伤痛和离乱不会再次突袭？几年间已受尽辛苦，尝遍悲欢离合，不忍再寻波澜。此后的二十余年光阴里，除短暂地避居金华外，李清照都生活在杭州，故人一个一个地离世，只靠着回忆打发时光。这一时期，她的词作达到了生命中的至高点，写下了名扬千古的《声声慢》：

寻寻觅觅，冷冷清清，凄凄惨惨戚戚。乍暖还寒时候，最难将息。三杯两盏淡酒，怎敌他、晚来风急。雁过也，正伤心，却是旧时相识。

满地黄花堆积，憔悴损，如今有谁堪摘？守着窗儿，独自怎生得黑。梧桐更兼细雨，到黄昏、点点滴滴。这次第，怎一个愁字了得！

起首十四个字的叠字运用令无数词人望尘莫及，宋人张端义评其为"公孙大娘舞剑手"，李清照已为词坛尊者，地位不可撼动。而这十四个叠字恰也可以看作她一生的写照：前半生在创作和学术中寻寻觅觅，后半生在颠沛中独自品尝清冷与凄惨，个中痛楚也只有当事人自己知道。而我们只看到她因命运多舛达到了文学上的至高境界，一句"国家不幸诗家幸，赋到沧桑句便工"便草草打发了她苦难的一生，或许还会为洞察了命运的真谛而沾沾自喜。但对于李清照来说，每一个痛苦都是真实的，并非为了文学创作的精进而造就的阶梯。当年在建康时，曾赋《蝶恋花》言"感月吟风多少事，如今老去无成"。而那时她还并不知道，更多的苦难还在后面等待她，"老去无成"的感叹还太早。但这些苦难并不能令她自得或自喜，"谁怜憔悴更凋零"，没有人愿意为苦难付出巨大的代价。只有旁观者和后人往往因当事人所取得的成就而忽略或美化他们不堪回首的往事。

晚年，李清照曾有意将一身才学传授下去，并看中一名孙姓少女，惜其以"才藻非女子事也"婉拒了。李清照亦曾教授一名陕西避难居杭的少女韩玉学诗[①]。韩玉有诗词作品留下，可惜资质尚欠，未能继承李清照学养之精华。

李清照在落寞中悄悄离开人世，她的作品被不断编辑整理，虽有遗失，所幸精华得以留存于世，供后人学习品鉴。她的故事也成为佳话，虽难免有非议之声，却难掩后人的艳羡和怜惜。她的名字变成了一个标签，引后世多少红颜争相仿效。

但她临终前没有留下对自己生涯的评述文字，未知人生暮年时她还惦念什么，对所学所作有何论断。她翩然远去，留下人生绝唱，向她的梦中飞去。

> 天接云涛连晓雾，星河欲转千帆舞。仿佛梦魂归帝所，闻天语，殷勤问我归何处？

[①] 关于韩玉与李清照的关系存在一定争议，陈祖美认为"李清照尝有一女弟子，名曰韩玉父，千里寻夫，有《题漠口铺》一诗，此事真伪无法考证，因为史料上并未记载李清照的真正传人"。（见陈祖美《李清照词选》，第102页，人民文学出版社，2016）。作品《番枪子》收于《词苑萃编》，定为清照弟子韩玉之作。供读者参考。

我报路长嗟日暮,学诗谩有惊人句。九万里风鹏正举。风休住,蓬舟吹取三山去。

——《渔家傲·记梦》

朱淑真：画成幽思，写入新词

南宋孝宗淳熙年间，官宦子弟魏仲恭在杭州旅邸听闻有人弹曲诵词，恰是寂寥之时，便细细聆听，那曲人唱的是一首《蝶恋花》：

楼外垂杨千万缕。欲系青春，少住春还去。犹自风前飘柳絮，随春且看归何处。　　绿满山川闻杜宇。便做无情，莫也愁人苦。把酒送春春不语，黄昏却下潇潇雨。

哀婉的词曲道出春日里浓密的愁情，春光易逝，青春难留，唯有一杯浊酒无奈为之饯别。这细腻的情思触动了魏仲恭，然琢磨良久却不知此词是何人所作。如此笔法当不是市井之流所能为，而本朝前人之作他自认皆了然于心，似有些秦观之意境，却终不似秦之凄切。越想越好奇，在屋子里坐不住了，索性起身去探个究竟。

来到曲声传来之所,见几个书生学子围坐一处,中间一位妙龄女子抱琵琶而歌。在座的人有的闭眼细听,有的手中拿着一个本子,似在跟随歌声品读词意。魏仲恭站在一旁听了一会儿,这一曲唱的是《柳梢青》:

> 冻合疏篱,半飘残雪,斜卧低枝。可便相宜,烟藏修竹,月在寒溪。　亭亭伫立移时,拼瘦损、无妨为伊。谁赋才情,画成幽思,写入新词?

唱到最后一句,魏仲恭也跟着喃喃念道:"谁赋才情,画成幽思,写入新词?"旁边在座的人听到他的声音,想他必是个懂词的人,遂凑前问道:"兄台也爱此词?"

见有人搭腔,魏仲恭略显赧颜,道:"我聆听几曲,觉词句清新婉丽,蓄思含情,能道人意中事,但不知作者为谁?"

那人笑答:"词人名唤朱淑真,本地颇得词名。"

魏仲恭听闻是个女子,想起本朝女词人中有魏夫人、易安居士等,皆词坛之璧,只不知杭州还藏着一个朱淑真,因肃然起敬,问:"敢问此何许人?为谁家妇?"

那人喟叹一声,面露怅然之色,道:"薄命女子,已去人间久矣!"

魏仲恭听闻心中甚是惆怅,问:"未知生平若何?"

那人摇头道:"我亦不知。"[①]

魏仲恭便不再问,只暗自惋惜。三年后,魏仲恭任平江府通

---

① 此段情节演绎自魏仲恭《〈断肠集〉序》,原文为:"比往武陵,见旅邸中好事者往往传诵朱淑真词,每窃听之,清新婉丽,蓄思含情,能道人意中事,岂泛泛者所能及?未尝不一唱而三叹也!"

判，有人拿着一本名为《断肠集》的书来请他作序，言此乃钱塘朱淑真身后遗作，已传唱吴越。听闻"朱淑真"之名，魏仲恭宛若重逢故旧，欣然应允，遂执笔为《断肠集》作序一篇。

朱淑真究竟是谁？

自词诞生起，词坛上名家辈出，女子亦不落后，宋元明清历朝历代皆有才情俱佳的女性创作者，而其中尤为出色者除了李清照，能让人脱口而出的就是朱淑真了。然而，关于朱淑真的生平过往，自《断肠集》流传于世以来众说纷纭，就连她确切的生活年代也存在巨大争议。可以说，朱淑真是宋代词坛的一个谜。

根据现在较为流行的说法，朱淑真为南宋初时人，号幽栖居士。魏仲恭所撰的《〈断肠集〉序》言其："早岁不幸，父母失审，乃嫁为市井民妻。一生抑郁不得志，故诗中多有忧愁怨恨之语。"魏仲恭发现《断肠集》时，朱淑真已然过世，他所听闻的消息大约来自杭州一个叫王唐佐的人，此人因《断肠集》而为朱淑真作传一篇。据《西湖游览志》记载："朱淑真者，钱唐人……早年父母无识，嫁市井民家。其夫村恶，笞篓戚施，种种可厌。淑真抑郁不得志，……悒悒抱恚而死。父母复以佛法并其平生著作荼毗之，今所传者，不过百中之一耳。临安王唐佐为之立传，宛陵魏端礼为之辑其诗词，名曰《断肠集》。"魏仲恭在写序前应是读了这篇小传，思及往昔曾被朱词的哀婉之情所动，故内心十分感慨，对词人分外怜惜，于是写下"呜呼！冤哉！予是以叹息之不足，援笔而书之，聊以慰其芳魂于九泉寂寞之滨，未为不遇也"的感叹。

王唐佐的那篇小传如今已难寻旧影，王与朱是否有姻亲关系，又是否曾生前熟识也不得而知。后世，关于朱淑真的更多说法陆续流传开来，《古今女史》将朱淑真的籍贯认定为海宁，并说她是朱熹的侄女。《全浙诗话》则支持《四库提要》的说法，认为她是杭州人，曾居住在桃村。《西湖游览志》则说她住在涌金门内的宝康巷。清人周颐在其作《蕙风词话》中没有采纳魏仲恭"嫁为市井民妻"的说法，而认为"淑真从宦，常往来吴、越、荆、楚间"[①]。即朱淑真的丈夫是一位朝廷官吏，并曾在江浙两湖一带为官，故朱淑真也曾来往居住在这几个地方。而对朱淑真所生活的年代，周颐又有颠覆性的论断，认为"谓是文公侄女，或且以为元人，其误甚矣"[②]。他指出朱淑真"是北宋人无疑。李易安时代，犹稍后于淑真"[③]，其词作"清空婉约，纯乎北宋"[④]。

这些相互矛盾的说法历来在学界争论不休，似乎除了朱淑真其名和她留下的那些感人的诗词作品外，与她相关的一切都是扑朔迷离，不可探究的。不过，从现存的作品中，我们似乎仍可以探寻到一些蛛丝马迹，以此做一个简单的推断。

周颐断定朱淑真是北宋人，不是信口胡言，而是有他的依据：

> 淑真与曾布妻魏氏为词友。曾布贵盛，丁元祐以后，崇宁以前，大观元年卒。淑真为布妻之友，则是北宋人无疑。
>
> ——《蕙风词话》

曾布妻魏氏即宋代词人魏夫人，名玩，字玉汝，是北宋闺阁词的代表人物，为时人所称道。魏夫人的生平虽留存不多，但因曾布是曾巩的弟弟，又参与过王安石变法，故其生存年代无疑。但周颐缘何说朱淑真与魏夫人是词友？他的证据当来自朱淑真的几首题名为诗《会魏夫人席上》的分韵诗。

---

① 《蕙风词话·卷四》，第111页，上海古籍出版社，2009。
②③④ 《蕙风词话·卷四》，第113页，上海古籍出版社，2009。

> 占断京华第一春，清歌妙舞实超群。
> 只愁到晓人星散，化作巫山一段云。
> ——《会魏夫人席上》（其四"群"字韵）

标题写着在魏夫人宴席上作诗，想来作者当与主人魏夫人过往不俗，又是分韵，席上与会者当不止作者一人，且主人魏夫人也一定能诗。周颐根据标题和魏夫人词名断定两个魏夫人是同一人当也有些道理，但可惜的是朱淑真并未注明此魏夫人的家世背景，更未注明宴席赋诗的时间，因宋朝能诗的女子很多，不排除有多个魏夫人，故周颐的论断也存在漏洞。虽然朱淑真的确切生平无可详查，但她一定晚于宋仁宗时期，因其有诗悼念仁宗时期隐居西湖的著名隐士林和靖：

> 每逢清景夜归时，月白风清易得诗。
> 不识酌泉拈菊意，一庭寒翠蔼空祠。
> ——《吊林和靖》

关于她的生平，魏仲恭的说法似有不实，从诗作中对生活场景的描述来看，朱淑真为官员之妻的说法则比较真实：

> 乳燕调雏出画檐，游蜂喧翅入珠帘。
> 日长无事人慵困，金鸭香销懒更添。
> ——《绝句》

画檐、珠帘、金鸭在当时都属较为奢侈的起居配备，绝非市井小民或小吏家里所能提供的。如果这可以看作作者的夸张描写的话，那么"日长无事人慵困"则更能说明作者的日常生活状态，能做到无事且慵困的也只有有闲阶级的女子了，一般小民为了生计绝不敢随意懒散。

从朱淑真的诗作来看，这样的描述不是孤例，终其一生，让朱淑真为之断肠的愁闷中从来没有掺入过生计的元素，所见都是春景闺阁，所聚会郊游之人皆称夫人。她的日常生活没有什么必须要做的，除了一些女红之外她大多时间则用来读书：

> 笔头去取万千端，后世遭它恣意瞒。
> 王霸谩分心与迹，到成功处一般难。
> ——《读史》

史书是士大夫阶级的必修书目，朱淑真读史书，一方面是兴趣使然，另一方面也可看出她的阶层身份。朱淑真的出生环境不详，生平境遇较为单纯，但这不影响她对历史的理解。在诗中，她大胆提出了史书多有作伪的观点，认为后世人常常被撰写史书的作者所欺瞒。而对于王侯将相的登场与退场，她认为在复杂的历史环境中取得成就是极为艰难的，成功者无侥幸，都经历过一番艰辛。朱淑真虽较少对历史发表见解，但这首诗已然可以看出她的颖悟力极高，是生活禁锢了她。这禁锢也会给她的心灵带来伤痛，让她为自己的读书创作而感到自责：

> 女子弄文诚可罪，那堪咏月更吟风？
> 磨穿铁砚成何事，绣折金针却有功。
> ——《自责二首》（其一）

虽是自责，但绝非心甘情愿，也许是在生活中遭遇了责难，来自丈夫、家人或朋友，让她一时情绪波动，写下这首七言诗。从"磨穿铁砚成何事"一句推断，朱淑真对读书作诗的态度是认真的，也是有野心的。这些在时人看来不是女人分内之事的事恰恰被她珍视，并视为人生价值的追求和体现。"绣折金针却有功"是一句嘲讽，在她心中极为看重的事被视为无用，而在她心中鄙夷不屑的却被视为"有功"。朱淑真无法坦然接受这样的命运和生活，推己及人，对女性的命运发出喟叹。但可以想见，在她有生之年，她的境遇未曾得到改变，她的生活环境虽富贵却处处受限，她的人生价值无法以她渴望的方式得到社会的认可。

朱淑真的诗词中，有一类内容是女性词人作品中极为罕见的，且尤为后人所注目和谈论，这就是"会良人"。

> 火树银花触目红，揭天鼓吹闹春风。
> 新欢入手愁忙里，旧事惊心忆梦中。
> 但愿暂成人缱绻，不妨常任月朦胧。
> 赏灯那得工夫醉，未必明年此会同。
>
> ——《元夜》

从文辞表述可知，此诗是作者于正月十五观赏灯会回来后所写。正月十五闹花灯之习俗一直延续至今日，在宋代词人笔下更是频频出镜。因这一日男女可一同出游，故便隐含了约会之意，也就是说，元宵灯会相当于古代青年男女的情人节。宋代词人笔下，元宵灯会的爱情意味十分浓厚，但大多是含蓄的，朱淑真这首《元夜》却一反温润之风，描写极为大胆，不但有男女相会，言辞间还隐晦地触及了性爱。

宋代女性写词不算少，但触及性爱则极为罕见，保留下来的作品里，数朱淑真最胆大。《元夜》中毫不隐晦的叙述和不加克制的激情都令人瞠目，后世文人读此诗皆赧颜。让他们感到不解的是，朱淑真乃良家妇，却不受礼教束缚，大胆地展现自己的情思。而更令人非议的是，历来公认朱淑真所嫁非人，婚姻不幸，而此诗却写与情郎欢会，沉醉之情不能自拔。那么，这位情郎是何人？这是否意味着朱淑真冲破了一切道德规范，有了婚外情？

由于资料所限，一切的猜测都仅为猜测而已。梳理朱淑真的诗词，可以看出她婚后生活的苦闷。一方面她常常独守空房，无论是白天或是黑夜，家里都只有她一人，仿佛丈夫是个虚名，并不存在于她的现实生活中。另一方面，她时常回忆"旧情"，那个频频现身在她作品中的男子面容模糊却总是牵动着她的情思，每次想起都悲痛难平：

> 独行独坐，独倡独酬还独卧。伫立伤神，无奈春寒著摸人。　此情谁见，泪洗残妆无一半。愁病相仍，剔尽寒灯梦不成。
>
> ——《减字木兰花·春怨》

> 斜风细雨作春寒。对尊前，忆前欢。曾把梨花、寂寞泪阑干。芳草断烟南浦路，和别泪，看青山。
> 昨宵结得梦夤缘。水云间，悄无言。争奈醒来、愁恨又依然。展转衾裯空懊恼，天易见，见伊难。
>
> ——《江城子·赏春》

这令人痛苦的"前欢"是否就是《元夜》里私会的情郎？虽没有确切的答案，但似乎的确就是那个人。《元夜》终究写于婚前还是婚后，也没有确切的答案。如果是婚前，逻辑上没有瑕疵；如果是婚后，朱淑真在道德上必然会受到谴责。但这段感情却给朱淑真留下了无数美好的回忆，他们曾相会在元宵佳节，亦曾大胆地欢会于美丽的西子湖畔：

> 恼烟撩露，留我须臾住。携手藕花湖上路，一霎黄梅细雨。　　娇痴不怕人猜，随群暂遣愁怀。最是分携时候，归来懒傍妆台。

一首《清平乐·夏日游湖》比之《元夜》尤为大胆，将男女情事说得清清楚楚，直白却不失婉丽，可谓最典雅的艳情词。魏仲恭说朱淑真死后遗作被父母焚毁大半，联想到英国女作家奥斯丁去世后其涉及私人情感的书信被姐姐卡珊德拉销毁大半，可以推测朱淑真的父母也许是看到了女儿大胆的表述而顾虑其死后的名誉，这才做了处理。也许出发点是善意的，却让朱淑真的作品遭受了损失，也销毁了大量第一手的研究资料，阻断了后人研究朱淑真的路径，于今看来实在可惜。

朱淑真虽然爱得大胆热烈，但这段感情并未留下美好的结局。分手导致她"别后大拚憔悴损"[1]，而怀念则是无时无刻不在心间，某日不知何故触景生情，写下《有感》一篇：

> 倦对飘零满径花，静闻春水闹鸣蛙。
> 故人何处草空碧，撩乱寸心天一涯。

也许她的爱人是一个穷困的读书人，如今已不知去向，却始终牵动着朱淑真的心，海角天涯也惦念着他，"眉头眼底无他事，

---

[1] 朱淑真有《恨别》一诗云："调朱弄粉总无心，瘦觉宽馀缠臂金。别后大拚憔悴损，思情未抵此情深。"

须信离情一味严"(《伤春》)。朱淑真喜欢写春日,她的作品绝大部分都写于春天,而春天却总是充满着离愁别绪,"绾成幽恨斜阳里,折断离情细雨中"(《柳》),"几许别离多少泪,不堪重省不堪流"(《春恨》),无奈之中只得"聊把新诗记风景,休嗟万事转头空"(《新春》)。朱淑真一生都牵绊在孤独与怀人之中,春天是"云锁朱楼"(《眼儿媚·迟迟风日弄轻柔》),是"曲房朱户闷长扃"(《浣溪沙·清明》),将她困索在追忆之中。哪怕有朋友约她出门,也是"去户欲行还自省,也知憔悴见人羞"(《约游春不去》)。

　　朱淑真能诗能画,"才色冠一时"(《渚山堂词话》),一生没有遭遇战乱流离,生活较为安稳。从世俗角度说,她的际遇尚不够归为不幸,读李清照《〈金石录〉后序》时,我亦愿时光在青州静止,哪怕世间少了《声声慢》《武陵溪》等人间绝妙之词,也不忍看她半生漂泊流离、丧夫失物以及遭受巨大的名誉损失。但从文学这一意象来看,平淡安稳的一生的确限制了朱淑真作品的格局和空间,其才情不亚于李清照,而作品主题却较为单一,使之一定程度上减弱了耐读性,也是一种遗憾。作为读者,怜作者也怜作品,矛盾之情不知如何相融。

萧观音：情断《回心院》，命丧《十香词》

自唐以后，才女不再为上层贵族所垄断，亦非宫廷所特有，甚至渐渐淡出了皇宫内院，向中下层社会转移。宋以后的宫廷中，传统意义上的才女愈来愈少，鲜有如前朝那般焕发光彩者。但难得的是，就在与北宋同时的北方，在契丹族统治的辽国，汉化后的辽国宫廷内竟然出现了一位传承汉唐遗风的女子，不但在史册上留下了名字和作品，更有一段曲折动人的传奇身世，一如前朝那些风华绝代的才女，跨越了历史与文学的界栏，从史书走入小说，成为文学作品中令人哀婉叹息的文学形象。

她的名字叫萧观音。

《契丹国志》与《辽史》

萧观音是辽道宗耶律洪基的皇后，她的名字和相关记载出现在大量有关辽国的史书和文学作品中。记录辽国历史的《契丹国志》与《辽史》均以简短的篇幅记叙了她的生平，但有趣的是，所记载的内容却差异悬殊。

> 道宗皇后萧氏,平州人,赠同平章事萧显烈女也。后生有神光之异,后入宫为芳仪,进位昭仪。生空古里,是为秦王,后名元吉,余子皆不育。道宗登位,后正位中宫,性恬淡寡欲。鲁王宗元之乱,道宗与同射猎,内外震恐,未知音耗,后勒兵镇帖中外,甚有声称。后崩,葬祖州。
>
> ——《契丹国志·后妃传》

> 道宗宣懿皇后萧氏,小字观音,钦哀皇后弟枢密使惠之女。姿容冠绝,工诗,善谈论。自制歌词,尤善琵琶。重熙中,帝王燕赵,纳为妃。清宁初,立为懿德皇后……后生太子濬,有专房宠……大康初,宫婢单登、教坊朱顶鹤诬后与惟一私,枢密使耶律乙辛以闻。诏乙辛与张孝杰劾状,因而实之。族诛惟一,赐后自尽,归其尸于家。乾统初,追谥宣懿皇后,合葬庆陵。
>
> ——《辽史·列传第一》

比较两段记载,可以发现《辽史》的记述较之《契丹国志》更为详细生动,补充了萧皇后的名字、容貌特征、才能、人际交往、丑闻及死亡经过,既丰富了史料,也让萧观音的人物形象更加立体丰满。但两本书记载的内容却也出入极大。关于萧观音的出身,《契丹国志》认为是"赠同平章事萧显烈女",而《辽史》则说她是"钦哀皇后弟枢密使惠之女",按《辽史》记载来看,萧观音的出身要更加显赫,与辽道宗的婚姻有亲上加亲的政治背景。关于她的宫中履历,《契丹国志》记载为"入宫为芳仪,进位昭仪……道宗登位，后正位中宫"，看起来是一个由低向高的晋升过程，而《辽史》的记载则朴素简单："重熙中，帝王燕赵，纳为妃。清宁初，立为懿德皇后。"萧观音在道宗做皇子时就是原配，道宗继位后立为皇后也是顺理成章的事。关于子嗣，《契丹国志》记载："生空古里，是为秦王，后名元吉，余子皆不育。"但《辽史》中则记载"后生太子濬，有专房宠"，没有提及是否再生其他子嗣，连皇子的名字也不同。关于萧观音的才能，《契丹国志》载"后勒兵镇帖中外，甚有声称"，按王士禛在《居易录》中的注解为"似娴武略者"，而《辽史》中的"工诗，善谈论。自制歌词，尤善琵琶"则明确说明她是一位文艺型才女。如此多的不同，如此巨大的差别，会令人产生疑问，《契丹国志》中的这位没有记载名字的萧皇后与《辽史》中多才多艺的萧观音究竟是不是同一个人？古代皇帝先后立有多位皇后的情况并不鲜见，会不会辽道宗也曾先后册封过两任皇后，而两本史书所记载的并非同一人？查阅《辽史》，发现辽道宗生前的确有过两位萧皇后：

> 乘间入奏曰："帝与后如天地并位，中宫岂可旷？"盛称其党驸马都尉萧霞抹之妹美而贤。上信之，纳于宫，寻册为皇后。
>
> ——《辽史·列传第四十》

可以看到，辽道宗在失去第一位皇后之后，大臣耶律乙辛向其建议再立新后，并推荐了"驸马都尉萧霞抹之妹"。这位萧姓女子入宫后没有被立即册封为皇后，而是经过了一段时间的考察。这样看来，第二任萧皇后与《契丹国志》中的则似有几分贴合，但究竟是否为同一人，还要继续向史书中寻觅。《辽史·列传第一》中收录了这位萧皇后的生平：

> 道宗惠妃萧氏，小字坦思，驸马都尉霞抹之妹。大康二年（1076年），乙辛誉之，选入掖庭，立为皇后。居数岁，未见皇嗣……八年（1082年），皇孙延禧封梁王，降为惠妃，徙乾陵……顷之，其母燕国夫人厌魅梁王，伏诛。贬妃为庶人，幽于宜州，诸弟没入兴圣宫。天庆六年（1116年），召还，封太皇太妃……卒，葬太子山。

从这段记载来看，这位萧皇后的命运较为波折，虽曾做过一段时间的皇后，但没有诞下子嗣，更被降为惠妃，后被牵连甚至一度废为庶人，受到幽禁，直到晚年才被后辈封为太皇太妃。在《辽史》中，她的最后定位是惠妃而非皇后。将这段再与《契丹国志》中的记载作比较，发现两者差异同样很大，看来并非同一人。谨慎考虑，《契丹国志》中的萧皇后应该就是《辽史》中的懿德皇后萧观音，至于为何出现如此大的差异，《四库提要》中也给出了解释：

> 盖《契丹志》之疏耳。今考叶隆礼《契丹国志》，皆杂采宋人史传而作，故苏天爵《三史质疑》讥其未见国史，传闻失实。又沈括《梦溪笔谈》，称辽人书禁甚严，传至中国者，法皆死。是书事涉宫闱，在当日益不敢宣布，宋人自无由而知。

《契丹国志》编纂于南宋初期，而《辽史》则诞生于元朝末年，从时间先后看，应该是前者更接近历史原貌。但由于当时特殊的政治形势，导致辽国的史实未能有效畅通地传达至南宋，故而造成了错记误记，这样的说法是合情合理的，也许《契丹国志》中的萧皇后正是融合了萧观音与萧坦思的历史形象。但有趣的是，《辽史》诞生于近两百年后，从时间上看已经与历史原点相距甚远，又为何得到了史学界的认可？《辽史》的记录如此详细生动，它的原始材料又是从何而来？为何如此具有说服力？这便要引出萧观音生前死后在宫闱之外观察记录这一辽国重大历史事件的当事人——王鼎。

王鼎的悲情

《辽史·列传第三十四》中收录了王鼎其人的小传。

> 王鼎，字虚中，涿州人。幼好学，居太宁山数年，博通经史。……
> 清宁五年（1059年），擢进士第。调易州观察判官，改涞水县令，累迁翰林学士。当代典章多出其手。上书言治道十事，帝以鼎达政体，事多咨访。鼎正直不阿，人有过，必面诋之。

从这段记载来看，王鼎是一位博学的才子，且曾在政府部门担任文秘职务，负责起草重要的国家文件，得到了皇帝的信任和赏识。但他的性格有一个特点，即性情刚直，不懂委婉，总是当面批评别人。可以看出，王鼎恃才傲物，为人比较苛刻挑剔，这样的人多会觉得自己怀才不遇，内心多有抱怨。果然，王鼎就因此遭受了人生重创：

> 寿隆初，升观书殿学士。一日宴主第，醉与客忤，怨上不知己，坐是下吏。状闻，上大怒，杖黥夺官，流

镇州。居数岁，有赦，鼎独不免。

——《辽史·列传第三十四》

王鼎虽然"升观书殿学士"，但仍不满意，借酒醉抱怨皇上不重用自己。这一下触怒了龙颜，直接治罪流放，地位可谓一落千丈，几年后皇帝大赦却独独没有赦免他。遭遇如此巨大的人生挫折，向来孤傲的王鼎内心悲愤难平，对命运和人性也有了不同的看法。在这样的人生低谷里，想起数年前的那桩曾震动朝野的宫廷惨剧，想起曾有知情人详细讲解当事人的台前幕后，此时此境对奸佞的痛恨以及对受害人的同情之上，更添了一层由悲惨遭遇而引发的强烈共鸣。在"视日如岁"之际，"触景兴怀，旧感来集，乃直书其事，用俟后之良史"①，于是提笔将旧事之前因后果一一记录，汇成一卷，题名《焚椒录》。由于王鼎与事件当事人之间曾有着千丝万缕的社会关系，导致他能够得到第一手的、不能向外人道的内部资料，加上他细致的梳理和生动的记述，让这篇借他人酒杯浇自己块垒的笔记成了重要的宫廷史料。又因为文笔流畅叙事生动，而使其发展为一篇情节曲折、情感动人的笔记体小说。故元末脱脱在编纂《辽史》时引用了《焚椒录》的记录，而冯梦龙在编写小说《情史》时也全文收录了这篇笔记。王鼎的一篇抒怀之作竟成文史两大领域的佳话，是机缘巧合更是命运的安排。王鼎因尝尽命运的摧折，故对曾经同样饱受摧残的萧皇后充满理解和怜惜，若萧皇后泉下有知，对这位宫外知音应心存感激，是他为她在后世辩白了冤屈，帮她留下了生前遗作，让历史记住了这位辽宫内不可多得的才女。如果没有王鼎的《焚椒录》，也许后世

---

① 《唐宋小说鉴赏辞典》引《〈焚椒录〉序》，第902页，上海辞书出版社，2018。

终不会得知她的才学、身世和遭遇，留给我们的只是《契丹国志》中那个面目全非的萧皇后。

萧观音，她的一生究竟如何？

《回心院》之怨

《契丹国志》的记载虽多有讹传，但有两点还是较为准确的。其一，是萧观音出生时的传说"后生有神光之异"，在《焚椒录》中也有相似记载，且更加详细：

> 母耶律氏梦月坠怀，已复东升，光辉照烂，不可仰视，渐升中天，忽为天狗所食，惊寤而后生，时重熙九年（1040年）五月己未也。母以语惠，惠曰："此女必大贵而不得令终。且五日生女，古人所忌，命已定矣，将复奈何！"

"神光之异"的说法在《焚椒录》中成了母亲耶律氏的梦中所见。贵人出生前得神人托梦的记载在史书中并不新鲜，恐怕也多属附会，大抵是根据其人日后的发展或结局所编纂的。萧观音母亲的这个梦也没有跑出这个套路，经其父解读，预示了她人生中的高峰和低谷，即"女必大贵而不得令终"。

神人托梦之外，另一处较为接近的是关于萧观音的性格。《契丹国志》谓其"性恬淡寡欲"，在《焚椒录》中也有印证：

> ……今上在青宫，进封燕赵国王，慕后贤淑，聘纳为妃。后婉顺，善承上意……

萧观音的性格较顺从，在古代，这样的女子最受皇家青睐。加之她"姿容端丽"，出身高贵，被当时晋封为燕赵国王的耶律洪基所爱慕并纳为王妃也是顺理成章之事。从《辽史》的记载已经可以知道，萧观音是一个多才多艺的女子，在文史及艺术领域颇多造诣。别说在文化普及较低的辽国，即便是汉文化建立的中原历代宫廷中，能够集才学美貌和品行于一身的女子也是不多见的，故在当时的辽国宫廷内，萧观音可谓十全十美，"由是爱幸，遂倾后宫"也是常理之事。后耶律洪基登基称帝，为辽道宗。萧观音被立为皇后，及至诞下太子，她已然达到了一个女人的巅峰，把天下女人一生也不能走到的路都走完了。然而，命运的转折点也已在荣耀中悄悄布控。

首先是来自上天的暗示：

> 及上即位，以清宁元年（1055年）十二月戊子册为皇后。后方出阁升坐，扇开帘卷，忽有白练一段自空吹至后褥位前，上有"三十六"三字。后问："此何也？"左右曰："此天书，命可敦领三十六宫也。"后大喜……
> ——《焚椒录》

刚坐上皇后的宝座，"天书"便飘然而至，仿佛是在印证当年父亲的预言。这份"自空吹至后褥位前"的"天书"是"白练一段"，便令人感到了恐怖和不祥，即所谓"三尺白绫"，虽未言死，然其意已了然于心，更别说上面还有字。文中虽未提萧观音当时的反应和情状，但她问出的"此何也"已经可以猜测到她的惊恐之情。在场之人应当也是惊恐的，但大喜之日当然要编排些吉利话来听，故称三十六是指"三十六宫"。萧观音果然转忧为喜，这段颇有传说意味的危机被现场的机灵人成功化解。

然而，有些危机可以轻松化解，有些则在暗中隐藏，轻易不能被人察觉，即便察觉，旁人也多半无力相助。

> 后常慕唐徐贤妃行事，每于当御之夕，进谏得失。国俗君臣尚猎，故有四时捺钵。上既擅圣藻，而尤长弓马，往往以国服先驱。所乘马号"飞电"，瞬息百里，常驰入深林邃谷，扈从求之不得。后患之，及上疏谏曰："妾闻穆王远驾，周德用衰；太康佚豫，夏社几屋。此游佃之往戒，帝王之龟鉴也。顷见驾幸秋山，不闲六御，特以单骑从禽，深入不测。此虽威神所届，万灵自为拥护。倘有绝群之兽，果如东方所言，则沟中之豕，必败简子之驾矣！妾虽愚暗，窃为社稷忧之。惟陛下尊老氏驰骋之戒，用汉文吉行之旨，不以其言为牝鸡之晨而纳之。"上虽嘉纳，心颇厌远，故咸雍之末，遂稀幸御。
>
> ——《焚椒录》

唐徐贤妃就是唐太宗晚年宠爱的充容徐惠，能诗能文，曾为劝谏唐太宗而写《谏太宗息兵罢役疏》。徐惠在有唐一朝声誉颇佳，是贤妃良妇的代表，身为皇后而又有政治责任感的萧观音以徐惠为榜样是令人钦佩的，她的选择没有错误。耶律洪基沉迷于打猎，耶律乙辛逐步权倾朝野，萧皇后因此深感忧虑，故而对谏辽道宗。然而，辽道宗不是唐太宗，没有那番文治武功更没有那么广阔的胸怀，想必对女人在执政修为上的参与非常反感，于是萧观音未能做成徐贤妃，反倒不幸成了班婕妤。

辽道宗爱马恰似汉成帝喜游车，虽然谈不上玩物丧志，但作为统治者而言总显得有些太恣意了，而善进谏的萧皇后生怕皇帝因恣意而走上弯路，于是频频纠错，张口就是一番夏商周兴亡的大道理。所谓忠言逆耳，话是好话，意是好意，但听者能否接纳则是多方面的因素所决定的。《辽史》对辽道宗性格的记载是"性沉静、严毅"，看起来似乎不坏，但从他日后的行为来看，"严毅"是有了，"沉静"却非客观。"上虽嘉纳，心颇厌远"八个字塑造了他虚伪的形象，虽然辽宫中没有出现赵氏姐妹那般的女子，但耶律洪基与萧观音的心却越来越远了。

当后妃在宫中失宠，任何不幸的事都有可能发生。

萧观音也对此心知肚明，面对困局，她想出了非常符合她性格特点的方法："后因作词曰《回心院》，被之管弦，以寓望幸之意也。"以文艺作品而感召人心，这也不是萧观音的首创，她学习的是陈阿娇买《长门赋》以挽回汉武帝宠爱的方法。萧观音能写词能谱曲，省了版权费，一切都亲力亲为，于是便有了她的代表作《回心院》。

《回心院》是一支曲牌，为萧观音自创，也是一支曲调，她一口气为这支曲子填了十首词，以寝宫内的日常生活用具开题，抒发对皇帝的思念之情，期盼皇帝多多驾幸，每一首词虽咏物不同，但主题和情感都是一致的。

其二

拂象床，凭梦借高唐。敲坏半边知妾卧，恰当天处少辉光。拂象床，待君王。

其四

铺翠被，羞杀鸳鸯对。犹忆当时叫合欢，而今独覆相思袂。铺翠被，待君睡。

从以上较具代表性的两首来看，可以发现萧观音的这支自创词牌与宋词曲有着非常大的不同,词句上的直白倒在其次,特别明显的特征是平仄不统一,在宋朝应该称作不协音律。但考虑到《回心院》的作曲也是萧观音,未知她弹唱时是否感到了不妥。同时考虑辽国继承汉文化是在书写而非口语,当年也不具备录音技术,故实际操作中出现的情况已无法得知。而从立意上看,全词欠缺同时代宋词所有的雅致和铺陈,立意也较为粗浅,有些类似元代市井中的曲子词。考虑到辽国的不同国情和文化背景,我们对萧观音作品的评价不能以宋词的水准来衡量,在辽宫内,萧观音已属佼佼者之列。结合她当时的情状来看,十首词越写越凄凉,自身的姿态越放越低,她已经有失一国之母的体面。看到这一弱点的人就在她身边,厄运正悄悄逼近。

《十香词》之冤

萧观音人生中的最后一幕是非常悲惨的,围绕十首香艳旖旎的《十香词》,红男绿女纷纷登场,他们出于各自的私利,在萧观音的人生节点上拧成一股绳,目的只有一个,让这位皇后命丧黄泉。

《十香词》事件的相关责任人有四个,两男两女,分别是北院枢密使耶律乙辛、北府宰相张孝杰、宫婢单登和单登的妹妹清子。事件受害者除了萧观音,还有一个伶人名叫赵惟一。这六个人之间的矛盾是如何产生的,让我们通过史书一一梳理。

首先来看四人组的策划者,也就是核心成员耶律乙辛。此人在《辽史》中有传,被收录在《奸臣传》类别中,可见他的人品和德行。可是,千万不要以为他心肠坏就是人丑脑笨,恰恰相反,耶律乙辛是一位大才子、大帅哥。

> 乙辛幼慧黠。……及长，美风仪，外和内狡。重熙中，为文班吏，掌太保印，陪从入宫。皇后见乙辛详雅如素官，令补笔砚吏；帝亦爱之，累迁护卫太保。道宗即位，以乙辛先朝任使，赐汉人户四十，同知点检司事，常召决疑议，升北院同知，历枢密副使。
> ——《辽史·列传第四十》

耶律乙辛凭借英俊的外貌和聪慧的头脑得到了辽道宗之父辽兴宗的赏识提拔，一路升迁，顺风顺水。到道宗继位时，耶律乙辛算是前朝老臣，亦得到了新皇帝的信任，凡有大事小情都让他说说看法。《辽史》说耶律乙辛"内狡"不是胡说，而是有实例的。他自孩童起就很会耍滑。

> 尝牧羊至日昃，迭剌视之，乙辛熟寝。迭剌触之觉，乙辛怒曰："何遽惊我！适梦人手执日月以食我，我已食月，啖日方半而觉，惜不尽食之。"迭剌自是不令牧羊。
> ——《辽史·列传第四十》

耶律乙辛生于贫困之家，幼年时还要放羊。但他不喜欢这样的劳作，工作时间睡起了大觉。待被父亲迭剌发现，幼年的耶律乙辛非但不害怕惊慌，反倒先发起怒来，责怪父亲惊扰了他的千秋伟业之梦。他告诉父亲自己在梦中吃掉了月亮，刚吃了一半太阳就被吵醒了。耶律乙辛的话很可能是顺口胡诌的，但父亲愚昧迷信，认为儿子一定能成大才，故轻轻松松地上了套，相信了儿子的话，并且允许他以后不再参与此项劳作。后来，耶律乙辛在官场上一路高歌猛进，直至权倾朝野，雄霸一方，"势震中外，门下馈赂不绝。凡阿顺者蒙荐擢，忠直者被斥窜"。面对这样的局面，朝臣们大抵敢怒而不敢言，直到皇太子濬成人参与朝政之时，他的气焰被迫收敛，但矛盾产生，仇恨的种子也在内心深处悄悄埋下。皇太子濬是萧观音的儿子，耶律乙辛便先向皇后展开报复，"乙辛不得逞，谋以事诬皇后"。

耶律乙辛不能一人完成所有阴谋，他需要一个帮手，于是选中了张孝杰。

在《辽史》中，张孝杰与耶律乙辛一同被收录于《奸臣传》：

> 张孝杰，建州永霸县人。家贫，好学。重熙二十四年（1055年），擢进士第一。
>
> 清宁间，累迁枢密直学士。……兼知户部司事。三年（1057年），参知政事，同知枢密院事，加工部侍郎。八年（1062年），封陈国公。上以孝杰勤干，数问以事，为北府宰相。汉人贵幸无比。

从这份履历来看，张孝杰与耶律乙辛的出身经历极为相似，都是底层出身，头脑聪慧，学习勤奋刻苦，通过自身打拼步步高升。有了这么多相似之处，两人狼狈为奸，很快走到了一起，一同干起了大事，在《十香词》事件中，他起到了至关重要的作用，也是压死萧观音的最后一根稻草，此处按下不表。

说完两男再说两女。与耶律乙辛和张孝杰结伙方式相同，两女中也有主谋和胁从，主谋是单登，胁从是清子。

单登何以如此痛恨萧观音？这还要回到《辽史》说起：

> 皇太叔重元妻，以艳冶自矜，后见之，戒曰："为贵家妇，何必如此！"

这短短的一句记述似与前后文不搭，然而却暗藏玄机。《辽史》记述简略，《焚椒录》中却道破其中奥秘。

> 明年，后生皇子濬，皇太叔重元妃入贺，每顾影自矜，流目送媚。后语之曰："贵家妇宜以庄临下，何必如此。"妃衔之，归骂重元曰："汝是圣宗儿，岂虎斯不若，使教坊奴得以可敦加吾。汝若有志，当除此帐，笞挞此婢。"于是重元父子合谋，于九年七月驾幸滦水，聚兵作逆。须臾兵溃，父子伏诛。
>
> ——《焚椒录》

重元是辽道宗的叔叔，在朝中地位尊贵，但萧观音却不给婶子留情面，见她花枝招展便当面斥责。婶子不服，回家向丈夫挑拨离间，在她眼中，萧观音不过是"教坊奴"，根本不配做皇后，更不配斥责她。重元想必早已对侄子耶律洪基看不顺眼，于是和儿子一起发起叛乱，没想到势力如此薄弱，"须臾兵溃，父子伏诛"。

重元叛乱一事源自与萧观音的矛盾，而令人没想到的是，竟又导致了另两人与萧观音的矛盾。

> 而讨平此乱，则知北枢密院事赵王耶律乙辛与有功焉。寻进南院枢密使，威权震灼，倾动一时。惟后家不肯相下，乙辛每为怏怏。
>
> ——《焚椒录》

由此可知，耶律乙辛虽因皇太子而起弑后之心，但他与萧观音的矛盾则早在平叛之后便产生了。宫婢单登则是叛乱之后对萧观音产生怨恨的另一人。

> 而宫婢单登,故重元家婢,亦善筝及琵琶,每与惟一争能,怨后不知己。后乃召登与对弹四旦二十八调,皆不及后,单愧耻拜服。于时上常召登弹筝,后谏曰:"此叛家婢女中独无豫让乎?安得轻近御前。"因遣直外别院。登深怨嫉之……
>
> ——《焚椒录》

单登原是重元家婢,能演奏乐器,自视甚高,与伶人赵惟一常争高下,怨皇后有眼无珠,不识大才。萧观音便给了她一次展现自己的机会,然而毕竟志大才疏,与皇后几番对弹,终败下阵来。失败已让她颜面丧尽,岂知萧观音没有罢休,甚至阻止皇帝召见单登,言语不留情面,并将其赶到别院。单登由此"深怨嫉之",内心深处埋下了对萧观音和赵惟一充满仇恨的种子。

最后是单登的胁从清子:

> 而登妹清子,嫁为教坊朱顶鹤妻,方为耶律乙辛所昵。登每向清子诬后与惟一淫通。乙辛俱知之,欲乘此害后,以为不足证实,更命他人作《十香》淫词,用为诬案。
>
> ——《焚椒录》

清子应该也是教坊中人,与耶律乙辛走得很近。单登憎恨萧观音与赵惟一,便常常编排两人,甚至污蔑两人有通奸之举。这一切谣言都经过清子的嘴传进了耶律乙辛的耳朵。也许当初是说者无意,但日后是听者有心。四个人在机缘巧合下一同走到了命运的节点上。矛盾激化下，他们联合在一起，行动开始了。

> 和羹好滋味，送语出宫商。定知郎口内，含有暖甘香。

> 既摘上林蕊，还亲御苑桑。归来便携手，纤纤春笋香。

以上两首五言词香艳露骨，是典型的艳词。全词一共十首，皆以"香"为题，说的都是男欢女爱之事。以女子口吻写出，可看作闺房密语，但若是出自一国皇后之手，就显得不甚妥帖了。这就是著名的《十香词》。

前文提到耶律乙辛通过清子掌握到萧观音身边有个伶人叫赵惟一，有文艺才能，且受到皇后青睐，甚至有不清不楚的绯闻流出。耶律乙辛早已潜伏多时，终于瞅准了这个机会，着手展开行动。耶律乙辛非常奸猾，他知道萧观音爱写诗，且有著名的《回心院》，于是他以此为切入点，命人仿照《回心院》的主题和口吻佐以厚味炮制了《十香词》。未知《十香词》真正的作者为谁，但可以看出，他模仿的功底很强，且也很会写诗，我甚至怀疑代笔人极有可能是张孝杰，但没有找到确切的证据。如果是在萧观音得宠的时期，她作此词似乎可以理解，但在她失宠之后写出如此浓艳的作品，一定会令人产生怀疑，这便正是耶律乙辛所要达到的目的，这所谓的"收词人"就是伶人赵惟一，而为了让道宗相信这首词就是皇后所写，他与单登联合使出了计策。

> 乙辛阴属清子，使登乞后手书。登时虽外直，常得见后。后善书，登绐后曰："宋国忒里蹇所作，更得御书，便称二绝。"后读而喜之，即为手书一纸。纸尾复书己所作《怀古》诗一绝云："宫中只数赵家妆，败雨残云误汉

王。惟有知情一片月,曾窥飞燕入昭阳。"

——《焚椒录》

单登拿着这十首词去见萧观音,谎称是宋国皇后的作品,请萧观音抄写一遍,两朝皇后作品珠联璧合,达到至善至美的效果。萧观音读罢非常喜欢,也许是模仿者的语气让她产生了亲切感,也许是听闻宋国皇后的作品而心生敬慕,总之,她没有产生任何怀疑,不但亲手抄录了一遍,还写了一首感言诗,而恰是这首感言诗,在《十香词》上火上添油,最终被人利用要了她的命。

得到萧观音亲手抄录的《十香词》,耶律乙辛此时也做好了另一手准备,这就是他亲自草写的密奏《奏懿德皇后私伶官疏》。在这份密奏中,他不但诬陷萧观音与赵惟一有奸情,且编撰了一出宫闱春事。情节妄加编撰,用词之露骨令人咋舌。当辽道宗读罢奏疏和呈上来的《十香词》时,"大怒,即召后对诘":

后痛哭转辩曰:"妾托体国家,已造妇人之极。况诞育储贰,近且生孙,儿女满前,何忍更作淫奔失行之人乎?"上出《十香词》曰:"此非汝作手书,更复何辞?"后曰:"此宋国忒里蹇所作,妾即从单登得而书赐之耳!且国家无亲蚕事,妾作那得有亲桑语?"上曰:"诗正不妨以无为有,如词中合缝靴,亦非汝所着,为宋国服邪?"上怒甚,因以铁骨朵击后,后几至殒。

——《焚椒录》

虽然萧观音据理力争,但《十香词》确实是萧观音手书,这件事宛如铁证。从两人对《十香词》内容的辨析来看,辽道宗对诗词是有些见地的。其一,他懂得"诗正不妨以无为有",即诗中所写可以是假托，不必所涉物品样样据实。其二，虽然《焚椒录》中没有提及，但可以看出，辽道宗认为词作的口吻和情调很像萧观音的作品，这当然也是参考了《回心院》的结果。正如前文所分析的那样，《十香词》与《回心院》没有本质上的区别，连萧观音自己看了都喜欢，难怪辽道宗会轻易相信。此时，《辽史》中所描述的"帝性沉静"不见了，在《十香词》案的处理上，看到的是躁怒，差点当场就要了皇后的命。而在后来事件的发展中，可以看到辽道宗的"严毅"和无常。

无论怎样，案子还须彻查，于是案件被移交到耶律乙辛和张孝杰手上。辽道宗的这一做法可谓极不明智。耶律乙辛是举报人，出于公平和避嫌的考虑，不应该由举报人来负责审理宣判，结果必将只有一个，那就是举报属实。不知辽道宗是气糊涂了还是真糊涂，耶律乙辛抓住时机，严刑逼供赵惟一，迅速定案。他们的举动惹来朝臣非议，但两人不加理睬，呈报道宗治罪。而此时，冷静下来的辽道宗似乎缓过神来，细读了萧观音的感言诗，似乎发现了什么：

> 上犹未决，指后《怀古》一诗曰："此是皇后骂飞燕也，如何更作《十词》？"孝杰进曰："此正皇后怀赵惟一耳！"上曰："何以见之？"孝杰曰："'宫中只数赵家妆，惟有知情一片月。'是以二句中包含'赵惟一'三字也。"上意遂决，即日族诛惟一，并斩长命，敕后自尽。
>
> ——《焚椒录》

也许终归觉得用词过于香艳，萧观音不由联想到了汉成帝的皇后赵飞燕，而宋国皇后竟然写出如此艳丽的词句，似是不祥，于是便借题抒发自己的感慨，并批评了赵飞燕的所作所为。辽道宗也读书识字，还是能够读出这层意思的，也因此对此事产生了怀疑。而就在此时，张孝杰跳出来说出了最关键的一句话："'宫中只数赵家妆，惟有知情一片月。'是以二句中包含'赵惟一'三字也。"张孝杰的话简直辩无可辩，就如萧观音手书的《十香词》那般确实，甚至令人怀疑连这首诗也是炮制的，并非萧观音所写。这一句话后，萧观音被正式定罪，案件再无转圜的余地，尽管太子愿代母死，但辽道宗没有准允，萧观音终于被迫自杀，结束她生命的恰是一段白练，而这一年，她刚好三十六岁。

尾声

萧观音的死震动朝野，"闻者莫不冤之"，最悲伤的莫过于皇太子，"投地大呼曰：'杀吾母者耶律乙辛也。他日不门诛此贼，不为人子！'"（《焚椒录》）这话传到耶律乙辛耳中，自然让早已对太子痛恨不已的耶律乙辛再起杀心，当初谋害皇后，目的是清除太子的保护伞，现在皇后死了，自然轮到太子。于是耶律乙辛又联合张孝杰构陷太子，辽道宗对二人深信不疑，遂废太子为庶人并将其囚禁。耶律乙辛仍不死心，于萧观音死后的第三年，"遣其私人盗杀庶人濬于上京"（《辽史·道宗本纪》）。

清人吴衡照在《莲子居词话》中评价这段惨案，谓"自古宫闱之狱，未有甚于后者"，说法不算夸大。王鼎在《焚椒录》中对这段惨案做过一段分析，在痛数了耶律乙辛等人的罪状后，对萧观音也做了批评：

> 然懿德所以取祸者有三，曰好音乐与能诗善书耳。假令不作《回心院》，则《十香词》安得诬出后手乎？至于《怀古》一诗，则天实为之。而月食飞练，先命之矣！"

王鼎固然对萧观音充满同情和怜惜,但这段批评里却看得出他其实并不真的理解她,他的观点是非常保守的,不支持提倡女性从事文化文艺创作。对案件始末和人性的分析也并不透彻,须知即便萧观音没有作《回心院》,耶律乙辛为达政治目的一样会编造理由构陷,原罪不在萧观音,如此各打五十大板以求平衡的举动并不客观,王鼎前文的叙事生动传神,而结尾的评述则尽显迂腐,可谓画蛇添足。

辽道宗死后,其孙耶律延禧继位,就是天祚皇帝。他是太子濬的儿子,萧观音的孙子。在他继位后,彻底为祖母平反,"追谥懿德皇后为宣懿皇后"(《辽史·天祚皇帝本纪》),与祖父合葬,又谥父亲为"大孝顺圣皇帝"。至于耶律乙辛和张孝杰,在道宗在位后期已然被皇帝所猜忌,受到道宗的惩处,耶律乙辛被杀,张孝杰也凄惨地死在家乡。但天祚皇帝并不解气,将其二人"剖棺戮尸",方解心头之恨。

而写下《焚椒录》的王鼎,在没有受到皇帝赦免后幽怨地写下了"谁知天雨露,独不到孤寒"之句,却未料到竟惹来了皇帝的怜惜之情,"召还,复其职"(《辽史·王鼎传》),总算实现了官复原职的心愿。但他一生的作为终不及一篇《焚椒录》,也许是他无论如何也想不到的结果。

及至后代,仍不断有人阅读《焚椒录》,怜惜萧观音一生的遭际,更感叹命运之无常。萧观音已不再仅仅是史书中的一个女人,更成为后世人心中一个命运多舛的文学形象,尤其令忠臣直士感同唏嘘。

王清惠：事去空流东汴水，愁来不见西湖月

元至元十三年（1276年），载有大批南宋旧宫人的车队于北上大都的途中停留在北宋故都汴梁的夷山驿，这本是一次普通的停留，为的是补充体力给养以便继续行路。然而就在这一次停留中，一位女子在驿站的墙壁上写下了一首词，当大队人马重新开拔、继续北上之后，人们纷纷赏读，啧啧称叹。很快，这首词牌为《满江红》的词作流传开来，震撼了亡国之人痛楚的心。

> 太液芙蓉，浑不似、旧时颜色。曾记得，春风雨露，玉楼金阙。名播兰簪妃后里，欢承笑语君王侧。忽一朝鼙鼓揭天来，繁华歇。
>
> 龙虎散，风云灭。千古恨，凭谁说。对山河百二，泪沾襟血。驿馆夜惊尘土梦，宫车晓碾关山月。愿嫦娥、相顾肯从容，随圆缺。

《满江红》一出，南宋故人唱和无数，其中包括被俘的南宋丞相，著名的民族英雄文天祥。文天祥因感动而步韵了一首后，仍旧感到短短几个文字不能道尽心中愤懑，对这位填词的女子也充满了怜惜和敬佩，并以女子名义代写，可见文天祥感慨之深。

其一

小序：代王夫人作。

试问琵琶，胡沙外、怎生风色。最苦是，姚黄一朵，移根仙阙。王母欢阑琼宴罢，仙人泪满金盘侧。听行宫、半夜雨淋铃，声声歇。

彩云散，香尘灭。铜驼恨，那堪说。想男儿慷慨，嚼穿龈血。回首昭阳离落日，伤心铜雀迎新月。算妾身、不愿似天家，金瓯缺。

其二

小序：和王夫人《满江红》韵，以庶几后山《妾薄命》之意。

燕子楼中，又捱过、几番秋色。相思处，青年如梦，乘鸾仙阙。肌玉暗销衣带缓，泪珠斜透花钿侧。最无端、蕉影上窗纱，青灯歇。

曲池合，高台灭。人间事，何堪说。向南阳阡上，满襟清血。世态便如翻覆雨，妾身元是分明月。笑乐昌、一段好风流，菱花缺。

文天祥于序中提到的那位王夫人便是《满江红》的原作者，名清惠，小名秋儿。为南宋度宗昭仪，《汪元量集校注》中说她封为隆国夫人。[1]在同时代人留下的诗文里，人们大多称她为王昭仪。她是南宋宫廷里有名的才女，能诗文，善抚琴。然而并不得宠，没有留下子嗣，大部分光阴不是陪伴君王，而是陪伴老太后谢道清。南宋德祐二年（1276年）正月，元军攻入临安，谢太后下旨投降，元军便将宫中上下分批次押往大都。当时，谢太后因身体有恙，没有与王昭仪同行。王昭仪伴随谢太后的儿媳全太后和幼主赵㬎先行北上，有感于路途艰难，经过故都汴梁时更是内心沉痛，便留下一首《满江红》以述一腔幽愤。

北上的路究竟有多艰难，有一首词非常生动地记录下当时的场景：

> 鼓鼙惊破霓裳，海棠亭北多风雨。歌阑酒罢，玉啼金泣，此行良苦。驼背模糊，马头匼匝，朝朝暮暮。自都门燕别，龙艘锦缆，空载得、春归去。
>
> 目断东南半壁，怅长淮、已非吾土。受降城下，草如霜白，凄凉酸楚。粉阵红围，夜深人静，谁宾谁主？对渔灯一点，羁愁一搦，谱琴中语。

这首词题为《水龙吟·淮河舟中夜闻宫人琴声》，讲的是北上途中的一个夜晚，听到旧宫人弹琴之声时内心的感触，道的是家国沦丧、繁华幻灭之痛。听词人回忆旧时生活，应该也曾是一位锦衣玉食、随銮伴驾之人。全词用情凄切，遣词婉转，描写细腻，作者当是一位感性而富有才华的人。

这位词人名叫汪元量，时人更喜欢称呼他的号，水云。他是

---

[1] 《汪元量集校注》载："王昭仪，名清惠，能属文，为度宗所幸，封隆国夫人。"第82页，浙江古籍出版社，2012。

南宋旧臣之子，年轻起便入宫奉职。宋宫廷雅好文墨，宫中有大量能诗善文、通晓文史及琴棋书画的文人供职并陪伴皇室成员。汪元量在当时就是有名的才子，不但诗词文史皆通，更能作画并弹得一手好琴，是很出色的宫廷琴师。

宋宫人北上时，汪元量与谢太后同行，属于较晚到达大都的一批人。汪元量与谢太后关系很好，在临安的时候，汪元量常常为谢太后弹琴。到了大都后，汪元量更是陪伴在谢太后、全太后及赵㬎身边，尽全力照顾三人。除此外，汪元量还担任赵㬎的老师，师生情谊甚笃。然而，与南宋旧人的交谊中，感情最深、最惺惺相惜者当数王清惠。

汪元量与王清惠自临安时代起便相识相伴。因王清惠长年与谢太后为伴，而汪元量又常奉命为谢太后弹琴，两人有大段的相处相知的机会与时间。共同的生活环境、相当的才情与爱好让两人相处融洽，只是碍于身份，未有过多较密切的来往。但到了大都之后，旧制度解体，所有人都成了囚徒，旧时代的君臣关系被废除，汪元量与王清惠也变为平等的朋友关系。

王清惠留存下来的诗作里，除了那首轰动南北的《满江红》外，还有若干首短诗，都是在北国所作，观其题名，每一首都与汪元量有关。

> 万里倦行役，秋来瘦几分。因看河北月，忽忆海东云。
> ——《秋夜寄水月水云二昆玉》

> 朔风猎猎割人面，万里归人泪如霰。
> 江南江北路茫茫，粟酒千锺为君劝。
> ——《送水云归吴》

特别是这首送别诗，王清惠还留有一段序言：

> 水云留金台一纪，琴书相与无虚日。秋风天际，束书告行，此怀怆然，定知夜梦先过黄河也。一时同人以"劝君更尽一杯酒，西出阳关无故人"分韵赋诗为赠。他时海上相逢，当各说神仙人语，又岂以世间声律为拘拘邪！

言辞虽简，情意深重。汪元量交友甚多，又对旧宫人多有照拂，在他临行时，有许多人自发为他送行，并纷纷赋诗留别。王清惠分得"劝"字韵，述说她的怆然之情。汪元量此番南归，是得到了元帝的准许，从此与故人分离，再无相见之日。两人相识相知此时已有二十余年，共同历尽悲欢离乱，曾是诗友琴侣，亦是逆境中互相支撑的良朋。当诀别之日，面对知己南下，想起自己有家难回，王清惠的心境必然比她的文辞更凄苦。

他们还在大都为伴的时候，某一年的秋日，汪元量曾赋诗一首回赠王清惠，其为：

> 愁到浓时酒自斟，挑灯看剑泪痕深。
> 黄金台愧少知己，碧玉调将空好音。
> 万叶秋风孤馆梦，一灯夜雨故乡心。
> 庭前昨夜梧桐雨，劲气萧萧入短襟。
>
> ——《秋日酬王昭仪》

汪元量对王清惠充满了怜惜之情，他写她的凄苦，其实就是在写自己。时人评价汪元量诗词为"忧郁沉痛"，但我感到的更多是凄婉哀绝。许多年后，女诗人吴淑真听到南归的汪元量弹琴后有感填词一首,其中有"千万恨、不能雪。愁绝"一句,虽言琴音,却与汪元量的诗词作品气质相同。而这种气质之最凝重者当数他与王清惠的唱和之作,特别是他那首步韵《满江红·和王昭仪韵》:

  天上人家,醉王母、蟠桃春色。被午夜、漏声催箭,晓光侵阙。花覆千官鸾阁外,香浮九鼎龙楼侧。恨黑风、吹雨湿霓裳,歌声歇。

  人去后,书应绝。肠断处,心难说。更那堪杜宇,满山啼血。事去空流东汴水,愁来不见西湖月。有谁知、海上泣婵娟,菱花缺。

  与文天祥两首步韵相比,汪词更凄楚,也许是文天祥曾领兵出征而汪元量只是御用文臣的缘故。但抛开文本,最重要的是,文天祥是以一个故国臣子的眼光看待王清惠,他并不认得她,只是听说了她的事,读到了她的词,有感于故国沉沦,故而借韵抒发己怀。特别是那首代作,只是从当时的伦理道德出发,以一个臣子的揣度来描绘王清惠的内心。然而,他终究只是在想象她,她可以是任何一个旧宫人,换了任何名字都可以。但在汪元量心里,王清惠就是王清惠,不仅仅是一个旧宫人,而是朋友、知己、同甘共苦而生死相依之人。他们一同经历过太多的离乱,靠着互相陪伴支撑这些年。当汪元量在北上途中遭遇了那么多痛苦、看到了那么多不幸后,读到有相同经历的朋友的词作,心情与文天祥定会不同,他看待王清惠的眼光更不同。文天祥用悲壮唱出自己的情怀,而汪元量用凄切诉说了王清惠的酸楚。

  谢太后在大都离世后,赵㬎被迫入藏为僧,全皇后也出家为尼。汪元量一去诀别,留下来的王清惠自请为女道士,于凄凉孤绝中离开人世。汪元量得知她的死讯后曾赋挽诗《女道士王昭仪仙游词》：

> 吴国生如梦，幽州死未寒。金闺诗卷在，玉案道书闲。
> 苦雾蒙丹旐，酸风射素棺。人间无葬地，海上有仙山。

除了词句凄切，从文辞描述上可以看出王清惠死后的寒凉，人间竟没有可以安葬尸骨之所，棺木寒酸，想来也是草草埋葬。从"幽州死未寒"一句判断，此诗应该是王清惠死后不久所作。很多年后，汪元量回到临安，看到西湖南岸的吴山，他又填了一首《满江红·吴山》，再次步韵王清惠。面对江山依旧、物是人非，似乎一字一句都在追怀长眠北国而不能回归故土的知己：

> 一霎浮云，都掩尽、日无光色。遥望处、浮屠对峙，梵王新阙。燕子自飞关北外，杨花闲度楼西侧。慨金鞍、玉勒早朝人，经年歇。
>
> 昭君去，空愁绝。文姬去，难言说。想琵琶哀怨，泪流成血。蝴蝶梦中千种恨，杜鹃声里三更月。最无情、鸿雁自南飞，音书缺。

管道升：至今见者犹销魂，何况泥里你我人[1]

元朝虽然不足百年，女性中仍旧出现了一位难得的书画大家，她就是管道升。

谈及管道升，也许想到她的第一个身份便是元代著名书法家赵孟頫的夫人。赵孟頫无论生前身后都是公认的大书法家、画家、诗人，《元史》载其"诗文清邃奇逸……篆、籀、分、隶、真、行、草书，无不冠绝古今，遂以书名天下……其画山水、木石、花竹、人马，尤精致"，[2] 这样的评价到今日依然为人认可。能与如此大师级别的才子结为夫妇，管道升想来也非寻常之辈，其人究竟如何，最有发言权的当然是丈夫赵孟頫。管道升病逝后，赵孟頫亲撰《魏国夫人管氏墓志铭》，追述妻子生平，怀念之情深切，也为后世提供了翔实可靠的资料，让这位江南才女真切地定格在了历

---

[1] 这一章标题出自清代方濬师所著的《蕉轩随录》。
[2] 《元史·列传第五十九》，第2688页，中华书局，2000。

史的卷册之中。

后世皆称道赵管夫妇为神仙眷侣,究竟如何,将《元史·赵孟頫传》与《魏国夫人管氏墓志铭》结合来看,便可明了。

> 夫人讳道升,姓管氏,字仲姬,吴兴人也。其先管仲之子孙,自齐避难于吴兴,人皆贤之,故其地至今名栖贤。考讳伸,字直夫,妣周氏。管公性倜傥,以任侠闻乡间。
>
> ——《魏国夫人管氏墓志铭》

赵孟頫在文章开篇细致交代了管道升的名、字、籍贯和出身。管道升出身江南大户,是春秋管仲的后人。管氏祖先从山东移居浙江,在当地颇有贤名,不是普通人家。父亲管直夫更有别于一般读死书的书生,在家乡有侠义之名,"倜傥"二字更见其性情之洒脱,可以判断其思想和行为当较为开放前卫,这也就不奇怪,为何生在这样家庭的管道升会在文学艺术领域取得如此高的成就。

管道升出身如此不俗,管父择婿定然不能马虎,查阅《元史》,发现赵孟頫的出身更见非凡。

> 赵孟頫字子昂,宋太祖子秦王德芳之后也。五世祖秀安僖王子偁,四世祖崇宪靖王伯圭。高宗无子,立子偁之子,是为孝宗。伯圭,其兄也,赐第于湖州,故孟頫湖州人。曾祖师垂,祖希永,父与訔,仕宋,皆至大官……
>
> ——《元史·列传第五十九》

赵孟頫有宋朝皇祖的血统，先祖赵德芳虽然早亡，却在文学作品和民间传说中大放异彩，直至今日依然以"八贤王"之美名家喻户晓。这一支的后人在南宋又出了孝宗皇帝，赵孟頫的直系祖辈父辈们也都是高官厚禄，从古代颇为讲究的"门当户对"一说来看，赵管夫妇可谓天作之合。然而，对于在人生中取得了巨大成就的人来说，婚姻这样至关重要的人生大事只图一个门当户对是远远不够的，财富毕竟是身外之物，是家族的联合。关起门过日子，是好是坏要看夫妻两人之间的精神世界是否匹配，如果不能，即使门当户对也难说幸福婚姻。

> 夫人生而聪明过人，公甚奇之，必欲得佳壻（婿）。予与公同里闬（hàn），公又奇予，以为必贵，故夫人归于我。
>
> ——《魏国夫人管氏墓志铭》

"聪明过人"四字已然说明了管道升的才智超乎寻常人，一个"奇"字则表明此四字绝非虚言，不是一般的小聪明。父亲悉心栽培，爱护有加，当然不舍得随便嫁人，而他之所以选择赵孟頫，并非完全考虑他的出身，更重要同样是一个"奇"字。父母疼爱子女多半会无意识地放大子女的优点，而能让管父奇上加奇之人想必非同凡响，那么赵孟頫又奇在何处？

> 孟頫幼聪敏，读书过目辄成诵，为文操笔立就。……宋亡，家居，益自力于学。
> 至元二十三年（1286年），行台侍御史程钜夫，奉诏搜访遗逸于江南，得孟頫，以之入见。孟頫才气英迈，

神采焕发，如神仙中人……

——《元史·列传第五十九》

《元史》中的这段记述给出了最佳答案。聪慧的头脑、超凡的领悟力、帅气的外表和脱俗的气质连皇帝都称奇，何况隔壁邻居老管。管父可谓一眼识英才，放心地将宝贝女儿托付给了同里才子，而赵孟頫则用了一生来证明管父的决定是正确的。

管父认为赵孟頫"必贵"，果然，至元二十四年（1287 年），赵孟頫被推举入朝，"自布衣擢奉训大夫，兵部郎中"（《魏国夫人管氏墓志铭》），并深受元世祖忽必烈和仁宗两朝皇帝喜爱，虽然因民族问题受到过一些排挤，但官场上始终没有遭受过大的冲击。元仁宗甚至"眷之甚厚，以字呼之而不名……以孟頫比唐李白、宋苏子瞻"（《元史·列传第五十九》），此等殊荣或许比管父当初期望的还要高。夫贵妻荣，管道升的身份也得到了提升，先后加封为吴兴郡夫人和魏国夫人，对于平民出身的女子来说，已然非常难得，管父的愿望可以说都实现了。但这仍然只是外在的光环，维系夫妇情感的不能全凭这些外在条件，特别是对于赵管二人而言，他们期待的则更多。

夫人天姿开朗，德言容功，靡一不备，翰墨词章，不学而能，处家事，内外整然……

——《魏国夫人管氏墓志铭》

从赵孟頫的记述看，管道升可谓贤内助，性格好，容貌佳，才华横溢，在大家族中具备相当高的管理才能，与普通的闺秀才女有所区别，属于全能型人才。也许赵孟頫的言辞稍有夸大的成分，但一个女人在大家族中生存已经不易，能够管理掌握家族事务更极具难度,能做到令上下满意不但难上加难,且会消耗大量精力和时间。然而,管道升并没有被家务事束缚了才能,而是成长为一位书画大家。赵孟頫说起管道升的精神追求时曾道:"道升素爱笔墨,每见余尺幅小卷,专意仿摹……"[①]可见管道升始终没有放弃在艺术领域的追求和拓展,而赵孟頫不但欣赏且大加扶持,无形中已然成为管道升的老师。对于管道升的作品更不吝溢美之词,谓其"落笔秀媚,超逸绝尘",持有肯定和赞赏的态度,而这"超逸绝尘"恰恰与赵孟頫"如神仙中人"的精神气质相符合,印证了两人是志同道合的知己伴侣的史实,说神仙眷侣已然不为过了。

管道升在书画领域取得的成就,在其生前已然被世人认可,特别是来自最高统治者的嘉誉无形中成了传播推广的最佳推手。管道升曾"手书金刚经至数十卷",又曾奉皇命"书千文",作品得到了"勅玉工磨玉轴,送秘书监装池收藏"的高级别待遇,"尝画墨竹及设色竹图以进",而墨竹又恰恰成为管道升流传后世的代表作。清代画家廖云锦在看到管道升流传下来的画作后曾题诗《题管夫人墨竹》:

> 清姿秀骨脱凡尘,柳絮才高莫与伦。
> 一抹远山数丛竹,绝无脂粉累风神。

但据记载,管道升的绘画成就并不只局限于墨竹,在山水画上也成就非凡:

> 管仲姬工绘山水人物,人罕知者。先世父曾藏其《海

---

① 出自赵孟頫《题管道升梅竹卷》。

灵朝龙王》纸本卷子，长一丈余。岛屿苍茫，洪涛汹涌，幅中鼋鼍若者，龟鳖若者，鱼若者，虾若者，蚌蛤螺蜃若者，大而至于巨鳌怒蛟、长蛇封豕，似江豚而圆黑。出没隐现，神气勃勃。复有鬼怪腾踏波浪间，若金银，若珠贝，若珊瑚、木难，或顶于首，或负于背，或捧以玉盘，或裹以素绡，争作供献状。千变万化，不可思议，令观者目夺神骇。而章法细密，傅染雅洁，实为收藏家不可多得之品。……若此卷，则世所仅见也。

——清·方濬师《蕉轩随录·卷一·管夫人画卷》

可惜的是，此画最终毁于战火，让后世无法直观领略管道升画作的真面目，更无法以今人的艺术眼光评定衡量她在山水画上的技法和成就，但曾有有心人为之记上一笔已然非常难得。今人虽不能窥见画作原貌，然管道升有几首《渔父词》流传于世，从这些文辞中或许可以窥测到那山水中的气韵：

其二
南望吴兴路四千，几时回去霅溪边。
名与利，付之天，笑把渔竿上画船。

其四
人生贵极是王侯，浮利浮名不自由。
争得似，一扁舟，弄月吟风归去休。

管道升对山水的热爱并非附庸风雅，而是寄托了对家乡的怀念和对平淡生活的追求。虽然享尽荣华富贵，但显然这样的生活对追求超然的艺术家而言是一种负担。赵孟頫曾携夫人在京做官，后几度辞官归故里，想必都有为夫人着想的成分在内。而管道升的情怀又岂非赵孟頫内心所向？当年蒙古人灭宋，赵孟頫本隐居乡里，即使受到元皇赏识，在朝堂上也经常受到蒙古贵族的排挤，皇帝也不得不多有顾忌。在朝为官本就不易，民族有别则在不易之上更添一道枷锁。赵孟頫是艺术家，自然渴求精神和生活上的优游自在，然朝堂上身不由己，人生抉择常不能任凭喜好定夺。故与管道升相同，赵孟頫也是苦闷的，何况身为宋皇族后裔，他在道德上更背负一层罪名。但也并非一点机会没有，赵孟頫还是竭力争取到了一点希望：

> 孟頫自念，久在上侧，必为人所忌，力请补外。二十九年，出同知济南路总管府事。……有旨书金字藏经，既成，除集贤直学士、江浙等处儒学提举，迁泰州尹，未上。
>
> ——《元史·列传第五十九》

在江浙等处任儒学提举大概是赵孟頫一生中难得的惬意时光了，根据赵孟頫年谱记载，这一段时间大约有十年，而就是这十年里却出了一件不那么愉悦的传闻，这传闻的缘起缘落皆与一首词有关，作者是管道升，词名《阿侬词》，又名《我侬词》。

> 你侬我侬，忒煞情多。情多处，热如火。把一块泥，捻一个你，塑一个我，将咱两个一齐打破，用水调和；再捻一个你，再塑一个我。我泥中有你，你泥中有我；与你生同一个衾，死同一个椁。

之所以说不愉快，是因为这首词的创作源自一个广为流传的故事。

话说赵孟頫年届五十,自视春风得意,又见发妻年长色衰,遂生了纳妾之心,但又怕夫人不允,碍于面子不好当面说,故写了一首词以转达意愿:

> 我为学士,你做夫人,岂不闻王学士有桃叶、桃根,苏学士有朝云、暮云。我便多娶几个吴姬越女无过分,你年纪已四旬,只管占住玉堂春。

词意浅显直白,话说得很清楚:保留你正房的位置,我寻几番春色也是做了男人都会做的事。管道升读罢此词自然明白,于是作《阿侬词》表明自己至死不渝的爱情,赵孟頫被打动,遂放弃了纳妾的念头。

故事大致如此,流传甚广,且不曾找到批驳之语,看来是事实而非传言。但细读《魏国夫人管氏墓志铭》和赵孟頫其他追念管道升的文字,还是不由得对这个故事产生一点疑问。

> 廿六年,以公事至杭,乃与夫人偕至京师,既而除直集贤同知济南路总管府;成宗皇帝召入史院,夫人亦俱;余以病辞,同归吴兴;余提举江浙儒学满任,迁泰州尹,今上皇帝在春宫,遣使召孟頫除翰林侍读学士,夫人亦同至阙下,至大三年(1310年)冬也……皇庆元年(1312年)请假,归为先人立碑,夫人亦以管氏无丈夫子,欲命继,又无其人,乃即故居作管公楼,孝思道院,俾道士奉其考妣,祭祀事见道院记;次年使者荐至,于是夫人复从余入朝……
>
> ——《魏国夫人管氏墓志铭》

赵孟頫以词呈夫人，似乎是赵孟頫出门在外，而管道升守业在家。但根据以上赵孟頫自己的记述，自为官以来，无论入京还是出京，管道升都跟在身边，包括在浙江的十年。赵孟頫最后一次辞官仍是因为管道升旧疾复发，两人一同回浙，而管道升不幸逝世于途中，未能见家乡最后一面。夫妇如此紧密联结，在古代并不多见，出门做官的士大夫身边多半是姬妾陪伴，妻子则守在老家，只有在落难时才会遣散姬妾，夫妇同行。从这一点来看，故事发生的背景不成立，赵孟頫没有"作案时间"。另一方面，姬妾的作用有二，一为愉悦身心，二为传宗接代，从这两点来看，赵孟頫也不需要姬妾。精神层面已然有管道升和他心意相通，从现实层面讲，管道升"子三人……女六人"，一共生了九个孩子，可以想见夫妇感情之深厚。无论从为人还是宗法上讲，管道升都无可指摘。再从赵孟頫追念管道升的其他文字来看，他对妻子的感情绝非常人可比：

> 孟頫自老妻之亡，伤悼痛切，如在醉梦……盖是平生得老妻之助整卅年，一旦丧之，岂特失左右手而已耶？哀痛之极，如何可言！
> ——《醉梦帖》[①]

> 盖孟頫与老妻，不知前世作何因缘，今世遂成三十年夫妇，又不知因缘如何差别，遂先弃而去，使孟頫恓

[①] 又名《如在醉梦帖》，此信主要内容为赵孟頫在妻子亡故后，寄托哀思及感激中峰和尚所做佛事。信札内容围绕着对管夫人病故所倾诉的哀情。

恓然无所依。今既将半载，痛犹未定……

——《两书帖》①

夫妇相伴三十六载，这些年对赵孟頫而言绝非凑合了事，失去妻子使他"恓恓然无所依"，长达半年的愈合期仍旧不能镇定伤痛，对于一个早已过了激情年华的老年人来说，爱情却愈久弥鲜，令人动容。将以上文辞与流传的那首报批纳妾之事的词作比，只觉词作油滑猥琐，与赵孟頫的痴情深爱相去甚远，在我看来伪作的嫌疑极大。管道升的《阿侬词》则情真意切，非常符合夫妇二人感情至深的事实，未必一定因为丈夫欲纳妾才作此词。

如果是伪作，好事者又为何为这对神仙眷侣添上这样一段不光彩的历史呢？追述文史，不难发现，这样的故事早有先例且自成套路。

> 司马相如将聘茂陵人女为妾，卓文君作《白头吟》以自绝，相如乃止。
>
> ——《西京杂记·卷三》

司马相如与卓文君的故事自《史记》记载以来已成千古美谈，但司马迁只记述了两人婚姻的前半段，可谓一波三折，故事非常精彩，在当时的环境中看，两人堪称神仙眷侣。然而，《西京杂记》却记叙了婚姻后半段中发生的一件事，因其为笔记小说的缘故，真实性则不可考证。后世更有伪托卓文君《白头吟》之名的伪作，

---

① 此信主要讲述对妻子管道升病逝后的思念及哀悼之情，以及为了却夫人生前心愿而精心安排丧葬、佛事等。

即《皑如山上雪》①：

> 皑如山上雪，皎如云间月。闻君有两意，故来相决绝。
> 今日斗酒会，明旦沟水头。躞蹀御沟上，沟水东西流。
> 凄凄复凄凄，嫁娶不须啼。愿得一心人，白头不相离。

词意凄切，更透着决绝，让故事更加生动传神。我们不难看出，《阿侬词》就是《西京杂记》中司马相如与卓文君的翻版，如此相似难道只是巧合？细究发现，两故事之间还有另一个故事：

> 前秦苻坚时，秦州刺史扶风窦滔妻苏氏，陈留令武功苏道贤第三女也。名蕙，字若兰。智识精明，仪容妙丽。谦默自守，不求显扬。年十六，归于窦氏，滔甚敬之。然苏氏性近于急，颇伤嫉妒。……初滔有宠姬赵阳台，歌舞之妙无出其右。滔置之别所，苏氏知之，求而获焉，苦加捶辱，滔深以为憾。阳台又专伺苏氏之短，谗毁交至，滔益忿苏氏。苏氏时年二十一。及滔将镇襄阳，邀苏氏同往，苏氏忿之，不与偕行。乃携阳台之任，绝苏氏音问。苏氏悔恨自伤，因织锦为回文，五彩相宣，莹心辉目。纵广八寸，题诗二百余首，计八百余言。纵横反复，皆为文章。其文点画无缺，才情之妙，超今迈古，名曰璇玑图……滔览之，感其妙绝……而具车从礼迎苏氏。归于汉南，恩好愈重。
>
> ——《〈璇玑图〉序》

---

① 《宋书·乐志》言《白头吟》等"并汉世街陌谣讴"，即民歌。《玉台新咏》载此诗，题作《皑如山上雪》，连题目亦与卓氏无关，故云文君作，显系附会。

相传，唐女皇武则天览《璇玑图》而作了这篇序言，真伪不确。文中主角窦滔与苏若兰也曾是家喻户晓的神仙眷侣，与司马相如和卓文君别无二致，就连所谓婚后生活也是如出一辙，先是丈夫变心，继而妻子写诗挽回，夫妇重归旧好，小妾连败出局。明代马世英曾作诗调侃道："苏蕙才名千古绝，阳台歌舞世间无。若使同房不相妒，也应快煞窦连波。"（李天根《爝火录》）可见传说已深入人心，若有不同，则是窦苏夫妇的故事更加曲折，人物个性更丰满。苏若兰的《璇玑图回文诗》也并非伪作，不但流传后世且开创了一种诗歌体，后世仿效颇多，但成就上却都不堪比拟。《西京杂记》的记载虽不能辨其真伪，但窦苏夫妇的故事则纯属好事者杜撰，因为史书里的记载并非如此：

> 窦滔妻苏氏，始平人也，名蕙，字若兰。善属文。滔，苻坚时为秦州刺史，被徙流沙，苏氏思之，织锦为回文旋图诗以赠滔。宛转循环以读之，词甚凄惋，凡八百四十字，文多不录。
>
> ——《晋书·列传第六十六》

《晋书》明确记载，苏若兰作《璇玑图诗》是因窦滔遭难而思之，与纳妾和争风吃醋没有任何关系。好事者根据《西京杂记》的记载为这对夫妇附会了一段真真假假的故事，并广泛传播。以此推之，赵孟頫与管道升的那段一模一样的传闻则更令人深思了。

为什么人们要破坏神仙眷侣的爱情？

因为绝大多数人的生活是寡淡无味且不遂人意的。夫妇恩爱如赵孟頫与管道升，在古代更是少数中的少数，恩爱如赵明诚李清照也曾有姬妾苦恼，苏东坡一生风流，则有朝云成为佳话，王献之的桃叶、桃根已经化作诗词典故，早在士大夫心里生根发芽。而赵孟頫一生只爱管道升，令男人为之惋惜，女人为之怀疑。赵孟頫何德何能要做道德完人？如此标杆令前人后辈颜面何存？完人的故事只会令听众自惭形秽，而名人身上有着常人一样的瑕疵则令大众倍感欣慰。如果说司马相如一生风流，纳妾似有所本的话，窦滔与赵孟頫则不过成了大众心理投射的牺牲品，好事者充分施展致敬模仿之能事，参照《西京杂记》那一句短短的记载，连篇扯出两个相同套路的故事，令人唏嘘，令人惋惜。而赵孟頫一生诗作颇丰，"有《松雪斋文集》十三卷"（柯劭忞《新元史》），令后世人铭记的却是这样一首油腔滑调的伪词作，更感可悲。

管道升于五十八岁之时死于归乡途中，她的死不但是对赵孟頫的打击，更使"内外族姻皆为之恸……莫不流涕"，赵孟頫在墓志铭中写道："东衡之原，夫人所择，规为同穴，百世无易，树以青松，铭以贞石，婉娩之德，万古是式。"提出了夫妇合葬、生生世世永结情缘的意愿。三个儿子除长子早亡外，次子赵雍、三子赵奕都继承了父母在艺术上的成就，并被载入史册。可惜六个女儿未能得母亲真传，其后生平不可考，但也许正如平凡人一般，度过了一生衣食无忧的殷实岁月吧。

沈宜修：午梦堂里墨余哀

自明代中晚期起，女性教育在当时的环境下得到了一个很大的飞跃，特别是在富庶的江南地区，吴浙两地涌现出大量的才子文士，这些受到良好教育的男性群体也身体力行地推动了女性教育的发展，为女性提供了更多受教育的机会。此时女性教育的发展路线依然沿袭了宋代模式，分闺秀派和名妓派两大类，不但在创作人数和创作篇幅上远超前朝历代，而且两派皆名家辈出，为锦绣富丽的烟雨江南增添了清丽的色泽，也为中国女性发展史、文学史留下了宝贵的笔墨。

在闺秀类中，出现了以家族和社团模式为标志的女作家群体，由于创作人数的增加，女性创作者们不再满足于独自闭门造诗，而是强烈地渴望互相交流，在群体中得到彼此的认同，进而找寻归属感。加之男性对女性教育的推崇和扶持，便常常出现一门皆才子才媛的现象，吴江的叶氏家族、嘉兴的黄氏家族、山阴的祁氏家族皆属此类，也是家族创作的重要代表。这种风气在江南一带传承下去，直至清末。曹雪芹在《红楼梦》中尽心描摹的红楼女儿结社赋诗的生活场景就是在这样的社会大背景下产生的，有扎实的生活原型和社会基础，并非作家的异想天开。

吴江进士叶绍袁的午梦堂曾是江南佳丽地中的诗意大观园。

叶绍袁是明末文士，天启年间进士出身，晚年编辑《午梦堂集》，在明末清初时代颇负盛名。午梦堂是叶绍袁与家人居住的宅邸，也是一座江南园林，叶绍袁的妻子和儿女们分阁而居，在园内题诗作画，过着远离凡尘的文士生活。《午梦堂集》中收录的作品主要是叶绍袁与妻子和两子三女的个人诗词作品，而其中的主角便是妻子沈宜修。

以家族为单位的女性创作群体通常都会有一个女性家长作为组织者，也常常是这个创作群体的代表人物，沈宜修就是这样一位女子，也可以说是女性创作群诞生以来的第一位女家长。钱谦益在《列朝诗集小传》中描述叶氏家族的生活时，载："宛君[1]与三女相处题花赋草，镂月裁云，中庭之咏，不逊谢家；娇女之篇，有逾左氏。于是诸姑伯姊，后先娣姒，靡不屏刀尺而事篇章，弃组纫而工子墨。"[2] 钱谦益虽是男性，但对女性的创作持赞赏和支持的态度，并非因她们"弃组纫而工子墨"而批评或否定。后世提到叶绍袁、沈宜修夫妇，视二人为夫妇伉俪，在江南一隅避居园林之内，真好似神仙眷侣，令人艳羡。但真正走入沈宜修的家居生活和精神世界，会发现事情远没有外人描述的那般美好单纯。

犹见寒梅枝上小。昨夜东风，又向庭前绕。梦破纱窗啼曙鸟，无端不断闲烦恼。

却恨疏帘帘外渺。愁里光阴，脉脉谁知道？心绪一

---

[1] 沈宜修，字宛君，吴江人。

[2] 见《列朝诗集小传·闰集》"沈氏宛君"条，第753页，上海古籍出版社，2008。

砧空自捣,沿阶依旧生芳草。

沈宜修的这首《蝶恋花·感怀》词意哀怨,从主题和文辞上看是闺中少妇的愁寥之作,结构简单,格局较窄,看上去说的是贵妇人无甚缘由的闲愁。然而当细读叶绍袁亲笔写下的《亡室沈安人传》[①]时,才会发现现实世界并非如此。

沈宜修不是贵妇人,她的家居生活非但不富贵,甚至是贫困的。

> 沈氏名宜修,字宛君,宪副沈公长女(公讳珫)。八岁丧母顾恭人。茕茕孱疲,即能秉壶政,以礼肃下,闺门穆然,从父少参公甚异之(公讳瓒)。
> ——《亡室沈安人传》

虽然出身大户书香世家,但幼年丧母,对于一个孩子来说可谓不幸。沈宜修还有一个弟弟,名自征,字君庸。姐弟俩相依为命,一同长大,感情非常深厚。沈宜修虽好学懂事,但失去母亲且要照顾弟弟的少女时代很难说是轻松愉悦的。此时与她较为亲近的闺中玩伴是表妹张倩倩,日后,张倩倩成了君庸的妻子、沈宜修的弟妹,姐妹关系亲上加亲。张倩倩也是一位博学能诗的才女,与姐姐沈宜修多有诗词唱和。惜其生前对作品未着意保存,故流传不多,《午梦堂集》也未能为她结集。在后代的整理和研究中,张倩倩也常被归入叶氏家族的创作群体,这与她和沈宜修的亲属关系分不开的。

---

① 见叶绍袁《午梦堂集·鹂吹集》附录《亡室沈安人传》,第 275—281 页,中华书局,2015。

沈宜修的叔父很看好这个侄女，认为她"长必贤"，亲自做媒将侄女嫁入叶家。这门亲事是叶绍袁的父亲为他定下的，而当儿媳成年进门时，叶父已然离世，家中唯有孤寡老母。当时沈宜修十六岁，叶绍袁十七岁，两人都是青春年纪，性格相合、才学相当，又都有早失至亲的经历，少年夫妻是和谐恩爱的。叶绍袁热烈赞扬妻子"性好洁，床屏几榻，不得留纤埃。经史词赋，过目即终身不忘。喜作诗，溯古型今，几欲追步道韫、令娴矣"。（《亡室沈安人传》）可见在叶绍袁眼中，这位沈家小姐堪称完人。当时叶绍袁在准备科考，每日功课繁忙，常常要练习作文。沈宜修凭借自身才学为丈夫的文章充当点评人："余时发愤下帷，覃精伏生之书，每一义就，即倩君指下，裒（póu）积成帙，友人览者，靡不叹卫夫人遗风，端丽可爱也。"（《亡室沈安人传》）沈宜修的才能得到了诸多同类学子的认可和赞叹，叶绍袁还记下了一段有趣的小细节：

> 时家季若与余比庐而居，同席而学。余文，妇书之；季若文，亦其妇书之，兄弟相对语此，亦贫士一乐。
> 　　　　　　　　　　　——《亡室沈安人传》

兄弟俩都有贤内助，所作文章由妻子帮忙誊抄镌写，两人都为此而得意，说不定也曾暗暗有过比较，认为自己的媳妇更好些，在十几岁的少年心里未尝不是一种幸福。后来两兄弟皆中进士，没有辜负家中妻子的操劳和期望，也可以说是最好的报答。然而，享受爱的人在喜悦的同时往往不能体会到付出者默默操劳的艰辛。难得的是，叶绍袁虽性格懦弱，但眼明心净，笔调客观，他没有忽略或故意抹掉妻子的辛劳，在《亡室沈安人传》中做了详细的记述。

叶绍袁早年丧父，其生活状况可想而知，"宦橐如霜朋，身后儿不能谋生"，他自称贫士是实情。沈宜修嫁过来前，生活状况应当优于叶家，从她带过来的陪嫁就可以窥见，叶绍袁在《亡室沈安人传》中详细记载了这样一段往事：

> 君明鉴量，宏节概，美志行，乐慷慨。外父冰蘖（niè）苦操，甚无奁具，君大度豁如也。有友人计营一椽，殊生束晢之叹，私筹于余。余曰："我母严，我弗敢言，当谋诸妇耳。"私念妇又鲜嫁时货装，奈何？试与之言，君曰："贫友以告急而不能周，愧也。"即脱簪珥鬻数十金予之。
>
> ——《亡室沈安人传》

朋友来借点钱，叶绍袁却不敢向家里要，偷偷与沈宜修商量。沈宜修为了支持丈夫，"脱簪珥鬻数十金予之"，把压箱底的陪嫁全都拿出来了。从这些首饰可以换来"数十金"的记载看，沈宜修的陪嫁不薄。叶绍袁记述这一段的目的是彰显妻子的高贵品行，但也同时不留情面地暴露了自己的弱点。如果说贫穷不是他一个早年丧父的少年学子的过错的话，那么"我母严，我弗敢言"这样的真心话则揭开了叶绍袁家庭中的硬伤，叶母是一个非常严厉苛刻的人。对亲生儿子尚且如此，对儿媳妇则更有过之而无不及：

> 以故太宜人望余，不啻朝春宵而夕紫阁也，恐以妇诗分咕哗心，君因是稍拂太宜人意。君既不敢违太宜人，又悯悯然恐失高堂欢也，清宵夜阑，衫袖为湿，其性孝而柔如此。
>
> ——《亡室沈安人传》

阻碍女性教育发展的未必都是男性，也有女性的存在，手段往往更严苛。虽然叶绍袁称赏沈宜修的才华，但叶母却对此颇有微词，最不能忍受的是沈宜修写诗。她的担忧很直白，怕儿媳以此让儿子在学业上分心，又耽误操持家务。叶母性格强势，叶绍袁不敢为妻子辩护，沈宜修便只得忍气吞声。但诗人总会有感而发，愈是苦闷便愈有诗思，难免不偷偷写上几笔。叶母有所察觉，于是派人监视：

> 太宜人雅命小婢侦之，云不作诗，即悦；或云作诗，即怩（cǐ）怩行诸色。君由是益弃诗，究心内典，竺乾秘函，无不披觌。
>
> ——《亡室沈安人传》

原本是精神生活高度契合的夫妻，又正是诗情盎然的年纪，叶母为了眼中儿子的利益而强迫儿媳自我阉割，派人监视更是对儿媳的一种羞辱。在这样压抑的生活环境里，沈宜修不但不能反抗，还要按照礼法恭顺孝敬，其内心之苦闷可想而知。除精神生活外，在居家生活上叶母也不放过："君既婉娩，太宜人左右柔颜曼色，葴（zhēn）菅繁綦之属，晨昏无少离。丙夜，太宜人犹刺女红不休，君不以罢或先止。太宜人命之乃入。"（《亡室沈安人传》）由此看来，沈宜修不但要做丈夫的媳妇，还要做婆母的侍女，劳作十分辛苦，但这还不算最残酷的，叶母还有一手：

> 余少时携签笈，从游若思诸君子，肄业为常，不甚居家中，即居家中，亦不敢一私入君帏。非太宜人命，

> 寒篝夜雨，竹窗纸帐，萧萧掩书室卧耳。
>
> ——《亡室沈安人传》

儿子好不容易回一次家，叶母竟然阻止夫妻俩见面。没有母亲的允许，叶绍袁只能睡在书房。叶母的干涉行为已然过了界，不但破坏夫妻的正常生活，更对两个年轻人造成心理和生理上的双重压迫。对于母亲的非常态做法，叶绍袁有一个简短的分析："盖太宜人止余一子，且又早孤，然爱深训挚，以慈闱兼父道焉。"叶绍袁只道出了表面原因，其深层次的缘由则是社会和心理等多方面的。本文不做过多分析，这样的所谓严母形象在古代也并不鲜见，叶母再狠辣一些，完全可以再造一对陆游和唐琬。她没有如此做也并非她心慈手软，未尝不是出于现实生活的考量，毕竟叶家贫困不比南宋陆家，况沈宜修是下嫁，又无差错，叶母也只得"忍受"。

有了这样的大背景，再看沈宜修的词作，便能够体会到她内心深处无法言说的悲苦：

> 秋色将分，暮云初合，四壁蛩韵悲悯。薄红微雨，几度自清宵。多少西风萧瑟，吹不尽、楚梦秦箫。疏杨外，芙蕖映水，清露镜中洞。
>
> 聊聊。无语处、酒凝杯冷，炉缓香飘。又莺愁蝶倦，花草烟消。且把残灯重剔，寻旧句、看取红绡。从今后，凭他风月，暮暮与朝朝。
>
> ——《满庭芳·感怀》

从"愁里光阴，脉脉谁知道"到"从今后，凭他风月，暮暮与朝朝"，是一种无声的控诉，但太柔弱，无法为自己争得任何权益，最终只得残忍自戕。在众多家族女性创作团体中，沈宜修属于最辛苦者之一，与她的前半生相比，日后与之齐名的商景兰则宛若生活在警幻仙境。沈宜修的苦是尘凡间的辛苦，要靠岁月一点一点地熬，或许会有一个出头之日。儿女还小，唯一的精神寄托就只有丈夫，然而叶绍袁早年常离家在外，让沈宜修更感怅惶：

> 离亭树色映长征，渺渺烟波送去程。
> 断肠只凭千里梦，乱山遮隔更无情。
> ——《绝句五首》（其二）

除了丈夫，弟弟沈君庸与表妹张倩倩夫妇也是她情感的牵挂。只是令她难过的是，弟弟是个闲不住的人，《列朝诗集小传》载："少年裘马，挥斥千金，自负纵横捭阖之才，好游长安塞外。"沈君庸自小就令姐姐操心，他在《鹂吹集序》中回忆儿时道："不肖弟幼顽劣，争枣栗，辄鸟兽触姊，姊弗恚，以好言解之。"年幼不懂事时欺负姐姐，而姐姐不但不生气还宠着他，这是沈宜修的苦心，却纵容了弟弟的自私，没有培养他的道德责任感。他成婚后为了追求所谓豪士做派，奢侈浪费，常年游荡在外，致使妻子"幽居食贫，抑郁不堪。年三十四病卒"[①]。沈君庸的放浪对妻子的早逝负有重要责任。在他远离家乡的时光里，张倩倩常与沈宜修谈及丈夫，并有词作留下：

> 漠漠轻阴笼竹院。细雨无情，泪湿霜花面。试问寸肠何样断。残红碎绿西风片。
> 千遍相思才夜半。又听楼前，叫过伤心雁。不恨天

---

① 《列朝诗集小传》，第757页，上海古籍出版社，2008。

涯人去远。三生缘薄吹箫伴。
——《蝶恋花·寅寒夜与宛君话君庸作》

张倩倩对沈君庸的感情是真挚的，但沈君庸没有珍惜她的真心，他的敷衍连姐姐沈宜修也看不下去了，在弟弟屡次爽约不归之后，沈宜修失望气愤之余写下《踏莎行》：

粉箨初成，蔷薇欲褪，断肠池草年年恨。东风忽把梦吹来，醒时添得千重闷。

驿路迢迢，离情寸寸，双鱼几度无真信。不如休想再相逢，此生拚欲愁消尽。

此词前小序中有"忽尔梦归。觉后不胜悲，感赋此寄情"之语，可见沈宜修对弟弟的想念之情。而从词的下半阕来看，她的这份忧虑也包含了对张倩倩的怜惜和同情。但沈宜修始终没有意识到，自己与表妹所遭受的许多辛酸都与她事事顺从的性格有关，过于柔顺的性情只能将命运寄托给天意。沈宜修的前半生都是为别人活的，当丈夫终于金榜题名，社会地位和生活有所改善之后，她的境遇才渐渐好转，午梦堂里的诗意生活正式开始了。

叶绍袁虽中了进士，但因不满官场黑暗，便早早辞官归家。此时膝下儿女渐渐增多，老母年迈，身体多病，家中生活境遇依然谈不上富裕。但难得的是，叶家人以勤俭为荣，不慕荣华，志在诗书笔墨，而一家人的团聚也让每个人都感受到了温馨愉悦。叶绍袁在家潜心著书，妻子儿女们也在创作上各有成果。此时叶家内部的角色关系发生改变，沈宜修从被压迫的儿媳妇转为真正的女主人，虽然仍要尽心竭力地侍奉婆母，但叶母对她的管束已失去了威慑力，无力再限制她的创作自由。表妹张倩倩早亡，沈宜修失去了知己，但子女们渐渐长成，且展露出极高的创作天赋，特别是三个女儿，让沈宜修既感受到了为人母的骄傲，也寻回了创作上的良伴。

沈宜修继长子世佺后连续生下三女，分别是叶纨纨（字昭齐）、叶小纨（字蕙绸）和叶小鸾（字琼章），在沈宜修的悉心教导下，女孩儿们自小便接受了与同龄男性相等的教育。沈宜修作为母亲对儿女们呵护有加，尊重孩子们的天性和个性，与子女们结为好友。特别是幼女小鸾，在姐妹中天姿最高，尤其为父母兄姐所钟爱，沈宜修在《季女琼章传》中载："识鉴明达，不拘今昔间事，言下即了然彻解。或有所评论，定出余之上。"并对女儿道："汝非我女，我小友也。"父母与子女做朋友，这是非常现代的亲情观念，即便是在当代也远未达到常态，但在礼教森严的晚明，沈宜修能够有如此宽宏的想法和作为，实属难得。

母女们常在一处相聚题诗，既是磨炼创作技艺，也是一种娱乐活动，更是交流感情的重要手段。在沈宜修留下的作品中常可读到与女儿们的唱和之作，比如与小鸾的步韵之作《题疏香阁·次季女琼章韵》。叶小鸾曾赋诗《晓起》：

曙光催薄梦，淡烟入高楼。远山望如雾，茫茫接芳洲。
清露滴碧草，色与绿水流。窥妆帘帷卷，清香逼衣浮。
听莺啼柳怨，看蝶舞花愁。兹日春方晓，春风正未休。

诗意虽未出莺愁蝶怨这样的闺门局限，然出自十五六岁的少女之手已属高妙，且已经具有叶小鸾特有的创作特色。沈宜修欣赏女儿的"潇洒多致，高情旷达"，提笔步韵成诗：

几点催花雨，疏疏入画楼。推帘望远墅，烂锦盈汀洲。

> 昨夜碧桃树，凝云寒不流。朝来庭草色，把取暗香浮。
> 飞琼方十五，吹笙未解愁。次第芳菲节，清吟知未休。

题目中提到的疏香阁是叶小鸾居住的秀楼，全诗前半段以远景推进，描写了疏香阁的景物情致，后半段中提到的"飞琼"是神话中仙女许飞琼的名字，在诗中借指叶小鸾。母亲谓女儿尚是"吹笙未解愁"的年纪，并在末句给予了美好的期望，未来的年华芳菲次第，好事不休。

叶家对府中服侍的下人也非常照顾，从不以主人自居，并以善待下人为荣。沈宜修曾称赞小鸾"性仁慈宽厚。侍女红于，未曾一加呵责"。侍女也常常出现在母女的创作中，叶小鸾曾有诗《早春红于折梅花至偶成》：

> 迟迟帘影映清宵，日照池塘冻欲消。
> 公主梅花先傅额，美人杨柳未垂腰。
> 纱窗绣冷留余线，绮阁香浓绕画绡。
> 试问侍儿芳草色，阶前曾长翠云条？

尾联以问句结尾，充满了浓浓的生活情趣，创作方式上也受到了李清照《如梦令·咏海棠》的影响。对于下人的身世她们也充满怜惜，沈宜修也曾填词《蝶恋花》以怀念早夭的侍女寻香：

> 巫女腰肢天与慧。浅发盈盈，碧嫩红阑蕙。满地莺声花落碎。春苔剪破难重缀。
> 蝴蝶寻飞香入袂。不道东风，拍断游丝脆。最是双眸秋水媚。可怜雨溅胭脂退。

寻香死时只有十二岁，沈宜修谓其生前"婀娜有致，楚楚如秋棠"，对她的死充满惋惜之情。午梦堂中的生活虽"家殖益荒落"，但却充满了温情和生活情趣，也成为传遍江南的佳话。然而人间好景终有凋落之时，这样诗意的生活也只持续了十余年光阴，厄运便接二连三袭来。

长女纨纨出嫁后，午梦堂里少了一位多才的女子，而纨纨的不幸婚姻也为留在家中的亲人们添了一层哀伤。不料，季女小鸾在出嫁前突然病逝，年仅十七岁，家人为此大恸，长女纨纨更因悲伤过度在两月后离世。接连丧失两女，对沈宜修打击极大，她常在梦中梦见女儿：

偶睡梦相逢，花颜逾皎雪。欢极思茫然，离怀竟难说。
但知想见欢，忘却死生别。我问姊安在，汝何不同挈。
指向曲房东，静把书篇阅。握手情正长，恍焉惊梦咽。
——《夜梦亡女琼章》（节选）

在梦中，女儿一如生前，仍旧鲜妍美丽，喜读诗书，竟让母亲忘记了她们已然离世的事实。纨纨与小鸾皆在冬季离世，这一年的除夕因而失去了年的喜气，布满了伤痛的记忆和悼亡的悲酸：

劲风吹断鬓，寂寞岁穷天。落日照新鬼，伤心送旧年。
室连双穗帐，肠断一诗篇。腊酒浇难醒，寒花泪纸钱。
——《壬申除夜悼两女》

直到第二年清明，沈宜修仍不能从丧女之痛中有所解脱，写下《踏莎行·寒食悼女》：

梅萼惊风,梨花谢雨,疏香点点犹如故。莺啼燕语一番新,无言桃李朝还暮。

春色三分,二分已过,算来总是愁难数。回肠催尽泪空流,芳魂渺渺知何处。

"春色三分,二分已过"不幸成了谶语,叶绍袁载沈宜修"自两女亡后,拾草问花,皆滋涕泪,兴亦尽减矣。甲戌春病起……疾竟不起也"。甲戌年(1634年)是纨纨和小鸾病逝后的第二年,这一年沈宜修在病中为尼姑德安书写《西方庵碑文》,也许是为了寄托哀思。不料家中再添丧亡,"乙亥(1635年)二月次子世偁卒,三月婆母冯氏捐背,四月又亡五岁儿世儴"。(《倦倚碧罗裙——明清女性词选》)死亡似乎也会传染,沈宜修再也承受不住这样接二连三的打击,于同年九月四日病故,死前"犹与余(叶绍袁)对谈,但稍气弱耳。至子夜,息如睡者。须臾,侧卧而逝"。午梦堂里枝叶凋零,欢悦时光从此不再,及至鼎革之乱,午梦堂被弃,叶绍袁携子在杭州出家,再未回过吴江。才子佳人的往事风流云散,就如同同时代的许多佳偶,叶沈夫妻也未能携手白头,午梦堂里的故事以文字的方式留在了叶绍袁和沈宜修生前辛苦编辑的《午梦堂集》中,不但详细记述了晚明江南文人的风貌,在女性文学史上也承前启后,开创了一个新的时代。

叶小鸾：遗落人间有琼章

在沈宜修的诸子女中，才华最高妙、容颜最妍丽、家人最钟爱、身世最传奇者当数三女叶小鸾。虽然在人间只停留了短短十七个年头，所行之处从未越出闺阁，然而在明代女性文学中却不能少了她的名字，她生前身后的故事也自属标格，别具情韵。

沈宜修在小鸾死后曾为爱女作传，也正是因为有了这一篇悼文，叶小鸾如她的诗篇那般永久地活了下来，并没有退化成一个符号。

> 女名小鸾，字琼章，又字瑶期，余第三女也。生才六月，即抚于君庸舅家。……值儿周岁，颇颖秀。妗母即余表妹张氏，端丽明智人也，数向余言，是儿灵慧，

后日当齐班蔡，姿容亦非寻常比者。

——《季女琼章传》[1]

根据钱谦益在《列朝诗集小传》中的说法，沈宜修表妹张倩倩之所以收养叶小鸾，是因为其"生子女，皆不育"，而从叶家这方面来看，则是出于家境较为拮据的考虑。在叶小鸾出生前，已经有长兄叶世佺，姐姐叶纨纨和叶小纨，作为家中的第三个女儿，被过继给无子女的舅母在当时也是合情合理之事。只是长辈们都未曾想到，这个出生时不甚稀奇的女孩却异常灵慧，舅母张倩倩视若己出，悉心培育，期望甚厚。

> 四岁，能诵《离骚》。不数遍，即能了了。又令识字，他日故以谬戏之，儿云："非也，母误耶？"舅与妗甚怜爱之。十岁归家，时初寒，清灯夜坐，槛外风竹潇潇，帘前月明如昼。余因语云："桂寒清露湿。"儿即应云："枫冷乱红凋。"尔时喜其敏捷，有柳絮因风之思。
>
> ——《季女琼章传》

对于叶家子女来说，四岁能诵《离骚》倒也算不得非凡，叶绍袁曾在《亡室沈安人传》中回忆沈宜修教育子女时写道："四五岁，君既口授《毛诗》《楚辞》《长恨歌》《琵琶行》，教辄成诵。"叶小鸾虽养于舅母家，在教育上不输兄姐，是舅母张倩倩的培育之功。但让沈宜修深感意外的，是女儿十岁即可联句。童年联句在古人心中历来被视为神童必备技能，特别是对于女性来说，联

---

[1] 见叶绍袁《午梦堂集·鹂吹集》附录沈宜修《季女琼章传》，第246—250页，中华书局，2015。

句之才更会与性情品格和人生命运相关联。谢道韫因"未若柳絮因风起"而成为千古才女的标杆，而薛涛的"枝迎南北鸟，叶送往来风"却被看作命运的谶语。如果按照这样的逻辑推断，叶小鸾的这句"枫冷乱红凋"自然也预示着某种天意，沈宜修在追忆中悲叹"岂竟为不寿之征乎"，然而正如前人一般，也不过是依照叶小鸾身世的附会之想而已。母女清夜对坐时，正值"槛外风竹潇潇，帘前月明如昼"，沈宜修开句"桂寒清露湿"，是对风物的描摹，也是心境的流露，已然有凄寒之境，而叶小鸾的"枫冷乱红凋"也属对眼前景物的描摹，情感上受到了母亲的感染。叶小鸾虽年仅十岁却已奠定了其日后创作的基调和风格，沈宜修感叹"不寿"或许是出于对这五字中所流露的凄清寥落之意的联想。

叶小鸾在文学艺术上的真正起步则始于十二岁，其进步之神速令父母惊叹：

> 十二岁发已覆额，娟好如玉人。随父金陵，览长干桃叶，教之学咏，遂从此能诗。……十四岁能弈。十六岁有族姑善琴，略为指教，即通数调，清泠可听。……家有画卷，即能摹写。今夏，君牧弟以画扇寄余，儿仿之甚似。又见藤笺上作落花飞蝶，甚有风雅之致。
>
> ——《季女琼章传》

十二岁至十七岁是叶小鸾人生中的最后五年，于他人而言正值青春，而于叶小鸾而言却是暮年。但与他人一样，叶小鸾的这五年同样是她人生中最曼妙瑰丽的时光，琴棋书画稍加点拨便可得心应手。在父母眼中，叶小鸾天赋异禀，加之有"修眉玉颊，丹唇皓齿"之容，长辈们常将其与仙女作比，在沈宜修的记述中，更有意无意地强化这一形象：

> 性高旷，厌繁华，爱烟霞，通禅理。……比梅花，觉梅花太瘦；比海棠，觉海棠少清。故名为丰丽，实是逸韵风生。……一日晓起，立余床前，面酥未洗，宿发未梳，风韵神致，亭亭无比。余戏谓之曰："儿嗔人赞汝色美，今粗服乱头，尚且如此，真所谓笑笑生芳，步步生妍矣，我见犹怜，未知画眉人道汝何如？"
>
> ——《季女琼章传》

虽然出自母亲之笔，有过誉之嫌，但沈宜修共有三女，在三女、长女相继亡故后却只为小鸾一人作传，也可看出这份过誉不是没来由的。从这段描述来看，在沈宜修眼中，小鸾身上自有一种天然的风流袅娜，在母亲睡梦初醒时忽然立于床前，颇有些笔记小说中仙女下凡之感。而作为当事人的叶小鸾自己似乎也对成仙飞天之事颇为用心，不但"每日临王子敬《洛神赋》"，且在梦中作《鹧鸪天》词五首，用沈宜修的话说，"此其志也"。究竟写了些什么，取其中最后两首便可窥探一二：

其四
雨后青山色更佳，飞流瀑布欲侵阶。
无边药草谁人识，有意山花待我开。
闲登眺，莫安排，啸吟歌咏自忘怀。
飘飘似欲乘风去，去住瑶池白玉台。

其五
西去曾游王母池，琼苏酒泛九霞卮。
满天星斗如堪摘，遍体云烟似作衣。

> 骑白鹿，驾青螭，群仙齐和步虚词。
> 临行更有双成赠，赠我金茎五色芝。

词前有小序，谓"壬申春夜，梦中作五首"，梦中乘风归去与神仙共游的题材不算新鲜，李清照生前就有多篇诗词作品记述她梦中在仙界的神奇经历。然而与李清照不同的是，叶小鸾生前并未曾经历过那么多悲欢离乱，在她去世后十三年才有鼎革之乱。加之年龄尚小，故她作品中对神仙的理解较为单纯梦幻，带有童话色彩，并不似李清照那般是出于对自身命运的抗争和无奈而生发出的一种心理诉求。羽化成仙在少女小鸾眼中还停留在一种审美层面上，或者说是一种精神追求。她的词作还多有受李清照影响的痕迹，比如这首《浪淘沙·秋怀近作》：

> 青女降枝头。已解添愁。暮蝉声咽冷莹篌。试看夜来多少露，草际珠流。
> 身世一浮鸥。岁月悠悠。问天肯借片云游。裹裹乘风归去也，直上瀛洲。

以叶小鸾生前的经历，"身世一浮鸥"这样的感喟实在是"少年不识愁滋味"之语，当是从前人词句中学得。对升仙的渴望则多源自少女对神话的憧憬幻想，如另一首词中还有"怅望瑶台。不见飞琼步月来"之句。难得的是叶小鸾天赋极高，对词句的领悟和掌握也在较高的水平，如果不是少年早夭，日后作品当有更大的发展。晚明女诗人虽多，叶小鸾却以少年之才得占一流，若经人生锤炼，其成就当不可限量。可惜造化弄人，让她的作品停留在优美的园林和绮丽的幻想中，仙女的姿态虽美，却终是一种表面化的束缚。

虽然身有仙姿，但叶小鸾并不是自视不凡的冷美人，不但善待下人，"侍女红于，未曾一加呵责"，在大家庭中也是兄弟姐妹中的热心肠。除了"教六弟世偁暨幼妹小繁读《楚辞》"之外，与两个姐姐的亲情也是她生前除母女情之外重要的感情维系。沈宜修记载其："为父所钟爱。然于姊妹中，略无恃爱之色。或有所与，必与两姊共之。"长姐叶纨纨和仲姐叶小纨虽天姿和文名不及小妹，但同样是博学多才的女子，得父母钟爱，为时人所称道。叶纨纨与小鸾同样擅长诗词创作，叶小纨虽略有逊色，但却擅长写传奇剧本。明清虽昆曲盛行，剧本甚多，但女作家寥寥，叶小纨以姐妹三人为原型创作的传奇《鸳鸯梦》是女性参与剧本创作的难得之作。

在两个姐姐中，叶小鸾与长姐纨纨感情最深，这从叶纨纨生前的诗作中就可看出。父母在为叶小鸾筹备婚事时，先已出嫁的纨纨特意赶回娘家，并作《催妆诗》十首，回忆起当年一同在闺中时，且喜且悲：

其五
欲作长歌一送君，未曾搁管泪纷纷。
追思昔日同游处，惆怅于今各自分。

其六
昔日同游同笑语，依依朝夕无愁苦。
春阁连几学弄书，秋床共被听风雨。

叶纨纨的婚姻并不幸福，夫妻间没有太多共同语言，加之丈夫早逝，这就更让她怀念少女时光。她对小鸾格外疼爱赏识，曾经一同玩耍读书，同游同寝，不知愁滋味，颇有大观园里红楼女儿的情韵。而纨纨眼中，小鸾不但仙姿绰约，更有出众的创作才能，是家中众人所不及的。如今小鸾也佳期临近，两姐妹日后相见机会则更少，想起自己不幸的婚姻，很难说不为妹妹的将来所忧虑。姐妹间深厚的感情也许会让叶纨纨多次向妹妹提及自己婚姻中的不如意，小鸾自然也怜惜姐姐的遭遇，而作为即将出阁的少女，未必不会受这负面情绪的影响，从而对婚姻心生焦虑。

叶小鸾在出嫁前突然病故。

关于她的发病和离世，沈宜修有详细的记载，其经过十分诡异：

> 九月十五日粥后，犹教六弟世倌暨幼妹小繁读《楚辞》。即是日，婿家行催妆礼至，而儿即于是夕病矣。于归已近，竟成不起之疾。十月十日，父不得已，许婿来就婚，即至房中对儿云："我已许彼矣，努力自摄，无误佳期。"儿默默然。父出，即唤红于问曰："今日何日？"云十月初十。儿叹曰："如此甚速，如何来得及。"未免以病未有起色，婿家催迫为焦耳。不意至次日天明，遂有此惨祸也。闻病者体重则危，儿虽惫，举体轻便，神气清爽。临终略无惛迷之色，会欲起坐，余恐久病无力，不禁劳动，扶枕余臂间，星眸炯炯，念佛之声，明朗清彻，须臾而逝。余并呼数声，儿已不复闻矣。
>
> ——《季女琼章传》

根据沈宜修的回忆，九月十五日这一天，叶小鸾还在教弟弟妹妹读书，身体无恙。而就在同日，"婿家行催妆礼至"，当晚叶小鸾就病了。至于是什么病，沈宜修并未记述，也许大夫也未给出明确的病症或病因。可怕的是，叶小鸾的病情竟急速恶化，短短半个月时间便"竟成不起之疾",到了十月十日已经病入膏肓。这一日,父亲叶绍袁出于忧虑勉力女儿"努力自摄,无误佳期",叶小鸾的反应是"默默然",至于当时她内心深处是何感想,父母并不知道,但似乎可以从她的沉默中感受得到一种巨大的压力和恐慌。而这种情绪究竟是源自对未知婚姻的恐惧,抑或是"婿家催迫为焦耳"而导致的心理焦躁,也只有叶小鸾自己知道。我们所能知道的是,就在十月十一日拂晓,叶小鸾魂归天外,从此与世界告别,距离父母定下的婚期只差五天。

催婚成了催命,让世人惋惜,更令家人痛断肝肠。叶小鸾死时,叶纨纨已回夫家,接到丧报后大恸,赶回娘家为妹妹送行,并作诗《哭亡妹琼章》:

> 别酒同倾九日前,谁知此别即千年。
> 疏香阁外黄昏雨,点点苔痕尽黯然。

前不久还在《送妹琼章于归》里嘱咐"休题往日今难再,但愿无愆别后期",如今已是"此别即千年"。叶小鸾不仅是叶纨纨的妹妹,更是知己,婚姻已让她感到无望,小妹的死更是沉痛的打击,叶纨纨一病不起,两月后在娘家离世,与小鸾在冥界再做姐妹。

叶小鸾的猝逝始终令家人无法接受,母亲和弟弟常在梦中梦见她,情景仍如生时,而父亲则请来降乩大仙,询问女儿仙魂归往何处,欲与女儿跨界对谈。大师不知真假,倒是像模像样地交代叶小鸾已成"月府侍书女",改名"寒簧",现在居住在"缑山仙府"。叶绍袁请大师召唤小鸾仙魂,小鸾果至,并对父亲说:"菩萨有变易生死,众生有分段生死,儿犹在分段中。去时但见金童玉女,建紫金幢,赤珊瑚节,大红流苏结为台阁。赤猊驾桥,赤虬骖乘。尔时殊乐,不知苦也。"女儿的答话令叶绍袁颇感欣慰,但大师想是怕露怯,打断了父女的交谈,自己编排出了一套说辞,谓叶小鸾已拜其为师,"不复往仙府"。叶绍袁应当是欣慰的,将这段经历记录在《午梦堂集》中,是对自己的一点安慰。叶小鸾的生前作品也被整理成册,题名《返生香》,与家人的作品一并归入集中。

叶小鸾死后第二年,叶绍袁带着女儿的作品游访嘉兴,并结识了嘉兴黄氏家族的才女黄媛介。黄媛介在读到叶小鸾的诗作后非常惋惜,并为未能有缘结识小鸾而感到遗憾,遂提笔写下挽诗[1]:

> 夜色青青变柳条,芳魂绝去不能招。
> 当年若见黄皆令,深怨深愁应自消。

黄媛介天性刚强豁达,这才让她在后来的离乱和流言蜚语中坚强地支撑下去。此刻,虽然丧乱未至,但生活已让她尝到艰辛的滋味。她与叶小鸾年岁相当,家世与生活境遇更不堪比拟,然生活无忧的早慧少女却在花季夭折,在黄媛介眼中,若能生前有幸相识,叶小鸾当坚强乐观起来,不会被无端愁绪匆匆催逝。

十几年后,叶家在鼎革之乱中流散四方,当叶小纨重游故园时已是物是人非。面对凄凉之景,追忆往昔岁月,心有所哀,填词《临江仙·经东园故居》:

> 旧日园林残梦里,空庭闲步徘徊。雨干新绿遍苍苔。

---

[1] 转引自桑农《花开花落——历史边缘的知识女性》,第16页,广西师范大学出版社,2010。

落花惊鸟去,飞絮滚愁来。

　　探得春回春已暮,枝头累累青梅。年光一瞬最堪哀。浮云随逝水,残照上荒台。

马湘兰：幸有王郎伤心墨，不教香名委尘埃

明万历三十二年（1604年）秋，吴中名士王穉（zhì）登正逢七十整寿。世谓人生七十古来稀，王老先生活到这个年纪是人生之喜，理应庆贺。然此时王穉登身体欠佳，"病骨尪（wāng）然"，感叹人生渐近尾声，也就对贺寿少了些心思，却不料恰此时家人来报，言秦淮名妓马湘兰率众女眷买楼船而来，要来飞絮园给老爷"置酒为寿"。听闻马湘兰之名，王穉登且喜且惊，喜的是故人相别"十六寒暑"，今日特来为己贺寿；惊的是两人早"有吴门烟月之期，几三十载未偿"。没想到她还记得，不但记得，始终念念于心，今日真的来了！三十年前，他正值盛年，"名满吴会间""闽粤之人过吴门者，虽贾胡穷子，必踵门求一见，乞其片缣尺素然后去"。（钱谦益《列朝诗集》）她正美艳多情，"姬声华日盛，凡游闲子沓拖少年走马章台街者，以不识马姬为辱"。（王

穉登《马姬传》)① 如此才子佳人，皆居江南，却相隔十六载，期约三十年不偿，这期间究竟有何等往事，牵扯动人心肠？

有明一朝，王穉登虽未登朝堂，其名于今人亦显陌生，然在史书中却留下了自己的一席之地。《明史·列传第一百七十六·文苑四》中有他的一个篇幅，钱谦益说他"名满吴会间"一点不夸张。他自幼就是神童，"四岁能属对，六岁善擘窠大字，十岁能诗，长益骏发有盛名"，成人后虽未入仕途，却在家乡名声大噪，"主词翰之席者三十余年""尝及（文）征明门，遥接其风"，是自文征明后最受认可的文士，所谓"声华烜赫，穉登为最"。王穉登地位如此之高，为人却不孤高酸冷，心胸开阔而有热肠。《明史》载："申时行以元老里居，特相推重。王世贞与同郡友善，顾不甚推之。及世贞殁，其仲子士骕坐事系狱，穉登为倾身救援，人以是重其风义。"王世贞也是明代大儒，王穉登并没有因他不推崇自己而怀恨在心，当王世贞死后其子落难时，王穉登挺身而出，积极搭救，令时人尤为敬佩。也恰恰是因他这分侠义心肠，让他与马湘兰结下终生难忘的情缘。

清人陈康祺在《郎潜纪闻初笔·卷七》中说道："六朝金粉之遗，只剩秦淮一湾水。逮明季马湘兰、李香君辈出，风情色艺，倾动才流。"马湘兰与李香君皆属"秦淮八艳"之列，而犹以马湘兰为首。"湘兰"并非其名，她本名守真，"小字玄儿……又字月娇"，之所以以"湘兰"闻名，是因为她善画兰花，"得赵吴兴、文待诏三昧"，故雅号"湘兰子"，人称马湘兰。她是"秦淮八艳"中唯一一个没有经历过鼎革之乱的人，在世之时，其余七位都还没有出生。秦淮河畔叫得最响亮的是"刘、董、罗、葛、段、

---

① 见《四库全书存目丛书》第193册，子部《亘史钞》第534页，《亘史外纪》卷四，齐鲁书社，1997。

赵""何、蒋、王、杨、马、褚"十二人组成的青楼十二钗，其中的马当是马湘兰，而其余十一位，则已不能立时叫得出名字，需要详细考证方可。十二钗中，马湘兰作为后起之秀，在当时就已名声盖过其余诸人，"无论宫掖戚畹、王公贵人、边城戍士、贩夫厮养，卒虽乌丸屠各、番君貊长之属，无不知马湘兰者"，为此，同行妒忌她，幸她"吐辞流盼，巧伺人意"（《马姬传》），才在红粉丛中得以保身。

马湘兰如此盛名，并非她美若天仙，也不仅仅在于她"高情逸韵，濯濯如春柳早莺"，而更多是由于她的生活做派，"教诸小鬟学梨园子弟，日为供帐燕客，羯鼓胡琵琶，声与金缕红牙相间，北斗阑干挂屋角，犹未休。虽缠头锦堆床满案，而金凤钗、玉条脱、石榴裙、紫襜裆常在子钱家，以赠施多，无所积也"。（《马姬传》）由此可见，马湘兰的生活可谓放荡不羁，不以金银珠玉为贵，只图快意青春。《列朝诗集小传》曾载她一则趣事："晓起理妆，玉钗坠地折，莞然曰：'久不闻碎玉声矣。'"如此挥霍青春颇类小仲马笔下之茶花女，看似逍遥放浪，却是别有一番滋味在心头。表面上是"神情开朗"，内心里却叹若漂萍，亦曾在诗中借鹦鹉而自叹"金笼寄此生"。她曾有《蝶恋花》一首诉说单调而孤寂的心境：

  阵阵东风花作雨。人在高楼，绿水斜阳暮。芳草垂杨新燕羽，湘烟剪破来时路。 肠断萧郎纸上句。深院啼莺，扰乱春情绪。一点幽怀谁共语，红绒绣上罗裙去。

虽过着纸醉金迷的生活，但她却身不由己，靠放浪来打发光阴，靠挥霍来麻痹自己。然而，这样的生活并没有带给她太多快乐，相反，因太过惹眼而招致一场灾难。也正因这场灾难，让王穉登走入了她的生活。

> 祠郎有墨者以微谴逮捕之,攫金半千,未厌,捕愈急。余适过其家,姬被发徒跣,目哭皆肿,客计无所出,将以旦日白衣冠送之渡秦淮。会西台御史索余八分书,请为居间,获免。姬叹:"王家郎有心人哉!"欲委身于我。余谢姬:"念我无人爬背痒,意良厚;然我乞一丸茅山道士药,岂欲自得姝丽哉!脱人之厄而因以为利,去厄之者几何? 古押衙而在,匕首不陷余胸乎?"由是不复言归我,而寸肠绸缪,固结不解。
> ——《马姬传》

马湘兰究竟因何事而得罪官吏,于今已不得而知,从"微谴"一词来看,肯定不是大事,多半是有人看马湘兰不顺眼而故意找麻烦。马湘兰生活挥霍无度,又好施舍,定然会引起许多人的嫉妒,认为她家有万金,可以狠狠地敲上一笔。她一介女流,又身在风尘中,自然只能以钱保命。只是这位官吏太贪得无厌,亦不知马湘兰其实家中"无所积",将其逼得走投无路,朋友们眼见情势不妙,焦急无奈,"将以旦日白衣冠送之渡秦淮"。恰在此时,王穉登来探访,见马湘兰"被发徒跣,目哭皆肿",听闻详情后勾起侠义心肠,凭借自己在江南的名声和人脉,请西台御史为之出面,终于保下了马湘兰,使之化险为夷。王穉登是否早与马湘兰有情谊,此事无法知晓,但经此一劫,两人间的关系有了一个飞跃。马湘兰叹王穉登"有心人",愿以身相许报答相救之恩,如此英雄救美之举,本该成就一段佳话,也恰是言情小说里的经典桥段。然而现实生活里往往自有其逻辑,当王穉登听闻佳人有意后,他并未欣然应允,而是委婉地拒绝了。

在小说里，作者为了促成爱情而使英雄救美，但在现实中，王穉登搭救马湘兰不是为了借机占有她。救美于他而言是性情、品格和道德共同作用下而产生的行为，又恰逢他有能力，故做了一些力所能及之事。在他看来，如果答应了马湘兰，自己等于是从中谋取私利，违背了搭救的初衷，也贬低了自己的人格，正所谓"脱人之厄而因以为利，去厄之者几何"？马湘兰知道王穉登的为人，虽遭拒绝却对他更加敬重，从此不再轻言许身，但她心中却悄然开出了爱情之花，王穉登成了她心中不能忘怀的那一人。与此同时，在王穉登心中也种下了痴情的种子，从早期的一睹风流为快转为惺惺相惜，又从惺惺相惜而转为两心相印。尽管如此，两人在十几年的交往中仍未能走到一起，这其中的缘由便不是当初那般简单了。

是两人间产生了嫌隙？情况并非如此，若果真是这样，马湘兰不会一心难忘三十年的承诺，亲自来为王穉登贺寿。是感情不够深厚？也不是的，马湘兰曾有诗《怆别》，诉说王穉登走后的离别之念：

病骨淹长昼，王生曾见怜。时时对兰竹，夜夜集诗篇。
寒雨三江信，秋风一夜眠。深闺无个事，终日望归船。

诗中满溢着痴情女子的牵挂和不舍，贪恋马湘兰者无数，能得到她如此深情之人也只有王穉登一人而已。马湘兰做了这么多，王穉登还是没有越雷池一步，想必问题的关键点正在他这里。

王穉登倾慕马湘兰，曾道："彼洛妃乘雾，巫娥化云，未离四天欲界，恶得与姬并论哉！"又道："方之古名妓，何忝苏小、薛涛、李娃、关盼诸人之亚匹与！"（《马姬传》）从文辞来看，评价相当之高，但细究其理，便可见他心中的结点。与马湘兰比较之人，要么名妓要么女仙，都是风月场中来去、言情戏里留名的，而王穉登是吴中的名士，娶妻是要考虑出身的。显然，马湘兰不在此列，即便纳妾也仍然会产生一定的影响。况马湘兰艳名远播，多少人掷千金买笑而不得，王穉登一介书生就能独占美人，岂不成了众矢之的？身为名士，不得不考虑许多现实问题，也须为家族宗亲着想。除此外，马湘兰的生活做派难免不招人非议，特别是关于她的流言蜚语，早已成为巷陌谈资，王穉登不可能不放在心上，他自己便亲笔记下了一则故事：

> 乌伤①一少年游太学，慕姬甚，一见不自持，留姬家不去。俄闻门外索逋者声如哮虎，立为偿三百缗，呵使去。姬本侠也，见少年亦侠，甚德之。少年昵姬，欲谐伉俪，指江水为誓，大出橐蹀（niǎo tí），治耀首之饰，买第秦淮之上，用金钱无算；而姬击鲜为供具仆马，费亦略相当。是时姬政五十，少年春秋未半也，锦衾角枕相嬿婉久，而不少觉姬老，娶姬念愈坚。姬笑曰："我门前车马如此，嫁商人且不堪，外闻我以私卿犹卖珠儿，绝倒不已。宁有半百青楼人，才执箕帚作新妇耶？"少年恋恋无东意，祭酒闻而施夏楚焉，始鞅鞅去。
>
> ——《马姬传》

这位痴恋马湘兰的少年想必是一位纨绔子弟，拿着老子给的学费出来养女人。有趣的是，马湘兰此时年已半百，别说徐娘半老，在古代已入得了老年行列了。这纨绔子弟足可以做马湘兰的儿子，却痴情不改，山盟海誓，为其买房置地、挥金如土。他虽

---

① 浙江省义乌市的古称。

做了这么多,但马湘兰心里明白,两人绝不可能成为夫妻,故笑问"宁有半百青楼人,才执箕帚作新妇耶?"最终,少年的荒诞行为被鞭挞,离开了马湘兰。而马湘兰早有心理预期,所以不曾为此伤怀。此事流传开来,王穉登此时虽已与马湘兰分别近十载,但仍关注她的消息,听闻此事心中难免许多惆怅。痴情也好,知己也罢,他们毕竟不是同路人,也只得将真心埋于腹内,遥祝平安。

只是真真未曾料到,有生之年还能再相聚,且如此欢畅,如此难以忘怀。

> 去岁甲辰秋日,值余七十初度,姬买楼船,载婵娟,十十五五,客余飞絮园,置酒为寿。绝缨投辖,履舄缤纷满四座,丙夜歌舞达旦,残脂剩粉,香溢锦帆。泾水弥,月氲氲,盖自夫差以来,龙舟水殿,弦管绮罗,埋没斜阳荒草间,不图千载而后,仿佛苎萝仙子之精灵,鸾笙凤吹,从云中下来游故都,笑倚东窗白玉床也。吴儿啧啧夸美,盛事倾动一时。
>
> ——《马姬传》

马湘兰来了,为王穉登大操大办,声势浩大,轰动吴中,引得众人瞩目。王穉登已年迈,见到年近耳顺的马湘兰,她还是那么美,"风情意气如故,唇膏面药,香泽不去手,鬓发如云,犹然委地"。往事悠悠、百感交集,那些顾虑和踌躇都暂时抛却,在人生所余不多的时光里,也让性情放飞一次。终于,他道出了一句心里话:"卿鸡皮三少如夏姬,惜余不能为申公巫臣耳!"(《马姬传》)夏姬是春秋时期著名的不老美人,曾轰动朝野,引发陈、楚、郑之间的战乱,最终花落楚国大夫申公巫臣。王穉登借一个

"惜"字道出自己的遗憾，也道出了不敢冲破社会规约的无奈，有惋惜，有自责。马湘兰并没有怪他怨他，她自年轻时就看破了扰扰红尘，明白此中许多的无奈和无解。自半百风流后更笃信佛事，对世界看得更是通透。这次来，就是要偿还夙愿，让朋友开心，也让自己开心。两人早已过了痴男怨女的年纪，何不让余生添得欢愉？

在飞絮园里痛痛快快地宴饮几日后，两人又南下杭州同游西湖，只是未料到这次出游让马湘兰颇感不适，"梅雨淹旬，暑气郁勃，柔肌腻骨不胜侵灼，遂决西归之策"，并相约明年"枫落吴江"时再来，"遍穷两高三竺之胜"。但年迈之人离别不比少年，生命随时可能终结，况此时王穉登身体有恙，令马湘兰更为忧虑。王穉登亲自送马湘兰登舟，马湘兰悲伤不能自持，"握手悲号"，王穉登见状也悲痛难忍，"双泪龙钟，无干袖矣"。当送别归来，听闻马湘兰痛哭的缘由后，王穉登心中不免凄然，只是万万没有想到，自己又活了七年，而马湘兰却大病不治，猝然离世。

听闻噩耗，王穉登悲痛不已，深悔沽名钓誉，有负马湘兰深情。提笔作《马姬传》，详述其为人生平，情感满溢字里行间。又题《马湘兰挽歌词》十二首，诉尽伤痛之情。其一道："歌舞当年第一流，姓名赢得满青楼。多情未了身先死，化作芙蓉也并头。"借并蒂莲而寄托死后相伴的心愿。又有："水流花谢断人肠，一葬金钗土尽香。到底因缘终未绝，他生还许嫁王昌。"从文辞中可猜测，马湘兰曾于临别时道出愿结来生姻缘的想法，想必也恰是王穉登心中所念。而当翻得故人旧书，念人去楼空，王穉登老泪纵横，提笔道：

红笺新擘似轻霞，小字蝇头密又斜。

> 开箧不禁沾臆泪，非关老眼欲生花。

王穉登虽一生有负马湘兰，但所给予她的是爱与怜惜，没有图一己之快而玩弄或伤害她的身心，在其死后为她留下文字记录，不让她被历史淹没，努力做到了"香名不与骨俱埋"，令今人或有知马湘兰而不知王穉登者。

作为一代名妓，马湘兰的死也令时人叹惋，后有江宁陈玄胤过秦淮马湘兰旧居，时其宅已废，风华归于尘土，文人骚客一睹，心下凄然，故题《过马姬湘兰废居》一首慨叹之：

> 树结寒阴鸟自啼，青楼闲琐板桥西。
> 纱窗色改粘蜗壳，绣户香销冷麝脐。
> 零雨残云春梦断，落花荒藓夕阳低。
> 芳名犹在风流尽，烟水年年绕旧堤。

黄媛介：思将细雨应同发，泪与飞花总不收

于今人而言，黄媛介的名字虽不陌生却也谈不上熟悉。许多人知道她，是源于陈寅恪的《柳如是别传》，也因此或更熟悉她的字——皆令。黄媛介与柳如是乃同乡，又是至交，既然如此，想必才情品学与柳氏比肩，为人亦是不俗。

同时代的山阴女诗人商景兰曾有诗赠黄媛介，诗中这样称赞她：

> 门锁蓬蒿十载居，何期千里观云裾。
> 才华直接班姬后，风雅平欺左氏余。
> 八体临池争幼妇，千言作赋拟相如。
> 今朝把臂怜同调，始信当年女校书。
> ——《香奁集·赠闺塾师黄媛介》

诗中说黄媛介的才华直接继承了汉代女学者班昭，风雅才情

较西晋女诗人左棻有余，最后以女校书之喻将黄媛介与唐代女诗人薛涛作比，可谓从才学上高度评价了黄媛介。黄曾做过商景兰女儿的闺塾师，与商景兰的女儿、儿媳们都有诗交，这样看来，黄媛介一定对商景兰的赞誉十分欣慰了。然而，我猜她并不真的如此。

这与她的身世有关。

清代词人徐釚在《续本事诗》说："黄媛介，字皆令，秀水人。以诗文擅名，书画亦妙绝。"明末诗人吴伟业（梅村）亦曾在《吴梅村集》中说："黄媛介，嘉兴人，儒家女也。能诗善画。"[①] 可知在明清之际，黄媛介的才名十分的响亮。清代学者施闰章曾为黄媛介作《黄氏皆令小传》，谈到她的成长环境时说："介性淑警，闻兄鼎读书声，欣然请学，多通文史。"从"嘉兴""儒家女""请学"等字眼里我们大致可以猜到她的出身，生在文风鼎盛的晚明江南，父兄皆是读书人。黄家重教育，不但男子，女子亦如是。黄媛介有一姐名媛贞，字皆得，也是闻名乡里的才女。如果没有时代的促就，大概黄家姐妹会成为我们所熟知的那一类闺阁才女，事实上黄媛贞的确没有脱离这一套路，然而时代却没有放过黄媛介，与姐姐相比，她的命运要坎坷得多。

吴伟业说："其夫杨兴公，聘后贫不能娶，流落吴门。"（《吴梅村集》）杨兴公名元勋，字世功，与黄媛介自幼订婚。然而杨家贫困，无钱筹办婚礼，科举亦不第，遂有退婚之意。据说，太仓名士张溥曾欲纳黄媛介为妾，但被黄家拒绝。黄媛介对婚事比较执拗，一定要与杨世功结婚，杨世功本去姑苏谋生，然终不得志，得知黄媛介不改初衷，方回嘉兴与之成婚。关于张溥欲聘黄媛介

[①] 《吴梅村集·卷五十八·梅村诗话》，第1143页，上海古籍出版社，1990。

一事，吴伟业亦有提及，言"有以千金聘为名门妾者，其兄坚持不肯"，他没有提张溥的名字，不知是否因为他是张溥的学生而为尊者讳。亦有一种说法是这位名门乃钱谦益，但从两人相识时间以及黄媛介与柳如是的关系来看，实在是无此可能。

无论名门为谁，黄媛介终是嫁给了杨世功。不知她是否为此后悔过，从后来的人生际遇来看，以现代人之观点论，这段婚姻是个错误。杨世功资质平平，在谋生上没有任何长处，两人及一双儿女的生活都由黄媛介来支撑。也因此，黄媛介经常游走于名士才媛之间，"名日起，世功用是以布衣游公卿间，持书画片纸或易米数石"。（施闰章《黄氏皆令小传》）

这种女性身份似不见于前朝，却于晚明形成一种特殊群体，称为"女山人"。山人本指隐士，但在明代发展成以出售文字或绘画作品为生的一种文人职业，社会地位不高，比较落魄，有时名声也不好。而女山人则更具备一种微妙的社会属性，一方面文人雅士钦佩这一类女子的才艺与才情，另一方面却又为她们抛头露面、奔走于外的生活感到惋惜，甚至略有贬低之意。当年曾有诗《明事杂咏》说到女山人，言辞稍有揶揄：

山人一派起嘉隆，末造红裙慕此风。
黄伴柳姬吴伴顾，宛然百谷又眉公。

诗中所提到的"黄伴柳姬"中的黄即指黄媛介。虽然这种揶揄并非一定出自恶意，却总是会在不经意间透露出什么。好比商景兰赠诗中的最后一句，将黄媛介与薛涛作比，于才情上自然是夸赞，却于社会身份上令人难堪。薛涛是唐代名妓，而黄媛介出身儒门，在古代，出身与社会地位关系到一个人的声誉。黄媛介游走吴越本出自迫不得已，而别人将她与名妓作比，难免尴尬，这也是我认为她未必对商景兰的夸赞欣然接受的原因。

但这种尴尬并未影响黄媛介的广泛结交。迫于生活是一方面，这种被迫却赋予了她极大的自由空间，她可以行走在社会人群间，靠自己的本领换取生活资助，尽管难免受到非议，总体而言得到的是广泛的褒奖与钦佩。吴伟业与钱谦益都极为尊敬她，为她作传时特意提到她出身儒门的身份，在当时是对她最大的肯定与认同。钱谦益夸赞她的诗词乃"清词丽句，点染残山剩水间"（钱谦益《赠黄皆令序》），柳如是常邀黄媛介于绛云楼结伴，并予以资助。黄十分感念，曾填词以表谢意：

> 黄金不惜为幽人，种种语殷勤。竹开三径，图存四壁，便足千春。　匆匆欲去尚因循，几处暗伤神。曾陪对镜，也同待月，常伴弹筝。
> ——《眼儿媚·谢别柳河东夫人》（其一）

> 剪灯絮语梦难成，分手更多情。栏前花瘦，衣中香暖，就里言深。　月儿残了又重明，后会岂如今？半帆微雨，满船归况，万种离心。
> ——《眼儿媚·谢别柳河东夫人》（其二）

虽然有朋友慰藉资助，但黄媛介的生活依然非常贫困。更不幸的是，未几国难当头，清兵入关，横扫华夏，涂炭江南。"我生之后，逢此百罹"（《诗经·王风·兔爰》）的处境波及了当时的每一个人，黄媛介当然不能幸免，而更令她不堪的是曾经被清兵掳掠，这成了她后半生无法辩白的污点，据陈寅恪考证，甚至导致了她与家人失和，与丈夫离异。

黄媛介被放回后成了有家难回之人，邻里乡亲难免因她被掳而说三道四，流言使她无法在家乡存活，"乃自乙酉逢乱被劫，转徙吴阊，迁迟白下，后入金沙，闭迹墙东"。(《〈离隐歌〉自序》)飘零成了她后半生的生活方式，或卖文卖画，或为闺阁女儿教授诗书。更有国破家亡之恨，历历于心：

> 倚柱空怀漆室忧，人家依旧有红楼。
> 思将细雨应同发，泪与飞花总不收。
> 折柳已成新伏腊，禁烟原是古春秋。
> 白云亲舍常凝望，一寸心当万斛愁。

此诗题为《丙戌清明》，是黄媛介的代表作，道出了她身为乱世凄凉女子的痛楚心境。心中存着一腔报国不能之惆怅，而达官贵人家里却依旧歌舞升平，男儿尚不能救国，何况她一飘零女子！本已被贫穷困苦所郁结的心此刻更加愁苦，国仇家恨，此生难解。

黄媛介的七律诗中用典颇多，使诗文较晦涩难懂。这大概是当时文人赋诗的风气所致，以用典为荣，却使作诗成了小圈子里自娱自乐的游戏，这或许也是明诗较为逊色的一个原因吧。律诗已然出现没落之势，只有吴伟业、陈子龙的拟古诗一抛弃臼，挥洒自如，颇有唐人遗风。

坎坷的境遇中，黄媛介也时常自感一事无成，曾有诗《咏虞美人花》，借花以诉愁绪：

> 深惭长敛事无成，恨托东风寄此生。
> 昔日美人今日草，销魂犹唤旧时名。

写诗作画虽带来声誉，却大多是她谋生的手段。黄媛介一生中的诗作有相当一部分为与他人的唱和之作，而这些作品的价值多半只为增进人际关系，或为了换取钱财。这样的生活带给她的非议与尴尬始终令她有苦难言，在《〈离隐歌〉自序》中特别强调自己的坚守："虽衣食取资于翰墨，而声影未出于衡门。""衡门"典出《诗经·陈风》，象征隐士居所。她在贫困离丧中努力寻找自己的归宿，却终是芳魂一缕飘散于残山剩水间。

入清后，她的一双儿女相继夭折，晚年的黄媛介寄居在一满族贵妇家中，直至离世，身边没有亲人。她的诗作编成若干集子，却都没有留存下来。今天所能看到的诗作，皆是从他人编纂的诗集录中寻来，后世亦未对她的作品做任何整理结集出版。

如果可以将历史的时间回溯，将人生的命运扭转，未知黄媛介是否愿意重新选择，做一个安稳的闺中才女。诗中看不到困苦离忧，只有清风丽影，一如当年送别姐姐媛贞的那个夜晚：

> 人楚楚，草青青，坐出墙东月半亭。纸帐梅花香入梦，满窗风露散残星。
>
> ——《捣练子·送姊皆德》

卞玉京：永远活在负心人的诗篇里

清顺治八年（1651年）的早春，历鼎革之变而余生的诗人吴伟业提笔填词《临江仙》一阕：

落拓江湖常载酒，十年重见云英。依然绰约掌中轻。灯前才一笑，偷解砑罗裙。

薄幸萧郎憔悴甚，此生终负卿卿。姑苏城上月黄昏。绿窗人去住，红粉泪纵横。

是重逢也是告别，有回忆也有不舍。词中的"云英"已年近三十，而诗人自己也已过不惑，在当时都已不再是流连花前月下的年纪。然而，两人的相逢却仍旧让诗人凄怆感怀，缠绵悱恻之情满溢于短短词笺之上，仿佛十年的光阴不曾使心底的思恋减损分毫。而十年后的佳人，却"着黄衣，作道人装"（吴伟业《过锦树林玉京道人墓并序》），似与红尘作别。两人追忆往事，历数离乱，"共载横塘"（清·顾师轼《梅村先生年谱》），短暂的重逢之后，佳人再次远行，与过去的一切诀别。

佳人名唤卞赛，字云装，秦淮人氏，但她广为人知的名字却是道号玉京。卞玉京是著名的"秦淮八艳"之一，"知书，工小楷，能画兰，能琴"（《过锦树林玉京道人墓并序》），"好作小诗"（《梅村先生年谱》），"其警慧，虽文士莫及也"（《过锦树林玉京道人墓并序》）。她的才能特长、性情品貌和生平履历都被诗人吴伟业详细地记载下来。为卞玉京，吴伟业一生作七律四首，长诗两首，词三阕，并序共逾千言，其《听女道士卞玉京弹琴歌》与《鸳湖曲》《圆圆曲》比肩，是吴伟业重要的代表作品。"秦淮八艳"中，最有才华莫过柳如是，最美艳莫如陈圆圆，最刚烈首推李香君，最痴情无过董小宛。卞玉京虽貌美多才，但似乎不足以与四人比肩，吴伟业乃明末清初"蔚为一时之冠"（《清史稿》）的大才子，为何独独钟情于她，晚年还要去坟上一哭？这还要先从吴伟业自身说起。

> 吴伟业，字骏公，太仓人。明崇祯四年（1631年）进士，授编修。充东宫讲读官，再迁左庶子。弘光时，授少詹事，乞假归。顺治九年（1652年），用两江总督马国柱荐，诏至京。侍郎孙承泽、大学士冯铨相继论荐，授秘书院侍讲，充修太祖、太宗圣训纂修官。十三年（1656年），迁祭酒。丁母忧归。康熙十年（1671年），卒。
> ——《清史稿·列传二百七十一》

《清史稿》对吴伟业的生平记载极为简单，从这一段简要的记述中可以知道他曾出仕明清两朝，官职都不算小，除此似无波澜，一生较为顺遂。想要详细了解吴伟业的生平，有赖于清人顾师轼的《梅村先生年谱》，从中可以了解吴伟业生前每一年的经历，进而明了他真实的内心世界。

明万历三十七年（1609年）己酉五月二十日，吴伟业出生在江苏太仓的一个书香世家。吴家祖上出过文士，也曾有过官宦，但到吴伟业出生时已然衰败。吴伟业是家中长子，身上天然地打上了长子烙印：听话、懂事、孝顺、好学，肩负着光宗耀祖、重振家门的艰巨重任，一家人都在等待他功成名就。吴伟业虽聪慧好学，但这种来自家族长辈的压力不能说没有为他心理上带来任何影响。也许就在倍受期待的成长中，吴伟业内心深处埋下了忧愁苦闷的根，也正是深重的家族牵绊，深深影响了他在情感和命运上的抉择，让他在后半程的人生旅途中不能自已，苦苦挣扎。

吴伟业没有辜负父母的期待，十四岁即被太仓学士张溥看中，大赞"文章正印，在此子矣"，后又收其做学生，"联捷会元鼎甲"，崇祯帝在亲阅其考卷后夸赞其文"正大博雅，足式诡靡"，并"钦赐归娶"（年谱转引《复社纪略》）。金榜题名、皇帝赐婚这样只有在古典戏曲小说里才有的传奇桥段竟然就降临在太仓一个平民青年头上，二十一岁的吴伟业已然一步迈上了人生巅峰。当他奉旨回乡娶亲时，文士大儒纷纷写诗道贺，陈继儒有"年少朱衣马上郎，春闱第一姓名香"之赞，时任复社领袖的老师张溥更写下"人间好事皆归子，日下清名不愧儒"这样的祝福和期许。此后，在崇祯一朝，虽也曾因党争而有所牵连，但自始至终得到崇祯帝的赏识，没有受到冲击，更在崇祯后期避开了乌烟瘴气的朝堂，赴南京就职，也可看作是崇祯对他的一种保护。吴伟业来到南京任国子监司业时正值三十一岁，是大好的年纪，虽看不惯朝堂上的尔虞我诈，但也未料到距离大明灭亡仅剩五年时间。而之于个人的境遇，似也有些失望消磨，根本不会想到在风流婉约的秦淮河畔，他还会遇到爱情。

根据《临江仙》中"十年重见云英"的推断,吴伟业相识卞玉京大约在来到南京的第二年。此时,吴伟业家中已有一妻两妾,子女数人,似乎并不缺少异性的陪伴。在当时,对吴伟业一类的人来说,一妻两妾多属平常,但对吴伟也来说又不甚平常。据《太仓州志》记载:"吴骏公伟业连举十三女,而子暻始生。"也就是说,吴伟业家中一连生了十三个女儿才有了第一个儿子,在当时,无子是大事,何况自幼便听话懂事、以"性至孝"而闻名的吴伟业了。十三个女儿带来的是道德、心理和生理上的巨大压力,女人成了吴家完成传宗接代使命的工具,如此说来难有爱情可言。吴伟业与晚明以风流著名的冒辟疆等才子不同,他非常谨慎自持,从不以多情自居,个人生活上严格自律。虽然在声誉上毫无瑕疵,但难说内心深处没有苦闷,由于他特殊的成长环境,吴伟业的性苦闷有别于一般意义上的特点,是纠缠了家族、官场等多重压抑的集合体,吴伟业晚年自谓"予本恨人"(吴伟业《琴河感旧四首并序》),其"恨"的根源即来自于此,而这"恨"的内因也为相遇卞玉京做了隐形的铺垫。

晚年的吴伟业这样回忆当年风华正茂的卞玉京:

> 年十八,侨虎丘之山塘。所居湘帘棐几,严净无纤尘,双眸泓然,日与佳墨良纸相映彻。见客,初亦不甚酬对。少焉,谐谑间作,一坐倾靡。与之久者,时见有怨恨色。问之,辄乱以它语。
> ——《过锦树林玉京道人墓并序》

简短的记叙已让卞玉京的形象跃然纸上,她喜洁净、好读书,为人高雅。性格冷淡、不善逢迎,与一般青楼女子不同。她有一双清澈的双眸，从中可以窥见其纯净的内心，而诙谐的谈吐又可倾倒众生，说明她为人不俗。除此外，令吴伟业印象最为深刻的是卞玉京脸上常有"怨恨色"，却不愿向人言，苦衷只埋在心底。可以说，卞玉京就是上天依照吴伟业的性格打造的佳人：不俗气、不热闹、有才华，而最重要的是内心深处有着深深的苦闷和压抑，恰是吴伟业感同身受、得以惺惺相惜的那一点。吴伟业爱上卞玉京是命中注定，然而对于卞玉京来说，吴伟业的到来却是一场情劫。

吴伟业与卞玉京究竟是如何相识的，吴自己并未细说，我找到的两人相伴的公开资料是《梅村先生年谱》中的这样一段记载：

> 先生《诗话》：卞玉京题扇送余兄志衍入蜀云：剪烛巴山别思遥，送君兰楫渡江皋。愿将一幅潇湘种，寄与春风问薛涛。

这段记载的时间是崇祯十六年（1643年），吴伟业时年三十五岁，其同乡发小吴继善（字志衍）要去四川为官，吴伟业为其饯别，而在这次饯别宴上，卞玉京亦在座，并赋诗一首。有人认为这是两人的初次见面，但时间上便与《临江仙》的记述有出入，且吴伟业并未明确记述这是他们的初相遇。我的推断是，此时卞玉京已是吴伟业的外室，或至少保持了情人的关系。吴继善自少年起就是吴伟业的好友，吴伟业自然也不必忌讳，何况在江南一带，名士配名妓已蔚然成风，是一种常态。除这段公开的相伴外，吴伟业与卞玉京交往的细节不多见于史料，只有吴晚年自己留下的一段模糊记述：

> 与鹿樵生一见，遂欲以身许。酒酣，拊几而顾曰："亦

有意乎?"生固为若弗解者,长叹凝睇,后亦竟弗复言。

——《过锦树林玉京道人墓并序》

寥寥几笔却至关重要,它暴露了吴伟业的性格特征,两人关系的走向,也成了卞玉京人生的转折点。然而,还是有几处细节需要探明。

"与鹿樵生①一见,遂欲以身许",似乎是两人第一次见面,卞玉京便芳心暗许,乃至趁酒酣耳热大胆表白。但结合吴伟业对卞玉京性格的描述,逻辑上有矛盾。故此处的"一见"当不是第一次见面之意,而是强调吴伟业对她产生的强大的吸引力,他文雅的性情和谨慎的言谈令她深感与众不同,不是情场上的浪荡公子,值得托付终身。"亦有意乎"究竟何解,也颇值得玩味。如果是第一次见面便要以身相许,于卞玉京而言,不符合她的性格;于吴伟业而言,这首香艳旖旎的《西江月》则不知是写给谁的:

娇眼斜回帐底,酥胸紧贴灯前。匆匆归去五更天,小胆怯谁瞧见。　臂枕余香犹腻,口脂微印方鲜。云踪雨迹故依然,掉下一床花片。

——《西江月·春思》

吴伟业留下的艳情词一般公认都是写给卞玉京的,在其生平中实在难以寻觅与其他青楼女子的交往踪迹。从词意来看,也绝不可能是写给家中妻妾的,"小胆怯谁瞧见"一句就可断定两人之间尚无合法的两性关系,是情人而已。吴伟业在词中明确表明,他与卞玉京已经不再是纯粹的精神恋爱,而是发展到了"掉下一

---

① 吴伟业,字骏公,号梅村,别署鹿樵生。

床花片"的程度。那么，按照当时风月场上的惯例，卞玉京欲许身吴伟业则并非痴心妄想，而是出于现实考虑的一种提议。也因此，酒席宴上所问的这个"意"字就十分明白：你我已然发展到"云踪雨迹"的地步，是否考虑一下把我纳入府中，以保持长久稳定的两性关系，进一步得到吴家家族的认可？

卞玉京，显然太单纯。

嫁入良家的名妓虽有先例，但那些娶名妓的文士们却与吴伟业不同。除了前面提到的性格原因外，另一个重要因素是吴的身份。吴是朝廷大员，虽然远离北京的政治核心，但官衔依然可观，绝非普通官吏或文士可比。据欧阳珍所著《明代青楼女词人》一书所述，"明代法律禁止官吏狎娼"，吴伟业在南京与卞玉京已然违反法律，若公然纳她入府，官场上、朝廷上、皇帝面前都不能交代。除此之外，吴伟业还有一个需要他时刻维护的家族，父亲母亲三房妻妾，膝下儿女都是良门之后，家中突然来了个风尘女子，没有人能够接受。吴伟业是孝子，绝不敢违背父母之意，只图个人喜欢。这内外两方的原因决定了吴伟业只能与卞玉京保持较为低调的情人关系，哪怕是私设外宅也同样存在风险。对于卞玉京的要求，吴伟业不敢面对，又恰在众人面前，只能选择沉默，故作不解。卞玉京亦是有尊严的，她立即明白了吴伟业的沉默之意，从此再没有提及此事。此后，两人应当还保持着情人关系，直到仓促离别。从《临江仙》中的回忆来看，关于离别的原因，吴伟业只说"遇乱"，推断应当是李自成攻破北京，崇祯自杀之时。离别之前，吴伟业再填《西江月·灵岩听法·咏别》一阕：

> 乌鹊桥头夜话，樱桃花下春愁。廉纤细雨绿杨舟，画阁玉人垂手。　　红袖盈盈粉泪，青山剪剪明眸。今宵好梦倩谁收，一枕别时残酒。

离别之情绮靡哀婉，从此萦绕吴伟业心头，一生无法忘怀，特别是在经历了一系列人生变故之后，又听闻了卞玉京别后孤苦漂泊的苦难遭遇，当年的别离便愈发显得仓促、无情，令人悔恨伤痛。"却悔石城吹笛夜，青骢容易别卢家"（《琴河感旧四首并序》），"离别沉吟几回顾，游丝梦断花枝悟"（《过锦树林玉京道人墓并序》），"书成粉笺凭谁寄，多恐萧郎不忍看"（《琴河感旧四首并序》），历数种种过往，满纸血泪斑斑。吴伟业将卞玉京的不幸归结为自己的薄幸，卞玉京的痛和怨都似对他的谴责。吴伟业的感觉是准确的，至少在他填写《临江仙》再次送别卞玉京之前，卞玉京的内心和他所猜测的是一致的。

> 久之，有闻其复东下者，主于海虞一故人。生偶过焉，尚书某公者，张具请为生必致之。众客皆停杯不御。已报曰："至矣。"有顷，回车入内宅，屡呼之，终不肯出。生怏怏自失，殆不能为情。归赋四诗以告绝，已而叹曰："吾自负之，可奈何！"
>
> ——《过锦树林玉京道人墓并序》

> 予本恨人，伤心往事。江头燕子，旧垒都非；山上蘼芜，故人安在？久绝铅华之梦，况当摇落之辰。相遇则惟看杨柳，我亦何堪；为别已屡见樱桃，君还未嫁。听琵琶而不响，隔团扇以犹怜。能无杜秋之感、江州之泣也！漫赋四章，以志其事。
>
> ——《琴河感旧四首并序》

> 先生《诗话》：……余诗云："缘知薄幸逢应恨，恰

便多情唤却羞。"此当日情景实语也。又过三月，为辛卯初春，乃得扁舟见访，共载横塘，始将前四诗书以赠之……

——《梅村先生年谱》

同一件事重复三次出现在吴伟业生前的文字里，足见记忆之深，用情之切。海虞属常熟，那么"尚书某公者"便是钱谦益，而他先前并不大清楚吴伟业与卞玉京的故事，这也从侧面反映当年两人间的交往是较隐秘的，很符合吴伟业的性格和身份。这一次在秦淮，在座之人早已不是前朝官宦，又都经历了鼎革之乱，说话也就没有太多顾忌，于是趁着酒劲，吴伟业"偶话旧游"，众人一听便来了精神，特别是主人钱谦益，因其与柳如是的一段姻缘，当然更为吴伟业而惋惜。恰巧卞玉京在南京，于是积极主动地要做一回月老，命人将卞玉京接到家中。听闻卞玉京到来，众人都很期待，所谓"酒垆寻卞赛，花底出圆圆"[1]，这是前朝留下的秦淮旧梦，陈圆圆如今已不可见，卞赛赛还是可以见一见的。岂知卞玉京人虽到了，却以各种理由"迁延不出"，他人或许不解，但吴伟业心里明白，"知其憔悴自伤"，并发出了"吾自负之，可奈何"这样的喟叹。"吾自负之"也再次证明当年两人不是匆忙的一夜风流，有许多往事依然历历在目。这一次只闻其声，不见其人，仿佛张生重逢崔莺莺，更让吴伟业自惭形秽，于是写下了《琴河感旧四首》，其中最具代表性的是第三首：

休将消息恨层城，犹有罗敷未嫁情。
车过卷帘劳怅望，梦来襦袖费逢迎。

---

[1] 见清·叶襄《赠姜垓百韵诗》(转引自陈维崧《妇人集》)。

> 青山憔悴卿怜我，红粉飘零我忆卿。
> 记得横塘秋夜好，玉钗恩重是前生。
> ——《琴河感旧四首》（其三）

从前的欢好和恩爱仿佛前世，遥不可及，如今虽罗敷未嫁，也不可能回到从前。而最重要的是"青山憔悴""红粉飘零"，是两人在国破家亡时各自不幸的遭遇让他们彻底改变了心境，今人非彼人了。

吴伟业在明朝灭亡时的反应，在《梅村先生年谱》中有详细的记载：

> 大清顺治元年甲申（明崇祯十七年1644年），三十六岁。三月，流寇陷京师，庄烈帝崩于万寿山。先生里居，闻信，号痛欲自缢，为家人所觉。朱太淑人抱持泣曰："儿死其如老人何！"乃已。

这段经历常被人用来嘲笑吴伟业的懦弱无能，的确，相比复社同仁们为挽救大明的"流肠碎首"，特别是陈子龙、祁彪佳等人的慷慨殉节，吴伟业不但没有死，却还出仕新朝，曾为人所不齿，也成了他心中的死结。《清史稿·列传二百七十一·文苑一》载其："性至孝，生际鼎革，有亲在，不能不依违顾恋，俯仰身世，每自伤也。"的确戳中了要害，从他出生的那一刻，家族就是巨大的牵绊，也是他懦弱性格的培养皿。在和平年代，听话是褒义，但在遭遇变故之时，听话就会变成懦弱，或者说，两者本身就是一回事，是一体两面。大清建立后，吴伟业被迫出仕的缘由，也恰是统治者以他家人的性命安危相威胁，使他不得不低头。家族造就了他也摧折了他，他前半生的成就来自家族的培育，而在爱情上的失意和人生选择上的变节则也是因家族所累。正如沈受宏在《白溇集哭梅村师》中所道："自迫三征蒙圣代，未轻一死为衰亲。"

清代诗人张晋曾在评价吴伟业的诗中说他"风华浓郁妙相关，曲折低徊似转环"，看似在说吴伟业的诗作，但又何尝不是在点评他的性格？优柔寡断、愁肠百结是诗人的气质，也恰成就了他诗人的身份，他所有的重要作品都是在历经离乱屈辱后写就的，在记录历史的同时也为那些慷慨就义和遭遇不幸的故人们谱写了挽歌。也许总要留下一人来做最后的评述和收尾，历史选择了吴伟业，尽管他并不那么情愿。

卞玉京在鼎革之乱中的遭遇是她亲口告诉吴伟业的。

就在秦淮不遇的三个月后，转年早春，卞玉京竟亲自来见，且为吴伟业弹唱一曲且再次作画。

> 尝着黄衣，作道人装，呼柔柔取所携琴来，为生鼓一再行，泫然曰："吾在秦淮，见中山故第，有女绝世，名在南内选中。未入宫，而乱作，军府以一鞭驱之去。吾侪沦落分也，又复谁怨乎？"坐客皆为出涕。
>
> ——《过锦树林玉京道人墓并序》

根据卞玉京的自述，吴伟业创作了长诗《听女道士卞玉京弹琴歌》，诗中以卞玉京自述的口吻，讲述了南明朝廷在弘光时期的荒淫，无论是"贵戚深闺"抑或是秦淮名妓皆不能逃避自保。关于这段历史，孔尚任亦曾在《桃花扇》中借李香君的遭遇加以细致的描摹。皇帝好色，强迫江南女子入宫侍奉，除此外，"教坊也被传呼急"，卞玉京还不及为他人"一弹三叹"，自己便要"乐营门外卢家泣"了。无奈，只得"私更装束出江边，恰遇丹阳下渚船。翦就黄絁（shī）贪入道，携来绿绮诉婵娟"（《听女道士卞玉京弹琴歌》），也就是她从卞赛转变成卞玉京的契机，为了保全自己，不得不扮作道人。在这段时间里，卞玉京与吴伟业是音信隔绝的，吴伟业完全不知她去向何方，更不曾听闻她所知所见。而当这一日他亲耳听闻卞玉京的自述，他的伤怀便不再仅限于三个月前的"吾自负之"，而是融合进了对离乱中所有弱者的同情和自身苟活的惭愧。这一刻，负心和负国融为一体，互成因果。伤人即是伤己，如虞山蒙叟所言"河上之歌，听者将同病相矜"。而卞玉京，在这次相聚倾诉后却发生了转变，将从前的过往彻底放下，不再留恋吴伟业，而是再次启程离别。吴伟业依依不舍，填词《临江仙》，并将三个月前所作的四首诗也一并相赠。卞玉京走了，但她的音讯却仍缠绕着吴伟业：

> 逾两年，渡浙江，归于东中一诸侯。不得意。……乞身下发，依良医保御氏于吴中。保御者，年七十余，侯之宗人。筑别宫，资给之良厚。……道人持课诵戒律甚严。生于保御，中表也，得以方外礼见。道人用三年力，刺舌血为保御书《法华经》。既成，自为文序之。缁素咸捧手赞叹。凡十余年而卒。墓在惠山祇陀庵锦数林之原……
>
> ——《过锦树林玉京道人墓并序》

吴伟业能够清楚地知晓卞玉京后半生的消息，是因为卞玉京最后的托付者是他的亲戚，也因着这层关系，两人又再次重逢，但这一次的重逢却早已物是人非，只是礼节性的见面而已。卞玉京曾有词《醉花阴·春恨》，凄楚中仍可见一种淡然：

> 春到人间能几日。愁过清明节。陌上正繁华，袅袅

游丝,杜宇声啼血。

　　茫茫山水经年别。感事归心切。无计可留春,阵阵杨花,吹起漫天雪。

卞玉京不像吴伟业拿不起放不下,该争取的时候大胆争取,该放手时也不多留恋。她平静地离开人世,把追忆和感怀都留给了吴伟业。在卞玉京墓前,吴伟业苦叹"紫台一去魂何在,青鸟孤飞信不还",他的人生也将行至终点。

临终前,吴伟业留下遗嘱:"吾一生遭际,万事忧危,无一时一境不历艰苦。死后敛以僧装,葬我邓尉、灵岩之侧。坟前立一圆石,题曰'诗人吴梅村之墓'。勿起祠堂,勿乞铭。"(《清史稿·列传二百七十一·文苑一》)一生愧对所有人,宦海名利更"一钱不值",能称道的只有诗人这个身份,也是他敢于自视的唯一身份。

　　万事催华发。论龚生、天年竟夭,高名难没。吾病难将医药治,耿耿胸中热血。待洒向、西风残月。剖却心肝今置地,问华佗、解我肠千结?追往恨,倍凄咽。
　　故人慷慨多奇节。为当年、沉吟不断,草间偷活。艾灸眉头瓜喷鼻,今日须难诀绝。早患苦、重来千叠。脱屣妻孥非易事,竟一钱不值何须说,人世事,几完缺?
　　　　——吴伟业《贺新郎·病中有感》

董小宛：一生痴爱难评说

当不必再把秦淮佳丽与清宫皇妃相混淆，我们可以坐下来聊聊董小宛。

关于她的书画诗酒茶花，还有她的爱情。

冒辟疆所著《影梅庵忆语》载，董小宛"书法秀媚，学钟太傅稍瘦，后又学《曹娥》"[1]。钟太傅即三国时期著名的书法家钟繇。董小宛初入如皋冒家时，见到大文人董其昌所赠"仿钟繇笔意"书写的《月赋》，非常喜欢，"酷爱临摹，嗣遍觅钟太傅诸帖学之"。但后来发现钟繇对关羽有微词，便改学东汉蔡邕，"日写数千字，不讹不落"。关羽是忠，曹娥是孝，董小宛临的不是字，而是她认可并着意遵循的道德标准。

秦淮名妓大多擅画，并有作品传世，成为收藏界的珍品。董小宛也不输人后，《影梅庵忆语》载其"能做小丛寒树，笔墨楚楚"，

---

[1] 见《影梅庵忆语·浮生六记·香畹楼忆语·秋灯琐忆》，第1—27页《影梅庵忆语》篇，岳麓书社，1991。本篇引文未特殊标注者，皆出自《影梅庵忆语》。

"秦淮八艳"多以画兰而闻名,但她并不从流,"于古今绘事,别有殊好"。她对书画的热爱堪比李清照之于金石。"偶得长卷小轴与笥中旧珍,时时展玩不置,流离时宁委衾具,而以书画捆载自随。末后尽裁装潢,独存纸绢,犹不得免焉,则书画之厄,而姬之嗜好,真且至矣。"

董小宛爱诗,"尤好熟读《楚辞》、少陵、义山、王建、花蕊夫人、王珪《三家宫词》,等身之书,周回座右,午夜衾枕间,犹拥数十家唐诗而卧"。董小宛也写诗,但"小有吟咏,多不自存"。欧阳珍所著《明代青楼女词人》载其有词三首存世,惜未得见。关于小宛赋诗,《影梅庵忆语》中曾记载这样一件小事:

> 客岁新春二日,即为余抄写《全唐五七言绝句》上下二卷。是日偶读七岁女子"所嗟人异雁,不作一行归"之句,为之凄然下泪。至夜,和成八绝,哀声怨响,不堪卒读。余挑灯一见,大为不怿,即夺之焚去,遂失其稿。

董小宛出身卑微,落籍娼家,深知"易得无价宝,难得有心郎"之真谛,感念同时姐妹各有不幸遭遇,故感怀赋诗,词句哀怨亦在情理之中。冒辟疆不喜美人发悲音,将其焚毁,于作品可谓大劫。今天可以找到的董小宛诗作非常稀少,有一首五言短诗与其画作气质颇相类:

> 独坐枫林下,云峰映落辉。
> 松径丹霞染,幽壑白云归。
> ——《咏黄山》

意象疏远，有隐士归山之境，余怀所作《板桥杂记》载董小宛"性爱闲静，遇幽林远涧，片石孤云，则恋恋不忍舍去"。其诗其画均与小传所述相当，可见余怀所言不虚。又有《绿窗偶成》一首，则见闺中女儿之情态：

> 病眼看花愁思深，幽窗独坐弄瑶琴。
> 黄鹂亦似知人意，柳外时时送好音。

董小宛好酒，"能饮"，醉态鲜妍。冒辟疆第一次见董小宛，她正"薄醉未醒"，被小丫鬟扶着，"面晕浅春，缬眼流视，香姿玉色，神韵天然。懒慢不交一语"。这一年，董小宛十六岁，让冒辟疆"惊爱之"，谓为"良晤之始"，终生难忘。

三年后，朋友在江口梅花亭宴请冒辟疆与董小宛，面对"江白浪涌象"，董小宛"轰饮巨叵罗"，与同座陪饮的众人之"颓唐溃逸"的面貌形成鲜明对比，也是她生前不多的一次痛饮。嫁入如皋冒家后，因冒辟疆不胜酒力，董小宛"遂罢饮"，从此与冒辟疆共同以品茗为乐，烹茶时"文火细烟，小鼎长泉，必手自吹涤"。两人"每花前月下，静试对尝"。冒辟疆回忆旧事，感叹"真如木兰沾露，瑶草临波，备极卢陆之致"。

小宛爱花，其姿容"神姿艳发，窈窕婵娟"（张明弼《冒姬董小宛传》）[①]，配以花容，更添殊色。立于菊花之侧，清姿"淡秀如画"，"人在菊中，菊与人俱在影中"。虽不画兰花却甚爱兰，"闺中蓄春兰九节及建兰。自春徂秋，皆有三湘七泽之韵，沐浴姬手，尤增芳香"。而董小宛惜花之一绝更在烹饪："蒲藕笋蕨、鲜花野

---

① 见《影梅庵忆语·浮生六记·香畹楼忆语·秋灯琐忆》，第 30—34 页《冒姬董小宛传》篇，岳麓书社，1991。

菜、枸蒿蓉菊之类，无不采入食品，芳旨盈席。"最巧妙的是制作花露："凡有色香花蕊，皆于初放时采渍之。经年香味、颜色不变，红鲜如摘，而花汁融液露中，入口喷鼻，奇香异艳，非复恒有。"

除此外，董小宛善调香，精女红，通书史，懂持家，"针神曲圣、食谱茶经，莫不精晓"（张明弼《冒姬董小宛传》）。时人惜如此好女，只留人间二十七载，后人叹如此佳人，竟不能自珍自惜，蹈情爱泥潭，终至早亡。究竟谁对谁错，值与不值，众说纷纭，更有好事者将其与董鄂妃相混淆，让董小宛的生平更显扑朔迷离。她的一生是幸或不幸，欲寻答案不可道听途说，还要细细向史料中寻。

董小宛其人其事多次被搬上银幕，尤以1963年香港凤凰影业公司出品，由朱石麟导演，夏梦、高远主演的影片最为著名。夏梦端庄靓丽的风姿与高远英俊潇洒的外表令人印象深刻，男女主角演绎的乱世中纯真赤诚的爱情也令人动容。然而，此部电影大量改编民间传说，虽加上了些《影梅庵忆语》中记述的情节，总体而言以虚构为主，董小宛与冒辟疆的精神和风骨与历史原型差距较大，电影虽美也只能作为一部古装传奇片来看。

关于董小宛的第一手史料，具权威性的有三篇。其一为冒辟疆所著《影梅庵忆语》，其二为冒辟疆之友、复社文人张明弼所撰的《冒姬董小宛传》，其三为同时代文人余怀所写《板桥杂记》。冒辟疆是董小宛的丈夫，与董小宛相识十一载，朝夕共处九年，对董小宛最为了解，也最有发言权。他的长文《影梅庵忆语》也是公认的最详细最可信的董小宛生平资料。冒辟疆作为当事人，以丈夫的身份追忆评述亡妾，其角度和评语具有一定的主观性，读者阅读时也最易产生情感上的共鸣。与冒辟疆不同，张明弼是局外人，但因为是名士又是冒辟疆的好友，故对两人都比较了解。从旁观者角度看问题，评述相对客观，也代表了同时代文人圈对这一对情侣的看法。而余怀曾多年居住在南京，本身也是一位雅士，虽与董冒二人来往不多，但慕其高雅，喜好记述秦淮旧事，故行文较简洁，他的文词可以作为同时代的大众视角及观点。三篇文章各有侧重，欲了解董小宛则不可偏读偏废。

董小宛人生中的主角是冒辟疆，冒辟疆发现了董小宛也成全了董小宛，曾谓"入吾门，智慧才识，种种始露"，并非妄言。故想透彻了解董小宛，理解她的情感和追求，则先须了解冒辟疆。

冒辟疆名襄，以字行。《清史稿》中有其小传，张明弼在《冒姬董小宛传》中也对他做了记述和介绍，这恰好可以从官方和民间两个视角来审视其人。张明弼谓其"父祖皆贵显"，《清史稿》则明确道出"父起宗，明副使"，可见冒辟疆出身非凡。冒家人脉甚广，冒辟疆小小年纪所作诗篇便有"董其昌为作序"。张明弼则说他"年十四，即与云间董太傅、陈征君相倡和。弱冠，与余暨陈则梁四五人，刑牲称雁序于旧都"。冒辟疆不仅有父祖荫庇，自身成长也不马虎，《清史稿》言其"才特高，尤能倾动人"，好友张明弼更是嘉赏之至，赞其"姿仪天出，神清彻肤"，并赠予"东海秀影"之美誉。优越的背景和卓越的自身条件让冒辟疆自视甚高，所谓"顾高自标置"（《冒姬董小宛传》），"少年负盛气"（《清史稿》）。而张明弼的一句评论更令人咋舌："所居凡女子见之，有不乐为贵人妇，愿为夫子妾者无数。"张以同性视角观察冒辟疆，并给出这样的结论，可信度相对较高。这一系列的外因和内因共同决定了冒辟疆日后的人生走向，也为他对待爱情的态度埋下了伏笔。

冒辟疆最著名的身份还是《清史稿》中所提到的"与桐城方以智、宜兴陈贞慧、商丘侯方域，并称'四公子'"，即"晚明四公子"或称"复社四公子"。复社是晚明时期由文人组成的一个团体，成员主要为江浙两地的士人学子，秉承东林遗志，不但在民间有极高的声望，甚至可以通过成员进入朝堂为官而干涉政权，操控科举。当时，复社人最痛恶阮大铖，冒辟疆的表现尤为激烈，但阮大铖又偏偏是一位优秀的昆曲传奇作家，其代表作《燕子笺》不但令冒辟疆"且骂且称善"（《清史稿》），更成为冒董二人情感经历中一段令人回味的插曲。崇祯末年，冒辟疆数次赴南京应考，考试之余结识秦淮佳丽无数，也就是在这样的背景下，董小宛映入了冒辟疆的眼帘。二十八岁的冒辟疆不曾想到，这位名唤董白的十六岁少女竟然会与自己结成一段曲折的情缘。

> 董白，字小宛，一字青莲，天姿巧慧，容貌娟妍，七八岁时阿母教以书翰，辄了了。
> ——《板桥杂记》

从董小宛的名字就可以看出，她思慕潇洒高旷的文士风度，"慕吴门山水，徙居半塘，小筑河滨，竹篱茅舍"（《板桥杂记》）。余怀的记述是准确的，冒辟疆也称董小宛"在风尘虽有艳名非其本色"，肯定了董小宛的追求。董本秦淮人，在秦淮河畔已享有盛誉，但因厌恶秦淮喧嚣，遂迁居苏州。她虽正值青春盛年，对自身命运却已有清醒的认知："吾姿慧如此，即诎首庸人妇，犹当叹彩凤随鸦，况作飘花零叶乎？"（《冒姬董小宛传》）虽然年纪轻轻就被捧在手心里，但她明白自己不过是"飘花零叶"，妓女这个身份是令人忧虑的。此时，她的言行举止经常有别于同类姐妹，"若夫男女阗集，喧笑并作，则心厌色沮，亟去之"。（《冒姬董小宛传》）而她的行踪亦常常飘忽不定，"扁舟游西子湖，登黄山"（《板桥杂记》），经常出门不归。崇祯十二年（1639年）的初夏时节，冒辟疆来到南京应试，听朋友方以智说起有这么一位董姓佳丽，"才色为一时之冠"（《影梅庵忆语》），虽然有吴应箕和侯方域一同附和，但他还是不大相信，道："未经平子目，未定也。"但禁不住朋友不住夸赞，便慕名前往。却不巧，董小宛已去了苏州，待冒辟疆寻至苏州，董小宛又逗留在洞庭湖，冒辟疆屡次登门皆不见其人。得不到的永远最有吸引力，虽在苏州有名妓沙九畹和杨漪炤为伴，心中却总觉得怅然若失。终于，就在准备离开苏州前的最后一次拜访时，董小宛回来了。当时，董小宛与母亲同住，这位母亲究竟是生母还是鸨母，没有确切资料证明，但诸人对她的印象都很好，冒辟疆称其"秀且贤"，张明弼称其"慧倩"，余怀亦道董小宛的才学启蒙为阿母，可见的确非一般庸妇。董母早已听闻冒辟疆数次来访，这一次女儿终于在家，自然竭力引荐，从而促成了冒与董的第一次"醉晤"。前文已经引述了冒辟疆自己的回忆，再来看看旁观者张明弼是如何记录这人生初相见的一幕：

> 巫扶出相见于曲栏花下。主宾双玉有光，若月流于堂户，已而四目瞠视，不发一言。盖辟疆心筹，谓此入眼第一，可系红丝。而宛君则内语曰："吾静观之，得其神趣，此殆吾委心塌地处也！"但即欲自归，恐太遽。遂如梦值，故欢旧戚，两意融液，莫可举似，但连声顾其母曰："异人！异人！"
>
> ——《冒姬董小宛传》

所谓一见钟情，大抵如此。

关于这次初见，冒辟疆一定向张明弼讲述过，而在《冒姬董小宛传》里，张补充了冒没有写到的董小宛的内心活动及言语评价。冒辟疆在《影梅庵忆语》中详细地交代了慕名拜访董小宛的始末，但其实在他听说董的同时，董也已经对他久仰大名：

> 姬亦时时从名流宴集间闻人说冒子,则询冒子何如人。客曰:"此今之高名才子,负气节而又风流自喜者也。"则亦胸次贮之。
>
> ——《冒姬董小宛传》

两人皆在未见时便留了心思,也难怪会一见倾心,恰似《牡丹亭》中所唱"是哪处曾相见,相看俨然,早难道好处相逢无一言"。然而,现实中的爱情往往没有戏曲中那般节奏紧凑,两人这一次相见后的三年里一直相忘于江湖,冒辟疆的生活中又多了一段插曲。

> 此三年中,辟疆在吴门,有某姬亦倾盖输心,遂订密约;然以省觐往衡岳,不果。……疾过吴门,践某姬约。至则前此一旬,已为窦霍豪家不惜万金劫去矣。
>
> ——《冒姬董小宛传》

这位"某姬"就是曾搅动晚明历史风云的名女陈圆圆。在《影梅庵忆语》中,冒辟疆详细地回忆了两人的往事,具体经过将在陈圆圆一篇中再做评述。简单来说,这三年中,冒辟疆几乎忘了董小宛,而董小宛这一方也没有证据表明对冒念念不忘。根据冒辟疆的回忆,在初次见到董小宛之后,其后的两年中他亦曾去寻访,但董小宛皆在外游玩,滞留不归。如果他的记述是准确的,那么从这一回忆来看,董小宛当时虽对冒辟疆印象颇佳,但并没有做他想,与再见冒辟疆相比,泛舟西子湖与游览黄山更令她开怀惬意。于是,朋友一番介绍,陈圆圆闯入了冒辟疆的生活,执着而痴迷,声势造得很大。董小宛未必不曾听闻,至于她是毫不介意还是深感后悔，如今已不能知晓，但董小宛曾对冒辟疆说："余母恒背称君奇秀，为余惜不共君盘桓。"可见董母是甚为惋惜的，母女关系亲密，不能说不会对董小宛造成影响。

文人与名妓，自古多是逢场作戏，纵有痴情者，圆满结局的也不多。陈圆圆身遭数劫，到底没有实现嫁入冒家的心愿，这一段插曲过后，命运的指针竟然又神秘地指向了苏州，这一指便一发而不可收了。

> 余每岁元旦，必以一岁事卜一签于关帝君前。壬午（崇祯十五年，公元1642年）名心甚剧，祷看签首第一字，得"忆"字，盖"忆昔兰房分半钗，如今忽把音信乖。痴心指望成连理，到底谁知事不谐"。余时占玩不解，即占全词，亦非功名语……
>
> ——《影梅庵忆语》

这一年的元旦，冒辟疆照例求了一签，当时他正热望科考，满心想的都是功名，却没料到得到的签语是与情爱相关。不过此时，他已与陈圆圆订下终身，虽然在中年回忆时说自己不解，在当年未必不会想到陈圆圆。但其实这支签语更像是在说冒陈情缘，因为就在这一年的仲春，冒辟疆听闻陈圆圆被劫走，两人的约定也只得作废，正好印证了"到底谁知事不谐"一句。但在冒辟疆的心里，遗憾固然遗憾，难免有侥幸的心理。陈圆圆被高官劫去，是他惹不起的，他纵然喜欢陈圆圆，感情也没有超出狎妓的范围，故有"以急严亲患难，负一女子无憾"这样的话。就在此时，命运的小舟莫名其妙地驶向了董小宛所居的双成馆，当得知能够再次见到董小宛时，冒辟疆"不禁狂喜"，"即停舟相访"。但此时此刻，情形并不乐观，朋友告诉他："彼前亦为势家所惊，危病十有八日，母死，鐍（jué）户不见客。"原来，董小宛刚刚遭遇了人生重创，虽然从虎口里逃脱，却失去了阿母，现下已经病危。按理，名妓失去风华，也就失去了吸引力，只要冒辟疆稍一转念，故事到此为止，董小宛的卒年将会定格在崇祯十五年。但冒辟疆却起了执念，根本没有顾及会引发什么样的后果，执意要登门见客，"叩门至再三，始启户"。一进门的光景是"灯火阒如"，所见景象则是"药饵满几榻"，董小宛已病得人事不知，以为自己就要死了，忽然见有客来，躺在帷帐中不想见。冒辟疆是这样回忆当时情境的：

> 姬沉吟询何来，余告以昔年曲栏醉晤人。姬忆，泪下曰："曩（nǎng）君屡过余，虽仅一见，余母恒背称君奇秀，为余惜不共君盘桓。今三年矣，余母新死，见君忆母，言犹在耳。今从何处来？"
>
> ——《影梅庵忆语》

当冒辟疆道出自己就是醉晤之人后，董小宛回忆了一下，忽然百感交集，哭着说起别后这些年，恐怕这一刹那悔恨交叠，如果早早留心，也不至于有今日。于是"便强起，揭帷帐审视余（冒辟疆），且移灯留坐榻上。谈有顷，余怜病，愿辞去"。并对冒辟疆说："我十有八日，寝食俱废，沉沉若梦，惊魂不安。今一见君，便觉神怡气王（通'旺'）。"原本已奄奄一息，这一重逢竟然活过来了，遂再三挽留，不忍冒离去。冒辟疆在记述这一段往事时充满了怜惜之情，但张明弼却另有一番记述，似乎更为客观：

> 至午夜，披衣遽起，曰："吾疾愈矣！"乃正告辟疆曰："吾有怀久矣，夫物未有孤产而无耦者，如顿牟之草、

磁石之铁，气有潜感，数亦有冥会。今吾不见子，则神废；一见子，则神立。二十日来，勺粒不需，医药周效；今君夜半一至，吾遂霍然。君既有当于我，我岂无当于君？愿以此刻委终身于君，君万勿辞！"辟疆沉吟曰："天下固无是易事。且君向一醉晤，今一病逢，何从知余？又何从知余闺阁中贤否？乃轻身相委如是耶？且近得大人喜音，明早当遣使襄樊，何敢留此？"请辞去。

——《冒姬董小宛传》

董小宛因见冒辟疆而大病愈合，深感重生之喜便要以身相许，而冒辟疆却大感意外，说出了听来冷酷却比较合情理的话："君向一醉晤，今一病逢，何从知余？又何从知余闺阁中贤否？乃轻身相委如是耶？"在冒辟疆心中，董小宛的表白过于鲁莽，且不说冒如何自我评定，董与他匆匆两次会晤便急于婚嫁也实在少了对自身负责任的态度。当以家事为由而告别之后，冒辟疆本打算赶快归家，不料朋友告诉他"姬昨仅一倾盖，挚切不可负"，意思是觉得董小宛此情难得，劝他不要辜负，冒辟疆出于怜惜，便去登门作别。来时见董小宛"已妆成，凭楼凝睇。见余（冒辟疆）舟傍岸，便疾趋登舟"。不由分说便道："我装已成，随路相送。"冒辟疆"却不得却，阻不忍阻"，只得同意，于是"由浒关至梁溪、毗陵、阳羡、澄江，抵北固"，董小宛苦苦追随二十七日，定要一路相送，到了镇江对江水起誓道："妾此身如江水东下，断不复返吴门！"冒辟疆这一个月里本来就感到很为难，二十七次辞别的结果是董小宛誓死不返。冒辟疆也只好撕破脸，把话说明白了。

告以期迫科试，年来以大人滞危疆，家事委弃，老母定省俱违，今始归，经理一切。且姬吴门责逋甚众，金陵落籍，亦费商量……

——《影梅庵忆语》

从他这番无情的话中，我们可以知道阻挠这段情缘的现实原因分别来自冒董两方面。从冒这边来看，自身功名未就，家里父母的事情也很多，本来重逢董小宛就不在计划之内，现在更一时顾不上。但这只是表面上的，应该还有些话他不方便说，即刚刚失去陈圆圆，心里还一时拐不过弯来，且母亲已经同意了纳陈圆圆入门之事，这么快就换成了董小宛，母亲面前不好做人。冒辟疆固然风流，但也不是西门庆一般的猥琐之徒，他还是要脸面的。而董小宛这边的原因则更为复杂，也是两人的故事之所以艰难曲折的根本原因所在：董小宛名下欠有巨款，且从良亦需巨额赎身费。后一种较易理解，但她名下的巨额欠债又从何处来？

姬时有父，多嗜好，又荡费无度，恃姬负一时冠绝名，遂负逋数千金，咸无如姬何也。

——《冒姬董小宛传》

这位父亲虽不知是否为生父，但与董母当是一家无疑。董母在时，呵护小宛，让其有情感上的依靠，也就没把未来放在心上。现在母亲死了，父亲四处欠钱，导致她债务缠身。如果当时病死了，便可一了百了，谁知竟活了过来，仍要面对作恶的父亲和追债的金主，此时的董小宛与其说是在追求爱情，莫如说是在祈求援手。她当然说不出"请你救救我"这样的话，但也许极度渴望重生的她根本无法分清楚爱与救赎的区别。面对这样的情形，冒辟疆非常为难，只得借口"俟季夏应试，相约同赴金陵"，几番拒绝哄劝之后，董小宛才"掩面痛哭，失声而别"，冒辟疆终于松了口气,"余虽怜姬,然得轻身归,如释重负",这应该是他当时非常真实的心理写照。

离开冒辟疆后,董小宛开始茹素,并且也去求了一签,令人惊奇的是,她得到的签语竟与年初冒辟疆所得一模一样,当然,这是两人后来才得知的。但这枚签子却给了董小宛极大的触动,更让她产生了恐慌,遂遣父到如皋再次剖白心意。但未料冒不在家,接待者是冒妻苏元芳,苏夫人有贤名,虽怀疑有诈但没有难为董父,称科考结束后再做打算,并"以十金遣其父去"。董父的到来让冒心生反感,遂向董失约,去南京应试时没有告知。岂料董小宛心急如焚,自己"买舟自吴门江行",不想在路上遇到了盗贼,"舟匿芦苇中,舵损不可行,炊烟遂断三日",到了南京又怕影响冒考试,等了两日才去见冒。这一次董小宛"求归愈固",加之她为情犯险,几近丧命,冒辟疆心有所动,恰巧一同应试的学人们都在,听说董小宛的遭遇后"无不高姬之识,悯姬之诚,咸为赋诗作画以坚之"。大家这么一怂恿,冒辟疆也就难免心动,不再强拒。中秋之夜,学子们"置酒桃叶水阁"为董小宛压惊,当时在座的名妓还有顾横波与李十娘,席上唱奏的曲目恰是阮大铖的《燕子笺》,"曲尽情艳",让观众大为动容,董小宛亦牵动心事,频频落泪。而这一幕也印在冒辟疆心中,成为永久的回忆。

故事到这里本应该有个好的收场,但现实阻碍并不能因情感的升华而消散。董小宛的巨债和高额赎身费仍旧摆在那里,冒辟疆虽出身富户,为一个妓女拿出这么多钱来也怕老爸打断腿。加之此次科考又未高中,心情也很不好,更让他难堪的是董小宛的债主们已经认定了他就是董未来的丈夫,纷纷登门讨债,让冒烦躁气愤,于是这一次"冷面铁心,与姬决别"。但与从前不同,董小宛的痴情已经震动了复社名流,见到董如此艰难便纷纷出钱出力。但侠义虽在,并不是谁都能帮得上忙的,最终出手摆平局面的是被誉为"风流教主"的虞山钱谦益,"特至半塘,令柳姬(柳如是)与姬为伴,亲为规划,债家意满",加上某大帅为冒董贺寿而赠送的千金和钱谦益自身广博的人脉,终于将事情搞定,并亲自送董小宛去如皋。

曲折的纠葛总算有了圆满的结局,董小宛亦希望像大家所期盼的那样,从此与冒辟疆幸福地生活在一起。为此,她做出了超越常人的努力,"却管弦,洗铅华,精学女红,恒月余不启户",要洗脱妓女的名声,做一个普通的少妇。因初入冒家时冒父尚不知情,为了赢得冒老夫人和冒辟疆正妻的欢心,她"侍左右,服劳承旨,较婢妇有加无已。烹茗剥果,必手进;开眉解意,爬背喻痒。当大寒暑,折胶铄金时,必拱立座隅,强之坐饮食,旋坐旋饮食,旋起执役,拱立如初"。甚至冒辟疆"出入应酬之费,与荆人日用金错泉布,皆出姬手"。为了表明自己是慈善的庶母,当冒辟疆对儿子的功课不满意时,她"必督之改削成章,庄书以进,至夜不懈"。虽然在冒家"与荆人无一言枘(ruì)凿。至于视众御下,慈儿不遑,咸感其惠",但她的内心始终是不安的,冒家于她而言就是正统社会的代表,她以卑贱之身入门,为了在正统社会得到一席之地,不得不拼尽全力剖白操劳,以求得存在的价值和必要性。离开这个家,即使名声再响、生活再自由,也不过是一个妓女,也会有人老珠黄的那一天。她未必不曾听闻卞玉京的遭遇,在她眼中,那不是值得憧憬的未来,即便冒家再苦她也不愿回归那"万顷火云""如梦如狱"的卖笑生活。

为妾固然辛劳,但与冒辟疆相处的时光令董小宛感到惬意,冒辟疆有"终日佐余稽查抄写,细心商订,永日终使,相对忘言"之语,两人亦品评史书,董小宛"发不平之色,而妙出持平之议,堪作一则史论",令冒辟疆为之击节。张明弼的概括则更为精确:"与辟疆日坐画苑书圃中,抚桐瑟,赏茗香,评品人物山水,鉴别金石鼎彝；闭吟得句，与采辑诗史，必捧砚席为书之。……两人恒云'天壤间未之有也！'"精神上的共鸣以及对高雅生活品位的追求让冒辟疆对董小宛的感情日渐浓厚，也让董小宛对冒辟疆的情愫从渴望救赎渐变为一般意义上的爱情。但现实中的爱情不是言情小说里那般纯粹，在古代，等级身份有严格的限定，妾不算夫家正式的家庭成员，可以随意转送买卖，冒辟疆再爱董小宛也改变不了她只是妾的事实。而按照当时的正统法理，即便妻没有爱情可言，也具有合法的身份，地位的尊贵不可轻易撼动，这在冒家也不能例外。当兵戈灾难降临安逸的江南时，这一点就尤为凸显。

崇祯十七年（1644年）春，李自成攻入北京，崇祯帝自杀，江山动荡。一个月后消息传到如皋，"同里绅衿大户，一时鸟兽骇散，咸去江南"，仅仅几日，当地就只剩下冒氏一家留驻。此时局势越来越乱，作为家里的顶梁柱，冒辟疆也感到了形势的严峻，不得已携家带口踏上了南下逃难之路。但兵荒马乱的日子里，一家上下百十来口人，对冒辟疆而言压力极大。此时董小宛挺身而出，"智计百出，保全实多"。（张明弼《冒姬董小宛传》）但即便如此，冒家依然损失惨重，家财散尽，死伤无数。冒辟疆"一手扶老母，一手曳荆人"，眼睛看着未成年的几个儿子，便顾不上董小宛，"维时更无能手援姬"，只能回头对董小宛说："你快些走，跟在我后面，迟了就赶不上了。"站在董小宛的角度来看这是令人寒心的，从现代观点来看也是薄情的，但这在当时现实情况下，冒辟疆的做法没有违反当时的道德规范，董小宛的身份也不容她奢求更多。

很快，清兵入关南下，并于次年颁布剃发令。当时冒家老小客居海宁盐官，听闻新令"人心益皇皇……内外莫知所措"，想起去年狼狈逃难的艰辛，冒辟疆作出决定，将董小宛送到朋友家去，

他是这么说的:

> 此番溃散,不似家园,尚有左右之者,而孤身累重,与其临难舍子,不若先为之地。我有年友,信义多才,以子托之,此后如复相见,当结平生欢,否则听子自裁,毋以我为念。
> ——《影梅庵忆语》

冒辟疆做出这样的打算是自私凉薄还是为董小宛着想,不同人有不同的看法,特别是现代女性意识增强的今天,我们看到这一段话就更难以心平气和。但在这一时刻,最重要的还是董小宛如何看待和抉择,她的回答是这样的:

> 君言善!举室皆倚君为命,复命不自君出,君堂上膝下,有百倍重于我者,乃以我牵君之臆,非徒无益,而又害之。我随君友去,苟可自全,誓当匍匐以俟君回,脱有不测,前与君纵观大海,狂澜万顷,是吾葬身处也!
> ——《影梅庵忆语》

自知身份卑微却又痴情不悔,既要顾全冒家的大局又要忠于对冒辟疆的爱,董小宛这番回答可谓有礼有节,刚柔并济,气势上临危不惧,已高出冒辟疆数丈。所幸冒老夫人和原配苏氏都非常喜爱小宛,她这几年的辛苦付出有了回报,在此危急时刻,两位当家女眷出面留住了小宛,她便与冒家老小再次踏上了"展转深林僻路、茅屋渔艇。或一月徙,或一日徙,或一日数徙,饥寒风雨,苦不具述"的流亡之旅。从前百十来口的大户人家如今只剩"俯仰八口","生平所蓄玩物及衣贝,靡孑遗矣"。后动乱稍定,冒辟疆不得不入城向朋友借米过活，十分凄惨。而此时，冒又患上痢疾，外面叛军杀人如麻，破屋中饥寒交迫、缺医少药，幸亏有了董小宛的照料才挺过这一劫。在照顾冒的日子里，董小宛曾有一番心意剖白，也可以看作她的爱情自白：

> 我入君门整四岁，早夜见君所为，慷慨多风义。豪发几微，不邻薄恶。凡君受过之处，惟余知之亮之，敬君之心，实逾于爱君之身，鬼神赞叹畏避之身也。冥漠有知，定加默佑。但人生身当此境，奇惨异险，动静备历，苟非金石，鲜不销亡！异日幸生还，当与君敝屣万有，逍遥物外，慎毋忘此际此语！
> ——《影梅庵忆语》

许多年后回忆这一段话，冒辟疆感叹："余何以报姬于此生哉！姬断断非人世凡女子也。"从这一刻起，冒辟疆才真正爱上董小宛，对从前的薄情深感痛悔。但那"逍遥物外"的美好希冀并没有实现，接下来的两年中，冒辟疆又生重病两次，董小宛皆不分昼夜地悉心照料，他亦感叹"微姬力，恐未必能坚以不死也"。但在过度的操劳中，董小宛过早消耗掉了自己的生命，当江山平定，举家归迁之后，从前风花雪月般的美好时光却没有恢复，短短几年后，董小宛病逝，死时尚值芳龄。临终前仍旧放不下，"惟虑以伊（董小宛）死增余（冒辟疆）病，又虑余病无伊以相侍也"。关于董的最后音容，冒辟疆有详细的记述："姬临终时，自顶至踵，不用一金珠纨绮，独留跳脱（即手镯）不去手，以余勒书故。长生私语，乃太真死后，凭洪都客述寄明皇者，当日何以率书，竟令《长恨》再谱也！"董小宛借唐明皇与杨贵妃的爱情传奇寄托临终之愿，至死也不忘她的焚心如火之爱。

《板桥杂记》记载，对董小宛的死，"同人哀辞甚多"，诗人吴梅村曾作七绝数首以祭，其中一首云："江城细雨碧桃村，寒食东风杜宇魂。欲吊薛涛怜梦断，墓门深更阻侯门。"对冒董之爱表示遗憾和惋惜。冒辟疆自己亦作《亡妾董小宛哀辞》"数千言哭之"，又觉不能尽意，方有《影梅庵忆语》传世。对于董小宛的一生，冒辟疆、张明弼和余怀都在传记中给予了高度的肯定，但不能忽视的是，三人都是站在男性立场上，以审视名妓与小妾的视角做出评语。冒辟疆说："余一生清福，九年占尽，九年折尽矣。"感叹董小宛对自己的付出，却只字未提回报，只一再感喟佳人难再得。张明弼对两人的爱情做出评价："夫饥色如饥食焉，饥食者获一饱，虽珍羞亦厌之。今辟疆九年而未厌，何也？饥德非饥色也！……历之风波疾厄盗贼之际而不变，如宛君者，真奇女，可匹我辟疆奇男子矣！"所道之言仍旧是站在冒的立场上肯定董小宛的付出，却并未对冒的单方面榨取做任何批评。至于余怀和吴梅村，本来就是最外层的旁观者，所惋惜的不过是名士风流，更不会真正体味董小宛的艰辛。

　　董小宛芳魂离躯，飘散在江南山水间，生前曾作《孤山感逝图》一画，画上的题诗似是对生前身后的描摹：

孤山回首已无家，不做人间解语花。
处士美人同一哭，悔将冰雪误生涯。

商景兰：世缘有尽，相见不远

清顺治十三年（1656年），嘉兴女诗人黄媛介应邀南下山阴（今绍兴）梅市的寓山园拜访祁氏家族女眷，她将在这里作为祁氏小姐们的闺塾师而停留一年时光。此时，祁氏家族的男性家主已经离世十载，家族事物由遗孀商景兰主持，她的两个儿子祁理孙和祁班孙皆已成年娶妇。虽然少了男主人的身影，但祁府内门风肃整，诗书之声朗然，风华依旧冠盖江南。黄媛介早已听说山阴祁氏商景兰夫人的大名，仰慕不已。然祁氏乃高门大户，非寻常人可随意亲近，能够接到祁氏家族的邀请，说明受邀者在学界或文坛的名气和地位已不可小觑。故接到这份邀请后，黄媛介欣然前往。这一年，她大约四十岁年纪，自鼎革之乱后游历吴越两地，靠写诗鬻画为生，结交众多文人雅士才子佳人，才名誉满江南。

来到寓山园之后，黄媛介才真正体会到祁氏家族的卓尔不群。江南佳丽之地从不乏大家族，然遭遇鼎革之乱后许多家族分崩离希，譬如吴江的午梦堂叶氏家族，在先后遭遇家人亡故和亡国之乱后，叶家人已星流云散，只留卷卷诗文传唱于残山剩水之间，令人痛惜。黄媛介接触到叶氏家族的作品时，叶家女主人沈宜修已与两女相继病逝，想来曾是她心里不小的遗憾。但幸运的是，祁氏家族挺过了亡国之劫，虽家主祁彪佳在十年前自沉殉国，但家业没有遭受兵乱之扰，祁氏家族仍在，当年祁彪佳苦心修造的寓山园也依然保存完好，有风华绝代之景物，"其盛则甲于越东也"（《南疆绎史·列传八》）。更难得的是，祁氏家族仍保留了"以吟咏相尚"的传统，"青衣家婢无不能诗，越中传为美谈"（《两浙輶轩录》）。

寓山园中的祁氏家族依然完整而庞大。商夫人时年五十有二，虽过半百，遭遇了丧夫之痛，但依然坚强自持，是祁氏家族的精神支柱和行为表率。长媳张德蕙与次媳朱德蓉皆出自浙江书香门第，都是能诗善文的才女。商夫人膝下还有四女，名德渊、德玉、德琼和德茝。德玉远嫁在外，不得归宁。德渊嫁同市朱家，仍可常常归家。三个女儿与两个儿媳是商夫人身边重要的陪伴。但黄媛介发现祁家人并不止这些，商夫人还有一个妹妹名景徽，"归（前明）兵部尚书上虞徐人龙子咸清为室"（《南疆绎史·列传十五》），亦常携女徐昭华来寓山园与姐姐做伴。此外，商夫人还有侄女名商采，与徐昭华年岁相仿，常结伴玩耍。两个女孩虽年岁不大，但聪慧好学，显露出了诗词上的创作才能。祁氏家族的女眷总数共有九人，可谓热闹非凡，对因家贫和战乱而流离于江南各地的黄媛介来说，宛如找回了离别多年的大家庭。在这里，她不但在精神上找到了知音，也在生活上遇到了良伴。

黄媛介在寓山园中的生活是快乐的，工作之余，她常常参与到祁氏女眷的生活娱乐当中。商夫人有"当世贤媛以夫人为冠"的美誉，"每暇日登临，则令媳女辈载笔床砚匣以随，角韵分题，一时传为盛事；而门墙院落，葡萄之树，芍药之花，题咏几遍，过梅市者，望之若十二瑶台焉"。（《两浙輶轩录》）她靠着这样的活动来团结家人，凝聚亲情，寄托对丈夫的哀思，同时也以此为途径结交江南文士，沟通内外。这样的活动，黄媛介自然不能错过，与女眷们游览园林，或分韵或步韵，留下许多风格明丽的诗篇。

> 佳园饶逸趣，远客一登台。薜老苍烟静，风高落木哀。
> 看山空翠湿，觅路乱云开。欲和金闺句，惭非兔苑才。
> ——黄媛介《游寓山分韵二首》（其一）

> 朔气晴开万户烟，寒林落日点红泉。
> 十年往事悲星散，千里交情喜月圆。
> 松径犹能邀令客，桃源应信有群仙。
> 搴芳踏尽池塘路，泥印莲花步步妍。
> ——祁德琼《和皆令游密园》

江南以园林兴盛闻名，然园林鼎盛者多在吴地，浙江一带则多以湖山取胜。在山阴，祁彪佳归隐后修造的寓山别墅却可以与吴地园林比肩。寓山别墅在寓山脚下。祁氏家族一直傍山而居，祁彪佳年幼时，兄弟季超和止祥用米换了块地，并"剔石栽松，躬荷畚锸（běn chā）"，祁彪佳也以此为游戏，参与了劳作。但长大后，兄弟离散，却只有祁彪佳仍旧念念不忘，于是便重新打理，修造园林。

"卜筑之初，仅欲三五楹而止"，但很快，修造便超出了原本的设想和预算，园中景致达四十六景之多，于钱财上亦花费不小，致使"床头金尽""橐（tuó）中如洗"。祁彪佳虽为此"略有懊丧意"，但总的来说还是满意快慰的。园内有"曲池穿庸，飞沼拂几，绿映朱栏，丹流翠壑"，景致瑰丽玲珑，"四时之景，都堪泛月迎风；

三径之中，自可呼云醉雪"（祁彪佳《〈寓山注〉序》），对于辞官归隐的祁彪佳来说是极佳的休养之所，更可以给家人一个开阔宜人的生活空间，陶冶性灵，为创作提供素材。尤为令人称道的，是园中的藏书楼八求楼。祁氏家族自祁彪佳父亲夷度先生起就酷爱藏书，并建有旷园，于园中造淡生堂，"其所钞书多世人所未见，校勘精核，纸墨俱洁净"。祁彪佳不输其父，也造八求楼藏书，"尝以朱红小榻数十张，顿放缥碧诸函。牙签如玉，风过有声铿然"。历经两代的经营，祁氏藏书楼"藏书最富，为江南冠"（《鲒琦亭集·旷亭记》）。

祁彪佳生前常与妻子商景兰往寓山别墅，或"坐小亭看落日晚霞"，或"见落日衔山乃归"，或"看月深夜乃归"，虽是老夫老妻，浓情蜜意不输新婚燕尔。而当黄媛介来时，景物依然，斯人已去，商景兰常常向她说起陈年旧事，回忆与丈夫生前的点点滴滴。

> 笙歌空忆旧楼台，竹路遥遥长碧苔。
> 一色湖天寒气老，万重山壑暮云开。
> 梅花绕径魂无主，明月当轩梦不来。
> 世事只今零落尽，岂堪佳客更徘徊。
> ——《同皆令游寓山》

沉痛之情漫于词句之间，化用苏轼《江城子》中"明月夜，短松冈"的典故，书写未亡人的悼念离别之情。这十年中所经历的凄凉苦痛都默默藏在心里，三十六年前那称羡两浙的金童玉女更向何处寻呢？

时光回溯到明万历四十八年（1620年）的早春二月，右佥都御史商周祚的三女儿景兰嫁入山阴祁氏，时年十六岁。丈夫祁彪佳年方十九,"生而英特,丰姿绝人"(《明史》)。这段姻缘是两家长辈在十年前定下的娃娃亲,当年只求门当户对,未想两个孩子长大后堪称绝配,容貌、才学、家世都可相当,爱情便在婚后生根发芽,将少年夫妻牢牢缠住。

祁彪佳少年英慧,二十出头就中了进士,"授(福建)兴化府推官"。关于他为官的记载,《明史》中说:"始至,吏民易其年少。及治事,剖决精明,皆大畏服。"的确,二十岁的小伙子就像是娃娃官,难以服众,但祁彪佳凭借自己的才能得到了百姓的支持。然而,晚明官场昏暗,祁彪佳宦海浮沉十几年后终于在三十五岁归隐山阴,修造寓山别墅与家人为伴。而在这为官十几年的光阴里,商景兰亦多跟随左右,夫妻"伉俪相重,未尝有妾媵"(《祁忠敏公年谱》)。以祁氏家族的社会地位来看,尽管夫妻相爱,纳妾也属正常,且不会危及商景兰这个一品夫人。但祁彪佳却做到了忠贞不渝,在当时的社会环境下是非常难得的。他对妻子的爱,常能从许多细节中看到。比如妻子过生日时为其庆生,并"为内子诞日……晚,悬灯山中,与内子观之为乐"。而在旅途中闻听妻子"单车疾骑而来,已抵近郊"时,更"惊喜过望",相见后"长途之辛苦,旅邸之寂寞,交相慰藉"(《祁忠敏公日记》)。字里行间尽是温情缱绻,无半点士大夫的高冷与刻板,更无假道学之气。商景兰在夫家也受到了优待,祁彪佳之母王太夫人的为人未见有负面记载,当较随和,婆媳关系融洽。祁彪佳深爱母亲,但并非叶绍袁一般是懦弱的惧怕,而是源于正常的母子亲情。当然,这也与祁家和叶家不同的社会地位以及祁彪佳与叶绍袁各异的原生家庭和成长经历有关。总体而言,祁氏家族从自身上看是温馨和谐的大家庭,于外界而言是享誉江南的名门望族。

商景兰婚后的心境从她的一些诗篇中也可看出,比如河边新楼落成之后,她填词《临江仙·坐河边新楼》一首:

> 水映玉楼楼上影，微风飘送蝉鸣。淡云流月小窗明。
> 夜阑江上桨，远寺暮钟声。
> 人倚阑干如画里，凉波渺渺堪惊。不知春色为谁增。
> 湖光摇荡处，突兀众山横。

词中没有半字触及愁怨，都是在描摹明丽的景色，人如在画中，沉浸在幸福平静的生活中。即便是少妇们都会涉及的闺怨题材，在她笔下也缠绵旖旎，没有艰辛与苦恨：

> 论愁肠如醉。写愁颜如睡。银釭冉冉影随身，畏畏畏。半帘明月，一庭花气，时光容易。
> 无数衾边泪。难向天涯会。夜寒故故启离情，碎碎碎。梦中细语，为谁分诉，何如不寐。
> ——《醉春风·闺怨》

这样曼妙宜人的时光在结婚二十五年后戛然而止。崇祯十七年（1644年），北京陷落，崇祯帝于煤山自尽。祁彪佳时身患重病，但迫于朝廷压力，短暂地出任了苏松巡抚一职。却不想弘光帝昏庸贪图美色，遴选后妃，祁彪佳"得道瞻侄书，知两女俱中后妃之选"（《祁忠敏公日记·乙酉日历》），心理压力极大。但很快，清兵南下，江南陷落。清顺治二年（1645年），"南都失守。六月，杭州继失，彪佳即绝粒"。（《明史》）同年闰六月初四，祁彪佳收到来自杭州的两封书信，言"八王子已破江西，招降左良玉兵，将自徽州会兵武林班师；吴三桂已自广西收广东、窥闽矣"（《祁忠敏公日记·乙酉日历》）。这意味着大明的局势已不可挽回，而更令他痛苦的是，家人"力劝予出武林一见；云一见则舒亲族之祸，而不受官仍可以保臣节"(《祁忠敏公日记·甲乙日历》)，言外之意，是清政府已派人收买了祁彪佳在杭州的叔父一家，并要他们劝说祁彪佳降清，这对他而言无疑是致命的打击。祁彪佳一介书生，苦无疆场杀敌之力，但终不肯做叛臣辱节。思量再三，终于做出了以身殉国的决定，"给（dài）家人先寝，端坐池中而死"（《明史》）。在死前，他不忘给妻子留遗书一封：

> 自与贤妻结发之后，未尝有一恶语相加，即仰事俯育，莫不和谐周详。如汝贤淑，真世所罕有也。我不幸值此变故，致于分手，实为痛心。但为臣尽忠，不得不尔。贤妻须万分节哀忍痛，勉自调理，使身体强健，可以区处家事，训诲子孙，不堕祁氏一门，则我虽死犹生矣。一切家务应料理者，已备在与儿子遗嘱中，贤妻必能善体我心，使事事妥当。至其中分拨多寡厚薄，我虽如此说，还听贤妻主张。婢仆非得用者，可令辞出。凡事须较前万分省俭，万分朴实，处乱世不得不尔也。贤妻闻我自决，必甚惊扰。虽为我不起，亦是夫则尽忠，妻则尽义，可称双美，然如一家男女，绝无依靠何。切须节哀忍痛，乃为善体我心也。世缘有尽，相见不远。临别惓惓，夫彪佳书付贤妻商夫人。
>
> ——《别妻室书》

词句虽简，却将赴死之义与身后事交代得清清楚楚，更难得的是预想到妻子的悲痛和艰难，担忧妻子迫于道德压力而殉夫，故以子女家业为由尽力勉劝，爱惜之情弥笃。祁彪佳的预料都很准确，商景兰的确有过自杀的念头，如在《悼亡》诗中就写道："公自垂千古，吾犹恋一生。君臣原大节，儿女亦人情。"首联通过对比似有为生而耻之感，但紧接着道出的生之缘由恰恰是祁彪佳在遗书里替她想好的，让她有了心理上的安慰和生存下去的动力，"折槛生前事，遗碑死后名。存亡虽异路，贞白本相成"。人求一死容易，但能够不连累家人，并做到最大限度地不给亲人造成生存压力则是尤为难得的，是祁彪佳处事审慎，也是他对妻子儿女的疼爱。

转眼十年光阴遽逝，当商景兰对黄媛介讲述这些伤痛的过往时，身为同样经历过鼎革之乱的女子，黄媛介当有深深的共鸣，所谓"今朝把臂连同调"。从商景兰的诗作中，可以看到她与黄媛介极为投缘，常常"谈深"或"夜同游"，可谓朝夕相伴，诉尽心声。祁氏女眷也视黄媛介如家人，商景徽有"羡杀当时，月夕共花朝"之句，并道两人有"停针频絮语"之谊。祁德茞也有"夜坐小楼赋白雪，朝看高树画青嵩"之语。当黄媛介将要告别之时，祁氏女眷们纷纷赠诗送别，祁德渊的《送黄皆令》是较为著名的一首：

> 西风江上雁初鸣，水落寒塘一棹轻。
> 绕径黄花归故里，满堤红叶送秋声。
> 片帆南浦离愁结，古道河梁别思生。
> 此去长涂霜露肃，何时双鲤报柴荆。

黄媛介此后应该还有过几次对祁氏女眷的拜访，但停留不长。而就在她离去后的三年后，祁氏家族再遭劫难，曾经躲过战乱之劫的家族轰然败落。

《祁六公子墓碣铭》中记载[①]，明亡父亲自戕的悲痛深深刻在祁班孙和哥哥祁理孙心中，久久不能释怀，他们始终在寻觅反清复明的时机。却不料，他们遇到了一个极不靠谱的江湖浪子魏耕，此人无才寡德，仗着一张嘴招摇撞骗，两兄弟不谙世事，很容易便上了他的当。及至魏耕被人告发，祁氏兄弟也被牵连，兄弟二人争相承担责任，最后经人疏通，弟弟祁班孙被发配关外，虽通过贿赂逃回了江南，但已不能再留在家中，只得剃发为僧。商景兰中年丧夫，晚年丧子是痛上加痛。正值盛年的儿媳朱德蓉尚无子嗣却从此守寡家中，悲凉之情可想而知。次年，商景兰之女祁德琼病逝，无疑是另一重打击。十一年后，祁班孙于常州马鞍山寺圆寂，又十年后，祁理孙"郁郁而死"，商景兰则大约在祁理孙卒前离开人世。自此，祁氏族人星散，曾坚强地挺过了鼎革之乱的祁氏家族终究没能逃脱衰亡的命运。而伴随族人离散的是三代人的丰厚藏书，"自公子兄弟死，淡生堂书云崩星散矣。是岂特梅墅一门之衰，抑亦江东文献之大厄运也！"（《祁六公子墓碣铭》）然而，祁氏家族虽人物俱逝，却风骨长存，令后人铭记。在清代，记述祁彪佳一生的各类传记就有多个版本，犹以《明史》中的《祁彪佳传》流传最广。后世仰慕者亦结集出版祁彪佳生前作品并编修年谱。祁氏后人未断，十一世孙祁允敬曾于1937年春日为祁彪佳的日记《甲乙日历》题跋。商景兰及祁氏女眷的作品也有相关整理，得到了较好的保存，其事迹见于《小腆纪传》《清代闺阁诗人征略》等书，为后世研究提供了珍贵的资料。在当代的明清女性文学文化研究中，商景兰和祁氏女眷一直是热门课题，相关书籍论文不胜枚举。她们虽早已远去，却芳韵犹存，是组成明清

[①] 祁氏兄弟是以族序排列的，祁班孙虽然是祁彪佳第二子，但在同辈兄弟间排行第六，故在家中称六公子。

文化的重要一环。

令祁彪佳与商景兰意想不到的是,他们矢志不渝的爱情成为有清一代知识阶层婚姻的典范,是一代又一代江南知识分子追慕仿效的目标和榜样。虽然成功复制者少之又少,却意外地为女性教育做了不小的推动。清代文士陈文述的一首《幻影楼咏商景兰》最能代表时人的心境:

> 争羡金童玉女来,蛾眉况是不凡才。
> 神仙眷侣闺房福,家国沧桑涕泪哀。
> 高阁云低山掩黛,曲池波冷水生苔。
> 膝前环佩摇清侣,笙鹤箫鸾取次来。

只是,神仙眷侣、伉俪情深于祁商夫妇而言不是神话,是身体力行的平凡生活,不输今人婚恋,犹胜古人夫妻。那句"世缘有尽,相见不远"所流露的爱惜缱绻之意令人动容,他们终于在天上相见,"临别惓惓"之情只留给后世之人慢慢咀嚼。

徐灿：《拙政园诗余》中的悲欢离合

清康熙六年（1667年），词人陈维崧来到了苏州拙政园。此园虽是江南名园，他此行的目的却并非游览赏景，而是为了看一棵山茶树。

今日游览拙政园，皆会被告知此园以夏日荷花闻名，然而在明末清初，园中最令人神往的是宝珠茶。吴伟业就曾去拙政园专访此树，言："交枝合抱，花时巨丽鲜妍，纷披照瞩，为江南仅见。"并赋诗赞道："拙政园内山茶花，一株两株枝交加。艳如天孙织云锦，赪如姹女烧丹砂。"（《咏拙政园山茶花》节选）吴伟业来访山茶已是许多年前了，陈维崧这次来，竟也是为了这名满江南的山茶，他的眼中又看到了什么？

> 拙政园中一株树，流莺飞上无朝暮。
> 艳质全欺茂苑花，低枝半碍长洲路。
> 路人指点说山茶，潋滟交枝映晚霞。

> 此日却供游人折，当年曾属相公家。
> ——《拙政园连理山茶歌》（节选）

从节选的末两句来看，陈维崧来拙政园时，此园已没有主人，花枝可以被人随意采折，这无人管理、被肆意破坏的场景令陈维崧深感惋惜，不由得想起了拙政园曾经的主人，即诗中提到的"相公家"。无独有偶，当年前辈吴伟业来拙政园，也提到了这位前主人：

> 近年此地归相公，相公劳苦承明宫。
> 真宰阳和暗回斡，长安日日披熏风。
> 花留金谷迟难落，花到朱门分外红。
> 一去沈辽归未得，百花深锁月明中。
> 看园剩有灌花老，为道此花吴地少。[①]
> ——《咏拙政园山茶花》（节选）

从吴伟业与陈维崧的语气中可以看出，两人皆对这位曾拥有拙政园的相公怀有深沉的感情，不但如此，两人更频频暗示相公失去拙政园后，园中的山茶花枝愈发紧密缠绕，仿佛惧怕分离："双栖双宿何时已，从此花枝亦连理"（陈维崧《拙政园连理山茶歌》节选），"宋代经今六百年，虬干成围更成抱"（吴伟业《咏拙政园山茶花》节选）。诗人咏物往往以物喻人，如果说两位诗人借

[①] 该诗选取的是清代沈德潜所著《国朝诗别裁集》录入的《咏拙政园山茶花》版本，吴伟业《梅村集》另有版本如下："近年此地归相公，相公劳苦承明宫。真宰阳和暗回斡，长安日日披熏风。花留金谷迟难落，花到朱门分外红。独有君恩归未得，百花深锁月明中。灌花老人向前说，园中昨夜凌霜雪。"两个版本供读者自行探索。

宝珠山茶而怀念曾经的园主人，那么"花枝亦连理"与"成围更成抱"则暗示了园主人曾拥有的爱情与婚姻。

> 小车长戟春城度，内家复道工词赋。
> 赋就新词易断肠，银筝钿笛小秦王。
> 镜前潄玉词三卷，箧里簪花字几行。
> ——陈维崧《拙政园连理山茶歌》（节选）

虽然未道名姓，但可以从这短短六句中推测诗中所言是一位饱读诗书的才女，且能作妙词，才气堪比宋朝的李清照。有如此才智的女子究竟是何人？能娶到她的这位园主人又是何人？他们为何不留住园中，又去了哪里？他们还会回来吗？

关于拙政园的来历，吴伟业在诗作《咏拙政园山茶花》的小序中曾有简要的交代：

> 拙政园，故大弘寺基也。其地林木绝胜，有玉御史者侵之，以广其宫，后归徐氏最久。兵兴，为镇将所据，已而海昌陈相国得之。

到吴伟业时，拙政园已三易其主，其变迁本身就是一番红尘离乱。那位诗中的"相公"就是"海昌陈相国"。随着主人的变更，园林风貌也经受着一次又一次的改变，清人吴衡照的《莲子居词话》中曾有这样一段记载：

> 余获见文待诏为王御史所作《拙政园图》，设色细谨。笔法纵横变化，极经营惨淡而出之。凡三十有一叶，叶各系以古今体诗，最后有记，皆待诏书。王宰一

生，郑虔三绝，萃于斯矣。图成于御史始创，厥后辗转易主……求如夫人时，又不可得。抚是帧，为之三叹息也……待韶图，今藏吾乡胡尔荣家。

文中所说的"夫人"便是"海昌陈相国"之妻，即陈维崧诗中那位令人景慕的才女。相国名陈之遴，他的妻子徐灿，字湘苹，是晚明时期享有盛誉的女词人，其词集便是以拙政园命名，称《拙政园诗余》。但令人意外的是，两人虽与拙政园有如此深厚的渊源，却从未在此居住过，恰如吴伟业所说："相国自买此园，在政地十年不归……此花从未寓目。"(《〈咏拙政园山茶花〉序》)从古至今，这样的情况是非常少见的，古人购置园林多半在辞官归隐之后，是后半生颐养性情、享受家居生活的地方。而陈之遴夫妇却恰恰相反，在人生最辉煌的时刻购置远在千里之外的园林，终其一生都没有住过，更别说欣赏那令人慕名来访的宝珠山茶了。

翻开《清史稿》，夫妇二人皆有小传在内，从这些文字中，似可窥得一些缘由：

陈之遴，字彦升，浙江海宁人。明崇祯进士，自编修迁中允。顺治二年，来降，授秘书院侍读学士。五年，迁礼部侍郎。六年，加右都御史。八年，擢礼部尚书。御史张煊劾大学士陈名夏，语涉之遴，鞫不实，免议，加太子太保。九年，授弘文院大学士。

对陈之遴前半生的叙述非常简要，但我们已可以清楚地捕捉他生命中几个重要的节点：他出身江南富庶之地，曾经在明朝中举，做过明朝的文官。入清后主动降顺，并且平步青云，官位高出他在前朝时。与同时期的文士官吏们最大的不同之处是，陈之遴对清政府充满期盼，颇有投奔明君的气势，既没有吴伟业的被逼无奈，也没有龚鼎孳的欲拒还迎，更别说祁彪佳一般的忠贞无贰、以死明志。他本与这些人有相似的背景出身和相似的成长经历，却为何反差如此之大？难道他没有受过儒家的正统教育，不担心时人恶评吗？

陈之遴的个人际遇中有一块巨大的伤疤，就是他的父亲陈祖苞：

> 陈祖苞，海宁人。崇祯十年（1637年），以右副都御史巡抚顺天，明年坐失事系狱，饮鸩卒。帝怒祖苞漏刑，锢其子编修之遴，永不叙。
> ——《明史·列传第一三六》

这段简短的记载道出了事情的原委。陈之遴之父陈祖苞同样是明朝官吏，却因罪在狱中服毒自杀。崇祯帝迁怒于陈之遴，罢黜了他的官职，并批示永不叙用。这打击对陈家几乎是毁灭性的，特别是四次科考方中进士的陈之遴，一腔热血被生生浇灭，男儿壮志从此被一刀割断。可以看出，陈之遴个人对崇祯是有私怨的，这怨变为仇恨，而这仇恨伴随着崇祯帝的治国无能和大明的轰然崩塌，变成了陈之遴对整个朝廷甚至是这个朝代的仇怨。可以说，他心底里是希望这样一个朝代赶快谢幕的，新的朝廷与他没有私仇，更不会追究他的前尘过往。在同辈人眼中的亡国恰是他个人心里新生的开始，故他主动来降，没有丝毫的顾虑，倒仿佛像终于出了一口恶气。

而他的妻子徐灿，内心深处却另有一番感受。

> 陈之遴妻徐，名灿，字明霞，吴县人。……徐通书

史……词尤工，陈维崧推为南宋后闺秀第一。画得北宋法。

——《清史稿·列传第二九五》

文字虽然简短，但同样是高度浓缩，没有一点水分，对徐灿的个人信息以及才学资质做了精准的总结和概括。徐灿的小传在多部著作中亦有提及，只略有出入。如《全清词·顺康卷》中说她"字湘苹，号深明"，籍贯无异，但名号稍有差异。《清诗别裁集·卷三十一》说她"字明深，浙江杭州人"，籍贯当为误记。徐家在吴地是大家族，亦是书香世家。徐家祖上就曾出过一位才女徐小淑。钱谦益在《列朝诗集小传》中介绍她："多读书，好吟咏，与寒山陆卿子唱和。吴中士大夫望风附影，交口而誉之，流传海外，方称吴门二大家。"在清人沈雄的《古今词话》里也有一段关于徐小淑的条目，并引录了徐小淑的词作《霜天晓角》。

从钱谦益的记述可知，徐小淑在明代江南曾是女性中的佼佼者，令文人学士为之赞叹。有这样的家传，徐灿出生时也自然而然地受到了不输于祖辈的教育和培养。读书、绘画、诗词是徐灿成长中重要的课程，从她日后所获得的赞誉来看，她不但天资聪颖，所受到的教育也是较为完备的，不逊于同时代的男性。

关于徐灿少女时期的资料极为稀缺，历来对她的记述都从婚后开始，所能够掌握的一点信息大多从她的作品中得来，比如她中年所作的一首《洞仙歌·梦女伴》便是一段借助梦境对少女时光的回忆：

月昏灯晕，向鸳鸯衾底。行尽江南数千里。见绿窗、女伴笑靥迎人，低宝髻，斜倚瓶花小几。

问羁人邸舍，风雨钟残，可忆吴门旧烟水。侬道九回肠，夜夜乡关，幸画舫、今朝归矣。正红袂、分花喜还疑，怕这度相逢，又成梦里。

在梦中，徐灿充满了少女情怀，回到久别的家乡时，少年伙伴们还是老样子，问她这些年可思念家乡。徐灿一半清醒，意识到自己已多年未归家；一半迷醉，眼前景物仍旧是少女时所见，欢喜中充满了惆怅。另有一首《初夏怀旧》，视角则纯为追忆，多了许多实景描绘：

金阊西去旧山庄，初夏浓阴覆画堂。
和露摘来朱李脆，拨云寻得紫芝香。
竹屏曲转通花径，莲沼斜回接柳塘。
长忆撷芳诸女伴，共摇纨扇小窗凉。

徐灿少女时家住"金阊西去旧山庄"里，家中有花木园林，景色宜人。女伴们也许如《红楼梦》中一般，多是家中姐妹亲戚，也曾有过游园笑语，也许还曾联吟赋诗，丝毫不逊于大观园中的快乐时光。但园子终有散的那一日，徐灿成年后，许给海宁的陈之遴为妻，离开了山庄和女伴。陈之遴这是第二次娶妻，早年曾娶沈氏，不幸早逝，故徐灿是继室。此时，陈之遴还未中进士，其父陈祖苞在京为官，因此陈徐夫妇也在京居住。离开家乡是令人伤感的，但幸运的是，夫妇间的感情非常和谐。《古今词话》载："兴朝相国海昌陈素庵，有《上阳词》。"可见陈之遴也擅长填词，从徐灿的作品中也常可看到夫妇二人的唱和之作。她在《风流子·同素庵感旧》中曾对早年的婚后生活有美好的追忆：

只如昨日事，回头想、早已十经秋。向洗墨池边，装成书屋，蛮笺象管，别样风流。残红院，几番春欲去，却为个人留。宿雨低花，轻风侧蝶，水晶帘卷，恰好梳头。

西山依然在，知何意凭槛，怕举双眸。便把红萱酿酒，只动人愁。谢前度桃花，休开碧沼，旧时燕子，莫过朱楼。悔煞双飞新翼，误到瀛洲。

上阕中描述的夫妻恩爱可谓缠绵风流，是典型的才子佳人、花前月下。陈之遴对妻子的才华非常赏识，且大力支持，亲自点评，并为她的诗稿作序。两人日后无论遭遇何种不幸，都没有破坏夫妻间的挚爱之情，可见他们的情感是建立在高度契合的精神层面之上的。京城美好生活的巅峰时刻是陈之遴终于高中进士，迈入了仕途的大门，徐灿亦有词《满庭芳》庆贺：

丽日重轮，祥云五色，噌吰玉殿名传。紫袍珠勒，偏称少年仙。最喜重华奕叶，周花甲、刚好蝉联。泥金报，龙旗虎帐，歌凯沸春筵。

瑶池初宴罢，冰肌雪骨，文彩翩然。拜木天新命，紫禁亲诠。道是鸡窗别也，从今始、再理芸编。篝灯话，丝纶世掌，何以答尧天。

词前有小序言："丁丑春，贺素庵及第，时中丞翁抚蓟奏捷。先太翁举万历进士，亦丁丑也。"可见，陈之遴此番金榜题名对陈家来说是双喜临门，陈之遴多年的落第之愁也终于消解，是该大展宏图的时刻了。却万没料到，巅峰即是重跌之时，未几，陈祖苞获罪自杀，陈家一落千丈。被皇帝亲自踢出官场的陈之遴怏怏扶棺南归，而对于思念江南山水的徐灿来说，则未必全然是不幸的。

> 雨窗闲话，叹浮生何必，是今非昨。几遍青山酬对好，依旧黛眉当阁。洒道轮香，润花杯满，不似前秋恶。绣帘才卷，一楼空翠回薄。
>
> 拟泛烟中片叶，但两湖佳处，任风吹泊。山水清音听未了，隐岸玉筝金索。头上催诗，枕边滴梦，谩惜瑶卮落。相看不厌，两高天际孤削。
>
> ——《念奴娇·西湖雨感次素庵韵》

此词作于杭州，从词中可知，夫妻二人在湖边有过一番对话。此时正当潇潇疏雨，面对湖光山色，感叹人生无常。陈之遴的内心是压抑的，而徐灿则较为豁达，劝慰丈夫莫要留恋昏暗的官场，不如寄情佳山秀水，从此做一个逍遥自在的人。徐灿如此说也是如此做的，来到杭州后，她没有将自己困在深闺中，而是积极交游，与当地的名媛闺秀结成诗友，正是女性文学史上著名的蕉园诗社女作家群[①]。蕉园诗社与清中期的随园女弟子群体和碧城仙馆女弟子群体齐名，也是江南地区较早的女性创作群体。从徐灿后来的回忆中可以看出，这段生活经历是温馨愉悦的，杭州的山水与人文都在她心中留下了不可磨灭的印记，也成为她曲折人生中念念不忘的美好岁月：

> 昨夜杨花飞几许，冷暖在心头。萍踪浪影且随流，

[①] 付建舟认为徐灿参与蕉园诗社的时间是在康熙时期，但似与徐灿个人的时间履历有出入，我认为徐灿与蕉园诗社诸人的交往应该在清兵入关前，蕉园诗社的成立则在她离开杭州之后，即康熙初年。参见付建舟编著，《两浙女性文学：由传统而现代》，中国社会科学出版社，2011。

切莫近红楼。　　未尽生前愁与闷，烟水古杭州。春魂黯黯绕兰舟，却是梦中游。

——《武陵春·春怨》

转眼风云剧变、江山易主，大明在动荡中分崩瓦解，中国又一次经历着改朝换代的阵痛。对陈之遴而言，这是一次难得的重新洗刷名声、实现个人抱负的大好时机，而在徐灿眼中则充满了悲酸愁苦，是时代的沦亡：

过眼韶华，凄凄又、凉秋时节。听是处、捣衣声急，阵鸿凄切。往事堪悲闻玉树，采莲歌杳啼鹃血。叹当年、富贵已东流，金瓯缺。

风共雨，何曾歇。翘首望，乡关月。看金戈满地，万山云叠。斧钺行边遗恨在，楼船横海随波灭。到而今、空有断肠碑，英雄业。

——《满江红·感事》

徐灿眼见江山离乱，耳闻志士仁人为抗清而献身的事迹，对于如她这般接受传统儒家教育、热爱江南山水风物的人来说，这一切的混乱不是短暂的变革，而是生灵涂炭，是精神层面的打击。从词境来看，徐灿此时当已离开江南，极有可能是跟随陈之遴北上，当丈夫从新朝廷那里重新寻回了壮志和抱负时，徐灿却留在了旧日梦中，既无法舍身报国，也不能促使丈夫挽救前明江山，更无法面对自己从此摇身一变成了新朝贵妇的现实。她的身份是尴尬的，内心是凄苦的，但身为女子，没有自主的权利，也无法抛下多年的夫妻情分，只得跟随丈夫，在他的壮志中屈辱地活着。

玉笛送清秋。红蕉露未收。晚香残、莫倚高楼。寒月羁人同是客,偏伴我、住幽州。

小院入边愁。金戈满旧游。问五湖、那有扁舟。梦里江声和泪咽,何不向、故园流。

——《唐多令·感怀》

青云直上的陈之遴不会想到,新朝虽换旧朝,为官却同样凶险,眼前的路并非一马平川,更险恶的山关正在前方等待着他。

在连续十年的晋升后,陈之遴开始遭遇同僚们的打击和排挤,并频频遭到顺治帝的斥责和惩罚。他发现,清朝的官一样难做,且越发难做。特别是如他这般侍奉过前朝的人,即便是主动归顺,也依然逃不开受贬低和打压的命运。终于,大难临头了。

陈之遴为官的最后几年是在从上至下的不断打击中度过的。皇帝越发不信任他,看准了皇帝内心的朝臣们也开始三番五次地弹劾他,说他的坏话。加在他头上的罪名一项紧跟着一项,而他所有的辩解都被皇帝看作是对君王的顶撞,是对"罪行"的不思悔改。他人生中最后两年的主题是流放、死罪再流放。从此,陈之遴再一次被皇帝一脚踢出官场,且下场更悲惨,家产全部没收,自然也包括高价买下留待归隐养老的拙政园。家眷随同陈之遴被遣送至关外,陈之遴至死再也没能回到家乡。

伴随着陈之遴的不幸遭遇,原本就身处凄凉境地的徐灿也同样遭受着精神和生活上的双重打击。而与陈之遴相比,徐灿作为一个官场外的旁观者,则更多了几分冷峻的观感。陈之遴曾填词《忆秦娥》,假借弃妇之悲诉说心中哀怨:

春时节。年年三月偏愁绝。偏愁绝。断冈残树,几枝寒雪。　　招魂一曲商歌阕,伤心两把啼痕血。啼痕血。锦帏鸳带,那年曾结。

陈之遴对当权者满怀深情,为自己被抛弃而悲戚,也道出了为官的辛酸和不易。徐灿的唱和之作似在劝慰又似在道出人世的无常:

> 春时节。昨朝似雨今朝雪。今朝雪。半春香暖,竟成抛撇。　销魂不待君先说。悽悽似痛还如咽。还如咽。旧恩新宠,晓云流月。
>
> ——《忆秦娥·春感次素庵韵》

最后一句的"旧恩新宠,晓云流月"最为点题。无论是前明还是大清,皇帝的宠爱从来无定性,都是翻手云覆手雨,需要的时候奉为上宾,不再需要时则一脚踢开。陈之遴曾满怀憧憬的新朝并不比旧朝对他更好,从结果来看,崇祯为他留了一条活路,而顺治则想要他的命。

也许陈之遴到人生最后一刻都在为他的壮志难酬而悲痛,但历史留给他的位置却连纸边都不剩。徐灿的心境同样凄苦,她想念的江南也许再也回不去了。关外地理与人文环境的巨大差异让她更加频繁地在梦中重回故园:

> 水咽离亭,梦寻归渡。今春曾向江南去。笑人柳絮不知愁,几番弄雪还骄雨。
> 半榻茶烟,一丝香炷。春光有尽愁无数。杜鹃啼断夕阳技,月明又到花深处。
>
> ——《踏莎行·梦江南》

尽管如此，对她打击最大的还是陈之遴的离世。塞北虽是苦寒之地，但有爱人相守，多少是一番慰藉。但当爱人死去，特别是"诸子亦皆没"（《清史稿》）之后，徐灿则陷入了彻底的孤独凄凉之境：

> 一种姚黄，禁雨后、香寒凋色。谁信是、露珠泡影，暂凝瑶阙。双泪不知笳鼓梦，几番流到君王侧。叹狂风、一霎剪鸳鸯，惊魂歇。
>
> 身自在，心先灭。也曾向，天公说。看南枝杜宇，只啼清血。世事不须论覆雨，闲身且共今宵月。便姮娥、也有片时愁，圆还缺。
>
> ——《满江红·和王昭仪韵》

徐灿的《满江红》乃步韵南宋宫人王清惠在北上驿站的墙壁上题写的《满江红》一词。王词自问世起便声名远播，得到无数文人志士的唱和，且历久不衰，每到历史重演时便会有新的唱和之作出现。徐灿此作与其他人最大的不同之处在于，她跳出了王清惠自身的局限，没有如前辈唱和者们一般假借王清惠的口吻和姿态品评时事，而是完全以自身的处境来诉说真实的内心感受。"双泪不知笳鼓梦，几番流到君王侧"一句表明她热切期盼皇帝重新开恩，可以允许他们回到原籍；"叹狂风、一霎剪鸳鸯，惊魂歇"则暗示此时陈之遴已亡故，自己变成了凄苦的中年寡妇。"身自在，心先灭；也曾向，天公说"道出了曾经几番挣扎和绝望，"便姮娥、也有片时愁，圆还缺"则是在绝望后无奈的自我安慰，在悲苦面前暂时自我抽离，假装自己是"闲身"，仿佛在观察审视别人的遭遇，其实不过是精神上的自我催眠而已。

事情终于有了转机：

> 康熙十年（1671年），圣祖东巡，徐跪道旁自陈。上问："宁有冤乎？"徐曰："先臣惟知思过，岂敢言冤？伏惟圣上覆载之仁，许先臣归骨。"上即命还葬。
> ——《清史稿·列传第二九五》

此时距离陈维崧到访拙政园时已过了四年，远在关外的徐灿并不知道在遥远的江南还有人惦念着他们夫妇的过往，还有人去拙政园追悼陈之遴，惋惜她的不幸遭遇。但她渴望归家的心却是真挚而迫切的。也许是身边人怜惜她，故意为她安排了拦圣驾的机会，这一影视剧中常常会出现的场面竟然在历史中真的出现了。难说康熙此次来关外不曾知晓徐灿的身世和境况，也许早有人私下求过情也未可知，否则光天化日下上演如此戏剧化的一幕，很有可能是失败收尾，惊圣驾的结局往往会死得很难看。命运终于眷顾了徐灿，让她得以回到家乡，也给康熙留了仁德之名，一出波折跌宕的人生大戏总算有了个不算太坏的结局。

但徐灿已不可能回到拙政园，甚至都不能看上一眼。那牵动无数人心结的宝珠茶依旧在风中寂寞绽放，不曾迎接回自己的女主人。诸多资料表明，徐灿回到家乡后皈依佛法，靠宗教信仰了结残生。人生的最后时光虽然寂寞却也平静，"静座内养，无疾而终"（《全清词·顺康卷》），是非常难得的收场。

徐灿的一生令时人惋惜，而更令人动容、啧啧称叹的是她留下的诗词书画，特别是词作。正如《清史稿》中所言，清初著名文人陈维崧对她推崇极高，在所著《妇人集》中称她"盖南宋以来，闺房之秀，一人而已。其词娣视淑真，姒畜清照"，从作品质量上给予了极高的肯定。除此外，从创作风格上又指出她"兼撮屯田、淮海诸胜"，意即吸取了北宋名家柳永与秦观之词作的长处，结合她自身的人生经历，形成了"缠绵辛苦"的写作风格，是同时代女性作家中极为罕见的，她的才情和学识超群绝伦。陈维崧的评价得到了有清一代文人的一致认可，其后有吴衡照在《莲子居词话》中评价她为"闺阁弁冕"，并认为"同时如商媚生（景兰）、朱远山，弗逮也"。清代女词人钟筠在赏读徐灿词作后颇受触动，提笔填《西江月·题海昌陈相国夫人徐湘苹〈拙政园词〉后》一首，道出激赏之情，此为同性词人的肯定：

灯火平津阁上，莺花拙政园中。五云深处凤栖东。一枕辽西幽梦。　苏蕙回文锦字，班家团扇秋风。龙吟鹤和几人同。声压南唐北宋。

到了晚清，词论家陈廷焯在所著《白雨斋词话》中也特意提到徐灿，在肯定了陈维崧的评价之后，结合晚明以来三百年时代变化，提出"国朝闺秀工词者，自以徐湘苹为第一"的论断，表明徐灿的作品不但受到同时代人的肯定，也经受住了时代变迁的考验。对于徐灿的作品风格，陈廷焯的看法与陈维崧略有不同，谓之"既超逸，又和雅，笔意在五代北宋之间"，可以看出他作为后人，摆脱了时代的局限，从作品整体来评价徐灿的创作风格，将眼界放得更开阔。及至民国和新中国成立初期，词学家龙榆生在编选《近三百年名家词选》时也选入了徐灿的几首代表作，并作小传简要叙述其生平和身后作品的收集整理情况。历经三百多年时间的考验，几代人的不断评价和推崇，徐灿从才女成长为一位词人，明清词坛不能抹掉她的名字。

陈圆圆：乱世空奔命

陈圆圆生命中的关键词，不是红颜，不是战乱，也不是吴三桂，而是生存。

风流绝代，万人追捧，动动手指就可以使男儿志短、江山变色的她，一生中最渴求的却是活下去。

由于与吴三桂曾有一段姻缘，清代野史笔记、民间传说等资料中陈圆圆的名字并不难寻，亦有清朝文士陆次云作《圆圆传》流传于世。然而，正如徐鼒（zī）在《小腆纪年附考·卷第四》中所说："诸传记非有真据，皆依附吴伟业《圆圆曲》而为之词，存之以广异闻可也。"翻看我所能找到的所有关于陈圆圆的史料，相互矛盾者有之，混乱不清者有之，众说纷纭者亦有之，仿佛用许多虚线勾勒的轮廓，越想看清却越觉得模糊。而造成这个结果的原因又恰恰是她与吴三桂的特殊关系，她名声大噪、引来诸多民间关注的同时，真正曾于近距离观察她、接触过她的人为避嫌而集体噤声。从陆次云的叙述笔法、大致的生活年代和环境来看，他本人从未见过陈圆圆,而至于其他涉及陈圆圆的资料,诸如《南明野史》《小腆纪年》等书的作者的生活时代则更晚,于时间上无亲见陈圆圆其人的可能。由于她身世经历波折动荡,没有人可以完整而准确地叙述她的生前身后事,更鲜有出于同情或爱惜而写就的诗文悼词。同为秦淮名妓,马湘兰有爱人王穉登作《马姬传》,卞玉京有情人吴伟业作多首诗文怀念,董小宛有夫君冒辟疆作《影梅庵忆语》,而陈圆圆曾名动江南,竟没有一人愿意为她留下较为可信的几笔吗?线索还是有的。

曾经热捧过卞玉京、董小宛等人的名士才子们也多与陈圆圆有过近距离的接触,虽然愿意留下记录的人不多,但还是有少数人敢于发言。第一个勇者要数吴伟业,他的《圆圆曲》以陈圆圆为主线,讲述了清兵入关前后的大致经过,实写陈圆圆,暗讽吴三桂。吴三桂读后"赍重币,求去此诗"(《圆圆传》)[1],但吴伟业没有答应,从此"冲冠一怒为红颜"成了吴三桂的代名词。从吴伟业与陈圆圆的生存年代来看,两人一定有过接触,但由于吴伟业身份特殊[2],似无深交。除了吴伟业,复社名士张明弼也自曝见过陈圆圆,但他的身份限制了表达的清晰度,只在提到陈时以"某姬"代指。同时因文章是纪念董小宛的,提起陈只是客观叙事中无足轻重的一环,故也没有展开更多细节。而真正与陈圆圆有过"亲密"接触又不惧避讳,大胆描写了详情的人只有冒辟疆。

《影梅庵忆语》是冒辟疆为董小宛写就的回忆悼文,也是研究董小宛生平的第一手重要史料。然而,《影梅庵忆语》还有一个重

---

[1] 见《明清小说鉴赏辞典》收录《圆圆传》,第893—896页,上海辞书出版社,2018。
[2] 明代禁止官员狎妓,故吴伟业与名妓交往比较避讳。详见《卞玉京》一章。

要的价值贡献，它较真实地记录了陈圆圆生前不为人所详知的一段经历。虽然仅作为配角出现，篇幅也较短，但陈圆圆的容颜举止、性情谈吐却生动鲜活，跃然纸上，为众多资料所不及。冒辟疆多被今世诟病为自恋轻狂之徒，但他对董、陈二人的赞扬都是不惜笔墨的，对董小宛的描写已尽人皆知，于陈圆圆的刻画亦是毫不逊色。

清初著名词人、晚明四公子之一的陈贞慧之子陈维崧在《妇人集》中记录陈圆圆时，便提到冒辟疆亲口对他说过的一段话：

> 如皋冒先生尝言："妇人以姿致为主，色次之。碌碌双鬟，难其选也。蕙心纨质，澹秀天然，生平所观，则独有圆圆耳。"

陈维崧曾因父辈交谊而寄居冒氏水绘园，此时董小宛已过世，冒辟疆也已过中年，在晚年向子辈讲起陈圆圆时仍如此夸耀，而夸耀中又独具慧眼，道出了陈圆圆的特别之处，可见陈圆圆在他心中曾留下了不可磨灭的记忆。陆次云在《圆圆传》中称陈"声甲天下之声，色甲天下之色"，固然成为千古名评，但难免夸张笼统。此后诸如"花明雪艳，冠绝当时"（《南明野史·卷中》）之类的话也不过是口口相传，多了传奇色彩，少了细节直击。冒辟疆作为明末遗民，避居水绘园，对吴三桂的权势似也并无忌讳，他心里也难免认为吴三桂乃一介武夫，根本不懂陈圆圆的好。

冒辟疆与陈圆圆相识于崇祯十四年（1641年），原本这一年他的打算是拜访董小宛，却不料董姑娘年少天真，玩心甚重，此刻"仍滞黄山"，冒辟疆正感失落时，朋友为其解怀，隆重推介了陈圆圆：

> 许忠节公①赴粤任，与余联舟行。偶一日，赴饮归，谓余曰："此中有陈姬某，擅梨园之胜，不可不见。"余佐忠节公治舟数往返，始得之。
>
> ——《影梅庵忆语》

这位许忠节公于某次饭局上看到了陈圆圆其人，并当场听她唱了曲子，感到妙不可言，遂回来立即做了推荐。冒辟疆正感心情低落，当然极度渴望安慰，于是慕名而访。但董小宛不易见，陈圆圆也同样档期较满，经过好一番周折，冒辟疆才得偿所愿：

> 其人淡而韵，盈盈冉冉，衣椒茧时，背顾湘裙，真如孤鸾之在烟雾。是日演弋腔《红梅》，以燕俗之剧，咿呀啁哳之调，乃出之陈姬身口，如云出岫，如珠在盘，令人欲仙欲死。
>
> ——《影梅庵忆语》

短短几句，冒辟疆便对陈圆圆做了多角度的描述。她的气质是"淡而韵"，样貌"如孤鸾之在烟雾"。当日陈圆圆同样以唱曲出场，效果如何呢？在冒辟疆听来有"如云出岫，如珠在盘"的天籁之感，让冒登时"欲仙欲死"。一番讲述下来，我们这才似乎领悟到了"声甲天下之声"的无法言说之处，没有亲身经历过的人是无法细致描述的。

唱到深夜散席，冒辟疆依依不舍，"牵衣订再晤"，陈圆圆的回答让她的形象更进一步走到读者面前：

---

① 许忠节公指如皋许直，字若鲁，明南都谥"忠节"者。

> 答云:"光福梅花如冷云万顷。子能越旦偕我游否?则有半月淹也。"
>
> ——《影梅庵忆语》

冒辟疆只想再听佳音,而陈圆圆却进一步提出要一同出游,不难看出她已暗暗对冒辟疆存了心思,有超出普通交往的意愿。但她的态度是含蓄的,意思只表露一半,即便遭到拒绝也不让彼此失颜面。不巧的是,冒辟疆此时有家事需要处理,无心在红粉丛中过多流连,果然拒绝了她的邀约,不过仍旧给了一个期盼:"南岳归棹,当迟子于虎嶂(liú)丛桂间。"陈圆圆便没有再强求,两人大致约定秋后再聚。

然而,当命运的铁蹄踏至而来时,陈圆圆和冒辟疆都未曾察觉。冒辟疆入秋后回来寻访陈圆圆,竟听说她被豪家劫走了,"闻之惨然",并向朋友道出"'佳人难再得'之叹"。岂料,厄运之中尚有转机,朋友告诉他:"子误矣。前以势劫去者,赝某也。某之匿处去此甚迩,与子偕往。"不知是有意调包或是豪家行事不周,陈圆圆逃过一劫,被劫走的是假冒者。冒辟疆闻讯大喜,立即与朋友前去陈的躲藏之处探望。对于冒来说,这是一次惊喜的重逢,而对于陈来说,意义更为深重。

> 越旦,则姬淡妆至,求谒吾母太恭人,见后仍坚订过其家。乃是晚,身仍中梗,乘月一往,相见,卒然曰:"余此身脱樊笼,欲择人事之。终身可托者,无出君右。适见太恭人,如覆春云,如饮甘露,真得所天。子毋辞!"余笑曰:"天下无此易事。且严亲在兵火,我归,当弃妻子以殉。两过子,皆路梗中无聊闲步耳。子言突至,余甚讶。即果尔,亦塞耳坚谢,无徒误子。"复宛转云:

"君倘不终弃,誓待君堂上画锦旋。"余答曰:"若尔,当与子约。"惊喜申嘱,语絮絮不悉记,即席作八绝句付之。

——《影梅庵忆语》

  这来龙去脉的套路似十分耳熟,仔细想来,竟与冒董之重逢极为相似。当年劫持陈圆圆时,董小宛也在被劫目标之内,幸而逃脱虎口,却已丢了半条命,在重逢冒辟疆时已是奄奄一息了。而作为被劫的主角,陈圆圆所遭受的惊吓定然有过之而无不及,虽不至于重病垂死,但也威胁到了生命安全,故极为严肃地考虑起了后半生的着落。重逢冒辟疆,她认准了这个人,只是,她不同于董小宛的直白,而是小小地使了一番手段。当邀约再次落空时,亲自登门,不是为见冒辟疆,而是来见冒老夫人。陈圆圆很聪明,以她的身份,想要入高门做妾,必须得到冒家长辈的首肯,如果老夫人不悦,冒辟疆绝不会纳她入门。陈圆圆不但有智更有勇,冒老夫人是朝廷命妇,岂是她一风尘女子说见就见的?也是一般风尘女子所不敢见的。但为了生存,陈圆圆还是登门拜访了,具体经过如何虽未留下记录,但从陈圆圆对冒辟疆的一番话里可以推断出至少不坏。陈夸赞"适见太恭人,如覆春云,如饮甘露,真得所天",虽未必是真心话,但可以想见冒老夫人并没有为难她,说不定还说了几句好话。这更坚定了陈圆圆的信心,继而大胆向冒辟疆表白,并道"子毋辞"。冒辟疆的反应与日后对待董小宛时如出一辙,感到既好笑又荒唐,直白地拒绝了陈圆圆的请求。陈圆圆不退缩,但也不委屈强求,表明了自己坚贞不渝的情义:"君倘不终弃,誓待君堂上画锦旋。"陈圆圆的表面意思是你若不辜负我,我就等你解救了父亲后胜利归来。言外之意,你若来,我就等你,你若不来……后半句藏在前半句话中,不点明也不自降身份。陈圆圆之所以提到"堂上画锦旋",是因为冒父此时在襄阳城被农民军围困,故冒辟疆以此为由婉拒了陈圆圆。而今当面听她这么一说,加之老母亲的首肯,冒辟疆当即会意,改口道:"若尔,当与子约。"陈圆圆的反应是"惊喜",说明之前也对冒辟疆的转变并无绝对把握,有试探的意味。冒辟疆为表赤诚,"即席作八绝句付之"作为定情信物。

冒辟疆与陈圆圆暂别,因家事太多,始终无法抽身。但当他终于卸下重担依约来寻陈圆圆时,却发现已是人去楼空,陈圆圆真的被劫走了。

冒辟疆曾为"残冬屡趋余,皆未及答"而深感有愧,当得知陈圆圆已不可再见时更有"怅惘无极"之感。在等待冒辟疆践约的日子里,陈圆圆又是何种心情,已经没有史料可以追寻,不过她曾有词《转应曲·送人南还》,似可作为借鉴。

堤柳。堤柳。不系东行马首。空余千缕秋霜。凝泪思君断肠。肠断。肠断。又听催归声唤。

于人前不曾说过伤心话的陈圆圆,在焦灼的等待中是这样一种凄惨的心境吧?毕竟,婚约和劫持不知哪一个先至,与其说在等情郎,莫如说是在等待命运的安排。

命运没有圆她心中的美梦,而是对她另有安排,她的名字将与国家命运一同捆绑,在遇到可以给她荣华富贵那一人以前,她必须先在生死关前辗转几轮。

陈圆圆被劫去了何处?史料中有两种说法。第一种说法为被国丈田弘遇[①]劫持入京,欲献给崇祯以巩固女儿田贵妃和田家的

---

① 田弘遇,又名田畹,明代陕西人,后迁居江都(今江苏扬州)。(明)思宗田贵妃之父,曾经担任游击将军、锦衣卫指挥,后封左都督。

地位。第二种说法是被嘉定伯周奎劫走，目的是"以分田妃之宠"（清·钮琇《觚剩》），周奎是周皇后的父亲，也就是说，无论是被他们俩中谁劫走，陈圆圆都将是一颗宫廷斗争的棋子。

两种说法虽存在分歧①，但来龙去脉却惊人的相似。为简洁叙述，本文以较为公认的田弘遇劫持说为线索继续追踪陈圆圆的生命轨迹。

吴伟业在《圆圆曲》中写道："相见初经田窦家，侯门歌舞出如花。""田窦"虽是代指②，但却也成为田弘遇说的一项有力证据。田弘遇劫持陈圆圆并非轻而易举，虽然陈不过是一风尘女子，为她神魂颠倒的人却不止冒辟疆一人。当田家发现第一次失手后又发动了第二次袭击，这一次，另一个爱慕陈圆圆却没有留下姓名的男子集结数千人将陈抢了出来。然而，田家终究财大势大，一番威逼利诱后，官府出面将陈圆圆又拱手送入田家。这样的经历恐已让陈圆圆心灰意冷，更别说对始终不来践约的冒辟疆还留存什么难忘的情义。人生已无法预料，未来何去何从不由自己做主，甚至生命还能延续多久也不敢预想。正所谓"此际岂知非薄命，此时只有泪沾衣"（《圆圆曲》）。当田弘遇将她送入宫中时，未知她作何感想，但想必没能料到崇祯帝并未将她留下，而是又送了回去。这也是田弘遇不曾想到的，但美人已得，当然不能再遣回原籍，皇帝不喜，田弘遇自己欢喜，遂留陈圆圆在身边侍奉。可是，田弘遇已经老了，又缺乏文化修养，让正值青春的陈圆圆苦

---

① 陈寅恪在《柳如是别传》中曾做过考证，但未能得出结论。他的原话为："鄙意此重公案个性之真实，即崇祯十五年春在苏州劫陈圆圆者为周奎抑或田弘遇之门客，虽难考定，然通性之真实，即当日外戚于崇祯十四五年间俱在江南访求佳丽，强夺豪取，而吴会之名姝罹此浩劫者应不止宛叔、畹芬（陈圆圆）一二人而已。"

② 西汉外戚田蚡、窦婴。

恼不已,"圆圆度《流水高山》之曲以歌之,畹每击节,不知其悼知音之希也"(《圆圆传》)。就在人生陷入黑暗中时,陈圆圆的真命天子出场了,这就是与她在"田窦家"初相见的吴三桂。

关于吴三桂如何结识陈圆圆,亦有多种说法,相互矛盾,恐皆为传言附会。《圆圆传》的说法是:"崇祯癸未(1643年)岁,总兵吴三桂慕其名,赍千金往聘之,已先为田畹所得。时圆圆以不得事吴,怏怏也。而吴更甚。"作者陆次云为两人的相恋做了前情铺垫,颇类小说家笔法。但关于"赍千金往聘之",还有其他种说法,如吴三桂在田弘遇死后"持千金随襄(吴父)入田弘遇家买沅(即陈圆圆)"(《小腆纪年附考·卷第四》),以及吴三桂在周奎家"以御赐三千金分千金为聘"(《觚剩》)等。无论真相如何,众人皆相信吴三桂曾有千金之聘,并将此视为吴三桂对陈圆圆的一片深情。

陆次云对吴三桂初见陈圆圆的来龙去脉有详细的描述,各色人等形象鲜活,故事也一波三折,虽未知有多少真实成分在内,但对陈圆圆的刻画却与冒辟疆笔下有一脉相承之势。

> ……时闻师将迫畿辅矣,帝急召三桂对平台,锡蟒玉,赐上方,托重寄命,守山海关。三桂亦慷慨受命,以忠贞自许也。而寇深矣!长安富贵家胥皇皇。畹忧甚,语圆圆,圆圆曰:"当世乱而公无所依,祸必至,曷不缔交于吴将军,庶缓急有藉乎?"畹曰:"斯何时,吾欲与之缱绻,不暇也。"圆圆曰:"吴慕公家歌舞有时矣,公鉴于石尉,不借人看,设玉石焚时,能坚闭金谷耶?盍以此请?当必来,无却顾。"
>
> ——《圆圆传》

由于李自成向京城迫近，田弘遇察觉到了危机，作为侍妾的陈圆圆同样深感惶恐。但她没有慌乱无措，而是再次于关键时刻展示了自己的机智，劝田弘遇收买吴三桂为保护伞，让田相信她忠诚的同时暗中为自己开了一条逃离苦海的小路。田弘遇心急如焚，自然不会想得太多，立即听从了陈圆圆的计策，盛情邀请吴三桂来家中做客。吴三桂早知陈圆圆在田府，但却故作矜持，"欲之而固却也，强而可。至则戎服临筵，俨然有不可犯之色"，一副正人君子的模样。在田府中面对珍馐美味、歌舞红颜皆不动声色，屡屡起身告辞，就在此时，陈圆圆翩然而至：

> 一淡妆者，统诸美而先众音，情艳意娇。三桂不觉其神移心荡也，遽命解戎服，易轻裘，顾谓畹曰："此非所谓圆圆耶？洵足倾人城矣！公宁勿畏而拥此耶？"畹不知所答，命圆圆行酒。
>
> ——《圆圆传》

英雄难过美人关，何况英雄心中早有美人。吴三桂或许一直在等陈圆圆，见田弘遇总不表诚意才再三要走。田弘遇也是舍不得，想试试吴三桂的底线，见果真皆不奏效，才不得不命陈圆圆出场。而圆圆一出场效果立现，吴三桂当下换了衣服，不走了。田弘遇见效果显著，便命陈圆圆采取进一步的行动，而此时，陈圆圆抓紧时机为自己铺路。

> 吴语曰："卿乐甚？"圆圆小语曰："红拂尚不乐越公，矧（shěn）不迨越公者耶？"吴颔之。
>
> ——《圆圆传》

陈早备对答于胸，知田弘遇胸无点墨，便以传奇典故做暗语，自比红拂女，将田弘遇与红拂女的原主人越公作对比，那么吴三桂此时又是谁，陈圆圆不说，吴三桂当下心领神会。而坐在一旁的田弘遇却没有丝毫察觉，仍在惦记着吴三桂会否做他的靠山。当"警报踵至，吴似不欲行"，却"不得不行"时，田弘遇立即问："设寇至，将奈何？"吴三桂也想好了应对方案，道："能以圆圆见赠，吾当保公家，先于保国也。"田弘遇纵不舍，美人再好终不及命值钱，只得同意。吴三桂当晚就带走了陈圆圆，而田弘遇到此时也没想到，自己被陈圆圆给骗了。

可是，如愿嫁入吴府的陈圆圆却并没有立即得到她想要的幸福，更不会料到她的个人幸福改变了一个国家的命运。

因吴三桂要去山海关戍守，便将陈圆圆留在父亲在京的府邸，可就在他离京之后，李自成攻入北京。陈圆圆在这吴三桂缺席的空当里遭遇了人生中又一次动荡和生死危机，个中细节亦是众说纷纭。总结起来，大致有三种说法：其一为李自成霸占说，其二为刘宗敏劫掠说，其三为陪侍崇祯帝太子说。第一种说法最为人所熟知，稍后再叙，先看刘宗敏劫掠这一说法。

刘宗敏是李自成麾下的将领，关于他劫掠陈圆圆的说法可见于陈维崧《妇人集》、徐鼒《小腆纪年附考·卷第四》、李岳瑞《春冰室野乘·卷下》，但除了陈维崧的记述较为肯定外，徐鼒和李岳瑞皆是转引或比对各家说法，未下定论。由于刘宗敏属李自成麾下，故不排除刘有献媚的可能，陈圆圆是否曾为刘宗敏的侍妾各有争议，不做详考。

再看第三种，陪侍崇祯帝太子说。该说不多见于史料。李岳瑞在《春冰室野乘·卷下》中记录曾看到"明内监王永章陷贼中所著《甲申日记》一书"，这一说法便出自这份日记。

> 记云："三月二十日，贼在田皇亲家搜得太子、定王以献，闯令入宫。廿一日封太子为宋王，定王为安宅公。四月初六日发檄与三桂云：'太子好好在宫，汝莫想借他为由，朕已封为宋王，将尔等妻女与他奸淫，以泄崇祯之忿。'初九日下伪诏亲征三桂，十二日起程，太子、定王、代王、秦王、汉王、吴陈氏、吴氏、吴氏、吴李氏、伪后妃嫔皆从行。吴陈氏即圆圆，两吴氏皆三桂妹也。廿五日战于一片石，闯大败，退入关。太子与圆圆遂皆至三桂军中。……
>
> ——《春冰室野乘·卷下》节选

《甲申日记》中的记载与其他资料皆有别，但李岳瑞坚信这才是真实的历史经过，理由是"其时目击所录，必得其真"。李岳瑞的看法有一定道理，如果这份日记不是伪造的话，作者王永章的确是少有的直击历史现场之人。梳理王永章的记录，陈圆圆的遭遇大致为先被李自成劫走，李自成此时已从田弘遇家里找到了明太子，为羞辱吴三桂，将陈圆圆配给了太子为妾，即"将尔等妻女与他奸淫，以泄崇祯之忿"。吴三桂原本欲拥立太子，听闻太子纳陈圆圆，便放弃了原有的打算。李自成征讨吴三桂，继而兵败退守，太子与陈圆圆被俘。李自成改变了策略，欲与吴三桂合力抗清，而重得陈圆圆的吴三桂左右摇摆于清政府与李自成之间，李自成一怒之下抄了吴三桂满门。由于后世没有更多资料与《甲申日记》互为佐证，故这一说法没有被广泛采纳，但书中关于吴三桂在得知京城陷落后的反应仍旧有极大的参考价值，接下来在叙述第一种说法时会提到。

> 李自成据宫掖。宫人死者半，逸者半。自成询内监

曰："上苑三千，何无一国色耶？"内监曰："先帝屏声色，鲜佳丽，有一圆圆者，绝世所稀，田畹进帝而帝却之。今闻畹赠三桂，三桂留之其父吴骧第中矣。"是时骧方降闯，闯即向骧索圆圆，且籍其家，而命其作书以招子也。骧俱从命，进圆圆。自成惊且喜，遽命歌，奏吴歈（yú）。自成戄额曰："何貌甚佳，而音殊不可耐也？"即命群姬唱西调，操阮筝琥珀，已拍掌以和之。繁音激楚，热耳酸心。顾圆圆曰："此乐何如？"圆圆曰："此曲只应天上有，非南鄙之人所能及也！"自成甚嬖之。

——《圆圆传》

在陆次云笔下，李自成好色而粗俗，一入京城就搜罗美女，在抢得陈圆圆后却又不懂欣赏。面对京城里新的主人，陈圆圆无心他顾，只求自保，也只得说出违心之言："此曲只应天上有，非南鄙之人所能及也！"她在残酷的生存环境中学会了逢迎和谄媚，这是最有效的生存手段，李自成同样喜欢献媚的人，故对陈宠爱有加。此时的李仍忌惮手握重兵的吴三桂，故命令吴父修书劝降。而根据《甲申日记》的记载，吴三桂也同样关注着北京方面的局势，当然，更关注陈圆圆的下落与归属：

记云："……'闻京城已陷，未知确否。大约城已被围，如可迁避出城，不可多带银物，埋藏为是。并祈告知陈妾，儿身甚强，嘱伊耐心。'

"第二书云：'得探报京城已陷，儿拟即退驻关外，倘已事不可为，飞速谕知。家口均陷贼中，只能归降，陈妾安否，甚为念。'

"第三书廿五日发云：'接二十日谕，知已归降，欲保家口,只得降顺。达变通权,方是大丈夫。惟来谕陈妾骑马来营,何曾见有踪迹?如此轻年小女,岂可放令出门?父亲何以失算至此?儿已退兵至关,预备来降。惟此事实不放心。'

"第四书廿七日发云:'前日探报陈妾被刘宗敏掠去,鸣呼哀哉!今生不能复见。初不料父亲失算至此。昨乘贼不备,攻破山海关一面,已向清国借兵,本拟长驱直入,深恐陈妾或已回家,或刘宗敏知系儿妾,并未奸杀,以招儿降。一经进兵,反无生理,故飞禀问讯。'

"第五书云:'奉谕陈妾安养在宫,但未有确实之说,究竟何来?太子既在宫中,曾否见过父亲?既已降顺,亦可面奏说明此意,但求将陈妾太子两人送来,立刻降顺'云云。"

从这五封信中可以看出,吴三桂不断接到来自京城的探报,尽管消息不一定准确,但对京城内的动荡变化有较详尽的掌握。而更重要的是,他写的五封信,每一封都问到了陈圆圆:"并祈告知陈妾,儿身甚强,嘱伊耐心""陈妾安否,甚为念""惟来谕陈妾骑马来营,何曾见有踪迹""深恐陈妾或已回家""奉谕陈妾安养在宫,但未有确实之说,究竟何来",全无家国忧患,唯念儿女情长。当他听闻陈圆圆被刘宗敏所占后,立即向清政府借兵,但仍有所犹豫,再三打探陈的境遇,希望有缓和的余地。后又听闻陈归太子所有,便又动了投降李自成的念头,只要陈圆圆能回到自己身边,其他一切好商量。再回到《圆圆传》中的记述,来自吴父的劝降信送到了吴三桂手中,吴本有意归降,却阴差阳错地得知陈圆圆被李自成霸占,遂愤然拒绝:

> 随遣使，以银四万两犒三桂军。三桂得父书，欣然受命矣。而一侦者至，询之曰："吾家无恙耶？"曰："为闯籍矣！"曰："吾至，当自还也。"又一侦者至，曰："吾父无恙耶？"曰："为闯籍矣！"曰："吾至，当即释也。"又一侦者至，曰："陈夫人无恙耶？"曰："为闯得之矣！"三桂拔剑斫案曰："果有是，吾从若耶？"

这一经过各家皆有表述，于细节上略有不同。《小腆纪年附考·卷第四》说传话的并非探报而是"其父妾某与一逃奴"。吴三桂愤怒之下的反应也稍有差别。如《甲申传信录卷八·吴三桂入关之由》载"三桂大怒，瞋目而呼曰：'大丈夫不能保一女子，有何颜面？'"根据《圆圆传》的记叙，吴三桂立即给父亲回信，中有"父既不能为忠臣，儿安能为孝子乎"之语，引清兵入关讨伐李自成。但他不知道，这"冲冠一怒"差点要了陈圆圆的命：

> 自成怒，戮吴骧并其家人三十余口。欲杀圆圆，圆圆曰："闻吴将军卷甲来归矣！徒以妾故，又复兴兵。杀妾何足惜？恐其为王死敌不利也！"
>
> ——《圆圆传》

李自成为泄愤杀光吴三桂全家三十余人，当然不想放过"罪魁祸首"陈圆圆。这是陈圆圆第一次直面死亡，从前是隐隐的威胁，而今是利刃架于脖颈，生死就在一瞬间。危急关头，陈圆圆再次以智慧拯救自己，先以吴三桂将兵至而威胁李自成，再以杀她会招致更大的麻烦为由诱导李自成放弃。李自成在一片石元气大伤，大约觉得陈圆圆的话有些道理，于是没有杀她，却又舍不得，要带上一同西逃。陈圆圆当然不愿，又献一计道：

> 妾既事大王矣，岂不欲从大王行？恐吴将军以妾故而穷追不已也。王图之，度能敌彼，妾即褰裳跨征骑。……妾为大王计，宜留妾缓敌，当说彼不追，以报王之恩遇也。

吴三桂一切为了陈圆圆，若李自成将陈圆圆带在身边，吴三桂定然紧追不放，使李自成无喘息休整之机。陈圆圆抓住了这个要害，请求留下来劝说吴三桂放弃追杀李自成，李自成被说动，于是将陈圆圆留在京师，自己"载辎重，狼狈西行"。陈圆圆再次虎口脱险，已数不清生死簿上反复勾销了几笔。枕畔的男人换了一个又一个，还有谁会珍视她？吴三桂虽为她而来，但面对已被多个男人占有过的她时，是否还能保有那份初心？陈圆圆开不了上帝视角，看不到吴三桂那一封封焦急的信函，无法准确预料未来将会发生什么，她也只好等待。

吴伟业在《圆圆曲》中写道："妻子岂应关大计，英雄无奈是多情。全家白骨成灰土，一代红妆照汗青。"是讽刺吴三桂的"多情"却也道出了实情，吴三桂就是千古少有的多情人，丝毫没有计较陈圆圆的过往，爱她较以往有过之而无不及。

> 贼（即李自成）亦不能复战，幸三桂之不即图己也，乃弃圆圆而去。三桂方度关，至山西，昼夜不息，尚未知圆圆之存否也。其部将已搜访得之，飞骑传送。时三桂驻师绛州，将欲渡河；闻之，大喜。遂结彩楼、备翟茀、列旌旗箫鼓亘三十里，乘香舆以亲近焉。既成婚，三桂遂置讨贼事于不问。
>
> ——南沙三余氏《南明野史·卷中》

> 三桂复京师，急觅圆圆。既得，相与抱持，喜泣交集，不待圆圆为闯致说，自以为法戒追穷，听其纵逸而不复问矣。
>
> ——《圆圆传》

重逢陈圆圆，吴三桂喜极而泣。而李自成杀吴家老少三十余人，他却不急着捉拿李自成报仇，反任其逃逸。更令时人难以接受的是，他引清兵入关，局面一发不可收，最终使明朝彻底灭亡。但吴三桂显然对此并不在意，他爱陈圆圆，就要爱个痛快。现在，他"进爵为王""踞五华故宫"（《南明野史·卷下》），"封建苏台，营郿坞于滇南"（《圆圆传》），家中有"红亭碧沼，曲折依泉；杰阁无堂，参差因榭"，搜遍天下奇珍异宝"从圆圆之好"（《南明野史·卷下》），谁还能夺走他的圆圆？

"一斛珠连万斛愁，关山漂泊腰支细"的陈圆圆也终于熬过了历历生死劫，"既而为平西夫人，宠贵无比"（川口长孺《台湾割据志》），"专房之宠，数十年如一日"（《圆圆传》），真正是"飞上枝头变凤凰"。与同出身的姐妹们相比，陈圆圆应当十分知足了，当年一意看好的冒辟疆，会给她如此风光显赫、集万千宠爱于一身的生活吗？也许她曾嫉妒过董小宛，但此时，或许更多的是得意。可即便如此，陈圆圆依旧是清醒的，当吴三桂打算正式立她为王妃时，她是这么回答的：

> 妾以章台贱质，谬污琼寝；始于一顾之恩，继以千金之聘。流离契阔，幸保残躯。获与奉匜之役，分已过矣。今吾主析圭胙土，威震南天；正宜续鸾戚里、谐凤侯门。上则立体朝廷、下则垂型禅属；稽之大典，斯曰

德齐。若欲蒂弱絮于绣裀、培轻尘于玉几，既蹈非耦之嫌，必贻无仪之刺。是重妾之罪也。

——《南明野史·卷下》

陈圆圆的智慧在于，为自己考虑的同时也不让对方吃亏，故她的要求总能得到满足，她的话也极易说动对方。陈圆圆不做正妃并非不想，也不一定就是她说出的这些理由，过往的经历和读过的诗书让她明白，荣华富贵不能长久，自保的前提是藏锋守拙。吴三桂为她做了什么，她心里最清楚，那些曾为她倾倒、如今被清政府迫害的文人们将如何评价她是她必须重视的。毕竟，史书由文人撰写，她的名声就掌握在这些人的手中。她的选择再次保全了自己，当新夫人入门后，宫闱之争甚嚣尘上，极其残酷：

三桂不得已，乃别娶中阃（kǔn）；而悍妒绝伦，群姬之艳而幸者辄杀之。惟圆圆屏谢铅华，幽居别苑，以顺适其意，不甚相轧。

——《南明野史·卷下》

欲将圆圆正妃位，圆圆固辞；三桂乃别娶中阃。圆圆屏谢铅华，独居别院。三桂后妇悍妒，杀三桂幸姬殆尽。惟圆圆贵宠相等而不相轧，亲若娣姒……

——《燐火录（江阴云墟散人李本天根氏辑）附记一卷》

"亲若娣姒"只能是表面上的和平，陈圆圆能独善其身，在重重杀机中自保，一方面得益于吴三桂的宠幸，吴三桂为了陈圆圆连亲爹都可以不要，平西王妃再恨也不敢动她；另一方面则源自陈圆圆的淡泊，冒辟疆当年"淡而韵"的评价果真精准，原以为不过是气质上的形容,却也暗藏着保全性命的智慧。

> 满溪绿涨春将去,马踏星沙。雨打梨花。又有香风透碧纱。　声声羌笛吹杨柳,月映官衙。懒赋梅花。帘里人儿学唤茶。
>
> ——《丑奴儿令·梅落》①

陈圆圆此词不知作于何时,况周颐谓陈圆圆"工倚声,有《舞余词》",然已难窥原貌,且留下的作品质量并不高。这首《丑奴儿令·梅落》是较好的一篇,也正可以表达陈圆圆少为人知的内心世界。在充满硝烟和混乱的一生中,宁静雅致的生活似乎有些奢侈,曾经期盼与冒辟疆并肩梅花林中,却也不过是痴梦一场。奢华的平西王府中,万物似为她而备,杀机却从未远离,躲过府内还有府外,岁月静好如梦幻泡影,繁华又是大梦一场。

> 居久之,三桂潜有异志。邢窥其微,以齿暮,请为女道士;霞帔星冠,日拥药炉、经卷而已。三桂治戎之暇,每至其处,必晤言移日。府中人遇三桂怒不可解事,邢为缓颊②,则立解之。常曰:"吾晨夕焚修,为善是乐;他非所计耳。"内外咸敬礼之。
>
> ——《南明野史·卷下》

当发现吴三桂有反清之意时,陈圆圆知道干戈又近,恐怕凶多吉少,一旦吴三桂兵败,定是一番血腥杀戮。此时,不得不再

---

① 转引自《蕙风词话·续编卷二·陈圆圆舞余词》。
② 部分史料称陈圆圆本姓邢,平西王府中皆称邢太太,但也有一些学者认为此说法不实。

为生存打算起来，故陈圆圆自请为女道士，尽量远离是非。吴三桂虽不舍，却并未反对，难说不是为陈圆圆考量，也想为她留一条后路。

"康熙癸丑岁（1673年），三桂反，出攻长沙抗命。乙卯（1675年），僭尊号。丁巳（1677年），病死。"（《南明野史·卷下》）吴三桂的反清梦没有实现，他一生的功过是非自有评说，年过半百的陈圆圆又将何去何从？她的结局同样扑朔迷离。

关于陈圆圆的结局，史料中共找到六种说法：1."辛酉（1681年）城破，圆圆先死。"（刘健述《庭闻录·卷六》）2."辛酉城破，圆圆自沉于莲花池，即葬池旁。"（《蕙风词话》）3."康熙癸丑，三桂反；戊午，病殁。辛酉，滇南平；籍其家，独圆圆洁身以老。"（《爝火录附记一卷》引《觚剩》）4."戊午，滇南平，籍其家，舞衫歌扇，稚蕙娇莺，联舻接轸，俱入禁掖。邢之名氏，独不见于籍……"（《秦淮广纪》）5."吴逆败，不知所终。"（《台湾郑氏纪事卷之下》引《莲坡诗话》）6."三桂没后，不知其所终。"（《台湾割据志》）

以上六条史料中前三条皆认为陈圆圆死亡，后三条认为她失踪。而前三条中关于她的死也各有说辞，有疑似被杀说、自杀说和自然死亡说三种，无法知晓究竟六条材料中哪一条是真实的。我个人认为她不会选择自杀，死于乱兵的可能性较高，便也可以理解为"不知其所终"了。

陈圆圆的故事此后被不断讲述、编排、上演，难得的是，后人对她的评价跳脱了传统的"红颜祸水论"的窠臼，没有将吴三桂的责任全部归结到她的头上。也许得益于她生前的自救措施，也许是故人们念及旧情，不愿损害她的名誉。更难得的是，在一系列的演义和记述中，陈圆圆并非一个戏剧化的道具或符号，而是一个有血有肉、鲜活生动的人。她集美貌和智慧于一身，在逆流中挣扎，没有自甘堕落，后世对她的态度是肯定的、怜惜的。只是，集万千宠爱于一身的陈圆圆终究拥有过爱情吗？冒辟疆、吴三桂还有那些没有透露姓名的文人，他们谁才是她的挚爱？很难说，在陈圆圆的生涯中，爱永远尾随在生存危机之后，难付真心。

>自笑愁多欢少。痴了。底事倩传杯。酒一巡时肠九回。推不开。推不开。
>——《荷叶杯·有所思》[1]

死亡总是推不开。

---

[1] 转引自《蕙风词话·续编卷二·陈圆圆舞余词》。

王微：草衣道人生命中的情与缘

晚明"江左三大家"之一的钱谦益曾有诗道：

> 草衣家住断桥东，好句清如湖上风。
> 近日西陵夸柳隐，桃花得气美人中。①

诗中提到"一湖两岸两佳人"，"湖"即杭州西湖，"两岸"分别为东端的断桥与西端的西陵②，"两佳人"之一恰是与钱谦益相伴余生的柳如是，而另一位则是诗句如湖上清风的草衣道人，名唤王微。

在晚明的江南，王微声名甚隆，她的小传和诗词被收入多部诗集、诗话及文学杂记中，她的为人与性情也博得时人的一致称

---

① 末句取自柳如是《西湖八绝句》（其一）：垂杨小苑绣帘东，莺阁残枝蝶趁风。大抵西陵寒食路，桃花得气美人中。
② 杭州有西陵桥，也叫西林桥、西泠。用西陵代指杭州。

赞，可谓芳名远播。时人张大复在所著《梅花草堂笔谈》中称赞她"名满江左，秀出仙班"，后辈女诗人王端淑在其所著《名媛诗纬》中评价她"不特声诗超群，品行亦属第一流"。清代文士许仲元在《三异笔谈》中将其与柳如是、李香君和卞玉京等人相比较后认为她们"终不如草衣道人之绝伦拔萃"。钱谦益更不惜溢美之词，赞其"皎洁如青莲花，亭亭出尘"。这来自不同时代、不同性别和不同阶层的赞誉乃王微之同时代女诗人所不多见，更何况王微出身风尘，而其获得的声誉则远非文人赞扬名妓之目光和评判标准。在他们眼中，王微未染风尘之习，不落名士牵绊，她有独立的人格和高洁的品行，她的生命中有过男人，但她从不是任何男人的附属品，作为一个诗人，她身上不仅诗怀，还有侠气和仙风。

晚明文人陈继儒曾倾情为王微作传，是保存下来的资料中对王微的记述最全面的一篇：

> 修微姓王，广陵人，自幼有洁癖、书癖、山水癖。七岁父见背，致飘落无所依，眉间常有恨色。已奉佛教，刺血写小品经，间读班马、孙吴书，人莫得而狎视也。
> ——《微道人生圹记》

晚明名妓多出秦淮或吴门，王微是比较少见的出身于扬州的一位。与同辈诸人不同的是，王微除了爱诗书，也同样痴迷山水，并谓之为癖，其前半生有大量时间是在游览山水中度过。钱谦益亦在《列朝诗集小传》中记述了她的这一不同寻常之处："布袍竹杖，游历江楚，登大别山，眺黄鹤楼、鹦鹉洲诸胜，谒玄岳（武当山），登天柱峰，溯大江上匡庐，访白香山草堂，参憨山大师于五乳。"每次出行，王微都会用诗句记录所遇所感：

> 一叶浮空无尽头，寒云风切水西流。
> 蒹葭月里村村杵，蟋蟀霜中处处秋。
> 客思夜通千里梦，钟声不散五更愁。
> 孤踪何地堪相托，漠漠荒烟一钓舟。
>
> ——《舟次江浒》

在车马劳顿的古代，一个弱女子不畏艰辛，独自寻访名山大川，其勇气和胆识不可谓不超群，在《微道人生圹记》中陈继儒亦有描述：

> 尝行灵隐寺门，见白猱坐树端，迫之，展翅疾飞去。包园夜半，有两炬炷射窗缝上，谛视之，虎也，修微挑灯吟自若。……登高临深，飘忽数千里，智能卫足，胆可包身，独往独来，布帆无恙。

不畏猿猴不惧猛虎，王微的胆量超于常人，连男儿也自愧弗如。更令陈继儒叹服的是王微亦将生死看透，在生前就已将坟墓修好。当陈提出异议时，王微如此道：

> 嘻！是何言？孔雀金翠，始春而生，四月而凋，与花萼相衰荣。每欲山栖，必先择葬身之地然后止焉。然禁中缀之以为带，蛮中采之以为翣，甚有烹而为脯为腊者，色可常保乎？鹦鹉驯扰慧利，洞晓言辞，官家奇爱之。或教诗文，或授佛号，而未免闭于金笼，则韵语又可常恃乎？
>
> ——《微道人生圹记》

一番言谈令陈继儒大为叹服，道："常情仕讳归，年讳老，而修微少不讳死，死不讳墓。昔者渊明自祭，乐天自铭，司空图引平时故交，痛饮生圹中。三君子以后，鲜有嗣续高风者，修微达视死生，如昼夜寒暑之序，女史乎？女侠乎？一变至道矣。"曾经因丧父而不幸落籍娼家的王微从精神和生活上彻底摆脱了风尘女子的藩篱，她向往自由、山水和洒脱的人生，并用半生时间身体力行。如此与众不同的性情究竟如何造就？在跋山涉水的羁旅中，这位行走江湖的侠女又遭遇些什么？与谁结缘？何处终老？

王微一生交友广泛，晚明数得出的名士大家几乎都与她有来往交集，不过在这芸芸众生中，曾在她生命中留下情感痕迹的只有三人，这三人与王微的情感相融合，参与并组成了她人生中的三个阶段，也辅助描画出了她的生命轨迹。

由于史料的缺乏，王微的一生无法用确切的年份详细勾画，只能笼统地划分，连她的出生年份也没有确切记载，后人根据各种资料推断出的年份就有多种说法，综合这些论述，可以肯定的是王微的生年不会晚于明万历二十八年（1600年）[①]。王微去世的年份多认为是清顺治四年（1647年），享年五十岁上下。不妨将这短暂的半百人生大致划分为童年、青年、中年和晚年四个时期，但需要注意的是，此处的年龄阶段所代表的实际年龄与通常意义上的认知有较大差别。

王微七岁时，因父死而被迫沦落风尘，虽然不知她这些年的成长经历究竟如何，但从她成年后的资质和性情来看，应该并未受到重大的精神与肉体伤害，在不幸的环境中得到了较幸福的生

[①] 此出生年份为欧阳珍在《明代青楼女词人》一书中转引孙康宜的考证。另有万历二十四年说，为马祖熙先生的考证。

活，更难得的是，受到了非常好的教育。清人杜文澜在《憩园词话·卷四》中称其"色艺双绝……工诗词，兼善丹青"，虽然这些是当时名妓必备的个人才艺，但文化的熏陶启迪了她的性灵，点染了她的诗怀，也塑造了她的性格。

王微作为一名才妓，与诸多才子相熟识，自然也会有情感经历。与他人不同，王微的第一段婚姻并未在她生命中留下任何情感印记，而有趣的是，反倒让另一位才妓走入了她的生活。她就是金陵名妓杨宛。

> 杨宛，字宛叔，金陵名妓也。能诗，有丽句，善草书。归苕上茅止生。止生重其才，以殊礼遇之。
> ——钱谦益《列朝诗集小传》

从钱谦益的记述来看，杨宛在气质和才华上与王微相当，张大复在《梅花草堂笔谈》中说杨宛"与修微生同时"，如此看来，两人又是难得的同龄人，能互相赏识和理解。钱谦益曾谓"天下风流佳丽，独王修微、杨宛叔与君鼎足而三"，他口中的"君"即柳如是，"天下风流佳丽"如此众多，而钱只取柳、王、杨三人称鼎足，足见他对此三人才华的欣赏。关于王微与杨宛的关系，《列朝诗集小传》《明词综》《历代词话》中均称两人为"女兄弟"，而张大复则有更加详细的描述，称其"居同室，神情同抱"，可见情义非凡，不是一般的金兰之交。然而，她们的相识、相知与分离是颇值得玩味的。

王微如何结识杨宛已不可考，但学界较公认的说法是，两人结识时，杨宛当已归茅元仪（字止生），且是茅元仪的爱妾，而王微的第一任丈夫也正是茅元仪。如此看，王微极有可能是在入茅元仪府中为妾后与杨宛相识的，不同于多数深宅妇人的明争暗斗，王微和杨宛两人成了情同手足的姐妹花,这不能不令人称奇。

说起茅元仪,也是晚明时一位慷慨激昂的人物,可惜《明史》未录其传,他的资料仅从其他人的著作中零散得来。钱谦益在《列朝诗集小传》中称"止生好谈兵,通知古今用兵方略及九边隘塞要害。口陈手画,历历如指掌。东事急,慕古人毁家纾难,慨然欲以有为"。简要的文字已勾勒出茅元仪的性情为人,有救国救民之宏愿并身体力行,王端淑亦赞其"侠骨凌云,肝肠似雪,虽历戎间,乃一代才士也"。他"著书甚多",作品列表收入《明史·艺文志》。虽"负经世大略",却终不幸获罪"客死辽东"(王国维《东山杂记》),令时人惋惜。茅元仪不但爱国,也同样爱红颜,特别对杨宛倍极宠爱。钱谦益说他"重其(杨宛)才,以殊礼遇之"不是信口编造,茅元仪曾亲自为杨宛的词集《钟山献诗馀》作序,道:"宛叔……能读书,工小楷。其于诗游戏涉猎,若不经意,鲜润流利。"可见不止于宠爱更有嘉赏,朱彝尊在《静志居诗话》中亦说:"止生得宛叔,深赏其诗,序必称内子。"一声"内子"不但彰显了杨宛在其心中的地位,更向世人摆明了杨宛在茅家的地位。杨宛的词作多情、婉转、旖旎,在当时颇有词名,后世词话多引用其《金人捧露盘·咏秋海棠》一首,可见为其代表作:

> 记春光,繁华日,万花丛。正李衰、桃谢匆匆。侬家姊妹,妖枝艳蕊笑东风。薄情曾共春光去,惆怅庭空。
> 到如今,馀孤干,羞桃李,一园中。怜娇妹,试沐新红。恐伤姊意,含芳敛韵绮窗东。邻家不分,伊偏占、放出芙蓉。

论理,王微嫁茅元仪后,有佳夫良友为伴,本应一同过着神仙眷侣般的生活,既然她与杨宛成为好姐妹,说明她并不嫉妒茅元仪对杨宛的偏爱。可是,王微却最终选择了离别南下,对于有幸从良的名妓来说这无异于放弃来之不易的安稳生活,抛弃了多少同类姐妹艳羡的幸福,着实令人惊奇。

明人姚旅在《露书》中曾给出一个解释:"后以止生视姬人杨宛厚于己,遂逸去,逸时匿其亲金七家三日。"姚旅的说法将美好的童话外表撕开,猛然暴露了现实的内里。即便情同姐妹,终究无法面对共侍一夫的生活,王微有非常独立的人格,加之时值妙龄,不可能甘心在茅家小院里靠写写画画虚度余生。她的离开是必然的,女人的妒心或许是直接诱因,但当不是全部缘由。在王微留下的文字中,没有任何对茅元仪的微词,亦不见口头表述,而对杨宛则大有不同,《列朝诗集》所录的王微六十一首诗作中,思念杨宛而作的有五首,另其词作中亦有怀念杨宛之作,根据张大复的叙述,王微诗集中"寄怀宛叔诗甚多",可以推测还有相当多数的作品没有保存下来。翻看这些诗作,发现大多与梦有关,在离别后的日子里,王微孤身一人,常常在午夜梦中与杨宛重逢,而当醒来发现不过一场美梦之后,又浸透了无限凄凉。

> 寒灯怯影黯疏帏,霜月留魂露未晞。
> 我梦到君君梦我,好迟残梦待君归。
> ——《冬夜怀宛叔》

> 不见因生梦见心,自愁孤枕与孤吟。
> 如何永夜曾无寐,悔向湖边独独寻。
> ——《怀宛叔》

孤独的身影,恓惶的梦境,为离开杨宛而分外感伤,也似有淡淡的悔意。

> 因无策,夜夜夜凉心似摘。心似摘,想他此际,闲窗如昔。　烟散月消花径窄,影儿相伴人儿隔。人儿隔,梦又不来,醒疑在侧。
>
> ——《忆秦娥·月夜卧病怀宛叔》

一场大病中,最思念的还是她,自己苦楚无依,而思念之人也许一如离别前,生活在闲情逸致中,不知世间愁闷,更不知好姐妹此刻正被病痛折磨。想到这,词句间略微透出些许责怨,惶惶清夜里唯有孤影相伴,昏昏睡去梦中不见,醒来后似真非真,她仍旧是不在的。

也不禁怀疑,是友情,抑或是爱情?在三人中,谁才是王微心里真正的情敌?也许这才是她选择离别的真实原因?

没有答案。

在杨宛的诗作中亦有《即事二首寄修微》,其二云:

> 东风同护曲阑中,一样花枝别样红。
> 纵是不容春绾住,莫教狼藉宋家东。

看诗意当是在王微刚离开时寄赠,似乎是获悉了王微的伤痛之情后作诗以劝慰。词句所表达的情谊没有出格的痕迹,也没有过多的伤感,可以推断杨宛这一方的情感与王微稍有差别,在她心中自然是茅元仪更为重要。

出走后的王微没有重新回到风尘中去,而是来到杭州,自号草衣道人,寄情山水,皈依佛法,追寻心灵的解脱,间或浪迹天涯,独往独还。陈继儒说:"修微饭蔬衣布,绰约类藐姑仙。笔床茶灶,短棹逍遥,类天随子①。"杭州的佳山秀水正好契合她的精神追求,她修筑的生圹就在西湖边,并"遍植梅花,有终焉之志"。(清杜文澜《憩园词话·卷四》)

> 北风吹夜雪,听只在菰芦。但惜湖山冷,何妨野艇孤。
> 滩声疏落雁,鬼火怯啼乌。欲写梅花影,敲冰砚未枯。
> ——《雪夜小泛》

此诗所描写的场景当在西湖,诗意孤冷,似寒士归隐。但王微尚在芳华,如此便看破红尘,避居江湖,总难免令人生万般怜惜,怜惜中又掺杂倾慕和思恋。恰此时,便有这样一人在西湖与王微相逢,结下绵绵情意。

> 绿溪天外没,宜有是人居。残叶埋深巷,新窗变故庐。
> 心心留好月,夜夜抱奇书。女伴久相失,荒村独晏如。
> ——《过王修微山庄》

诗中所道的女伴,当暗指杨宛,而这位在西湖偶遇王微并被其深深吸引的诗人名唤谭元春,来自湖北竟陵(今天门)。

钱谦益曾有诗云:

> 不服丈夫胜妇人,昭容一语是天真。
> 王微杨宛为词客,肯与钟谭作后尘。

诗中末句中的"钟谭"是两人,"钟"是钟惺,"谭"即为谭元

---

① 指唐代诗人陆龟蒙。

春,两人同来自竟陵,曾共同"评选唐人之诗为《唐诗归》,又评选隋以前诗为《古诗归》"(《明史·文苑四》),合称"钟谭",《明史》谓"钟、谭之名满天下,谓之竟陵体",今又称"钟谭派"或"竟陵派"。

谭元春是一个多年屡试不第的失意人,当他来到杭州西湖,名士佳丽相逢,两个有着失意过往的人将会发生些什么?

在明清作者所著的词话中,常提及王微的一首小词《如梦令》,词题为"怀谭友夏",友夏是谭元春的字,不妨看看王微在思念谭元春时都想些什么,又怀着怎样一种情愫:

> 月到闲庭如昼,修竹长廊依旧。对影黯无言,欲道别来清瘦。春骤,春骤,风底落红僝僽。

又是寂寞的夜晚,长廊外竿竿修竹依旧,诗人独自与人影竹影相对,而影不能与人言,更添寂寥苦楚。诗人心里是有些话想说的,想告诉思念的人,自从离别后,自己已日渐消瘦。春光易逝,被风吹落的花瓣更添愁苦。那个不惧猛虎、生死旷达的女侠似乎被埋葬在寂冷的月光中,只留一缕袅袅孤魂,在风中低低哭诉。王微曾在诗中展现出她柔弱的一面,那时心中思念的是不得不别离的她。如今,孤冷的女侠又一次变得柔弱,所思念的对象已发生改变,恰是曾在西湖相知相伴的竟陵谭元春。

两人在西湖曾共度过怎样的时光?谭元春有诗追述:

> 宵灯晓火共西湖,船隔书声听又无。
> 归后忆君先忆此,春晴春雨长蘼芜。
> ——《答修微女史》(其一)

瑰丽的西湖夜景，浪漫温馨的泛舟时光，还有环绕船上你我的细腻情思，这一切都令谭元春不能忘怀，自谓每当想起王微则都会先想起那个销魂的夜晚。王微的词、谭元春的诗，两相联结，一切豁然明了。谭元春另有五言诗六首赠王微，诗题《在钱塘、吴兴间，皆逢王修微女冠，每用诗词见赠，临别答以六章》，可见在一段时间里，王微与谭元春交往频繁，每次离别时皆依依不舍，情意绵绵。对谭元春的诗，王微亦有唱和，最值得玩味的是下面两首：

不用青衫湿，天涯沦落同。前夜三弦客，一声霜露空。
——谭元春作

去去应难问，寒空叶自红。此生已沦落，犹幸得君同。
——王微作

谭元春用白居易《琵琶行》中的典故，自道两人同是天涯沦落人，将社会身份上的不平等抹除，而王微读懂了谭元春的心意，虽为不幸沦落而自伤，但所幸与谭相遇相知，让她甚为感动。她亦将所著诗稿交于谭元春，并请其删改作序，谭元春不负佳人，欣然提笔，而他的这段文字可谓对王微的描写和评定中最立体、最深情的一篇：

己未秋阑，逢王微于西湖，以为湖上人也。久之复欲还苕，以为苕中人也。香粉不御，云鬟尚存，以为女士也。日与吾辈往来于秋山黄叶之中，若无事者，以为闲人也。语多至理可听，以为冥悟人也。人皆言其诛茅结庵，有物外想，以为学道人也。尝出一诗草，属予删定，以为诗人也。诗有巷中语，阁中语，道中语，缥缈远近，绝似其人。

苟奉倩谓："妇人才智不足论，当以色为主。"此语浅甚。如此人此诗，尚当言色乎哉？而世人犹不知，以为妇人也。

——《期山草小引》

文中点明两人相识时间为己未岁，即万历四十七年（1619年），王微正是青春年华。在年长十岁的谭元春眼中，王微形象的变化是由浅入深、层层递进的。起初以为她是"湖上人"，后听闻她"复欲还苕"，以为她出身"苕中"。此处似藏小小玄机，《列朝诗集小传》等多篇资料均谓茅元仪为"苕上茅止生"，而王微此时却"复欲还苕"，她本已与茅仳离，为何要还苕？谭元春没有详说，合理的推断当是去探望杨宛，谭元春应是知晓的，否则无法与王微再相处下去。从"湖上人"到"苕中人"，谭元春对王微的身世已有了大致的了解，紧接着描写其外貌"香粉不御，云鬟尚存"，素朴婉约的王微已是谭元春心中的翩翩佳人。当两人频繁于"秋山黄叶"中赏游交谈后，谭元春对王微的学识修养更增进了了解，颇为赏识。而当王微将诗稿交与他时，表明了自己对谭的信赖，也展示了自己的才华，此时在谭心中，王微已然是一位多才的诗人，她的诗作内容丰富，风格"缥缈远近"，人与诗合而为一。而结尾一段更是全文的点睛之笔，驳斥了"妇人才智不足论"的谬论，为女性正名，继而肯定了王微的诗才，并弱化了她出身风尘的往事，进而又为世人并不真正懂得王微而感到惋惜。谭元春是王微的知己，王微的"犹幸得君同"不是自作多情。

离别是令人煎熬的，王微曾有词《忆秦娥·戏赠谭友夏》，叙述心中难舍难分、纠结难解之情：

闲思遍，留君不住惟君便。惟君便。石尤风急，去心或倦。　　未见烟空帆一片。已挂离魂随梦断。随梦断。翻怨天涯，这番重见。

明明是真心实意，却偏说是"戏赠"，怕人说自轻自贱，终究真情难掩。人还未走，她已对离别生出千般忧惧之心，无可排遣时只好怨恨生命中出现的此次重逢的机会。但谭元春到底是要远别的，没有他的时光是愁寂的，王微独自打发漫长的光阴，靠写诗以叙怀：

西陵桥下水泠泠，记得同君一叶听。
千里君今千里我，春山春草为谁青。
——《西陵怀谭友夏》

谭元春心中那无法忘怀的泛舟湖上亦常常浮现于王微的脑海中，而此时知己远别，连"春山春草"都不知为谁而添彩着色。才子情深、佳人有意，两人终有美满结局吗？现实却仍旧残酷。

王微曾有诗道："孤枕寒生好梦频，几番疑见忽疑真。情知好梦都无用，犹愿为君梦里人。"[1]可以看出她非常清醒，知道梦终究是梦，无论怎样"疑真"，到底是"都无用"，但依然不能释怀，还期盼可以做他的"梦里人"。潇洒的王微在感情面前终是无法彻底潇洒，想放下不能放下，想忘记又无法忘记。出身、过往仍旧

---

[1] 万历庚申年（1620年）秋，王微卧病西湖时曾作《庚申秋夜，予卧病孤山，闲读虎关女郎秋梦诗，怅然神往，不能假寐，漫赋一绝，并纪幽怀。予已作木石人，尚不能无情，后之览者，当如何也》。

是现实中的鸿沟，任情深似海也填不平深深沟壑。此时的谭元春还有一桩烦忧事，即考场上的不如意，虽名满天下，然终其一生只得了天启七年（1627年）乡试第一，从此再无收获，终生不得志，最终病死于赶考路上。人生最后一段岁月里，他再赋诗赠予王微，而此时，诗中的情感却失去了往日温度，尽显寒凉。

> 无言无思但家居，僮婢悠然遂古初。
> 水木桥边春尽事，琵琶亭上夜深书。
> 随舟逆顺江常在，与梦悲欢枕自如。
> 诗卷卷还君暗省，莫携惭负上匡庐。

诗前有小序，道："王修微江州书到，意欲相访，诗以尼之。"[1]推断王微曾有意去见谭元春，至于所为何事，序里没有说明，但诗中最后一句则暗藏玄机。"莫携惭负上匡庐"似指王微对谭元春有愧疚辜负之情，王微究竟做了什么对不起谭元春的事已然无从得知，虽王微与男性交往较多，但未见与谭元春有终身之约，所以也就谈不上背叛他。而谭元春却返还王微诗稿，并要其"暗省"，似乎事态较为严重，加之直接拒绝了王微来访，则明确了不想再见她的态度，竟成一首诀别诗！没有看到王微的回函或回诗，谭元春很快病逝，也没有见到王微任何的悼念文字。她是否对谭元春的决绝有怨在心？又是否为多年相思而悔恨？也许会有，不过以王微的性情和为人，即便有亦不会弥深，不快的事终归是要忘却的。

此时的王微渐渐告别青春，孤独地迈向中年时光。

---

[1] 见谭元春著《谭元春集》，第269页，上海古籍出版社，1998。

> 影忽无端向我说,随尔漂流何日歇?
> 年将三十不回思,犹作东西南北客。
> 我闻此言心始怯,强倩梅花更相质。
> 梅影含情亦怨梅,梅花无语寒心咽。
>
> ——《玉楼春·寒夜》

寒夜是王微最难熬的时刻,她常常失眠,或为思念纠缠,或被孤独所困。也许洒脱终究只是穿给外人看的花衣,而冷暖只有自己知道。她终究还是需要一个可以相依相伴的人。谭元春去世时,王微已在不惑之年,而十年前的漂流之忧却仍在心头。此时,西湖的风景已悄然发生了变化,湖畔又迎来一位绝代佳人,不但为湖山添彩,也成了王微的闺阁小友,这个人就是柳如是。

柳如是是在与陈子龙分手后来到杭州的,借住于名士汪然明提供的宅邸中,她比王微年晚约二十岁,正是如花似玉的年纪,两人年纪上可称母女。王微非常赏识柳如是的才华,对她多有照顾,而此时,钱谦益也来到杭州,因与柳如是的关系也与王微接触较多,并盛赞王微的才华和人品。钱谦益所说的"今天下诗文衰熸(jiān),奎璧间光气黮(dàn)然。草衣道人与吾家河东君,清文丽句,秀出西泠、六桥之间"(《牧斋初学集》)已然成为评定晚明江南才女中最著名的引言,钱谦益评价王微的诗作亦有"草衣之诗近于侠"之语,多为后世评论家所称许。可以想见,在秀丽的山水间,三人常常相聚相伴,说古道今、谈诗论词之余也会说起同龄名人的往事,也许他们会常常说起杨宛。

> 宛多外遇,心叛止生。止生以豪杰自命,知之而弗禁也。止生殁,国戚田弘遇奉诏进香普陀,还京道白门,

谋取宛而篡其赀。宛欲背茅氏他适，以为国戚可假道也，尽橐装奔焉。……宛与草衣道人为女兄弟，道人屡规切之，宛不能从。道人皎洁如青莲花，亭亭出尘；而宛终堕落淤泥，为人所姗笑，不亦伤乎！

——《列朝诗集小传》

钱谦益的记述道出了一段秘闻，并对杨宛的生平做出了负面评价。那么，杨宛"多外遇，心叛止生"的信息究竟从何而来？是当时尽人皆知的故事，抑或是出自王微之口？真实度有几分？是出于贞洁观念的误读还是杨宛与茅元仪之间又生龃龉？史料中已然难寻答案，但自从《列朝诗集小传》诞生之后，后人多承袭钱的说法，杨宛也永久地背负着"堕落淤泥"的污名。特别是当杨宛在茅元仪死后投奔了恶名昭彰的国舅田弘遇之后，她的污名则被牢牢坐实，再也无法洗清了。当湖畔三人谈起这些陈旧往事之时，杨宛正在北京的田弘遇家中，却并非田弘遇的侍妾，而是田女的闺塾师：

故太学吴兴茅元仪妾杨宛，本吴娼也。善琴书。弘遇至茅氏，求出见，即胁以归。……八月贵妃薨，稍敛戢。明年奏进其少女，年十四，有殊色。从杨宛学琴，曲不再授。先帝纳之，数日不朝。

——谈迁《枣林杂俎·田弘遇》

钱谦益对杨宛投奔田弘遇的做法嗤之以鼻，谓田弘遇"戚以老婢子畜之，俾教其幼女"，又道"戚死复谋奔刘东平"，表明杨宛又要投奔新的男人。钱谦益将杨宛的依附与王微的孤守相比较后，得出了杨宛品行大有瑕疵的结论，虽出于当时的道德标准所得，但于今看来则有失公允，甚为苛刻。与王微相比，杨宛的确较为功利，也不具备王微般独立的人格，但这不足以作为贬低杨宛的证据，只能说她的价值观较为务实，更注重现实世界里的物质生活，更加理性。毕竟，生存于她而言是第一位的。杨宛曾有诗《舟泊黄河与止生舟隔两岸口占寄示》，恰可以看出她与茅元仪之间在价值观和人生追求上的差异：

恨打鸳鸯两岸飞，两心相望共依依。
何如溪上眠沙稳，相逐相呼趁月归。

茅元仪此番远行是为报国，而杨宛则不喜夫妇分离，更希望两人过着远离尘嚣的安稳生活。"稳"与"归"正是她内心的真实渴盼，也是她人生追求的写照。她缺乏忧国忧民之思，更无出尘高洁之愿，只想过最简单平常的安稳日子，可惜生不逢时，在乱世中难以容身，也许这就是她所谓的"多外遇"吧？遗憾的是，时人不能理解她，包括王微。钱谦益的"道人屡规切之，宛不能从"之言应当是王微亲口所述，并非王微轻视杨宛，而是两人间已出现了价值观的偏差，王微无法认同杨宛的追求和生活中的某些行为，但杨宛恰也因此与王微的心渐行渐远，当然也不会听从她的劝告。

曾经相知相爱的人皆诀别远去，人生如幻梦，几度沉迷几度哭醒。王微心里当是感伤的，生将半百，曾经推举赏识她的人也相继离世，身边虽有钱柳这对良伴，但终究不是家人。就在此时，苍天再为王微开启一道大门，让王微遇到了可以给她温暖的那个人，这就是许誉卿。

与茅元仪不同，许誉卿不但名列《明史》列传，且颇有一番作为。

许誉卿，字公实，华亭人。万历四十四年（1616年）进士，授金华推官。

——《明史·列传第一百四十六》

如果说茅元仪是江湖中心怀家国的侠客，那么许誉卿就是朝堂上敢以身进谏的直臣。在为官的日子里，他不畏强权奸佞，胆敢上疏"论（魏）忠贤大逆不道"，甚至直言"不为早除，必贻后患"，惹怒了魏忠贤，遭到罢黜。崇祯继位后，许誉卿仍旧初衷不改，屡屡进谏，亦屡失官位，卷入了残酷的朝堂斗争之中。

王微如何结识许誉卿已不得而知，但可以推断他们相遇的地点应该在杭州。此时许誉卿当已被朝堂排挤在外，或许在杭州休养。王国维在《东山杂记》中称许誉卿为"东林党人"，而钱谦益也是东林遗老，对许誉卿极为推崇。许王的结合虽非钱谦益的撮合，但至少得到了以钱谦益为代表的江南士人阶层的接纳和认可，这对于许王来说都是极为重要的。王微出身低微又青春不再，不敢指望做许誉卿的正牌夫人，却也期望能够得到安稳的照拂，同时也不会为许誉卿的名声抹上污点。而许誉卿待王微出自一片真情，甚至"礼同正嫡"（明·谈迁《枣林杂俎》），也是大大超出了当时的阶级规范。许王的结合不但在精神层面珠联璧合，在现实生活中也和睦美满，更难得的，是王微竟得到了许家及后人的认可和推崇。

清人许仲元在《三异笔谈》[①]中详细记述了王微在许家的言行

[①] 见许仲元《三异笔谈》所述《草衣道人》，第56—57页，重庆出版社，1996。

作为，从他的文辞来推断，他应当是许誉卿的后人。其文中所给出的"绝伦拔萃"这样的评价，在名妓从良的事例中是非常罕见的。据《三异笔谈》记载，王微归许誉卿后即得到了许母太夫人的认可，并命王微"随侍入都"，许母嘱托王微照顾儿子，除了生活起居外，也有规劝保全之意。作为母亲，她了解儿子的性格，知道他必会上疏进言，再次卷入朝廷斗争，她果然没有猜错，许誉卿一回京师便又开始要参与斗争了。

> 值魏珰初用事，杨忠烈疏上，留中未发，黄门纠同列继之。道人计祸必烈，不言负太夫人，乃于嘱缮疏稿时，以卤和墨。熹宗尸位，疏辄数月不阅，时经潦暑，进御已腐不可揭，乃以他事放归。①
> ——《三异笔谈》

王微非常聪明，略施小计，将卤汁和进墨汁，利用崇祯理政荒疏的契机，致使许誉卿的奏章在暑天里变质而无法阅读，让许誉卿躲过了一劫。

其后，王微又劝谏许誉卿归隐，道："君方火烈，臣尽披靡，衮衮诸公，皆一丘之貉，堂堂七尺何必虚捐？"许誉卿听其建议，"闭门不出，筑小桃源以避世"。《东山杂记》载"颍川君（即许誉卿）有声谏垣，抗节罢免，修微有助焉"当指此事。

然而，对许王夫妇而言，安度余生也不过是梦一场。

---

① 《明史·许誉卿传》载："天启三年，征拜吏科给事中。疏言锦衣世职，不当滥畀保姆奄尹。织造中官李实诬劾苏州同知杨姜侵抚按职。中旨谓姜赇誉卿出疏，停誉卿俸半年。杨涟劾魏忠贤，誉卿亦抗疏极论忠贤大逆不道"，恐指此事。但此说法与通行的王微嫁许誉卿之时间有出入，或为后人记述有误，或为王微嫁许誉卿年份有待订正。

> 甲申之变，太夫人尚寿考，道人奉缁衣以进曰："此公忠孝两全之策也。"后南都再建，起公光禄寺少卿，不起，曰："我不为乌程屈，肯为贵阳役乎！"初公与虞山雅善，虞山晚节不臧，阿附马阮，欲引公自助，再四通书，公不答。道人礼诘蘑燕（芜）君曰："尚书终始参差，已成小草，重负阿姊，今复濡首下泉，昂友入谷，家公坚白不渝，岂为腐鼠吓也。"明亡，筑小庵下发，岁时至家一省太夫人而已。李夫人自九十七考终，公亦七十矣。
> ——《三异笔谈》

明清易代的几年是对所有文人的考验，每个人在这样的大时代面前都做出了自己的选择，迈上了不同的人生道路。此时的许誉卿与钱谦益便分道扬镳，钱谦益选择先仕南明后降大清，而许誉卿则拒绝了钱谦益的邀约，洁身自保，归隐不仕。面对钱谦益的再三催促，许誉卿始终不作答复，最终由王微出面修书柳如是，婉拒中略含责难。待至明亡，许誉卿仍旧隐居不出，保全了他自身的名节。

王微"奉缁衣"的故事广为流传，后代诗话笔记亦多有记载，引为美谈。但清初的几年里许誉卿并未真正出家，仍与王微相伴，直至王微去世。"本朝康熙中，征江苏遗臣十六人，以原官起用，公以逃禅免"（《三异笔谈》），说明康熙时仍有人请他出山，而此时王微已逝，许誉卿遂正式剃发出家，得以善终。

就在王微去世前，杨宛已然在京城哗变时命丧乱贼之手。关于她的死有两种说法，其一见《列朝诗集小传》：

> 将行而城陷，乃为丐妇装，间行还金陵，盗杀之

于野。

可见在钱谦益心中,杨宛的形象已彻底崩塌,但还有另一种说法,见朱彝尊的《静志居诗话》:

> 甲申寇变,宛叔携田氏女至金陵,匿山村中。盗突入其室,欲污田氏女,女不从,宛叔从旁力卫之,遂同遇害。

在朱彝尊的笔下,杨宛虽不得善终,却死得大义凛然,晚节得保。究竟谁是谁非,已无法还原再现,仅供读者自行揣摩,凭喜好择取其一。

关于王微与许誉卿的身后事,许仲元亦有记述:

> 公葬横港,去墓二十步即草衣道人从葬坟,子孙岁岁奉瓣香焉,遗像尚存仲处,便服,面微黄,憔悴有病容,知为入道后所写。

柳如是得钱谦益"宠悼"(《东山杂记》),却终被钱氏族人逼死;董小宛为爱舍命,只得侍妾之名;顾横波受封诰命,却没能留下令名。而王微得到了她们都没有得到的,来自许家后人的承认和供奉,以及世人的推举称赞。

> 生非丈夫,不能扫除天下,犹事一室。参诵之余,一言一咏,或散怀花雨,或笺志水山。喟然而兴,寄意而止。妾谓世间春之在草,秋之在叶,点缀生成,无非

诗也。诗如是,可言乎?不可言乎?

——王微《樾馆诗》自叙

肉体的风华终将被时间掩去,留下的是不灭的诗篇。

寇白门、顾横波：秦淮两弯眉

晚明的秦淮河畔曾有两位绝代佳人，她们才智相当，经历有相似处，最有趣的是名字里各藏了一条眉毛，故我将她们合称为"两弯眉"。

两人一姓寇，一姓顾，寇姬名湄，顾姬名媚，但两人皆以字行，让后人反倒对她们的名字产生了陌生感。在"秦淮八艳"中，她们生平际遇虽不及其余几人波折跌宕，但也被文人墨客细心收集，记录在《板桥杂记》和《妇人集》等书中。她们留存的画作已然成为珍贵的藏品，诗词作品虽寥寥无几，但所幸的是仍旧可以寻得。两人的经历虽有相似之处，结局却各有不同，从她们的配偶身上也可以一窥晚明官僚在鼎革之乱中的品性为人。

左弯眉：丛残红粉念君恩，女侠谁知寇白门

先说寇白门。

余怀的《板桥杂记》[①]转引钱谦益赞寇白门诗曰："寇家姊妹总芳菲，十八年来花信违。今日秦淮恐相值，防他红泪一沾衣。"钱提及"寇家姊妹"，说明当时在秦淮河畔的寇姓佳丽不止寇白门一人，的确，寇白门还有个妹妹，名皑如，字贞素。关于她的资料留存下来的却不多，故也就少了可以令人津津乐道、一提再提的往事。但在当时，她的存在还是引起了一些关注，故钱谦益会在诗中提起"寇家姊妹"。其实，在秦淮八艳中，类似情况的不只寇家，马湘兰在家中行四，几个姐姐似均在娼家。卞玉京有妹卞敏，董小宛有妹董晓生，亦同操贱业，满门入风尘谋生，令人叹惋。根据余怀的说法，"寇家多佳丽，白门其一也"，似乎寇家并不只这对姐妹，也许还有别人。

这些姐妹中，余怀对寇白门较为赏识，关于她的事知道一些，夸赞她"娟娟静美，跌宕风流，能度曲，善画兰，粗知拈韵吟诗，然滑易不能竟学"。画兰几乎是"秦淮八艳"的贯通技能，马湘兰、卞玉京以及后文要提到的顾横波都以画兰著称。兰是古代文人的一种精神追求，寄托了高洁、典雅、与世无争的美好品格。文人以兰自喻，以依靠文人为生的名妓们就要精通画兰，这也是业务上的需求。而作为高等名妓，秦淮佳丽们不仅有职业操守，较之一般娼家女子则有更多的精神追求，故而兰也便成为她们向往良家的一种心理诉求。除了绘画，作诗吟词也是必不可少的技能，余怀称寇白门"粗知拈韵吟诗，然滑易不能竟学"，意即她不善于诗词写作，的确，她留存下来的作品极少，欧阳珍所著的《明代青楼女词人研究》一书记录她只有两首词作存世，收录在《全明词》中。但肖尤戎所编著的《中华才女妙词》一书却收录三首，未知是否与寇皑如的作品相混淆。其中有一首《蝶恋花》可称其代

[①] 参见《板桥杂记》，余怀著，李金堂校注，上海古籍出版社，2000。

表作：

> 眉淡衫轻春思乱，不怪无情，翻受多情绊。怕上层楼凝望眼，落花飞絮终朝见。
>
> 钗凤暗敲双股断，划损雕栏，一一相思遍。香袅兽炉空作篆，荼蘼开谢闲庭院。

题材是闺情一类，修辞炼句中规中矩，与余怀的记载无大出入，但其中一句"不怪无情，翻受多情绊"却十分与众不同，因它恰好可以作为寇白门一生际遇的评说和写照。

> 十八九时，为保国公购之，贮以金屋，如李掌武之谢秋娘也。
>
> ——《板桥杂记》

在桃李之年脱籍娼家，安身高门是当时所有青楼名妓的愿景，如果还能拥有爱情，那就是至珍至幻的境界。可惜，这样的愿景绝大多数都是幻想，寇白门能够实现，听来是十分令人艳羡的。文中提到的保国公名唤朱国弼，是位国姓爷，具体的资料惜未能查到，他在历史的那一露头似乎还要感谢他与寇白门的这段孽缘。

> 甲申（1644年）三月，京师陷，保国公生降，家口没入官。白门以千金予保国赎身，匹马短衣，从一婢南归。
>
> ——《板桥杂记》

千金买来的美人，本来是极为宝贝的，"娶姬时，令甲士五十，俱执绛纱灯，照耀如同白昼"（《妇人集》），并"贮以金屋"，也曾传为一段佳话。谁知晚明国变，全家被抄，朱国弼已不能保护寇白门，寇白门只得花钱自赎，可笑亦可叹。关于这一段经历，陈维崧在《妇人集》中还有细节补充：

> 国初籍没诸勋卫，朱尽室入燕都，次第卖歌姬自给，姬度亦在所遣中。一日谓朱曰："公若卖妾，计所得不过数百金，徒令妾落沙吒利之手。且妾固未暇即死，尚能持我公阴事，不若使妾南归，一月之间，当得万金以报。"公度无可奈何，纵之归。越月，果得万金。

原来，朱国弼为了活命，便卖掉歌姬换取生活费。寇白门很快意识到了形势的危急，预想到总有一日朱国弼会卖掉自己，与其坐以待毙，不如先行打算。故主动请求南归，靠一身本事挣出"万金"来为自己赎身。寇白门的做法给了朱国弼一线生机，算还了他金屋藏娇的情义。钱谦益赋诗《金陵杂题》咏叹其事道："丛残红粉念君恩，女侠谁知寇白门。黄土盖棺心未死，香丸一缕是芳魂。"从后两句来看，钱谦益作此诗时寇白门已去世，但因"念君恩"而博得的女侠之名早已在她南归之后传播开来，为时人所赞许。余怀回忆她"匹马短衣，从一婢南归"，短短九字已然有江湖女侠之姿，"筑园亭，结宾客，日与文人骚客相往还。酒酣以往，或歌或哭，亦自叹美人之迟暮，嗟红豆之飘零也"（《板桥杂记》）一段话则更有一番历尽江湖险恶，感叹身世漂萍的苍凉之意。原本以为比别人先进了一步，却没想到又回到原点，纵有鲜衣怒马、纸醉金迷也掩盖不了落寞失望的心境和对未来的迷茫忧惧。此后，寇白门又再嫁了一次，男方为"扬州某孝廉"，然而终究"不得志，复还金陵"，晚年竟又遭遇欺骗，让她对尘世感到绝望，终致香消玉殒：

> 卧病时，召所欢韩生来，绸缪悲泣，欲留之偶寝，韩生以他故辞，犹执手不忍别。至夜，闻韩生在婢房笑语，奋身起唤婢，自箠（chuí）数十，呶呶骂韩生负心禽兽行，欲啮其肉。病逾剧，医药罔效，遂以死。
>
> ——《板桥杂记》

这段经历颇似鱼玄机，差一点以为寇白门也因此犯下杀人之罪，所幸未酿成祸端，留得晚节。然而，以这样的遭遇作为命运的终结，实在令人唏嘘。当年在命运关头度已化人、留得一世美名的女侠并不能为自己的生命画上一个完美的句点，终究还是没有逃脱红颜薄命的诅咒。时人对她的身世多有怜惜，但真正懂她的似乎是吴伟业，恰如余怀所谓"江州白傅之叹"：

> 朱公转徙致千金，一舸西施计自深。
> 今日只因勾践死，难将红粉结同心。
> ——吴伟业《赠寇白门六首》（其二）

此朱公非彼朱公，当然此西施也不会是彼西施，而为人津津乐道的泛舟五湖的故事谁又知道是否是真实的呢？吴伟业送给寇白门此诗，是在她从京城归来之后，大概是想劝慰她，朱国弼之所以没能像范蠡那样真情，是因为"勾践"已死的缘故，这里的勾践借指崇祯帝，不过也只是吴伟业一厢情愿的劝解，这理由实在无甚说服力，想来寇白门也是一笑置之。

右弯眉：商女不知亡国恨，隔江犹唱后庭花

再来说顾横波。

她的生平，最详尽的记述要数余怀的《板桥杂记》，从行文和内容来看，余怀对顾横波的情感不简单，两人之间比友情多一点，比爱情少一点，颇有当年马湘兰与王稺登之间的惺惺相惜之意。

> 顾媚，字眉生，又名眉，庄妍雅靓，风度超群，鬓发如云，桃花满面，弓弯纤小，腰肢轻亚，通文史，善画兰，追步马守真，而姿容胜之，时人推为南曲第一。家有眉楼，绮窗绣帘，牙签玉轴，堆列几案；瑶琴锦瑟，陈设左右。香烟缭绕，檐马丁当。余尝戏之曰："此非眉楼，乃迷楼也。"人遂以"迷楼"称之。当是时，江南侈靡。文酒之宴，红妆与乌巾紫裘相间，座无眉娘不乐。而尤艳顾家厨食，品差拟郇公、李太尉，以故设筵眉楼者无虚日。
>
> ——《板桥杂记》

甫一开篇，余怀就对顾横波进行了全方位的细致描述，文辞间似飘荡着一种暧昧情愫。顾横波的名字里不但藏着一条眉毛，且她颇钟爱眉字，家住眉楼，人唤眉娘。从"鬓发如云，桃花满面，弓弯纤小，腰肢轻亚"中可以看出，她的外貌符合当时对美人的标准审美，"通文史，善画兰"更是秦淮标配。余怀对她的画

作极为赞赏[①],称"追步马守真",从这五个字来看,他内心里也的确暗暗将两人之间的关系与马王作比。顾横波比较突出的才能是"南曲第一",余怀在记述寇白门时说她"能度曲",但并未交代具体领域,比较可能的情况是擅长演奏或演唱昆曲。但顾横波的"南曲第一"则较为明确,她在昆曲方面的演唱功底是为时人所追捧的。历来我们知道李香君善唱昆曲,最拿手的是《牡丹亭》,顾横波当超越李的风姿。但顾横波的人生追求和选择却与李香君大相径庭,她缺乏李香君的家国情怀,更注重个人的现实生活,比较符合文人眼中的"商女"形象。也正是这样务实的人生态度,让她与余怀之间的交往有别于马湘兰和王稺登。

余怀常去看顾横波,还戏称她的居所为"迷楼",心动固然心动,但同样心动的人不在少数,而顾横波这一方的感情也似乎没有那么热烈:

> 然艳之者虽多,妒之者亦不少。适浙东一伧父,与一词客争宠,合江右某孝廉互谋,使酒骂座,讼之仪司,诬以盗匿金犀酒器,意在逮辱眉娘也。余时义愤填膺,作檄讨罪,有云:"某某本非风流佳客,谬称浪子、端王。以文鸳彩凤之区,排封豕长蛇之阵;用诱秦诬楚之计,作摧兰折玉之谋。种凤世之孽冤,煞一时之风景"云云。伧父之叔为南少司马,见檄,斥伧父东归,讼乃解。眉

[①] 顾横波的《兰花图》亦受到柳如是的称赏,柳如是为其画作赋诗道:"懒踏长安九陌尘,独怜空谷十分春。豪端画破虚空界,想见临池妙入神。"并附有文字:"丙戌三月既望,偶检阅顾夫人所写墨兰一叶,清妍秀润,绰约有林下风,真堪什袭藏也。率题数绝,以识景仰。如是并跋。"可见欣赏之情。

娘甚德余，于桐城方瞿庵堂中，愿登场演剧为余寿。从此摧幢息机，矢脱风尘矣。

——《板桥杂记》

爱慕顾横波的两个情敌为争宠闹了起来，其中一方是个无赖，或许顾横波与其情敌走得较近些，故与人一同设计诬陷她"盗匿金犀酒器"，并告到了官府。顾横波遇上这样的麻烦，余怀心里焦急，但他那时尚年轻，比不得王稚登有人脉，故无法直接疏通关系。但他有一支笔，可以制造舆论压力，于是草拟檄文，贴了一张大字报。看似耍笔杆子的伎俩，却起了关键性的作用。无赖的叔叔是官场上有头有脸的人物，见到檄文后深感颜面扫地，便介入此案命侄子"东归，讼乃解"。余怀此举豪侠仗义，且不论出于何种情感，的确是救了顾横波。这件事对顾横波内心的冲击非常大，也影响了她此后的人生选择，余怀说她"从此摧幢息机，矢脱风尘"，这说明此事恰恰成为顾横波生命的转折点。如果依照前辈马湘兰的做法，顾横波也应当以身相许，余怀不但仗义相救，也是才子一枚，两人恰是才子佳人、花好月圆。但顾横波没有这样做，她选择亲自登场唱曲为余怀庆生，以此来表达对余怀的谢意。从她的做法来看，可以推断出以下两点：其一，她比较务实。马湘兰是性情中人，但顾横波是实用主义者，她把这里面的人情世故看得很清楚，马王二人的前尘往事她也一定听说过，引以为戒。其二，她对余怀感情不深。这里面的原因可能包括余怀的才学和社会地位没有达到她内心的期盼，也许她眼光较高，有"攀高枝"的心理诉求。或者她借鉴了马湘兰的经历，知道余怀不会比王稚登更大胆，也没有必要假意以身相许。从余怀这方来看，顾横波的表现是令他满意的，行文中从未透露出一丝为错过顾横波而惋惜愧悔之意。所以，两人间的交往始终限定在一个被双方认可的尺度内,都没有留下伤感和遗憾。

顾横波果然眼力不凡,余怀注定不能入她的慧眼,真正走入她内心生活的是晚明"江左三大家"之一的龚鼎孳。

龚鼎孳的名字于今人而言较陌生,但在晚明,他却是一个极受追捧的才子,与他齐名之人,也就是"江左三大家"的另两位——钱谦益与吴伟业。在《清史稿》中,龚鼎孳与两人同入文苑列传,且排在吴伟业之前。更有趣的是,这三人的人生经历也有几分相似,全部都是先后侍奉两朝,都背负了降清的骂名。但龚与钱、吴二人最大的不同是,龚鼎孳还曾降过李自成,且并未以为有何不妥。在个人命运选择上没有心理负担,他也是一个实用主义者。

如此说来,龚鼎孳与顾横波恰好是同一种人。

在做官上,无论皇帝是谁,龚鼎孳都做得用心卖力,虽也有宦海浮沉,但总体而言得到了统治者,特别是清朝早期统治者的嘉奖,死后追谥"端毅",算善终。尽管如此,在他生前,攻击他的却大多为同朝为官的政敌,而最该不齿他言行的文人,特别是江南文人却基本上都肯定他的才学和为人,少有讥讽者,其中缘由《清史稿》做了很好的解释:

> 鼎孳天才宏肆,千言立就。世祖在禁中见其文,叹曰:"真才子也!"尝两典会试,汲引英隽如不及。朱彝尊、陈维崧游京师,贫甚,资给之。傅山、阎尔梅陷狱,皆赖其力得免。临殁,以徐釚属梁清标曰:"负才如虹亭,可使之不成名耶?"釚后以清标荐试鸿博,入史馆。自谦益卒后,在朝有文藻负士林之望,推鼎孳云。
>
> ——《清史稿·列传二百七十一》

如果说顺治帝的嘉奖不具备说服力的话，那么清初公认的两位才子朱彝尊和陈维崧的成长则不得不感谢龚鼎孳的大力扶持，他还积极营救傅山、阎尔梅等具有一定名气的才子，临死前还不忘徐釚有才，竭力举荐。从这些被帮助之人的身份和成就可以判断，龚鼎孳的确识才爱才，他们并没有在政治上给龚带来权钱之利，而是在文坛上博得了美名，这也就如《清史稿》总结的那样，"自谦益卒后，在朝有文藻负士林之望者，推鼎孳云"，也就是说，龚鼎孳凭借人缘挽回了自己为文人所不齿的名声。而关于他的文学成就，沈德潜所编的《清诗别裁集·卷一》中有精准的评价："惟宴饮酬酢之篇，多于登临凭吊，似应少逊一筹。"这也正是龚鼎孳虽红极一时却被后人渐渐遗忘的根本原因。

龚鼎孳曾有诗《上巳将过金陵》，诗中道：

> 倚槛春愁玉树飘，空江铁锁野烟销。
> 兴怀何限兰亭感，流水青山送六朝。

有别于晚明文士提起秦淮即大放悲音，龚诗中有一种看惯江山变换的淡然，对改朝换代并无太多感慨。而对于他个人而言，秦淮河畔不仅仅是一个烟柳繁华之所，更是他遇到意中人，赢得终生爱情的地方，这爱人便是顾横波。

顾与龚如何相识相知，余怀没有详细叙述，只说"未几，归合肥龚尚书芝麓"，在清人陆以湉所撰《冷庐杂识记》一书中有《顾横波小像》一条，详细记录了关于顾横波画像的信息，从中或许可以窥探到蛛丝马迹：

> 程春庐京丞，博雅嗜古，所蓄书画甚多。余曾于其任银湾参军世樾处，见顾横波小像一幅，丰姿嫣然，呼

之欲出。上幅右方，款二行，云："崇祯己卯（1639年）七夕后二日，写于眉楼。玉樵生王朴。"左方诗二首云："腰妒杨枝发妒云，断魂莺语夜深闻。秦楼应被东风误，未遣罗敷嫁使君。淮南龚鼎孳题。""识尽飘零苦，而今始得家。灯煤知妾喜，特著两头花。庚辰（1640年）正月廿三日灯下，眉生顾媚书"。

从行文判断，顾横波的画像大约作于1639年，时在农历七月初九，作者也许就是王朴。而在第二年的正月，龚鼎孳与顾横波分别题诗画上，从顾诗的"而今始得家"一句可知，两人已经成终身之好，那么他们相识相知的时间就在这半年里，发展相当迅速。《定山堂集》所收顾横波诗《登楼曲》第二首："绣句惊人思未降，珊瑚笔格对雕窗。团香璧玉无人见，亲领明珠廿八双。"王蕴章在《然脂余韵》中解释为："此诗作于芝麓初入眉楼时，时盖北上过金陵也。"可见在龚鼎孳恋慕顾横波时，曾赠送过二十八颗明珠以为信物，顾横波宛然笑纳，从此结下情缘。

顾横波对龚鼎孳非常满意，对这段婚姻也颇为得意，那么在龚鼎孳心中又是怎样的呢？从他的题画诗中似乎看不出太多深意，但余怀做了相当多的补充：

> 尚书雄豪盖代，视金玉如泥沙粪土。得眉娘佐之，益轻财好客，怜才下士，名誉盛于往时。
>
> ——《板桥杂记》

首先，顾横波给了龚鼎孳相当多的影响，特别是在资助贤才一事上，也让龚博得了巨大的声望。戴延年的《秋灯丛话》可为佐证：

> 国初宏奖风流，不特名公巨卿为然，即闺中好尚亦尔。龚尚书芝麓、顾夫人眉生，见朱竹垞词"风急也，潇潇雨；风定也，潇潇雨"，倾奁以千金赠之。①

朱竹垞就是朱彝尊。据马大勇先生考证，此事发生于康熙二年，而这正是朱彝尊人生甚为落魄恓惶的一个低谷期。在《清史稿》中已明确交代他曾受到龚鼎孳的资助，但按《秋灯丛话》中的说法，真正资助朱彝尊的其实是顾横波。她拿出的是自己的私房钱，而且毫不吝惜，倾囊而赠。顾龚自结合后，夫妻二人的作为都会被看成一体，在这一点上顾横波堪称贤内助。《板桥杂记》中还记有一件荒唐事，可谓前所未有：

> 顾眉生既属龚芝麓，百计祈嗣，而卒无子。甚至雕异香木为男，四肢俱动，锦绷绣褓，顾乳母开怀哺之，保母褰（qiān）襟作便溺状。内外通称"小相公"，龚亦不之禁也。时龚以奉常寓湖上，杭人目为"人妖"。后龚竟以顾为亚妻。

有无子女在古代对于一个女人来说是非常重要的事，顾横波出身风尘，自然更希望有儿子，既可报答龚鼎孳的恩爱之情，也可为自己攒下筹码，年老后有依靠。可惜始终不能偿所愿，不得已搞了个木头小人当儿子，聊以慰藉。这原本可以理解，但令人叹息的是，龚鼎孳也陪着一同演戏，还亲自抱着去西湖游玩，虽

---

① 参见戴延年《秋灯丛话》，张潮、杨复吉、沈楙德纂《昭代丛书·戊集续编》卷二三，第1016页，上海古籍出版社，1990年。

被人嘲笑亦不遮掩。"以顾为亚妻"更宣告了顾横波的彻底胜出，连原配童夫人也主动退避三舍，"居合肥，不肯随宦京师"。当清帝要封赏时主动请辞："我经两受明封，以后本朝恩典，让顾太太可也。"于是，顾横波成了历史上唯一一个受过皇帝诰封的名妓。但在当时，连知己余怀都看不下去了，在结尾发出喟叹道："呜呼！童夫人贤节过须眉男子多矣！"表面上在批评龚鼎孳，其实是在批评顾横波。当然，可以将余怀的认知定位为专制男权社会里对女性的偏见和歧视，但最令时人对顾横波龚鼎孳夫妇有微词的其实是这件事：

> 龚鼎孳娶顾媚，钱谦益娶柳是，皆名妓也。龚以兵科给事中降闯贼，授伪直指使。每谓人曰："我原欲死，奈小妾不肯何？"小妾者，即顾媚也。见冯见龙《绅志略》……
> ——《冷庐杂识记·卷八·顾媚柳是》

被世人津津乐道的"小妾不愿死"的趣闻即出自此处，夫妻二人欲盖弥彰，面对舆论压力，使出了这样的把戏。"小妾不肯"应当是实情，"我原欲死"就实在不可信，大抵是装装样子，顾横波去安慰几句也就借坡下驴了。作者将龚鼎孳与钱谦益作比的确有道理，但他也清楚顾横波与柳如是不能相提并论，柳虽是娼女但绝非商女，故在结尾处道出"顾不及柳远矣"的话。

虽然外界存在微词和不同的看法，但夫妻二人的感情却未受影响，其风流浪漫堪称晚明一景：

> 龚定山尚书与横波夫人月夜泛舟西湖，作《丑奴儿令》四阕，自序云："五月十四夜，湖风酣畅，月明如洗，

繁星尽敛，天水一碧。偕内人系艇子于寓楼下，剥菱煮芡，小饮达曙。人声既绝，楼台灯火，周视悄然。惟四山苍翠，时时滴入杯底。千百年西湖，今夕始独为吾有，徘徊顾恋，不谓人世也。酒语情恬，因口占四调，以纪其事。"……词云："一湖风漾当楼月，凉满人间。我与青山，冷澹相看不等闲。藕花社榜疏狂约，绿酒朱颜。放进婵娟，今夜纱窗可忍关。"……

——清·徐釚《词苑丛谈》

"湖风酣畅，月明如洗，繁星尽敛，天水一碧"，风景如画之夜晚，夫妇二人携手泛舟，万籁俱寂，湖山尽归两人所有，何等的风流蕴藉！"我与青山，冷澹相看不等闲"，这青山即是眼前的顾横波，此生有你，永无厌弃。

顾横波婚后的日子平安顺遂，没有寇白门那大梦一场的人生落差，也没有董小宛忧劳早逝的凄凉结局。欧阳珍的《明末青楼女词人研究》一书将顾横波去世的年份标为1664年，因病去世，死在龚鼎孳之前，十分幸运，她也是晚明秦淮佳丽中少有的可以确定出生和死亡日期的人，于个人际遇而言达到了辉煌的顶点，是最受命运眷顾的名妓。为了纪念她，龚鼎孳为她修建了妙香阁，九年后，龚鼎孳离世。

顾横波曾著有《柳花阁集》，惜作品多不存世，王蕴章所著《然脂余韵》一书中收录几首，其中两首都与一位远山李夫人相关。远山李夫人乃吉水兵部侍郎李元鼎之妻朱中楣，字远山。黄媛介亦曾有诗唱和，是一位不让须眉的明代女词人。

几般离索，只有今番恶。塞柳凄，宫槐落。月明芳草路，人去真珠阁。问何日、衣香钗影同绡幕。

> 曾寻寒食约，每共花前酌。事已休，情如昨。半船红烛冷，一棹青山泊。凭任取、长安裘马争轻薄。
> ——《千秋岁·送远山李夫人南归》

从"曾寻寒食约，每共花前酌"一句看，两人曾私交甚密，顾横波送其南归，心中充满必然不舍和怅然之情。但全词并没有过度渲染伤感之情，反倒见看惯风云的豁然之气。"事已休，情如昨"一句中更可见两人情意深重，顾横波是一个有情有义的人。李夫人南下后，有一日于梦中与顾横波重逢，填词《寄梦》赠予顾横波，横波答复一首《虞美人》：

> 春明一别鱼书悄，红泪沾襟小。却怜好梦渡江来，正是离人无那倚妆台。
> 朱阑碧树江南路，心事都如雾。几时载月向秦淮，收拾诗囊画轴称心怀。
> ——《虞美人·答远山夫人寄梦》

也许，此生未能再见，但惺惺相惜之意通过诗文留存到今天。

柳如是：肝胆秦淮沉碧血

翻阅前人留下的关于柳如是的资料，这才发现，她的身上具有相当的复杂性。恰如她的多个名字，每一个都代表着她的一段人生，分属不同的社会身份，扮演多种多样的社会角色。而只属于她的这特有的复杂性，并非她曾有过多个男性伴侣那么简单，这是一种深埋于人性之中的，既令人着迷，又使人畏惧的特质。它令柳如是千变万化，模糊而又清晰。它使柳如是有别于同时代同阶层的任何一类人，发展出她特有的人格。柳如是已不仅仅是一个女人的代名词，它蕴含了人们对那个时代的想象、追忆、迷惘与批判，当我们谈起她的名字，总是不得不提及那个时代里众多形形色色的人与事。柳如是的背后有一个时代叫晚明，晚明的历史波涛中有一个最特别的女人，她的名字叫柳如是。

自她来到这个纷扰的红尘世界起，喧嚣赋予了她一种魔力，围绕着她的纷争杂议从未间断，赞誉与诋毁并行。她始终是话题的中心，人们谈论她、品评她，为她著书立传。虽只存世短短五十六年，她的名字与身影却从未离开过，任凭时代波云诡谲，她总有一席之地。刘体信在所著《苌楚斋随笔》中称其"三百年来，久已为人所艳称"，所言不虚。20世纪50年代，著名学者陈寅恪先生集晚年之余力，忘病痛之折磨，经助手帮助作《柳如是别传》八十万言，蚕丝尽吐、蜡炬成灰，将柳如是的研究推向顶峰，也让柳如是成为一段千古绝唱。能够在死后三百年仍有对她（他）不能割舍抛撇的知己，不是任何人都可以做到，而此区区几万言之文，实不足述其深奥。

走入三百多年来文人留下的笔墨文字，回到久已消逝的晚明，寻找她，追索一段人生，窥视那匆匆而逝的时代。

吴中名妓杨影怜

陈寅恪在《柳如是别传》第一章"缘起"中谈道："至于河东君本末，则不仅散在明清间人著述，以列入乾隆朝违碍书目中之故，多已亡佚不可得见，即诸家诗文笔记之有关河东君，而不在禁毁书籍之内者，亦大抵简略错误，抄袭雷同。纵使出于同时作者，亦多有意讳饰诋诬，更加以后代人无知之虚妄揣测。故世所传河东君之事迹多非真实，殊有待发之覆。"这段陈述阐释了他于诸多资料之上再作别传以考证的原因和必要性，也正是以这一段话为契机，陈寅恪在努力还原柳如是的同时，也为现当代读者塑造了一个全新面貌的柳如是。不夸张地说，我们今日对柳如是之生平和为人的认知皆是以直接或间接的方式从陈寅恪的这部作品中得到的。尽管读者未必有时间和精力仔细阅读原作，但大量的文学及影视作品对柳如是其人的描摹和塑造无不从《柳如是别传》中寻找史料和灵感。因此，所有喜爱柳如是的读者或观众都应该感谢陈寅恪为后人留下的这部不朽之作。

陈寅恪考证的原始资料分为两部分，一部分为柳如是及同时代人所著诗文，另一部分则源自同时代人所撰写的较为有参考价值的传记或笔谈。其中，钱谦益门生顾苓所著《河东君小传》、沈虬的《河东君传》、钱肇鳌的《质直谈耳》之"柳如之（是）逸事"以及钮琇的《觚剩》之"河东君"篇引用考证最多，尤以前三篇为重中之重。在写作本篇之时，除陈寅恪所引证的以上资料外，亦参考其他散碎的有关柳如是的笔记笔谈及今人相关著作，或可成为叙述之补充。

在留下来的原始资料中，关于柳如是早年经历的叙述大多比较简略，这源自柳如是与钱谦益的婚姻。因钱谦益在晚明文坛声名显赫、地位突出、交友广泛，时人出于尊敬和避讳的考虑，故意模糊了柳如是婚前的生平经历。但因各人的叙述标准和尺度有别，我们还是能够获得一些粗浅的信息。比如她曾姓杨，婚前是吴中名妓，博学多才，为人风流而好强，真正让柳如是的早年时光变得较为清晰的是陈寅恪的《柳如是别传》。

"杨影怜"一名为今人所熟知，但这并非柳如是最初之名，亦非当年最为人熟知者。陈寅恪认为"'杨'乃河东君本初之姓，是无疑义"，肯定了柳如是原本姓杨的说法，但也有人持不同看法。刘燕远在《柳如是诗词评注》一书中作柳如是年谱，其中转引了周采泉的考证，认为"柳"才是真正的本姓，此说可供参考[①]。无论如何，柳如是曾多年姓杨并以之成名是公认的。柳如是一生中多次更名，顾苓的《河东君小传》中称她"初名隐雯"，钮琇在《觚剩》中说她"本名爱"[②]，陈寅恪在《柳如是别传》中拓展了更多可能性，比如"疑河东君最初之名实为'云娟'二字"，又有"河东君曾一度称'杨朝'""以'朝云'为字耶"等推测和猜想，而我们

---

① 周采泉《柳如是杂论·柳如是童年之推测》。
② 陈寅恪在《柳如是别传》中认为记载"杨爱"一名最早的资料为沈虬的《河东君传》："院中惟留其婢杨爱。"

今日最熟悉的名字"影怜"则记载于一些早已为读者所陌生的笔记中，如《莼乡赘笔》中称"柳如是初名杨影怜"，《王沄辋川诗抄·四》"虞山柳枝词"第一首的小注中称"杨氏，小字影怜，后自更姓柳，名是"。这两段资料被陈寅恪引用，继而使"杨影怜"一名流传开来，知名度超过了其他曾用名。关于"影怜"的来历，陈寅恪亦做出了解释："至其又称'影怜'者，当用《李义山诗集》（上）'碧城'三首之二'对影闻声已可怜'之出处，此句'怜'字之意义，复与'爱'字有关也。"或许可以理解为，随着学识和阅历的增长，云娟、朝、爱一类的名字都不足以匹配成长中的柳如是对自身的定位，她须以更富于诗意和典故的名称来彰显自身的价值，也同时博取文人的赞誉。在其日后的发展和经历中，柳如是亦通过不断更换姓名来重新定位自己的人生方向，不同的名字代表着她不同时期的人生追求。

柳如是及笄之年以前的生平资料极为稀缺，陈寅恪先生考证时大量引用并参考了钱肇鳌的《质直谈耳·七》中"柳如之逸事"一文，这也是仅有的描述柳如是少年时期经历的资料。从钱肇鳌的记述中可以看出，柳如是的早年生活非常波折，甚至可以用不幸来形容：

> 如之幼养于吴江周氏，为宠姬。年最稚，明慧无比。主人常抱置膝上，教以文艺，以是为群妾忌。独周母喜其善趋承，爱怜之。然性纵荡不羁，寻与周仆通，为群妾所觉，谮（zèn）于主人，欲杀之。以周母故，得鬻为倡。其家姓杨，乃以柳为姓，自呼如之。

陈寅恪认为"原文'之'字乃'是'字之误"，但也有可能是出于避讳的考虑有意误写。文中提到的"吴江周氏"并无实指，陈寅恪先生经多方考证后认为"惟有周道登一人适合也"，从此"吴江周氏"被正式认定为"崇祯朝宰相"周道登，即"吴江故相"[①]。

为官的同时，周道登也是一名文士，对宠姬杨氏多有怜爱，并"教以文艺"。杨氏的专宠遭到了周家其他姬妾的嫉妒，乃至被陷害。钱肇鳌所描述的细节虽不一定完全准确，但有两点需要注意：其一，少女杨氏有文艺天赋，这不但决定了她的发展方向，也影响了她的人格和人生走向；其二，她的性格已有所养成，"纵荡不羁"的评价几乎伴随了她一生。更重要的是，她终生因两性关系较为复杂而遭人诟病，"与周仆通"也许是污蔑，但从她日后的经历来看，婚姻并未能成为约束的藩篱，精神境界的至高追求与世俗欢愉的享受是她人生的两大主题，构成了她复杂人格的基本框架，也是她毁誉参半、争议不断的根本原因。

虽然钱肇鳌称柳如是"以周母故，得鬻为倡"，但陈寅恪有不同的看法，在考证宋征璧《含真堂诗稿》五《秋塘曲（并序）》后，认为"河东君初入徐佛家为婢，后复由徐氏转入周道登家"，若果真如此，柳如是的早年经历则更加波折。关于徐佛，《柳如是别传》引仲廷机《盛湖志拾列女名妓门明徐佛传略》，有一个简短的介绍：

　　徐佛（原注："原名翳。"），字云翾，小字阿佛。嘉兴人。性敏慧，能琴工诗善画兰。随其母迁居盛泽归家

[①] 见《柳如是别传》第三章——河东君与"吴江故相"及"云间孝廉"之关系，此称呼转引自宋征璧《含真堂诗稿》五《秋塘曲（并序）》："宋子与大樽（即陈子龙）泛于秋塘，风雨避易，则子美、湨陵之游也。坐有校书，新从吴江故相家流落人间，凡所叙述、感慨绝不类闺房语。……"

院，遂著声于时。柳是尝师之。每同当湖武原诸公游，然心厌称华，常与一士有所约，不果。后归贵介周某。周卒，祝发入空门。

以此得知，徐佛也是一位色艺双绝的吴中名妓。沈虬曾在《河东君传》中称见过柳如是其人，谓"听其音，禾中人也"，也就是嘉兴人。而徐佛正是嘉兴人，故陈寅恪认为"云翾收取为婢自极寻常"。柳如是早年侍奉徐佛与周道登的同时，得到两人的赏识调教，虽然生活不尽如人意，但也得到了好的启蒙，为人生打下基石，也是她不幸之中的万幸。

离开周道登后，柳如是的去向较为模糊，陈寅恪猜测"被鬻之娼家恐当在苏州也"，又称其"流落人间，辗转数年"，钱肇鳌也说她"扁舟一叶放浪湖山间，与高才名辈相游处"，可见是经过一番自由却波折的历练。比较确切的判断是，从吴江出来后，柳如是曾在云间，即上海松江一带盘桓过相当长的一段时间，成为小有名气的才妓。此时，柳如是当十五岁上下，年少加之缺乏一定的约束，这段时期的生活是相当放浪恣意的。

> 时有徐某者，知如之在佘山，以三十金与鸨母求一见。徐蠢人也，一见即致语云："久慕芳姿，幸得一见。"如之不觉失笑。又云："一笑倾城。"如之乃大笑。又云："再笑倾国。"如之怒而入，呼鸨母，问："得金多少？乃令此奇俗人见我。"知金已用尽，乃剪发一缕，付之云："以此尝金可也。"又徐三公子为文贞之后，挥金奉如之，求与往来。如之得金，即以供三君子游赏之费。如是者累月，三君意不安，劝如之稍假颜色，偿凤愿。如之笑曰："当自有期耳。"迟之又久，始与约曰："腊月三十日

当来。"及期果至。如之设宴款之，饮尽欢，曰："吾约君除夕，意谓君不至。君果来，诚有情人也。但节夜人家骨肉相聚，而君反宿娼家，无乃不近情乎？"遂令持灯送公子归。徐无奈别去。至上元，始定情焉。因勖徐曰："君不读书，少文气。吾与诸名士游，君厕其间，殊不雅。曷不事戎武，别作一家人物，差可款接耳。"徐领之。闲习弓马，遂以武弁出身，乱中死于炮。其情痴卒为如之葬送，亦可悯也。

——《柳如是别传》[①]

文中提到的"三君"我们稍后再谈，先看这位徐三公子。从拜访柳如是到"挥金奉如之（是）"，再到"情痴卒为如之（是）葬送"，他始终被柳如是玩弄于股掌之中，虽一片深情可叹，却没有得到与之相应的回报。钱肇鳌说"徐蠢人也"，但徐公子也并非暴发户之子，而是嘉靖时期宰相徐阶的曾孙[②]，可谓出身不凡。柳如是当时已有一定艳名，但远非日后名气可比，出身亦卑微，如此慢待宰相之后，除了自身年轻放浪之外，恐对徐公子的才识不甚看好。此时，她身边结交的客人是文中提到的那"意不安，劝如之稍假颜色"的三君子，他们的名字分别是宋辕文（宋征舆）、李存我（李待问）和陈卧子（陈子龙）。

三君皆是松江华亭人，且在文坛上都留下令名，其中尤以陈子龙最为出色，亦最为今人所熟知。在与柳如是的交往中，他们都曾给柳极深的影响，某种程度上说，他们亦师亦友，恰如陈寅

[①] 引钱肇鳌《质直谈耳七·柳如之轶事》。
[②] 《柳如是别传》：至钱氏所言"徐三公子"乃文贞之后，文贞者，明宰相华亭徐阶之谥……以时代考之，此徐三公子当是阶之曾孙辈，观几社胜流钓璜堂集主徐暗公孚远乃阶弟陟之曾孙可以推知也。

恪所言，柳如是"不仅狭昵之私，亦得观摩之效"，三人不仅促进了柳如是的成长，甚至改变了她的人生走向。

李待问是今人最为陌生的一人，他是"崇祯癸未（1643年）进士""善法书"（《柳如是别传》引《钱楚日肃润南忠记》），为时人所称道，曾有人赋诗赞其"兰风殊蕴藉，鹤步有威仪"（《柳如是别传》引《徐暗公孚远钓璜堂存稿壹陆》），可见非徐三公子可比。陈寅恪认为"河东君之书法当受存我之影响无疑"，李待问也可称是柳如是的书法老师。柳李之间有过一段短暂的交往：

> 姬尝与陇西君（即李待问）有旧约，以"问郎"玉篆赠别。甲申南都，钱为大宗伯，一日宴客，陇西君在坐，姬遣婢出问起居，以玉篆归之。
>
> ——《柳如是别传》①

刘体信在谈到此事时赞柳"行事光明磊落，亦不失大丈夫之所为也"，可见柳如是在处理这段过往情缘时做法得体，给当事人都留了体面。但关于柳李之间交往的细节留存资料不多，在三君之中，与柳产生亲密关系的第一人是宋征舆。

> 初，辕文之未与柳遇也，如之约泊舟白龙潭相会。辕文早赴约，如之未起，令人传语："宋郎且勿登舟，郎果有情者，当跃入水俟之。"宋即赴水。时天寒，如之急令篙师持之，挟入床上，拥怀中煦姬之。由是情好遂密。辕文惑于如之，为太夫人所怒，跪而责之。辕文曰："渠不费儿财。"太夫人曰："财亦何妨。渠不要汝财，正要

---

① 引王胜时《虞山柳枝词》第六首自注。

汝命耳。"辕文由是稍疏。未几，为郡守所驱，如之请辕文商决。案愿古琴一张，倭刀一口。问辕文曰："为今之计，奈何？"辕文徐应之曰："姑避其锋。"如之大怒曰："他人为此言，无足怪。君不应尔。我与君自此绝矣。"持刀斫琴，七弦俱断。辕文骇愕出。

——《柳如是别传》[①]

宋征舆后来与吴伟业成为挚友，吴赞其"膏粱世族，风流籍甚，而能折节读书"。(《柳如是别传》引《吴骏公伟业梅村家藏稿肆柒》)据陈寅恪考证，宋征舆与柳如是年龄相仿，当是三君中最年轻的一位，也是第一个令柳如是动心的人。柳宋的爱情模式在晚明并不新鲜，其来龙去脉不禁令人联想起晚年马湘兰的遭遇，而柳如是此时与马湘兰的区别恐怕仅在于年龄的不同。但也恰因为年龄的不同，从这段故事中可以看到几个方面：其一，柳如是与宋征舆的爱情主要表现为年轻人的情欲。宋征舆虽是才子，但此时年纪较轻，尚未有出色表现，但其家世好、情欲盛，很容易吸引十五岁上下的女孩子。正如许多同龄人的爱情一样，火热却难以经受现实的考验，事实也证明了这一点。其二，柳如是性格非常刚烈，对待不如意的爱情不妥协、不留恋、不纠缠，爱时热情似火，不爱时快刀斩乱麻，不给自己留后患。其三，柳如是此时虽年少，但并未茫然地虚度青春，而是已经开始考虑终身问题。当时，柳如是正面临"为郡守所驱"的困境，陈寅恪认为："河东君之请辕文商决，其意当是欲与辕文结婚，若果成事实，则既为郡邑缙绅家属，自无被驱出境之理，否则亦欲辕文疏通郡守为之缓颊，取消驱逐出境之令。"柳如是虽考虑长远，但到底年轻，宋

[①] 引钱肇鳌《质直谈耳七·柳如之轶事》。

征舆虽爱慕柳如是，但也正因为年轻而懦弱瑟缩。陈寅恪在评价这段爱情公案时为双方都做了辩护，道："辕文当时不能违反母意迎置河东君于家中，又不敢冒昧进言于不甚相知之郡守，于是遂不得不以'姑避其锋'之空言相搪塞……（柳如是）然爱之深者望之切，望断而恨生，更鄙辕文之怯懦不肯牺牲，出此激烈决绝之举亦事理所必至。"（《柳如是别传》）

与初恋不欢而散，柳如是虽没有过多纠缠，却也因此再次认清了现实的残酷，得到了相当大的警醒。少年郎固然貌美多情，终是不堪一击，难堪信任。离开柳如是，宋征舆也没有完全释怀，据陈寅恪考证，宋后出仕清朝，并曾"痛诋牧斋（钱谦益）以泄旧恨"，令人不齿。但这也恰恰说明，早年与柳如是的这段短暂的恋爱风波在他的心里留下了深深的伤痕，不是仅当成一场风流过往。

离开宋征舆的柳如是又回归了浪荡湖山的生活，渐渐成年的她开始审慎思考自己究竟想要一个怎样的人生。嫁入良家为妇？不是没有这个愿望，但对柳如是来说显然不够，她当然仍旧渴望真正的爱，但除了爱还有对生命中更高境界的追求。她此时或许已经有了一个较为模糊的期待，但并不真正明白那究竟是怎样的。她虽有艳名，且小有才名，但尚未晋身一流。她还有许多的东西要学，须经受更多的历练，她的才情和禀赋还有待发掘培养，她需要一个人发现她、引导她，爱情不能仅限于火热的情欲，还需要别的什么，她在寻找，而这个人已经出现了，或许一直在等她，只是她未能慧眼识珠。这个人就是"云间绣虎"陈子龙。

"愁头恨尾"的柳陈情缘

"柳儒士"是钱谦益对爱妻的戏称，饱含了赞赏与爱意。这一爱称虽与陈子龙无关，但柳如是从一个放浪的名妓成长为格调高绝的"儒士"，并非一蹴而就，其起始当源自于与陈子龙的交往，是陈子龙让柳如是有了脱胎换骨的改变。

无论从才学、人品和作为哪一方面来看，陈子龙都堪称人中龙凤。《明史》载其"生有异才，工举子业，兼治诗赋古文，取法魏、晋，骈体尤精妙"，可谓当时的全能型人才。除此之外，他"倡几社，承王世贞之说而涤其滥"（丁国祥《复社研究》引《四库全书总目》），是江南学社的重要领导者之一，同时加入张溥领导的复社，成为重要骨干成员。虽在崇祯一朝因复杂原因建树不多，但在明朝覆灭后积极参与和组织抗清活动，最后以身殉国，慷慨忠义。一生少瑕疵，无争议，生前身后都为人所称道敬仰。《明史》称其"负重名"绝非夸张。

今人所知道的柳如是与陈子龙的一段情缘须感谢陈寅恪的考证，《柳如是别传》面世之前，人们对于两人之间关系的认知与现在有天壤之别。陈寅恪在撰写第三章"河东君与'吴江故相'及'云间孝廉'之关系"时曾说过这样一番话：

> 杨、陈两人关系之史料，今日通常流布者，乃违反真相，绝不可信。究其所以致此之故，恐因有人故意撰造虚伪之材料，以乱真实，而卧子又以殉明死节之故，稽考胜国之遗闻，颇为新朝所忌恶也。

陈寅恪首先否定了三百年来关于柳陈关系的错误描述，并分析了产生这一现象的缘由。那么，旧有的说法又是怎样的？为做辩驳，陈寅恪引用了当时被人所认可的标准说法，即"《虞阳说苑本》《牧斋遗事》（后改名《绛云楼俊遇》）'柳尝之松江，以刺投陈卧子'条"：

> 柳尝之松江，以刺投陈卧子。陈性严厉，且视其名帖自称女弟，意滋不悦，竟不之答。柳恚，登门詈（lì）陈曰："风尘中不辨物色，何足为天下名士？"

翻检清代其他有关柳陈交往的笔记资料，发现陈寅恪的说法的确是事实，钮琇在所著《觚賸》中亦持相同看法，谓："闻茸城陈卧子为云间绣虎，移家结邻，觊有所遇。……居松久之，屡以刺谒陈，陈严正不易近，且观其名纸，自称女弟，意滋不悦。"陈寅恪认为，钮琇的说法是从《牧斋遗事》中取材，后加删改润色而成。那么，既然三百年来此说法受到广泛认可，其中所描绘的柳陈二人之形象并未对当事人的实际形象构成污蔑，又为何引来陈寅恪的不满和翻案呢？总结起来，大概是以下两点原因引起了陈寅恪的注意和思考。

其一，资料相互矛盾。柳如是生前曾刻印诗集《戊寅草》，受到广泛关注和好评，也成为柳如是重要的代表作品，而这本诗集的前序作者即为陈子龙。如果陈子龙果真"性严厉""严正不易近"，甚至遭到柳如是的当面责难，又为何不与有放浪名声的柳如是保持距离，反而为其诗集作序呢？《众香词书集》中又有"(柳如是)初为云间陈大樽（陈子龙号）赏识，序其词问世"（转引自《柳如是别传》）之语，点明了柳如是曾受陈子龙的赏识，说明陈为柳诗作序不是碍于复杂的人情关系。这些现象与流行的说法存在较大的矛盾，不能不让严谨的学者产生疑问，从而检点史册文集，再做考证。

其二，有人说漏了嘴。顾苓在《河东君小传》中记述柳如是婚前生活时有如下叙述：

>……适云间孝廉为妾。孝廉能文章，工书法，教之作诗写字，婉媚绝伦。顾倜傥好奇，尤放诞。孝廉谢之去……

顾苓是钱谦益的门生，与钱柳关系较密切，记述当较可信。他本不该说师母的过往，却偏偏说了，是有意还是无意？这位多才多艺的"云间孝廉"又是何许人？有心人自然会多画一个问号，陈寅恪更不会放过这则史料。

首先自然要确定"云间孝廉"的确切身份，陈寅恪的考证为此人即陈子龙：

>云美（顾苓字）之以"孝廉"目卧子者，盖谓河东君"为妾"，实即"外妇"之时，卧子之资格身份实为举人，而非进士及其他诸职也。此点云美既所以为河东君及卧子讳，又标明其关系之时代性。斯固为云美之史笔，亦足证此关系发生于卧子为举人时，即崇祯三年庚午至十年丁丑之时期，此八年之间，唯有崇祯八年乙亥春季最为适合。故"云间孝廉"之为卧子，可以无疑也。

更多考证细节可参看《柳如是别传》，篇幅关系不过多引用。在确定了"云间孝廉"的身份之后，陈子龙为柳如是诗集作序之事便顺理成章，柳陈的关系也渐渐浮出水面，这段尘封三百年的往事终于重见天日，柳陈情缘之说法正式成立并被广泛接受。

柳如是与陈子龙是如何相识的？

钱肇鳌在《质直谈耳七》中说："其（柳如是）在云间，则宋辕文、李存我、陈卧子三先生交最密。"虽未交代相识细节，似与前两人结识柳如是时间不远，且文中多次提到三君子与柳的过往，可见陈子龙与柳如是结识较早，并非柳成名后主动拜访。关于确切的相遇时间已不可考，陈寅恪根据一系列资料做出过三个推测，"（崇祯）四年（1631年）冬季"，"崇祯五年（1632年）春季"和"崇祯五年壬申冬季"。地点有两个可能："陈眉公（陈继儒）生日"时的宴席上，地点在松江佘山，以及"眉公生日不久以前在苏州已得见河东君"，即地点在苏州。如此推算，两人相遇时，柳如是豆蔻年华，陈子龙年长其十岁，过弱冠不久。关于此前柳如是的经历已然做了梳理，陈子龙正值大好年华却为何没有走上仕途之路，而是留居江南？他经历了什么，又为何会爱上柳如是？不妨先简单介绍一下他的出身和此前的遭遇。

查《复社研究》一书中有关陈子龙的生平介绍，陈家在松江华亭"有一定的名望"，其父陈所闻"读书起家，中万历四十七年（1619年）进士，官工部郎中"，可见陈子龙出身较好，加之天赋异禀，"十六岁举童子试，名列第二"，后于"崇祯二年（1629年）夏秋之际"与友人成立几社。崇祯三年（1630年），陈子龙参加复社召开的金陵大会，同年中举。在此之前，陈子龙一路顺风顺水，从未遇到过挫折，但就在次年入京的考试中，陈子龙未能入榜，黯然返乡。这一年的榜眼是吴伟业，复社领袖张溥也名列进士三甲，陈子龙一直以来与他们处于同一阶层和阵营，猛然间被考试划开了距离，自然心有不甘。《柳如是别传》引《陈忠裕全集》卧子《自撰年谱（上）》（崇祯四年辛未），言："试春官，罢归。四月抵里门，即从事古文词，间以诗酒自娱。是时意气甚盛，作书数万言，极论时政，拟上之。"可见此时的陈子龙内心极不平静，想要寻找一个发泄口，事业上的不如意恰是失意人遇到爱情的最佳时机，陈子龙遇到了豆蔻娉婷的杨影怜。

才过十三春浅，珠帘开也，一段云轻。愁绝腻香温玉，弱不胜情。绿波泻，月华清晓，红露滴，花睡初醒。理银筝。纤芽半掩，风送流莺。

娉婷。小屏深处，海棠微雨，杨柳新晴。自笑无端，近来憔悴为谁生。假娇憨，戏揉芳草，暗伤感，泪点春冰。且消停。萧郎归去，莫怨飘零。

——《柳如是别传》[①]

陈寅恪推测此词作于"崇祯六年（1633年）春间"，乃"河东君自苏迁松不久时所赋"。词句婉约，情意缠绵，有怜惜之情，更有劝慰之意。前文述柳如是与宋征舆感情决裂，陈寅恪推测时间"疑在崇祯六年癸酉，或七年（1634年）甲戌"，如此说来，柳陈之间尚是落花有意流水无情。陈子龙不但事业失意，感情上也不尽如人意。尽管如此，陈子龙并未疏远柳如是，两人保持着较为密切的交谊。陈怜惜柳、关心柳，见到柳为爱情添病神伤，心里也随之难过：

> 两处伤心一种怜，满城风雨妒婵娟。
> 已惊妖梦疑鹦鹉，莫遣离魂近杜鹃。
> 琥珀佩寒秋楚楚，芙蓉枕泪玉田田。
> 无愁情尽陈王赋，曾到西陵泣翠钿。
> ——《七律二首》（其二）

陈寅恪考证，此诗乃"卧子在崇祯六年秋为河东君而作者"，其有自注云："秋夕沈雨，偕燕又让木集杨姬馆中。是夜姬自言愁病殊甚，而余三人皆有微病，不能饮也。"（《柳如是别传》）陈已

[①] 引陈子龙《玉蝴蝶·咏美人》。

痴情缱绻，柳仍执迷旧爱，直到柳宋正式分手，陈子龙才走入了柳如是的内心。

从前引《玉蝴蝶·咏美人》一词所描画的人物来看，柳如是的形象与笔记中所记载有同有异。顾苓在《河东君小传》中说柳"为人短小，结束俏利"，其形象颇符合陈笔下的"一段云轻""弱不胜情"之描绘，顾苓亦称柳"婉媚绝伦"也与陈词的整体描画极为贴合，可见两人都较为精准地把握了柳如是的样貌和神态。但顾苓也说柳"放诞"，以及沈虬在《河东君传》中称柳"豪宕自负，有巾帼须眉之论"则无法从陈词中寻到影子。顾、沈二人结识柳如是较晚，皆在陈子龙之后，彼时柳如是已与陈子龙仳离，年纪也长了许多，或许可以推断，他们所描述的正是受到了陈子龙的影响后有所转变的柳如是。既如此，陈子龙究竟如何改变了柳如是？

《河东君小传》载："孝廉能文章，工书法，教之作诗写字……"前面已经提到，柳如是书法得益于李待问，顾苓的记述则为柳再添一位良师。除了书法外，柳如是最大的受益要数诗词文章的创作。柳赞誉陈"邺下逸才，江左罕俪"（《柳如是别传》引《柳如是尺牍》第二十五通），如果说陈子龙爱恋柳如是之初始是赏其色，那么柳如是对陈子龙的倾慕则很可能起步于崇敬和膜拜，与之前迷恋宋征舆相比，情感更为成熟，也摆脱了纯粹情欲上的吸引。

近代词学大家龙榆生在所编《近三百年名家词选》中首录陈子龙的词作，并谓"词学衰于明代，至子龙出，宗风大振，遂开三百年来词学中兴之盛，故特取冠斯编"。给予了陈子龙极高的赞誉。除词作外，陈子龙亦在诗歌创作上颇多建树，一定程度上摆脱了明代诗歌刻板拘束的结构和立意，多作长篇，风格直追唐诗之浩荡。晚明诗人吴伟业亦以长诗闻名，两者相较，吴诗更添哀婉，陈诗则多意气，风格各异。自科考失意归乡之后，陈子龙的主要精力都放在文学创作上，虽崇祯七年再次赴试，亦失望而归，这恰给柳陈的交往提供了极好的契机，也让柳如是得以长时间地跟随陈子龙学习，从而发展出自己特有的创作风格，这段岁月的最好成绩即是后来结集刻印的《戊寅草》。

陈子龙在《〈戊寅草〉序》中这样评价柳如是的作品：

> 乃今柳子之诗，抑何其凌清而涧远，宏达而微恣与！夫柳子非有雄妙窅丽之观，修灵浩荡之事，可以发其超旷冥搜之好者也。其所见不过草木之华，眺望亦不出百里之内，若鱼鸟之冲照，驳霞之明瑟，严花肃月之绣染，与夫凌波盘涡，轻岚画日，蒹葭菰米，冻浦岩庵烟火之衺衺，此则柳子居山之所得者耳。然余读其诸诗，远而恻荣枯之变，悼萧壮之势，则有旻（曼）衍漓槭之思；细而饰情于潜者蜿者，林木之芜荡，山雪之修阻，则有寒澹高凉之趣，大都备沉雄之致，进乎华骋之作者焉。

文中赞扬柳如是作品"凌清而涧远，宏达而微恣"的同时，探讨了她如何克服生活范围狭隘，做到细微观察周遭万物，细心体味万物精华，赞誉了她的聪慧与天赋。但也有人在肯定的基础上提出不同的看法：

> 《戊寅》一编，遣韵缀辞，率不可诘。最佳如《剑术行》《㼿侬词》诸篇，不经剪截，初不易上口也。然每遇

警策，辄有雷电砰然，刀剑撞击之势，亦鼟笄之异致矣。

——《柳如是别传》①

　　王士禄认为柳如是的作品"如剑术行"，"有雷电砰然，刀剑撞击之势"，从诗作风格上可以看出，柳如是是在努力靠近陈子龙，但同时也有"不易上口"的小缺点。翻读《戊寅草》，的确会发现柳如是的早期作品有仿古、好用典故、喜择生僻字、用韵不甚上口的特点，一定程度上影响了诗作的流传。今人所熟悉的柳如是诗作基本不属此列，但在当时，柳如是或许有意为之，并以此为傲。

　　明士大夫作诗有好用典的特点，导致作品多显晦涩，成为小圈子里互相吹捧的游戏，这是大时代风气的影响。柳如是与陈子龙相恋时，陈正"专志于学"（《柳如是别传》，引《卧子自撰年谱上崇祯七年甲戌条》），也自然会影响身边的恋人兼学生，柳如是或出于学习模仿，或为了彰显禀赋才学，会根据时代的要求改进塑造自己。在陈子龙的培养和熏陶下，她从过去追求的做一个色艺双绝的名妓中超脱出来，寻到了更高的人生目标——做一名诗人。

> 荒荒慷慨自知名，百尺楼头倚暮筝。
> 勾注谈兵谁最险，崤函说剑几时平。
> 长空鹤羽风烟直，碧水鲸文澹冶晴。
> 只有大星高夜半，畴人傲我此时情。
> 　　　　　　——柳如是《初夏感怀四首》（其四）

---

① 引葛昌楣君《蘼芜纪闻》（上）载王士禄《宫闺氏籍艺文考略》转引《神释堂诗话》，参见陈寅恪著，《柳如是别传》，人民文学出版社，2023。

虽是夏日却只字未谈夏日景物，通篇用典，遣词冷峻，若不点明性别，难以将诗人想象成女性，而更像是一位满怀忧愤之情的文士。柳如是在早期创作中经常有意隐藏自己的性别和社会身份，以男性的口吻描摹勾画、观察审视，摆脱同时代女性笔下常有的悲秋伤春，情感浑厚深沉。有刻意为之的成分，但也看得出她的眼界和追求的确有其特别之处。可以推测，她的创作是受到了陈子龙的鼓励和指导的，她也有意模仿陈子龙，渴望在精神上达到统一共融。

然而，在精神世界上高度一致，就能够跨越现实生活里的鸿沟吗？当情爱达到顶点，自然会有进一步的期望，柳如是在现实世界中的追求也不能摆脱她自有的身份，她最期盼的莫过于陈子龙将她正式纳入陈家。

现实却总是那么残酷，少年宋征舆不能给柳如是的，青年陈子龙同样不能。

时光转入崇祯八年（1635年），柳如是已到十七八岁的年纪，在当时正值婚龄。她已经经历过几番红尘历练，遭遇了几个不如意的男人，与陈子龙从相识到相恋也有一两年的时间。陈寅恪考证，"卧子与河东君在此期间内，其情感密挚达于极点，当已同居矣"。关系已然发展到这个地步，绝非少年人的情感游戏，况陈子龙年将而立，也不再是游戏人间的年轻公子，双方都应该认真考虑这段情缘应向何种方向发展。

梦中本是伤心路。芙蓉泪，樱桃语。满帘花片，都受人心误。遮莫今宵风雨话。要他来，来得么？

安排无限销魂事。砑红笺，青绫被。留他无计，去便随他去。算来还有许多时,人近也,愁回处。

——《戊寅草·江城子·忆梦》

此词是柳如是的代表作之一,风格婉约细腻,情感哀怨缠绵,仿佛心中郁结着无限难以道来的愁绪。关于此词的创作时间,陈寅恪有两个推测,"可能为脱离卧子之后所作,但亦可能为将脱离卧子之时所作",如果是仳离后的伤怀之作,是可以理解的,陈寅恪又为何认为极有可能是分手前所作呢?

> 考河东君于崇祯八年春季虽与卧子同居,然离去卧子之心亦即萌于此际。盖既与卧子同居之后,因得尽悉其家庭之复杂及经济之情势,必无长此共居之理,遂渐次表示其离去之意。此意决定于是年三月末,实现于是年首夏之初。故此词即河东君表示其离意之旨。
>
> ——《柳如是别传》

高潮是落幕的前奏,当两人的情感达到最炽热的程度时,现实的残酷已然悄悄为这段情感划下裂痕。在分析柳陈仳离的原因时,陈寅恪否定了顾苓"尤放诞。孝廉谢之去"的旧说法,首次提出柳陈分离的实际原因在于陈子龙"家庭之复杂及经济之情势"两方面的新观点,这其实也是当时与陈子龙同阶层文士需要共同面对的问题,此前的王穉登、日后的吴伟业都未能超越阶级和社会的局限,陈子龙也不得不加入了负心人的行列。

> (张)孺人通《诗》《礼》、史传,皆能举其大义,以及书算女红之属,无不精娴,三党奉为女师。有弟五人,庄事女兄如伯兄然。孺人屡举子女,不育。为置侧室,

亦不宜子。孺人心忧之。乃自越遣人至吴，纳良家子沈氏以归。

——《柳如是别传》①

在陈子龙沉迷于柳如是时，家中已有一妻一妾。原配张氏绝非等闲之辈，"通《诗》《礼》、史传"，是有学识且受人尊敬的知识女性，在娘家时就是大家长级别的人物。嫁入陈家后，陈子龙的祖母和生母都主动交出了管家的权力，张氏便又成为陈家实际上的大管家。从家庭条件和修养学识两方面看，张氏与丈夫都是对等的。但张氏有一个软肋，即"屡举子女，不育"，坚守时代道德的张氏主动为丈夫纳妾②，且一纳就是两人，即便如此，陈子龙得子也是在约十年之后。可见，年轻的陈子龙与吴伟业有相似的困境③。陈子龙与柳如是同居在外，不仅仅是冷落了贤妻美妾这么简单，也在一定程度上"浪费"了自己的育子能力，使自己合法的妻妾承受一定的道德压力。因柳如是的卑贱身份，陈家难以接受其正式入门，即便她育有子嗣，按照当时的礼法也不会写入家谱，故陈子龙在没有完成生育任务的前提下大肆挥霍自己的精力，让妻子张氏极为不满。

除家庭关系这一原因外，陈子龙的经济能力也是导致陈柳分离的一大因素。查《复社研究》，陈家祖上非官宦，父亲陈所闻虽中进士，但也只做了三年的工部郎中，后因父亲去世回家奔丧，从此告别官场。而陈子龙自崇祯四年（1631年）起屡试不第，在家乡致力学业，也没有什么收入。陈家没有参与经商的记载，又

---

① 引陈子龙自撰年谱下附王沄撰《三世苦节传》。
② 沈氏入陈家的具体时间不详，可能在柳如是离开之后。
③ 吴伟业相关，可参看卞玉京一章。王穉登相关，可参看马湘兰一章。

要维持多人开销，故家经济状况恐未有余力。陈寅恪推测"大约卧子松江城内旧宅本非广厦"，而陈子龙又要负担柳如是的开销，两人的同居地点"不易考实"，推测当为借住于朋友的别墅中。

两方面原因让陈子龙无奈、柳如是梦碎，情感虽然火热，但也很难再有更进一步的发展。而就在此时，妻子张氏主动出击，陈寅恪猜测柳如是最终离开陈子龙，是"由卧子之妻张孺人号称奉其祖母高安人继母唐孺人之命，率领家嫔家将至徐氏别墅中之南楼，以驱逐此"，若果真如此，其场面当非常惨烈。无论精神世界如何契合，终不能化解现实生活中的矛盾和利益纠葛，雅人也摆脱不了俗世生活，特别对正专注于精神世界探索的柳如是来说，冲击尤其剧烈。

> 杨花飞去泪沾臆，杨花飞来意还息。可怜杨柳花，忍思入南家。杨花去时心不难，南家结子何时还？杨白花还恨，飞去入闺闼。但恨杨花初拾时，不抱杨花凤巢里，却爱含情多结子。愿得有力知春风，杨花朝去暮复离。
>
> ——柳如是《杨白花》

全诗摆脱律诗的窠臼，形式上率真洒脱，可以看出是受到了陈子龙的影响。更难得的是，诗人直抒胸臆，借花喻己，没有典故的堆砌，也没有刻意隐藏自己的性别属性和社会身份，结合诗人当时的境遇来看更具动人心魄的魅力。可以说，语言虽直白，艺术价值却远高于她早期刻意模仿的古人及同时代文人的作品，是源于生活又高于生活的艺术作品。

陈子龙的内心也极不平静，与柳如是别后写有《踏莎行·寄书》一阕：

> 无限心苗，鸾笺半截，写成亲衬胸前折。临行检点泪痕多，重题小字三声咽。
>
> 两地魂销，一分难说，也须暗里思清切。归来认取断肠人，开缄应见红文灭。

"临行检点泪痕多"似回忆柳如是被迫离开时的情景，边收拾行装边默默流泪。既然是被张氏赶走的，那么离别想必十分仓促，陈子龙目睹此情此景，却无力挽留佳人，心中苦痛自不能忘。当作为书信寄赠此词时，写下收信人的名字，也禁不住喉头哽咽。难得的是，柳如是有同调同题之词，被陈寅恪发现后，录入《柳如是别传》：

> 花痕月片，愁头恨尾。临书已是无多泪。写成忽被巧风吹，巧风吹碎人儿意。
>
> 半帘灯焰，还如梦里。销魂照个人来矣。开时须索十分思，缘他小梦难寻际。

陈子龙是"重题小字三声咽"，而柳如是却说"临书已是无多泪"，是有意逞强还是此恨已消？柳如是一生刚烈，早前与宋征舆分手时挥刀斩情丝，似乎没留下什么遗憾和伤痛。与陈子龙的分离也是如此吗？想必做不到那么洒脱。陈子龙给予柳如是的不仅仅是男女情爱那么简单，除了身为老师教授柳氏作诗填词，也在人生观上给予了她极大的影响。比如，前引柳如是七律《初夏感怀》，是一首带有忧国忧民色彩的诗作，而陈子龙虽然远离朝廷，回到家乡亦没有做闲散人，"作书数万言，极论时政，拟上之"，要不是老儒陈眉公从中劝阻，意气风发的陈子龙会第一时间将他的文章传播出去。而身为几社领袖、复社骨干，陈子龙始终以家国天下为己任，不但这样想，且终身身体力行，无论是文学创作或现实生活，都始终践行自己的主张和原则。与同时代诸人相比，他是一个单纯的人，柳如是在其两年的熏陶之下，一改往日浪荡调笑的不良作风，认真学习文史的同时，在人生观上也努力向陈子龙靠拢。陈子龙的家国观极大地影响了她，即便日后深处复杂的社会矛盾之中，也没有放弃她的家国之思，这在她后半生的际遇中尤为凸显。虽然肉体被迫分离，但柳如是对陈子龙的精神依恋是难以在短时间内消除的，故而有"愁头恨尾"，怨"巧风吹碎人儿意"之语。她强抑泪水，也许恰如她在词作《望江南》中所道："不是情痴还欲住，未曾怜处却多心。应是怕情深。"

据陈寅恪考证，离开松江后，柳如是"迁居盛泽归家院"，也就是说，她又回到了最初收留她的地方——名妓徐佛的居所。陈子龙曾经送过她一程，"及距盛泽镇不远之嘉善，不得不舍去河东君，一人独游，经历苏州、无锡，然后还家也"，并于三年后为《戊寅草》倾情作序，可见陈子龙做事有始有终，柳如是虽不满陈子龙的抛弃，也并未如对待宋征舆般与陈子龙彻底决裂。此后，柳如是写下大量词作，反复回忆、咀嚼这段痴恋，最有名的当数《梦江南·怀人》二十首。

> 人去也，人去小池台。道是情多还不是，若为恨少却教猜。一望损莓苔。
> ——《梦江南·怀人》（其四）

此外，她还创作了多首以杨柳为题的诗歌，借物抒情。

> 不见长条见短枝，止缘幽恨减芳时。

年来几度丝千尺，引得丝长易别离。

——《杨柳》（其一）

玉阶鸾镜总春吹，绣影旋迷香影迟。
忆得临风大垂手，销魂原是管相思。

——《杨柳》（其二）

这一时期的作品始终围绕着对爱情的追惜以及对自身命运的怜惜，伤感中透着迷茫。远在松江的陈子龙也创作了不少凄婉哀怨的词作：

青楼恼乱杨花起。能几日，东风里。回首三春浑欲悔，落红如梦，芳郊似海，只有情无底。

华年一掷随流水。留不住，人千里。此际断肠谁可比，离筵催散，小窗惜别，泪眼栏干倚。

——《青玉案》

可以看出，两人都把杨柳、杨花作为柳如是自身的象征，借杨柳的低垂婀娜、杨花的飘零无依感叹柳如是的不幸和两人爱情的失意。行文至此，结合马湘兰、卞玉京等相关诸文，需要再次分析王稚登、吴伟业、陈子龙等人的负心和不作为，即为何堂堂男儿不能留佳人在旁，陈子龙性格如此慷慨激昂，竟屈服于妻子的威逼？

从时人遵守的社会道德着眼，文人固然有与名妓交往的权利，但同时也承担着一定的家庭压力，面临着社会舆论的指摘。特别是当嫖妓转变为爱情时，他们的所作所为则远远超出了道德规范，也践踏了游戏规则。明代官员嫖妓会面临法律的制裁，文士虽无法律约束，但家族依然不会引以为荣。当张氏来到南园时，她所代表的身份绝非陈子龙正妻如此简单，她身后是一整个宗族势力，她的谴责也就代表陈氏家族的谴责。陈子龙一没有顺利完成传宗接代的任务，二没有登科光耀门楣，自己也难免心虚，深怀愧疚。与其说他是迫于张氏的胁迫，毋宁说是向整个宗法社会低头，同时也难过自己心里那道坎。

与柳如是分别后，陈子龙继续追求自己的事业，终于在崇祯十年（1637年）高中进士，完成了光耀门楣的人生重任，与他同期的还有徐灿的丈夫陈之遴，名列榜眼。这一年，陈子龙年当而立，"选绍兴推官"（《明史》），总算实现一桩心愿，虽然得子还要再等几年。而为官的身份更限制了他与名妓的交流，也意味着他与柳如是不可能再续前缘。

> 半枕轻寒泪暗流，愁时如梦梦时愁。角声初到小红楼。
> 风动残灯摇绣幕，花笼微月淡帘钩。陡然旧恨上心头。
> ——陈子龙《浣溪沙·五更》

只在某个花明月暗的夜晚，想起故人旧事，心被旧恨击中。

离开了陈子龙的柳如是，又将何去何从？

经过陈子龙的洗礼，柳如是的眼界、学识、人生追求已远非从前可比，与同时期姐妹相比亦高一筹。她有意识地大量创作诗文，并结交名士，"分题步韵，顷刻立就，使事谐对，老宿不如。四方名士，无不接席唱酬"（沈虬《河东君传》），达到了"词翰倾一时"（顾苓《河东君小传》）的高度，生活上与徐佛等名妓为伴，也还不算寂寞。然而，未来仍旧是迷茫的。是像众姐妹一般，以找一个殷实的人家做妾为终极追求，还是再寻一段爱情，找到另一个陈子龙？是恢复从前放浪湖山的生活，以倾倒名士为乐，还是努力加入他们的行列，做一个胸怀天下的女儒士？现实与理想是必须对立的，抑或有机会和谐统一？柳如是恐怕一时也难寻答案，此时的她尚不足二十岁，也许还有时间等一等、看一看，也许还有更大的转机。

垂虹遇张溥

柳如是与钱谦益的姻缘名满天下，两人的爱情故事一波三折、跌宕起伏，在当时即为人津津乐道，争议和是非不断。然近四百年来谈资未减，文学艺术作品更反复演绎，大加渲染，使这段缠绵悱恻又充满恩怨的故事成为一段家喻户晓的风流传奇。而这段爱情的特别之处不仅在于文士名妓的风流韵事，它也是晚明到清初这段动荡岁月的一个缩影，所体现人性之复杂，社会关系之纠缠，命运之叹惋为同时代其他人所不有。

也许每个人心中都会存有一个疑问，柳如是与钱谦益相恋成婚时，柳二十四岁，钱六十岁，柳如是为何主动追求已入老年的钱谦益？是出于爱情吗？如果是，这样的爱情又是如何产生的？柳如是向来与英俊潇洒的青年才俊相恋，为何突然转变？她的心理变迁是怎样的？是谁影响了她？要回答这个问题，时间还得回到崇祯九年（1636年）。这一年的春季，柳如是遇到了复社领袖张溥，对于双方而言都是一个意外，但这个意外却给柳如是带来了心理上转变的契机。

因张溥与柳如是仅有一日之缘，两人再未谋面，也没有产生情爱关系，故今人大多忽略了这一次会面，也没有给予特别的重视，但在沈虬的《河东君传》和钮琇的《觚賸》中都特别交代了这一经过并引为美谈。陈寅恪在《柳如是别传》中也用较多篇幅做了细节上的考证，惜未深入展开，我仅借本文提出一些自己粗浅的看法。

要明了张溥之于柳如是的影响，需要梳理以下几个方面：其一，张溥是谁？其二，柳如是在崇祯九年时的状态是怎样的？其三，告别张溥后，柳如是都有了哪些改变？回答了这三个问题，也就明白了柳张这一日之缘的重要性，也可以更好地理解柳如是于四年后主动追求钱谦益的深层次原因。

张溥是谁？

前文已经提及，张溥是复社领袖。关于复社，在从前的文章中已做过一些简单的介绍，那么先来看一下张溥个人的境况和成长经历。

> 张溥，字天如，太仓人。伯父辅之，南京工部尚书。溥幼嗜学。所读书必手钞，钞已朗诵一过，即焚之，又钞，如是者六七始已。右手握管处，指掌成茧。冬日手皲，日沃汤数次。后名读书之斋曰"七录"，以此也。与同里张采共学齐名，号"娄东二张"。
>
> ——《明史·列传第一百七十六》

张溥出身书香世家，自幼酷爱读书，"七录斋"的故事更是读书人的美谈。"娄东二张"在晚明是一个响亮的名号，随着复社的壮大以及在朝野的影响，这一名号的影响范围已不仅限于吴越两地，甚至"名彻都下"（《明史》）。

> 溥诗文敏捷。四方征索者，不起草，对客挥毫，俄顷立就，以故名高一时。
>
> ——《明史·列传第一百七十六》

张溥一生诗文甚著,最有名者莫过于《五人墓碑记》,曾经入选中学语文教材,今人认识张溥多从此篇课文入手。张溥的诗作虽不甚留名,但格调清雅,观之不俗。

> 相逢寂寂在花前,叩出寒山诗百篇。
> 车马隔墙松影避,烟霞拂谷水光圆。
> 壶中冻玉飞成雪,阁外流云看作禅。
> 早去放衙登别岫,茶园好破使君钱。
> ——《和洪半石公祖惠泉诗》(其三)

《明史》对张溥的介绍较为简单,几乎看不出他能够影响柳如是转变的特殊之处。查阅陆世仪所著《复社纪略》一文,文中补充了张溥人生中的许多细节,有几点值得关注。

> 张溥字天如,号西铭,太仓人。父太学生翊之;翊之兄辅之,以两榜由兵垣历官大司空。翊之子十人,溥以婢出,不为宗党上下所重,辅之家人遇之尤无礼,尝造事倾陷于翊之。溥洒血书壁曰:"不报仇奴,非人子也!"奴闻而笑曰:"塌蒲屦儿,何能为!"溥饮泣,乃刻苦读书,无分昼夜寒暑。尝雪夜已就寝,复兴,露顶坐向晓,因病衄。时三吴盛文社,人人自炫;溥一不之省,独与张采订交。

陆世仪与张溥同乡,晚九岁,应该对这位家喻户晓的乡贤有更多了解,记载较为可靠。从这段记录可看出,张溥虽出身大家,但母亲身份卑微,他在家族中地位低下,成长经历坎坷,因而与家人关系不亲密,与朋友情同手足。张采虽然与之同姓,但两人没有血缘关系,却是情比金坚的终生挚友。这一不同寻常的经历无形中促成了张溥成年后交往广泛的现象,其"在成为复社领袖之前,交游之广,远非一般二十多岁的人所能达到的规模,人数层次之多,地域之广,难以准确统计"。(《复社研究》)博闻强识、人际广泛为日后张溥领导声震朝野的文人大社打下了良好的基础,在复社成立之前,他就已经开始领导一些地区性活动,"时魏珰败,鹿城顾秉谦致仕家居,方秉铎于娄中;溥与采率诸士驱之,檄文脍炙人口,郡中五十余人敛赀为志镌石",具备了不凡的领导才能,"由是天下咸重天如、受先两人矣"(《复社纪略》)。

复社成立后,虽承东林遗志,但声势和影响力上已盖过东林。复社成员通过科举大量入朝为官,比例之高令宰相为之忧虑,不得不改革考试以遏制。张溥此时的影响力甚至达到了"虽在籍,能遥执朝政"(《复社纪略》)的地步,为古往今来所未有,令人咋舌。

不幸的过往、丰厚的学识、崇祯四年的三甲进士、高超的声誉以及非凡的领袖魅力是张溥一生中的几个标签,崇祯九年(1636年),张溥三十四岁,正是他人生中的巅峰时刻,也处在一个男人的黄金时段,当他出现在柳如是面前,其夺目的冲击力可想而知。柳如是识人虽多,但从未见过堪与张溥相论者,恐怕更未奢望过她可以遇到名重天下的复社领袖,甚至得到他的赞誉。

柳如是如何与张溥相遇?她当时的生活状况如何?

> 我邑盛泽镇,有名妓徐佛者,能诗善画兰,虽居乡镇,而士大夫多有物色之者。丙子(1636年)年间,娄东张西铭先生慕其名,至垂虹亭,易小舟访之,而佛已于前一日嫁兰溪周侍御之弟金甫矣,院中惟留其婢杨爱。杨色美于徐,诗、字亦过于徐,因携至垂虹。余于舟中

见之，听其音，禾中人也。

——沈虬《河东君传》

丙子春，娄东张西铭以庶常在假，过吴江，泊垂虹亭下，易小舟访之。佛他适，其弟子曰杨爱，色美于徐。绮谈雅什，亦复过之。西铭一见倾意，携至垂虹，缱绻而别。

——钮琇《觚賸》

关于这段相遇，沈虬是当事人之一，也是使这段往事得以流传的贡献者，钮琇则延承了他的说法，并加以文学润色，有作者想象的成分。从两段记载中我们可以窥测到柳如是当时的生活状态：其一，她当时还没有更名，人们称她杨爱。其二，她正与徐佛同住。沈虬称柳是徐的女婢，陈寅恪提出不同看法，认为"河东君此次之居徐佛家，乃与前此未入周道登家时之为云翾婢者，其身份迥异。沈次云牵混前后不同时间之身份，以河东君于崇祯九年尚为云翾之婢，殊为舛误"，那么柳如是如果不是女婢，她在徐佛家都做些什么呢？

其时斜桥之北，旧名北书房，绮疏曲栏，歌姬并集。梁道钊、张轻云、宋如姬皆翰墨名世。道钊淹通典籍，墨妙二王。轻云诗词笔札，并擅其长。如姬聪慧，姿色冠于一时。每当花晨月夕，诸姬鼓琴吹箫，吟诗作字以为乐。

——《柳如是别传》[①]

---

① 引仲廷机《盛湖志拾列女名妓门明徐佛传》。

这是当时徐佛居所的生活状态，她麾下还有梁道钊、张轻云、宋如姬三位绝代佳人，柳如是与这些人同伴，可以猜想她们平日里的饮食起居。张溥这一次来盛泽是专为徐佛，可以想见徐声誉之高，但不巧，徐刚刚嫁人，张溥扑了个空。有趣的是，徐佛家中的三位佳人竟然都不在，"院中惟留其婢杨爱"，这就让此次相遇产生了非凡的效果。沈虬说"杨色美于徐，诗字亦过于徐"，钮琇说"西铭一见倾意"，都不是夸张，此时的柳如是已然得陈子龙的真传，无论是个人资质还是思想境界都远超其他诸姬。陈子龙是张溥的挚友，更是终生追随者，张溥对陈子龙也极其赏识，在陈子龙落榜时还曾带头为其奔走辩驳，尽心竭力。陈张之谊源于精神和思想上的契合，张溥虽未必知晓柳陈情缘，但柳是陈的学生，其精神气质与陈定有相似之处，故张溥赏识柳如是在情在理。钮琇说张溥将柳如是"携至垂虹，缱绻而别"，稍嫌夸张，因当时沈虬亦在场，"携至垂虹"不假，而缱绻恐有失风仪，沈虬也没有类似的表述。但可以想见，张溥当着沈虬的面高度赞誉了柳如是的才貌，不但柳如是引以为荣，连旁观者沈虬也以能亲证这段历史为傲。

那么，张溥的一次赞誉能为柳如是带来什么，又影响了她什么呢？

首先是声誉上有所提高。张溥坐天下文士头把交椅，他的观点和主张上能影响政局、下能决定个人升迁荣辱，当时不知有多少人对他竭力阿谀逢迎，甚至遥拜为师，自诩张溥门生。作为地位低下的名妓，得到张溥的肯定，更是业界地位的一个提升，从二线一跃而居一线。再经当事人广泛传播，其自身价值远超从前数倍。几年后李香君有类似际遇，也因此在江南声誉鹊起，得到复社中人的追捧。

其次，柳如是通过这次会见极大地提高了自身的自信心和自豪感。沈虬说她"及长，豪宕自负"，钮琇也说"爱于是心喜自负"，尚未从人生挫折中走出的柳如是意外地受到了极大的鼓舞，忽然眼前一亮，似乎在迷雾中看到了出路。

柳如是此后正式更名，从杨爱（影怜）变成了柳如是。

学界公认，柳如是更名是在离开陈子龙之后，但未知确切年份，似乎柳更名是因为爱情受挫，但从沈虬与钮琇的记述来看，事情可能并非如此简单。沈虬明确表示张溥见到柳时，她还叫杨爱，并道"及长……易姓名为柳"，说明柳更名易姓是在崇祯九年之后。钮琇则认为柳改名与张溥有关，有"遂易'杨'以'柳'，而'是'其名"之语，但他对柳陈情缘不甚了解，把柳陈相识放在了张溥之后，并且沿袭了当时的说法，故钮琇之言仅供参考。

关于这次人生中最重要的更名，其中有一个较为曲折的过程。从杨姓改为柳姓，无须过多解释，前文已述，柳有可能就是她的本姓，而杨花即柳絮，意境相通，柳如是以杨花自比，正符合她此时的处境和心境。从其名字来看，柳如是亦字蘼芜，陈寅恪认为此字与陈子龙有关，"河东君既离去陈卧子，改姓为柳，其以蘼芜为字本亦顺理成章之事"，其原始出处为汉代乐府诗《上山采蘼芜》中"上山采蘼芜，下山逢故夫"一句，暗含了仳离后的辛酸。关于名字"是"，陈寅恪猜测"乃取其字'如是'下一字为名"，那么"如是"一名又从何而来呢？

清人存在一种说法，即此名与钱谦益有关，因钱为柳造"我闻室"，取"如是我闻"之意。但钱柳相遇在崇祯十三年（1640年），而柳如是于崇祯十一年（1638年）出版《戊寅草》时已然署名"如是"，故当属附会之言。翻检《柳如是别传》，陈寅恪亦未做详解。还有一种较为流行的说法是，此名取自辛弃疾词《贺新郎》中"我见青山多妩媚，料青山见我应如是"一句，未见出处，亦有附会之嫌。然而此种附会，恐怕柳如是生前便已存在，作为当事者，听到这寓意婉妙的解释，未必不会欣然接纳。特别是在受到张溥赏识之后，则更多了一层自信和对命运转变的期待。

柳如是的择偶观发生了转变。

> 我生不辰，堕兹埃𡋾。然非良耦，不以委身。今三吴之间，簪缨云集。膏粱纨袴，形同木偶。而帖括呫哔，幸窃科第者，皆伧父耳。唯博学好古，旷代逸才，我乃从之。所谓天下有一人知己，死且无憾。矧（shěn）盛泽固驵（zǎng）侩之薮（sǒu）也，能郁郁久此土乎！

以上是钮琇的记载，未知其原始出处，不排除小说家虚构的可能。但钮琇的虚构并非空穴来风，沈虬在《河东君传》中说："崇祯戊寅（1638年）间，年二十余矣，昌言于人曰：'吾非才学如钱学士虞山者不嫁。'"崇祯戊寅正是柳张相遇之后，柳刚满二十岁便不畏世人讥笑，放豪言要嫁文坛泰斗，这个转变的契机当是从张溥这得来的。而时人皆对张溥夸赞柳如是有所耳闻，兼柳资质甚高，自然也不会说什么。

无论是宋征舆还是陈子龙，此时的才智、声望、社会地位都不堪与张溥相比，更兼年纪较轻，宗族势力庞大，对自身的婚姻爱情无法做主，只能听凭摆布。柳如是明白，想要实现近身士大夫阶层的心愿，同时现实生活安稳有所保障，就必须选择一个如张溥一般的人物为夫，年长、声望高、学识广、胆量大、气量足、有精神共融也有足够的安全感。女人到底无法走科举仕途之路，身在娼家，无论怎样抗争，最终都要嫁人，婚姻是她实现理想的唯一途径。

时天下能与张溥并肩者又有何人？唯钱谦益耳。

如是我闻

由于张溥与钱谦益的交谊，加之钱谦益与复社的特殊关系，张溥之于柳如是的影响远不止崇祯九年的短短相会。但因两人再无实际交集，并且张溥在四十岁突然离世，他给予柳如是的影响大多是间接的，表现并不明显。让我们的视角重新回到柳如是与钱谦益这对主角身上，在必要时加以说明和补充。

如果说陈子龙塑造了柳如是的基本人格，使她成长为才学高拔、脱尘绝俗的女史，那么钱谦益则拓宽了柳如是人性的深度，加深了她的复杂性，并将她正式推上历史舞台。与此同时，柳如是的诗文不再刻意模仿古人遣词造句，一改往日自伤自怜的内核，逐渐向自然、细腻的方向转变，手法更成熟，最终达到了浑然天成的境界，在晚明取得自己的创作地位。恰如钮琇在《觚剩》中所言："归虞山蒙叟钱宗伯，而河东君始著。"

然而在遇到钱谦益之前，柳如是又无奈地过了近五年浪荡无依的生活。这五年中，她先后遭遇过几段极不称心的爱情，受伤较深，常常染病，虽有忘年之交如汪汝谦者[①]，终不能解现实的困惑和艰难，似乎距离当初的理想越来越远了。几年中，陈子龙对她的影响仍在，崇祯十一年，经陈子龙和汪汝谦合力，她的第一本诗集《戊寅草》刻印出版，也可看作是陈子龙对她的关爱和补偿。

柳如是此时的创作渐渐脱离陈子龙的影响，慢慢呈现出自己

[①] 据陈寅恪考证，柳如是此间与程孟阳（嘉燧）、谢象三（三宾）有过一些情感纠葛。书商汪汝谦此时与柳如是往来深厚，柳有多封致汪尺牍存世。

的风格，但因现实境遇每每不遂人愿，人生迷茫，诗风也较为沉郁苍凉，代表作《金明池·咏寒柳》即成于此时。

> 有怅寒潮，无情残照，正是萧萧南浦。更吹起、霜条孤影，还记得、旧时飞絮。况晚来、烟浪斜阳，见行客、特地瘦腰如舞。总一种凄凉，十分憔悴，尚有燕台佳句。
> 春日酿成秋日雨。念畴昔风流，暗伤如许。纵饶有、绕堤画舸，冷落尽、水云犹故。忆从前、一点东风，几隔着重帘，眉儿愁苦。待约个梅魂，黄昏月淡，与伊深怜低语。

陈寅恪考证此词当作于"（崇祯）十二年（1639年）或十三年（1640年）"，"河东君年为二十二三岁"，词中早已没有了几年前围绕情爱的哀怨，而是多了对人生际遇的感叹。孤独、迷茫、愁闷是全词的主要风格，也是她此时生命的真实写照。没有了仿陈子龙式的婉媚和旖旎，便透出冷冷的苍郁之风，柳如是的词作已呈现出极强的个人特色，创作水平也达到了高峰。陈寅恪认为柳如是此时的痛苦是源于"'美人迟暮'之感"，因在当时，"社会女子婚嫁之期大约逾二十岁即谓之晚"，婚姻无着当是主要原因。我个人认为，此原因背后还有一层牵绊，即婚姻关系着柳如是个人命运的走向以及理想的成与败，故婚姻不完满于柳而言绝非一般意义上的痛苦。当年因张溥赞誉而信心倍增的少女仿佛又走入了迷雾中，长年迷失在理想与现实的落差之间。

在这样的时间点上，柳如是终于遇到了钱谦益。

为了更好地理解钱柳之恋，还是先简要介绍一下钱谦益此前的经历，继而通过钱柳相遇、相知、相恋、成婚的经过来分析这段旷世姻缘。

钱谦益与吴伟业、龚鼎孳合称"江左三大家",名噪一时,至今仍未被世人遗忘。虽然他的诗作不及吴伟业成就高,但他的生前身后事则近四百年来不绝于野史、杂记、文学影视等领域,显然其名头较之吴伟业更胜一筹。这其中的缘由自然与柳如是有着极为密切的关系,自两人婚恋起,钱柳之名就牢牢捆绑在一处。

《清史稿》载钱谦益小传,从中可以得到他的一些个人信息。

> 钱谦益,字受之,常熟人。明万历中进士,授编修。博学工词章,名隶东林党。天启中,御史陈以瑞劾罢之。崇祯元年(1628年),起官,不数月至礼部侍郎。会推阁臣,谦益虑尚书温体仁、侍郎周延儒并推,则名出己上,谋沮之。体仁追论谦益典试浙江取钱千秋关节事,予杖论赎。体仁复贿常熟人张汉儒讦谦益贪肆不法。谦益求救于司礼太监曹化淳,刑毙汉儒。体仁引疾去,谦益亦削籍归。
>
> ——《清史稿·列传二百七十一》

关于明亡前钱谦益的经历,《清史稿》中只做了些简要的交代,除已经熟悉的东林党人身份和才学等方面,我们还可以从中看出他在天启、崇祯朝时境遇不甚佳,官场屡遭排挤打压,是个典型的失意人。但《清史稿》的叙述过于简洁,导致许多细节被忽略,钱谦益这三十年间究竟是如何度过的,他的内心感受又如何,对他恋娶柳如是是否有直接或间接的影响,这些问题无法从《清史稿》中寻求答案。所幸,钱谦益盛名远播,有清一朝各种记录不断,保留了珍贵的民间史料,其中比较详细生动的要数《绛云楼俊遇》:

> 钱谦益，字受之，号牧斋，晚而自号蒙叟，亦自称东涧老人。万历丙午（1606年）举于乡，庚戌（1610年）成进士，殿试第一甲第三人，入翰林，授编修。寻丁父忧，天启辛酉（1621年）补原官，主试浙江。以失察钱千秋关节事，坐罚俸告病归。甲子（1624年）起为谕德，进少詹事。时魏忠贤罗织东林诸人，谦益以东林党削籍旋里。崇祯改元，召为正詹事，转礼部侍郎。适会推阁员，廷臣列谦益名，而温体仁、周延儒不得与，遂为两人所忌。温借浙关节事讦讼于上前，周从旁助之，复坐杖论赎，削籍竟废不用。家居九年，又为同邑奸民张汉儒讦奏，逮至京，事白得释。

这一段记载为我们提供了不少的宝贵细节，除了钱谦益的一些名号之外，我们了解到他是万历三十八年的进士，且是"殿试第一甲第三人"，也就是探花，可见其天资和才学均不凡。这一年，柳如是还没有出生，钱谦益也没有料到以如此高级别的进士身份作为人生启航，竟然会在此后近三十年时光中高开低走，遭遇诸多不幸。钱谦益刚入翰林不久父亲便撒手人寰，他按照礼制回乡守孝，天启元年才重返官场，本该重整旗鼓之时，却偏偏遭遇浙江科考舞弊案，导致丢官。几年后得以复用，却又赶上魏忠贤大肆迫害东林党人，钱谦益再次被罢官。好容易熬到崇祯继位，阉党被除，而党争不断，被重新任用的钱谦益又卷入了宰相之争中。于是被温体仁和周延儒联合排挤，借浙江科考案一事将他折腾个半死，从此"削籍竟废不用"。自万历三十八年中探花以来近二十年时光里，钱谦益在官场已经四进四出，每一次都是刚刚燃起了希望之火就转而被残酷地湮灭，可谓半生之大不幸。好在几十年来在文坛攒下名望，兼入籍东林，江湖地位越来越高，成为东林耆宿。却不料，原本安心在家靠诗酒打发光阴的他仍旧无法逃脱厄运，"为同邑奸民张汉儒讦奏，逮至京"，又经历了一番争斗才最终获释，背后掺杂了复杂的政治斗争。到此时，钱谦益已年过半百，却未在政坛上有任何成绩和作为，以当时的社会认知来看，可谓蹉跎半世，加之屡屡蒙难，足以消磨掉一个人所有的希望。然而钱谦益却没有彻底灰心，他只是被迫臣服于命运的压迫，只要他有一点机会，绝不会甘心蛰伏。

恰巧，柳如是也已遭遇了她短短二十余年时光中各种悲欢离合，"身世飘零、疾病缠绵"（《柳如是别传》），迷茫中心存不甘，正努力寻找属于自己的人生出口。失意人等待失意人，命运为他们做好了铺垫，只差那一场相遇。

前文谈到柳如是被张溥的领袖魅力所折服，而此时东林已势微，天下声誉最高的社团是复社，又为何钱谦益是唯一可以与张溥比肩之人呢？据《复社研究》，"钱谦益虽没有入籍复社，但他曾多次参加复社活动，成为事实上的领袖"（《复社研究》引何宗美《明末清初文人结社研究》）。此外，钱谦益与张溥关系甚为密切，就在钱柳成婚前后，张溥于太仓家中突然去世，其葬礼就是钱谦益组织操办的。另外，崇祯十年（1637年）周延儒复出，张溥指挥复社骨干积极造势，钱谦益也参与到了其中。此时恰是张溥遇见柳如是的第二年，他是否向钱谦益讲述了遇到柳如是的经过？没有资料为证，但不排除其可能性。不过可以确切知道的是，就在柳如是放言非钱谦益不嫁之时，钱也已对柳之芳名倾慕甚久了。

> 草衣家住断桥东，好句清如湖上风。
> 近日西陵夸柳隐，桃花得气美人中。

陈寅恪考证钱谦益这首《与姚叔祥共论近代词人（七绝）十六首》（其十二）诗作于"崇祯十三年庚辰（1640年）秋间"，从诗中可以得知，钱谦益此时在杭州遇到草衣道人王微，并从她口中听到了柳隐之名。柳隐是柳如是更名后所用的名字之一，这一段时间，她常常来往于浙江各地，在杭州时主要借住在汪汝谦提供的住所中。王微夸赞她，可见两人关系较近，而最受她频频赞誉的恰是那句"桃花得气美人中"，也成为打动钱谦益的那一记清音。

> 垂杨小苑绣帘东，莺阁残枝蝶趁风[①]。
> 最是西陵寒食路，桃花得气美人中。
> ——柳如是《西湖八绝句》（其一）

这是柳如是的诗作中最受瞩目的一首，陈寅恪考证它的诞生源自陈子龙诗作《寒食》的影响，但我认为此诗与陈的另一首名为《春日早起二首之一》的诗作更为神似，形式上也更接近。

> 独起凭栏对晓风，满溪春水小桥东。
> 始知昨夜红楼梦，身在桃花万树中。

韵脚、遣词、立意、情感等方面几乎一模一样，柳诗虽脱胎于陈诗，但已振翅高飞，有"桃花得气美人中"这样传唱四百年不衰的名句，大有青出于蓝而胜于蓝之势。

但可惜的是，钱谦益这一次并没有在杭州遇到柳如是，而柳如是的艳名却越发频繁地传入他的耳中。顾苓在《河东君小传》中说，"嘉兴朱冶憪为虞山钱宗伯称其才，宗伯心艳之，未见也"，

[①] 一作"蝶迹风"。

足见钱已然颇不能自持。未几,柳如是的"吾非才学如钱学士虞山者不嫁"之豪言也传至钱谦益耳中,他的反应是"大喜过望",并公开作出回应:"今天下有怜才如此女子者乎?吾非能诗如柳是者不娶。"(《河东君传》)钱对柳的回应让柳看到了转机和希望,于是便有了才子佳人婚恋史上那浪漫的一幕。

> 崇祯庚辰(1640年)冬扁舟访宗伯。幅巾弓鞋,着男子服。口便给,神情洒落,有林下风。宗伯大喜,谓天下风流佳丽,独王修微、杨宛叔与君鼎足而三,何可使许霞城、茅止生耑(zhuān)国士名姝之目。
> ——顾苓《河东君小传》

> ……乃驾扁舟来虞。为士人装,坐肩舆,造钱投谒……刺入,钱辞以他往。盖目之为俗士也。柳于次日作诗遣伴投之,诗内已微露色相。牧翁得其诗,大惊。诘阍者曰:"昨投刺者士人乎?女子乎?"阍者曰:"士人也。"牧翁愈疑,急登舆访柳于舟中,则嫣然一美姝也。因出其七言近体就正,钱心赏焉。视其书法,得虞、褚两家遗意,又心赏焉。相与絮语者终日。
> ——《绛云楼俊遇》

就在钱谦益感叹"近日西陵夸柳隐"之后约半年,柳如是扁舟一叶亲自来访。《河东君小传》与《绛云楼俊遇》都对这次相会做了细节描述,前者采其要点,后者加以演绎,读之皆有味。于两段描写中不妨关注几个细节:

其一,柳如是的穿着打扮。顾苓谓"幅巾弓鞋,着男子服",无名氏言"为士人装",证明柳如是这次来访是经过一番精心装扮的。但她的装扮却不同于普通名妓，而是儒士打扮，可以看出，柳在为自己多年心慕文士、渴望成其一员的期盼寻找一个外化的表达，不仅在诗文尺牍上下功夫，已经开始通过服装等外在手段刻意营造文士风。当然，此次来访着儒士服，也不排除有刻意吸引钱谦益注意的心理。

其二，柳如是气质绝伦，得到了钱谦益的嘉赏，可谓一见钟情。钱又通过当面领教其才学，彻底被柳如是俘获，感情迅速升温。

其三，两段记述虽皆未言柳如是当时的感受和想法，但从此后的事态发展来看，一定也是不负所望，非常满意。两人一拍即合，便有了下面的场景。

> 除夜无如此夜良，合尊促席饯流光。
> 深深帘幕残年火，小小房栊满院香。
> 雪色霏微侵白发，烛花依约恋红妆。
> 知君守岁多佳思，欲进椒花颂几行。
> ——钱谦益《庚辰除夜偕河东君守岁我闻室中》

> 合尊饯岁美辰良，绮席罗帷眷曙光。
> 小院围炉如白昼，两人隐几自焚香。
> 紫窗急雪催残漏，照室华灯促艳妆。
> 明日珠帘侵晓卷，鸳鸯罗列已成行。
> ——柳如是《除夕次韵》

顾苓说柳如是造访钱谦益是在"崇祯庚辰冬"，而不久后钱柳二人便有这一唱一和两首守岁诗，不禁令人浮想联翩。诗名中提到的"我闻室"，更是一段风流趣谈。

> 庚辰（1640年）冬，如是始过虞山，即筑"我闻室"居之，以迎其意。十日落成，留之度岁。
>
> ——沈虬《河东君传》

> 为筑"我闻室"，十日落成，促席围炉，相与钱岁。
>
> ——钮琇《觚賸》

三段简短的记述为我们勾勒了"我闻室"的来龙去脉，钱谦益为留住柳如是，迅速动工，十天就盖好了新房，情浓心更急。新房题名"我闻室"，是为了切合柳如是之名，而两人在我闻室中的生活，除了赋诗写字之外，想必也有许多风花雪月、旖旎情事。钱柳已不仅是普通意义上的男女关系，当已在我闻室同居月余。感情既然已发展到这个地步，柳如是与陈子龙当年所面临过的难题就又一次摆在他们面前，这一次，钱谦益会如何做呢？

钱谦益此前六十年的过往已然有所交代，再来看下他此时的家庭状况。首先，作为一位六十岁的老人，其本身就是一家之长，不存在直系家长的管束和压迫。其次，据钮琇记述，钱谦益在听闻柳如是放言要嫁他时正值丧偶[①]，也就是说他的原配夫人已然去世，那么家中女性家长的位置便处于空缺状态。但文人士大夫皆有纳妾之事，钱谦益也不例外，此时家中有两妾，一姓朱，生子钱孙爱，也是钱谦益唯一的儿子。另一姓王，关于王姨娘，还有一段小故事：

> 钱牧斋宠姬在柳如是前，有王氏者，桂村人，嬖幸

---

① 陈寅恪在《柳如是别传》中称钱谦益原配夫人陈氏尚在，仅供读者参考。

略与柳等。会崇祯初,有旨以礼部左侍郎起用,牧斋殊自喜,因盛服以示王曰:"我何似?"王睨翁戏曰:"似钟馗耳。"盖以翁黑而髯故也。翁不悦。后适以枚卜罢,遂遣王归母家,居一楼以终。今其楼尚存。

——《柳如是别传》①

柳如是到来之前,钱谦益对王姨娘颇为宠爱,达到"略与柳等"的程度。但显然,钱谦益只是爱其色而非才,王姨娘不但无才,且不懂逢迎,也许是太得宠的缘故,触怒了钱谦益,让钱自比苏东坡的幻想破灭了。如此看来,钱谦益在六十年中也未曾遇到过真正意义上的爱情,而他所需要的正是一位能够懂得他、欣赏他、在学识文章上与他匹敌并肩的佳人。这也就不难理解,为何钱谦益对柳如是的到来如此激动忘我,立即不惜钱财金屋藏娇。不过钱谦益此时的期望或许并未超出文士与名妓一般意义上的结合,即纳妾入门,尽管如此,他给柳的物质与名分已然远超当年陈子龙所能给予的。不过,柳如是经历一番人生历练后已有了更高的追求,她不会仅仅满足于在虞山我闻室中做一个小妾,于是,她离开了。②

  既度岁,与为西湖之游。刻《东山酬和集》,集中称

---

① 引江熙《扫轨闲谈》。
② 关于柳如是入住我闻室,陈寅恪先生的看法为:"崇祯庚辰冬日至虞山访牧斋,不寓拂水山庄,而径由舟次直迁牧斋城内家中新建之我闻室,一破其前此与诸文士往来之惯例,由是推之,其具有决心归牧斋无疑……然牧斋家中既有陈夫人及诸妾,又有其他如钱遵王辈,皆为己身之反对派,倘牧斋意志动摇,则既迁入我闻室已成骑虎之势,若终与舍牧斋他去,岂不贻笑诸女伴,而快宋辕文、谢象三报复之心理耶?"我与陈先生的看法稍有不同。

河东君云。君至湖上,遂别去。过期不至,宗伯使客构
之乃出。

——顾苓《河东君小传》

表面上看,柳如是似乎在与钱谦益做欲擒故纵的游戏,故意爽约不见,但其实并不符合常理。钱所给予柳的在当时已然十分慷慨,如若是一般的名妓,不会在得到一份如此热烈且慷慨的爱之后又轻易抛舍别去,这很可能引发不可估量的后果。况且,嫁钱谦益是柳如是的夙愿,钱谦益已然满足她了,柳如是虽有放浪之名,此时也已二十有四,无须再玩十年前耍弄徐三公子的把戏。对柳如是的做法,陈寅恪给出了一些猜测,"当时牧斋家中'反柳派'欲利用牧斋前此迷信之心理散播谣言,假托祖宗显灵,以警戒牧斋不可纳此祸水,免致败家。依情势言,此主谋者当即牧斋夫人陈氏及宠妾王氏"。从这段话可以看出,柳如是在我闻室与钱谦益同居的时光恐怕并非文人记述的那般风雅浪漫。钱家虽无人敢公开反对,但也都对柳心存敌意,曾借谣言对其进行人身攻击。这样的局面让柳如是有了危机感,入大家族为妾恐怕也并非最得意的归宿,况以她不服输的个性也绝不会与钱的其他妻妾共容,更不会如董小宛一般主动讨好。故她的离开是有缘由的,也许是出于考验的目的,试探钱谦益是否还能再做些什么努力;也许是真的认清了现实,想主动退出。而钱谦益的应对之策却超出了所有时人的预料:

辛巳(1641年)六月,虞山于芙城舟中,与如是结缡。学士冠带皤发,合卺花烛,仪礼备具。赋《催妆诗》,前后八首。云间缙绅,哗然攻讨,以为褒朝廷之名器,伤士大夫之体统,几不免老拳,满船载瓦砾而归。虞山

怡然自得也。称为继室，号河东君。

——沈虬《河东君传》

辛巳（1641年）初夏，结褵于芙蓉舫中。箫鼓遏云，麝兰袭岸，齐牢合卺，九十其仪。于是三泖荐绅，喧焉腾议，至有轻薄之子，掷砖彩鹢，投砾香车者。宗伯吮毫濡墨，笑对镜台，赋《催妆诗》自若。

——钮琇《觚賸》

茅元仪、许誉卿皆娶名妓并"礼同正嫡"，但都没有如此大张旗鼓地举办婚礼，钱谦益可谓冒天下之大不韪，不但公开称柳如是为"继室"，还大操大办，如娶新妇。这样大逆不道的举动当即引来一片哗然，造成了极大的社会反响，声讨此起彼伏，甚至向婚船发起武力攻击，所幸未伤人命。若是一般人，见此情景多半会迫于压力低头认错，但钱谦益却满不在乎，"怡然自得""笑对镜台"，足见其在感情上有所担当，也足见其对柳如是的爱是真心实意。那么，这样的婚礼究竟是钱为表真心主动献上的，还是柳为鉴真心提出的要求，已没有直接证据可以证实，我个人认为，钱谦益为表消除柳如是心中的不满与疑虑而主动提出的可能性更高，《绛云楼俊遇》中亦有"牧翁以柳才色无双，小星不足以相辱，乃行结补缡礼于芙蓉舫中"之语，或可作为凭证，仅供参考。

对于钱谦益的举动，柳如是显然是满意且感动的，关于新婚之夜还有一段趣闻：

既得章台，欣然有终老温柔乡之愿。然年已六十矣，黝颜鲐背，发已皤然。柳则盛鬓堆鸦，凝脂竟体。燕尔之夕，钱戏柳曰："吾甚爱卿发黑肤白也。"柳亦戏钱曰：

"吾甚爱君发如妾之肤，肤如妾之发也。"

——《绛云楼俊遇》

虽是闺房戏谑之语，柔情蜜意可见一斑。钱对柳是真心实意，虽得士大夫老儒非议，遭天下人讥笑亦不变色。得到这份真心实意的柳如是也以真情回馈，正如她半年前在《春日我闻室》一诗中所道：

> 栽红晕碧泪漫漫，南国春来正薄寒。
> 此去柳花如梦里，向来烟月是愁端。
> 画堂消息何人晓，翠帐容颜独自看。
> 珍重君家兰桂室，东风取次一凭阑。

陈寅恪考证此诗，乃有告别过往、寄望将来之意。其"此去柳花如梦里"一句源于陈卧子《满庭芳》词"无过是，怨花伤柳，一样怕黄昏"，如此不妨再看一下陈子龙当年词作的全貌：

> 紫燕翻风，青梅带雨，共寻芳草啼痕。明知此会，不得久殷勤。约略别离时候，绿杨外，多少销魂。才提起，泪盈红袖，未说两三分。
>
> 纷纷。从去后，瘦憎玉镜，宽损罗裙。念飘零何处，烟水相闻。欲梦故人憔悴，依稀只隔楚山云。无过是，怨花伤柳，一样怕黄昏。

——陈子龙《满庭芳·和少游送别》

陈寅恪考定此词为"崇祯八年四月大樽送别河东君之作"，如此说来是陈子龙的告别之作，词中除道出不忍分离的苦痛外，最后一句似在向柳如是说明自己并非负心之人，在分离之后，他也是不忍见黄昏的。柳如是对这首《满庭芳》分外珍重，婚后多年依然将它题写在扇面之上。而在相伴钱谦益后，她借一首七律告别过往，寄希望于钱谦益的我闻室，仍旧难免带些伤感和惶惑。钱谦益敏感地捕捉到了她的情绪，和诗《河东春日诗有梦里愁端之句，怜其作憔悴之语，聊广其意》抚慰柳如是：

> 芳颜淑景思漫漫，南国何人更倚阑。
> 已借铅华催曙色，更裁红碧助春盘。
> 早梅半面留残腊，新柳全身耐晓寒。
> 从此风光长九十，莫将花月等闲看。

钱谦益说到做到，于婚后再建绛云楼，又筑造了一段佳话：

> 为筑绛云楼于半野堂之后。房栊窈窕，绮疏青琐。旁龛古金石文字，宋刻书数万卷。列三代秦汉尊彝环璧之属，晋唐宋元以来法书名画，官哥定州宣成之瓷，端溪灵璧大理之石，宣德之铜，果园厂之髹器，充牣其中。君于是乎俭梳靓妆，湘帘斐[棐]几，煮沉水，斗旗枪，写青山，临墨妙，考异订讹，间以调谑，略如李易安在赵德卿家故事。然颇能制御宗伯，宗伯甚宠惮之。
>
> ——顾苓《河东君小传》

婚后的前四年是钱柳夫妻最惬意温馨的时光，先前的王姨娘被钱谦益赶回了娘家，钱家大宅里也没人再敢动柳如是，"家人称之曰'柳夫人'"（《绛云楼俊遇》）。两人过起了不问世事、唯念你我的神仙日子，钱谦益年过六十方知新婚之乐。据说钱谦益为满足柳如是,还曾"求媚药",且效果不错,甚是自豪(《柳如是别传》引阮葵生《茶馀客话》)。

四年里,钱柳之间常常诗歌唱和,因钱谦益不善填词,故柳如是婚后的创作主要集中在诗歌方面,《金明池》一阕竟成绝唱,殊为可惜。不过柳诗在钱的影响下风格发生了极大的转变,这一时期的作品荡漾着新婚生活的甜蜜,不再故做文士风,而是回归自然心境的流露。

> 弦管声停笑语阗,清尊促坐小阑前。
> 已疑月避张灯夜,更似花输舞雪天。
> 五蕊禁春如我瘦,银釭当夕为君圆。
> 新诗秾艳催桃李,行雨流风莫妒妍。
> ——柳如是《次韵》

夫妻是诗友的同时亦是诗敌,徐仲光《柳夫人小传》中还有这样一个小故事:

> 每宗伯句就,遣鬟矜示柳。击钵之顷,蛮笺已至,风追电蹑,未尝肯地步让。或柳句先就,亦走鬟报赐。宗伯毕力尽气,经营惨淡,思压其上。比出相视,亦正得匹敌也。宗伯气骨苍峻,虬松百尺,柳未能到。柳幽艳秀发,如芙蓉秋水,自然娟媚,宗伯公时亦逊之。于时旗鼓各建,闺阁之间,隐若敌国云。
> ——《柳如是别传》引《柳夫人小传》

柳如是的功力让泰斗也感力有不逮,翻检钱柳婚后各唱和之作,此绝言非夸张。高手过招,有较量也有快慰。

钱谦益除了在家中宠爱柳如是，也不忌讳她出门应酬：

> 钱或倦见客，柳即与酬应。时或貂冠锦靴，时或羽衣霞帔。清辩泉流，雄谈蜂起，座客为之倾倒。客当答拜者，则肩筠舆，随女奴，代主人过访于逆旅，即事拈题，共相唱和，竟日盘桓。牧翁殊不芥蒂，当曰："此我高弟，亦良记室也。"戏称为"柳儒士"。
>
> ——《绛云楼俊遇》

柳如是的做派难免引来非议，但钱谦益并不在乎，且向他人夸耀柳如是是自己的"高弟"和"良记室"，难为当时世人理解和接纳。

如果没有接下来的风云变幻，钱柳的婚姻不会染上一丝灰尘，他们会成为后世人眼中的神仙眷侣，他们的作为也不会有任何瑕疵，生前因婚恋而惹下的非议会被时间和岁月淘洗，留下来的只有后人的艳羡和敬佩。

只是，岁月从未静好。

放悲声唱到老

钱谦益的复杂性从崇祯自杀起开始不断显露，终至晚节不保、为人诟病的结局，而作为他的爱妻，柳如是也主动或被动地卷入了钱谦益的是非之中，声誉几起几落，争议不断。

第一件惹上身的争议正是源于南明弘光政权对钱谦益的起用。

钱谦益蛰伏数十载，表面上已然不念官场，唯求与娇妻诗酒度日、安享晚年，其实内心从来没有真正放下过。这从未得以实现的男儿之志是否也受到过柳如是的鼓励或是怂恿，没有证据可以佐证，但钱谦益在接到南明政权的任用后是积极响应的，亦未见柳如是有反对之词，可见她对钱谦益的复出是看好的。如果仅止于此，倒也无妨，很多力图挽救大明江山的仁人志士都曾效力过弘光政权，并对这个仓皇间组建的政府寄予了极大的期望。然而，与大多数人，特别是东林遗老、复社中流等人不同的是，钱谦益投奔了阮大铖和马士英，这便引来了极大的非议。

熟悉晚明历史的人都知道，阮、马二人历来为东林、复社人士所不齿，甚至曾竭力打压。其中虽不排除党争的成分在内，但两人在明末清初这一历史时刻的一系列作为让后世人视之为丑行，二人被正史列入奸臣行列，在戏曲小说中也皆以反面形象演绎。回到晚明，阮大铖不但遭到读书人的唾骂，与复社人结下深仇，在崇祯一朝也受到来自皇帝的打压，始终找不到出头的机会，无奈只得通过周延儒先扶植了马士英。当南明弘光政权建立后，阮、马控制了整个朝局，大肆迫害复社人，声誉更恶，而就在此时，身为东林耆宿、复社实际当家人、张溥生前挚友的钱谦益竟公开与阮、马合流，引来了巨大的批评之声。

> 钱（谦益）声色自娱，末路失节，既投阮大铖而以其妾柳氏出为奉酒。阮赠以珠冠一顶，价值千金。钱令柳姬谢阮，且命移席近阮，其丑状令人欲呕。嗟乎！相鼠有体，钱胡独不之闻？
> ——《柳如是别传》引《南明野史·卷上》

从引文可见，钱谦益不但自己投靠阮大铖，还把柳如是也拉了进来，而柳的举动有阿谀献媚之意，遭到批评。可能是因为此事，让时人对钱柳此次出山极度厌恶，连两人的行程也遭到了批判：

> 福王僭位南都，起钱谦益、陈子壮、转黄道周各礼部尚书。谦益之起也，以家妓为妻者柳如是自随。冠插雉羽，戎服骑入国门，如昭君出塞状，都人咸笑之。呜呼！廉耻道丧，至于斯极，欲不亡，得乎？予有《咏拂水山庄》句云："两朝青史千秋恨，一个红妆万事空。"
> ——方濬师《蕉轩随录·柳如是戴雉尾冠》

方濬师的批评之词相当激烈，暗指柳如是为祸水。可以想见，在弘光政权短暂的维持中，钱柳两人的声誉从之前的高峰成断崖式下跌，本以为已经跌至谷底，却未料到还有更深之处，只是这一次，柳如是不再随行。

柳如是逢迎阮、马究竟是否出于本意，历来没有人做深入探讨，陈寅恪有过一个解释，谓："牧斋与马阮游宴，自是当然之事。颇疑钱阮二人游宴尤密，盖两人皆是当日文学天才，气类相近故也。牧斋既与圆海游宴，河东君自多参与，此亦情势所必至。"我个人认为，陈寅恪此语有开脱之嫌。阮大铖的确有较高的文学创作力，其剧作《燕子笺》曾得到复社人士的极高赞誉，能获得政敌的嘉赏，足见不是低级作品。但一个人文学上的成就往往不能与其人品和作为画等号，特别是身处政坛的文人，历来是人品、文品分开，且以其人而不以其文定性的。钱谦益投奔阮大铖绝非仅止于欣赏阮的文学创作，所谓"气类相近"实乃复杂。从他此前的经历和此后的选择来看，不排除借阮之手实现其"男儿之志"的心理。而作为妻子的柳如是之心理，虽未有明确交代，则颇可玩味。"河东君自多参预，此亦情势所必至"当是有的，但从柳对待降清问题的态度来看，柳与钱的底线不同，不符合她价值观的事她是绝对不会积极参与的。那么，是否可以反推得到结论，柳如是对待阮大铖的态度与钱谦益是相似的。

柳如是不反感阮大铖，或者说，她觉得与阮结交不算大是大非问题，阮有可利用性，也有其优点。大胆推测，钱柳对待阮的态度都或多或少受到了张溥的影响。当年复社人声势浩大地声讨阮大铖，发《留都防乱揭》，有复社骨干一百多人签名，然而张溥却没有签。还有一种比较流行的说法，张溥为周延儒的复出奔走时，阮大铖是出过钱的，钱谦益也有参与。丁国祥虽在《复社研究》中驳斥了此说，但其流传较广，早已深入人心，似可窥见张溥晚年在政治上的态度。作为一个大社团的领导者，张溥不可能是一个头脑单纯、靠口号服众的书生，他必须为实现政治愿望而利用某些人或使用某些手段，而这些往往属于政治家们都会有的暗箱操作，是无法公开的。钱谦益作为密友和参与者，又较张溥年长，自然深谙此道，也就不难理解他在弘光朝的选择和作为。柳如是受张、钱两人影响，且涉世复杂，也不会如愣头青般对此难以接受。故审视钱柳的这段经历须结合历史、人性等多方面来看，单纯开脱或贬斥皆有失客观。

弘光政权迅速消亡，紧跟着的是清兵大举南下，考验知识分子的真正时刻来临了。在之前的文章里，我们已经看到了形形色色的文士面对历史突变时所做出的抉择，有隐居者，有主动降顺者，有被迫出仕者，各有各的际遇，那么，钱谦益又是如何选择的呢？

在讲述钱谦益之前，我们先给陈子龙的故事收一个尾。

陈子龙也曾效力弘光政权，但没有受到重用，见朝廷腐败而"甚为之寒心"，遂"乞终养去"。清兵入关后，好友夏允彝殉国，"子龙念祖母年九十，不忍割，遁为僧。寻以受鲁王部院职衔，结太湖兵，欲举事。事露被获，乘间投水死。"（《明史》）时在清顺治四年（1647年）五月，关于他的死，丁国祥在《复社研究》中有详细的介绍，陈子龙在清朝官吏面前大义凛然，虽幼子被当面用刀劈成两半而亡，亦不改其志，最后在押往苏州的途中投水自杀。在死前一年，陈子龙曾在苏州作《秋日杂感》十首，其第二首尤为苍郁悲愤，是人生中最后的倾诉和追问：

> 行吟坐啸独悲秋，海雾江云引暮愁。
> 不信有天常自醉，最怜无地可埋忧！
> 荒荒葵井多新鬼，寂寂瓜田识故侯。
> 见说五湖供饮马，沧浪何处着渔舟？

此时的钱谦益在做些什么？

> 顺治三年（1646年），豫亲王多铎定江南，谦益迎降，命以礼部侍郎管秘书院事。冯铨充修明史馆正总裁，而谦益副之。
>
> ——《清史稿·列传二百七十一》

钱谦益选择了降清。

作为东林和复社的最高级别成员，身负江南文坛重名的钱谦益做了这样的选择，时人皆无法接受，而最不能接受的就是爱妻柳如是。

> 乙酉（1645年）五月之变，柳夫人劝牧翁曰："是宜取义，全大节以副盛名。"牧翁有难色。柳夺身欲沉池水中，持之不得入。
>
> ——《绛云楼俊遇》

这一历史细节的最早记录者是顾苓，他当时并不在现场，但的确有目击者，即"长洲明经沈明抡"，刚巧住在钱谦益家中，看到了这一幕。其后，钱谦益又向科都给事中宝丰王之晋讲了事情的经过，其又转述给了顾苓，顾苓记录在《河东君小传》中，保留了珍贵的历史记录，从而传播开来。柳如是的这一做法让她在时人心中的形象与钱谦益区分开来，从此夫妻二人的评价开始向两个方向发展。晚清王国维在《东山杂记》中谈到这一事件时仍赞柳如是"凛凛有烈丈夫风"，可以推断在当时亦受到了较高的赞誉。

虽然乙酉（1645年）五月时陈子龙尚未殉国，但从柳如是在这一时刻的选择来看，两人的价值观是一致的，这也是早年陈子龙影响的余音。柳如是的家国情怀是真挚的，其为人在懂得适当变通的同时保留自己的底线。她在民族大义上所表现的气节的确值得赞誉。

> 钱公出处好胸襟，山斗才名天下闻。
> 国破从新朝北阙，官高依旧老东林。
> ——《陈忠裕全集》壹柒七律补遗"题虎邱石上"

这是时人对钱谦益的公认评价，也是来自老情敌的嘲讽。

钱谦益为什么会选择降清呢？

这里面有较为复杂的原因。陈寅恪分析乃"由其素性怯懦、迫于事势使然。若谓其必须始终心悦诚服，则甚不近情理"是一个不可忽视的原因。另外，结合之前对同为复社成员的徐灿之夫陈之遴的介绍，我们发现陈之遴与钱谦益曾有着相似的遭遇和愤懑之情。陈之遴选择主动降清，没有任何心理负担，是否钱谦益的半推半就也暗含了他对"建功立业"的渴盼之心呢？也许可以作为一种猜想，篇幅关系不做深入探讨。

柳如是阻止不了丈夫北上降清的脚步，钱谦益保住了妻子的命却无法动摇她的意志，于是，"宗伯北行，君留白下（注：南京别称）"（顾苓《河东君小传》），夫妻二人在此分道扬镳。虽未正式和离，但两人的心已在此刻渐行渐远。五年恩爱一朝湮灭，曾经幸福惬意的生活被乱世碾碎。然而，就在心灰意冷之时发生了一件事，让两人的心又重新回归一处。

> 当谦益往北，柳氏与人通奸，子愤之，鸣官究惩。及归，怒骂其子，不容相见。谓国破君亡，士大夫尚不能全节，乃以不能守身责一女子耶？此言可谓平而恕矣。
> ——《柳如是别传》[①]

柳如是另寻新欢，证明她已然对钱谦益死心，但毕竟此时她没有与钱谦益正式和离，故仍是钱家人，那么她的行为在当时是不能容忍的，钱谦益之子钱孙爱怒而报官也在情理之中。恰此时，在清廷并不得意的钱谦益"乞归"还乡，闻听此事勃然大怒。他的怒却不在柳的背叛，而在子的"不孝"，并为柳的做法开脱，没有任何追究的举动。据说，钱孙爱一怒杀了那位姓郑的情夫，钱谦益知道后还曾在信中痛骂儿子，言"柳非郑不活，杀郑是杀柳也。父非柳不活，杀柳是杀父也。汝此举是杀父耳"。（《柳如是别传》引徐树丕《识小录》四"再记钱事"条）未知真假，但与钱谦益的态度并不矛盾。

也许是钱谦益感动了柳如是，钱谦益虽大节有亏，但作为柳

[①] 引《荷闸丛谈》三"东林中依草附木之徒"。

如是的丈夫，没有半点瑕疵。明朝大势已去，日子却还是要过的，柳如是此时已近而立，离开钱谦益又能有什么好的归宿呢？夫妻之间的恩怨纠缠通常有其复杂性，不易泾渭分明，钱柳二人走到这一步，终于接受了现实，重归旧好，打算过真正的隐居生活了。

可是，钱谦益性格深处的反复性仍在躁动着，对清政府失望的钱谦益又动起了参与反清复明活动的脑筋，这便又为他个人生涯惹下一大祸患。

> 丁亥（1647年）三月，捕宗伯亟，君挈一橐，从刀头剑铓中，牧围馈橐惟谨。事解，宗伯和苏子瞻《御史台寄妻韵》，赋诗以美之。至云："从行赴难有贤妻。"
> ——顾苓《河东君小传》

清代相关资料中，均对钱此次被捕的原因未做明确交代，陈寅恪考证，此事乃受黄毓祺案牵连所致：

> [黄毓祺]将起义，遣徐摩往常熟钱谦益处提银五千，用巡抚印。摩又与徽州江某善。江嗜赌而贪利，素与大清兵往还。知毓祺事，谓摩返必挟重赍，发之可得厚利。及至常熟，钱谦益心知事不密，必败，遂却之。摩持空函还，江某诣营告变，遂执毓祺及薛生一门，解于南京部院，悉杀之。钱谦益以答书左袒得免，然已用贿三十万矣。
> ——《柳如是别传》[①]

[①] 引及计六奇《明季南略》九"黄毓祺起兵行塘"。

黄毓祺也出身复社，一直为抗清努力，但不幸被小人出卖而被捕。黄曾遣人到钱谦益处取金钱三十万，钱怕事泄而拒绝了，但黄被捕后他被牵连进来，招致被捕。

> 丁亥（1647年）三月晦日，晨兴礼佛，忽被急征。银铛拖曳，命在漏刻。河东夫人沉疴卧蓐，蹶然而起，冒死从行。誓上书代死，否则从死。慷慨首涂，无刺刺可怜之语。余亦赖以自壮焉。狱急时，次东坡御史台寄妻诗，以当诀别。狱中遏纸笔，临风暗诵，饮泣而已。
> ——《柳如是别传》①

在得知钱谦益被捕后，柳如是立即为营救丈夫而奔走，甚至要代夫赴死，"柳氏即束装挈重贿北上，先入燕京，行赂于权要，曲为斡旋"。（《柳如是别传》引叶绍袁《启祯记闻录》七附《芸窗杂录记》"顺治四年丁亥事"）叶绍袁认为此事为钱柳的夫妻关系打开了一个新局面，即经此事后，钱谦益"始知此妇人有才智，故缓急有赖，庶几女流之侠，又不当以闺阃细谨律之矣"。叶的说法未必准确，但此事的确使趋于冰点的钱柳夫妇感情得到了根本性的扭转，从钱谦益自己的诗中亦能看出：

> 朔气阴森夏亦凄，穹庐四盖觉天低。
> 青春望断催归鸟，黑狱声沉报晓鸡。
> 恸哭临江无孝子，徒行赴难有贤妻。
> 重围不禁还乡梦，却过淮东又浙西。
> ——《和东坡诗》（其一）

---

① 引钱谦益《有学集》一《秋槐诗集》"和东坡西台诗韵六首"序。

从首联和颔联可以看出，此次入狱对钱的打击极大，用词压抑，心情低迷，甚至已预见到了死亡阴影的笼罩。而此时，家中唯一在为他的性命牵挂奔走的人只有柳如是而已。前面提到钱谦益有独子钱孙爱，他为何没有出来为父奔走呢？

> 某宗伯于丁亥岁以事被急征，河东夫人实从。公子孙爱年少，莫展一筹，瑟缩而已。翁于金陵狱中和东坡御史台寄弟诗，有"恸哭临江无孝子，从行赴难有贤妻"之句，盖纪实也。孙爱见此诗，恐为人口实，百计托翁所知，请改孝子二字。今本刻"壮子"，实系更定云。
> ——《柳如是别传》引《柳南随笔》

钱孙爱是个窝囊人，大事临头只能做鸵鸟，这是他第一次表现其性格上的弱点，十几年后还有第二次，暂且不表。但有趣的是，窝囊人更好面子，见父亲说自己是不孝子，感觉委屈，后托人在刻印时将"孝"改为"壮"，以证明自己只是有心无力而已。钱谦益若泉下有知，不知作何感想。在狱中时，绝望中的钱并不确定柳如是的奔走能有多大成效，但渴望回家的心却是迫切的，后果然免罪释放，心中自然对柳如是充满感激。这件事让钱柳二人都重新审视了自己的感情，也重新确定了对方在自己心中的位置和重要性。如果说从前的两人是神仙眷侣的话，那么从此他们便是真正的患难夫妻了。患难最见真情，钱柳夫妻是情比金坚。此后，他们爱情的结晶也诞生了，也是夫妻两人唯一的女儿。钱谦益甚是宠爱，为免女儿受苦，在其成年后还招了上门女婿。

关于钱柳参加反清复明运动的资料并不多见，但从黄毓祺牵连案中可以推测，钱谦益的确在暗中活动着，否则黄毓祺不会派人来取钱,只是钱谦益对此次行动持谨慎态度才加以婉拒。除此之外,陈寅恪推测钱柳还与郑成功保持联系,"河东君以贵妇人之资格,以购买物品为名,与绸缎店肆往来,暗作通海之举",但也没有确切的史料作为证据,只能"以俟更考"。

大难未死却并非必有后福,钱谦益再遭家难,损失惨重,这就是绛云楼失火。

> 庚寅(1650年)冬,绛云楼不戒于火,延及半野堂,向之图书玩好略尽矣。
> ——顾苓《河东君小传》

绛云楼是钱柳婚后所造,见证了这段传奇姻缘,留下了夫妻二人许多美好的回忆:

> 绛云楼新成,吾家河东君邀皆令至止。研匣笔床,清琴柔翰,把西山之翠微,坐东岩之画障,丹铅粉绘,篇什流传,中吴闺阁,侈为盛事。
> ——《春冰室野乘·卷下》引钱谦益《〈赠黄皆令〉序》

柳如是曾在这里招待黄媛介,两人诗文唱和、美酒清音,相伴的友谊成为一段佳话。而对于建造者钱谦益来说,绛云楼的意义则更重:

> 平生喜聚书,所居红豆山庄绛云楼上,牙签缥轴,分别部居,珍如拱璧。性复啬吝,凡世间孤本,辄秘不示人。所撰《绛云楼书目》,凡载宋元善本,皆是中乘,

绝佳之品，则并书目亦不存。

——《啁啾漫记·钱牧斋轶事》

大江以南，藏书之富，无过于钱。自绛云灾，其宋元精刻，皆成劫灰。

——《绛云楼俊遇》

绛云楼是钱氏的藏书楼，钱谦益毕生收集整理皆在此楼内，也可说是钱的心血之凝聚。他一生郁郁不得志，唯一沾沾自喜的两件事，除了娶柳如是就是造绛云楼了。楼中也留下了夫妻二人多年来的甜蜜时光：

在绛云楼，校雠文史。牧斋临文，有所检勘，河东君寻阅，虽牙签万轴，而某册某卷，立时翻点，百不失一。所用事或有舛误，河东君颇为辨正，故虞山甚重之。

——沈虬《河东君传》

如此重要的居所为何会失火呢？

其后中夜乳媪抱其幼女嬉楼上，剪烛炧，落纸堆中，延烧橱椟，牧斋惊起，已不及救。所藏古书，悉付一燎。惟割成《明臣志传》数百本，当时备撰，明史在楼外，未及于难。

——《啁啾漫记·钱牧斋轶事》

原来是女儿在楼上嬉戏不甚引火所致。古时建筑为木制，又兼楼中尽是藏书，很快便付之一炬。钱谦益损失惨重，"所藏古书，悉付一烬""惟一佛像不烬",钱像是受到了某种警示,遂"归心释教,著《楞严经蒙钞》"。(《清史稿》)此后,钱谦益凭记忆努力恢复了一部分,但已不能复原巨大的藏书量之原貌。后人对绛云楼失火有不同看法,多数持惋惜态度,但也有人认为并不足惜:

> 建"绛云楼",穷极壮丽,上列图史,下设帏帐,以绛云仙姥比之,衰甚矣。不数年,绛云楼灾,宜也。
> ——钮琇《觚剩》

钮琇的观点出于个人,但依照当时的观念也说得通,即认为绛云楼太过奢靡,不该存在,似暗比纣王建鹿台。不得不说钮琇的观点过于褊狭刻薄,绛云楼火灾的最大损失是在珍本和孤本的被毁,是文化上的一次重大损失,藏书楼虽装饰精美,但与帝王穷奢极侈是有本质区别的。

灾后,夫妻移居红豆山庄,虽遭受了那么多打击,但感情却愈久弥坚,"良辰胜节,必放舟湖山佳处,留连唱和,望者疑以为仙"。(《钮琇《觚剩》》)

> 绿浪红阑不殢愁,参差高柳蔽城楼。
> 莺花无恙三春侣,虾菜居然万里舟。
> 照水蜻蜓依鬓影,窥帘蛱蝶上钗头。
> 相看可似嫦娥好,白月分明浸碧流。
> ——钱谦益《中秋日携内出游》

> 秋水春衫憺暮愁,船窗笑语近红楼。
> 多情落日依兰棹,无藉轻云傍彩舟。
> 月幌歌阑寻麈尾,风床书乱觅搔头。

> 五湖烟水长如此，愿逐鸱夷泛急流。
> ——柳如是《次韵》

钮琇在文中着意引此两首诗，以证明钱柳的美满姻缘。细读两诗，词句间浸润了对生活的满意和对彼此的爱，也再次证明了柳如是的诗歌水平堪与钱谦益等肩。

人生总有结局和落幕，钱柳夫妻也逃不开这一日的到来。

> 康熙初，长君孙爱已与乡荐，迎牧翁同居。柳与女及婿仍居红豆村。逾二年，牧翁病，柳自乡奔候。未几牧翁卒。柳留城守丧，不及归也。
> ——《绛云楼俊遇》

时光流向清康熙三年（1664年），钱谦益病逝，却未料身后事又是一场血雨腥风。"初，宗伯与其族素不相睦，乃托言宗伯旧有所负，枭悍之徒，聚百人交讧于堂。"（钮琇《觚剩》）钱谦益生前与族人有矛盾，而独子孙爱懦弱无能，钱家见钱谦益已死，便来聚众闹事。见此情景，钱孙爱"闻而惧甚，匿不敢出"，柳如是只得亲自出来应对，对众人道："家有长嫡，义不坐受凌削。未亡人奁有薄赀，留固无用，当捐此以赂凶而纾难。"（钮琇《觚剩》）并将自己攒下的钱财尽数与人，却不料众人仍不罢休，提出要分割钱谦益的财产，而此时，钱孙爱仍做缩头乌龟，"夫人乃泫然起曰：'我当之。'"（《新世说·卷五》）

> 柳自念欲厌其求，则如宋之割地，地不尽，兵不止，非计也。乃密召宗伯懿亲及门人素厚者，复纠纪纲之仆数辈，部画已定，与之誓曰："苟念旧德，毋渝此言。"

咸应曰:"诺。"

——钮琇《觚剩》

之后,柳如是出面亲自安抚钱氏族人:"妾之赀尽矣,诚不足为赠。期以明日,置酒合宴,其有所须,多寡惟命。府君之业故在,不我惜也。"(钮琇《觚剩》)

钱氏族人以为钱谦益财产手到擒来,于是欣然答应,却万没料到会眼见接下来的一幕:

> ……申旦而群宗麕至,柳谕使列坐丧次,潜令健者阖其前扉,乃入室,登荣木楼,若将持物以出者,逡巡久之,家人心讶,入视,则已投缳毕命,而大书于壁曰:"并力缚饮者,而后报官。"

——钮琇《觚剩》

其实这是柳如是的筹谋,目的就是替丈夫保存家业。钱孙爱显然事先并不知情,但也还算有良心,在看到柳如是悬梁自尽后"与家人相向号恸",随之报官,众人伏法。

临死前,柳如是给女儿留下一封遗书:

> 汝父死后,先是某某并无起头,竟来面前大骂。某某还道我有银,差遵王来逼迫。遵王、某某皆是汝父极亲切之人,竟是如此诈我。钱天章犯罪,是我劝汝父一力救出,今反先串张国贤,骗去官银官契,献与某某。当时原云诸事消释,谁知又逼汝兄之田,献与某某。赖我银子,反开虚账来逼我命,无一人念及汝父者。家人尽皆捉去,汝年纪幼小,不知我之苦处。手无三两,立

索三千金，逼得汝与官人进退无门，可痛可恨也。我想汝兄妹二人，必然性命不保。我来汝家二十五年，从不曾受人之气，今竟当面凌辱。我不得不死，但我死之后，汝事兄嫂，如事父母。我之冤仇，汝当同哥哥出头露面，拜求汝父相知。我诉阴司，汝父决不轻放一人。垂绝书示小姐。

——《柳夫人遗嘱》

言辞凄绝，道尽世态炎凉。从这封遗书中可以获知两方面信息：其一，钱氏一门虚伪奸诈之人不少。钱谦益在时，在其面前虚与委蛇，也得到过柳如是的帮助，但钱谦益一死，当即变脸，向柳如是勒索钱财，甚至"当面凌辱"。其二，钱孙爱虽然懦弱，但本性不坏，对待柳如是和妹妹较好，也因此，柳如是放心地将女儿托付给孙爱，并嘱咐她"事兄嫂如事父母。我之冤仇，汝同哥哥出头露面"。柳如是安排好一切撒手人寰，女儿女婿与嫡子没有辜负她的嘱托，积极为母亲和钱家争取，今留有《孝女揭》等供状，是当时诉讼时留下的资料，详见《柳如是别传》。

柳如是一生是非争议不断，但此一死则将世议风评推向了巅峰。首先是来自钱氏后人的肯定。钱孙爱"哀之，为用匹礼，与尚书合殡某所"。(《新世说·卷五》)将父亲与继母合葬乃前所未有，足见其良心。继而，钱谦益的学生顾苓为其作《河东君小传》记述其生平。王国维在评论这篇传记时写道："于蘼芜表章甚力，而于虞山则多微词，可见公论所在，虽弟子不能讳其师……"足见顾苓作此传是出于发自内心的敬佩，并非为了老师的颜面。后世，《绛云楼俊遇》中认为"牧翁之不致身死而家毁者，柳之力也"，在当时的环境下是对一个女人极大的肯定。钮琇也说："夫河东君以泥中弱絮，识所依归，一旦遭家不造，殉义从容。于以御侮，于以亢宗，讵不伟欤！"（《觚剩》）其友徐奎伯更赋诗道："一死何关青史事，九原羞杀老尚书。"《新世说》亦载"吴人嘉其志烈，争作诗以美之"之语。与陈寅恪同时的刘体信有更高的评价，谓柳如是："能明大义，劝宗伯殉义，又以一死了钱氏纷纠，洵足流传千古矣。"（《苌楚斋随笔》）已然将美誉推至顶点。今天，社会道德观念已发生巨大变化，但柳如是在关键时刻所表现出的操守、勇敢与智慧依然震撼人心。

几百年后，翁同龢来到虞山，凭吊钱谦益、柳如是墓，并与当地人攀谈，写下《东涧老人墓》一诗，沧桑变换，历史风云，尽在淡淡文字间。

秋水堂安在，荒凉有墓田。孤坟我如是，独树古君迁。
题碣谁摹宋，居人尚姓钱。争来问遗事，欲说转凄然。

柳如是与钱谦益离世时，晚明早已成为过去，留给那几代知识分子的是无尽的伤痛和迷思，其影响从未消逝，引来一代又一代人重新审视那段风云岁月。它热烈又苍冷，风雅而血腥，温柔也残酷，充满嬉笑怒骂，演尽悲欢离合。喜欢那个时代的人未必皆能完整地认清它、剖析它，而它却永远散发着某种魔力，令人欲罢不能。

俺曾见金陵玉殿莺啼晓，
　秦淮水榭花开早，谁知道容易冰消。
　眼看他起朱楼，眼看他宴宾客，眼看他楼塌了。
　这青苔碧瓦堆，俺曾睡风流觉，将五十年兴亡看饱。
　那乌衣巷不姓王，莫愁湖鬼夜哭，凤凰台栖枭鸟。
　　残山梦最真，旧境丢难掉。

不信这舆图换稿。

诌一套《哀江南》，放悲声唱到老。

——孔尚任《桃花扇》

李香君：忍对桃花说李香

一个时代的悲绝与壮烈，都被作者尽数倾注于一个女子的身上，这是历代文学中所少有的。

一个女人坎坷的生涯，一半在历史中，一半在戏剧里，有时分不清哪一个才是真实的，有时更希望戏剧就是历史。

李香君的故事，从来是虚实两线并行，起于实而终于虚。

第一个将她列入文字记载的人是"晚明四公子"之一的侯方域，在侯方域的笔下，风烟绮丽的秦淮河畔有一个能歌《玉茗堂四梦》、"尤工琵琶词"的女子，她的名字叫李香。

> 李姬者名香，母曰贞丽。贞丽有侠气，尝一夜博，输千金立尽。所交接皆当世豪杰，尤与阳羡陈贞慧善也。姬为其养女，亦侠而慧，略知书，能辨别士大夫贤否，张学士溥、夏吏部允彝亟称之。少，风调皎爽不群；十三岁，从吴人周如松受歌玉茗堂四传奇，皆能尽其音节。

尤工琵琶词，然不轻发也。

——侯方域《李姬传》

李香自幼跟随养母李贞丽长大，贞丽也是风尘女子，性情较泼辣，与复社文人交结甚多。其中，与侯方域同列"晚明四公子"之一的陈贞慧与她关系最近，不排除才子佳人、风月流连的可能，也属当时秦淮风气之一种。受此氛围的熏染，李香也自然养成了极具复社文人特点的价值观，为她日后的作为埋下了伏笔。

李香身材娇小，绰号"香扇坠"，却气质超群，"风调皎爽不群"。虽只是"略知书"，但也能赋诗，况周颐在《续眉庐丛话》中转引恽珠所编《国朝闺秀正始集》中收录的一首李香的小诗《题女史卢允贞寒江晓泛图》，词句虽浅，却也工整：

瑟瑟西风净远天，江山如画镜中悬。
不知何处烟波叟，日出呼儿泛钓船。

涉世未几，李香便得到复社最高领袖张溥的激赏，从而声誉鹊起，身价百倍，受到江南文士的追捧，其中最得李香爱慕的便是来自河南商丘的侯方域。

侯方域的名字已然家喻户晓，但要细说他的家世、经历与著述，又似乎十分陌生了。然而，在南明这段匆促即逝的历史中，不能完全抹掉他的名字，因此，将他引入关于李香君的叙述时需先探查一番他走入历史变迁之前的身世经历。

侯方域，字朝宗，商丘人。父恂，明户部尚书；季父恪，官祭酒：皆以东林忤阉党。

——《清史稿·列传二百七十一》

> 祖执蒲，官太常卿。父恂，崇祯间官户部尚书。
> ——《清代名人轶事·学行类》

从两段史料可以看出，侯方域出身高门大户之族。侯家从侯执蒲起便在朝为官，侯执蒲的两个儿子侯恂和侯恪不但享高官厚禄，且都身居东林，曾与阉党有过仇怨。作为高官之后、东林之子，侯方域自出生起便站在了人生的高起点上，性格、见识都与别人不同。

"性豪迈不羁，为文有奇气"是《清史稿》中对侯方域的评价，稍显笼统，再看其他史料如何评说：

> 少从其父恂宦京师，习知朝中君子小人之故，矫矫立名节，好大言，遇人不肯平面视，喜睚眦报复。然一语合，辄吐出肺肝，誉不容口；赈友之急，能不惜千金。
> ——《明亡述略·卷二》

不足百字的叙述已将侯方域的为人描绘得惟妙惟肖。侯自幼便跟随父亲在京城，见惯了大官僚大贵族间的钩心斗角、尔虞我诈，对忠奸善恶有一套自己的评判标准，从他的为人处世中可以看出，这标准是非常具有东林特色的。侯方域自视出身不凡、才高八斗，为人十分高傲，"遇人不肯平面视"一句便将侯的面貌一笔勾出。"喜睚眦报复"可以看出他不是个心胸宽广的人，这也常常是自恋高傲之人的通病。但作为一个有才学的人，他极其渴望找到惺惺相惜的朋友，"喜结纳名士"（《清代名人轶事·学行类》），遇到有真才实学的人甘于折服，且为人豪侠仗义，不吝惜钱财，当然，这也与他出身富贵，较少知贫穷疾苦有一定关系。有了以上这些经历与人格特征，他日后成为复社中人，与朋友被列入"晚明四公子"行列，乃至结识李贞丽与李香母女便都是水到渠成之事，可以说是人生中必然要走的道路了。

根据谢桂荣、吴玲所整理的《侯方域年谱简编》的记载，侯方域在明崇祯八年（1635年）冬，也就是十八岁这一年，给在松江的陈子龙写了一封信，并附上了自己的诗文。陈子龙虽在崇祯四年（1631年）因落第而黯然返乡，但没有荒废学业，于家乡刻苦治学，又倡立几社、参与复社，在晚明文坛声誉卓著。是年，陈子龙二十有七，对于尚在河南读书的侯方域来说是其仰慕的前辈，故他的这封信有大胆自荐的意思，也可以说是他努力靠近复社的第一步。

侯方域的期望没有落空，转年春，陈子龙便回信给侯方域，对其文赋才学大加称赏，并给出了"雪苑旧推司马赋，云间今愧士龙才"的赞誉，最后又有"汉家宣室为君开"的祝福。能得到这样的回复并结交下陈子龙这个朋友，十八岁的侯方域可谓一举成名，前途不可限量。然而，也就在陈子龙复信的这一年，侯家却出了大事，侯恂在官场中斗争失利，获罪下狱。侯恂入狱多年，侯家一落千丈，侯方域多方走动却并无成效，也只得一心苦学，继续结交天下名士，并期望通过科考获取功名。

三年后，二十二岁的侯方域来到金陵，准备参加秋试。这一年是崇祯十二年（1639年），考试的结果不理想，查《侯方域年谱简编》，原因是他在文章中言辞过于露骨，犯了忌讳，被主考官除名了。尽管如此，侯方域这次金陵之行是充实的：其一，他结识了一大批复社人，并结交了陈贞慧与吴应箕两位挚友；其二，他结下了一段情缘。侯方域无论如何也不会想到，自负如他，原指望文章千古事，却恰恰是这段有始无终的爱情故事让他的名字流传后世。

> 雪苑侯生，己卯（1639年）瑬瑠来金陵，与相识。姬尝邀侯生为诗，而自歌以偿之。
>
> ——《李姬传》

这是侯方域自己对这段往事的追忆，叙事简练，关于两人如何相识，情感发展到何种程度，他都没有细说，文字间也未看出特别的感情。不知是有意掩饰，抑或是情感淡薄，两人的关系似乎只是普通的名士与名妓之间的应酬唱和。不过，无心人说之，有情人听之，侯方域不愿激起的涟漪却偏偏有人要一唱三叹，这个人就是孔尚任。

孔尚任出生于1648年，生活的年代已与侯方域有一定距离，特别是他着手为作品《桃花扇》收集素材时，侯方域早已过世。孔尚任的父辈都经历过晚明和南明的动荡，心中满蕴着悲情，而这种悲情经过不断的加工和渲染，到了从未经历过那段岁月的孔尚任眼中则衍生成了一种特别的情怀。这情怀既有迷惘和悲戚，也有痛惜和向往，他在太平年景里无限想象着那个动荡破碎的时代，迷醉于那个时代里的一个个人，一桩桩事，其中最令他感动的当数侯李的爱情。

由于时代变迁的原因，孔尚任年轻时所听到的传说以及所看到的资料一定比今人更多，据说他曾与冒辟疆当面倾谈，那么也一定获知了更多的秘闻。那些听到和看到的往事在他心中杂糅发酵，侯李两人的爱情便被渐渐晕染了更丰富的色彩、更生动的细节、更曲折的经历以及更复杂的情愫。

在《桃花扇》中，孔尚任对侯方域去金陵的时间做了改动，从崇祯己卯（1639年）变成了崇祯壬午（1642年）。侯李相识的时间便被错后了三年，为的是保证剧情发展的紧凑。

在孔尚任笔下,李香有了新的名字——李香君,从此被后世所熟知。名字的来历是这样的:

> (小旦)真真名笔,替俺妆楼生色多矣。(末)见笑。(向旦介)请教尊号,就此落款。(旦)年幼无号。(小旦)就求老爷赏他二字罢。(末思介)《左传》云:"兰有国香,人服媚之。"就叫他香君如何?(小旦)甚妙!香君过来谢了。(旦拜介)多谢老爷。(末笑介)连楼名都有了。(落款介)崇祯癸未仲春,偶写墨兰于媚香楼,博香君一笑。贵筑杨文骢。
> ——《桃花扇》第二出 传歌(癸未二月)[①]

戏本中的小旦是李贞丽,旦是李香君,末是杨文骢,字龙友,根据戏中李贞丽的介绍,他是"凤阳督抚马士英的妹夫,原做光禄阮大铖的盟弟",可见有些背景。在《桃花扇》中,杨龙友与李贞丽交好,时常走动,会些诗文字画,但才学不精。这一日在李贞丽居所看见名家为其女的题咏,遂心痒欲凑数,便在"蓝田叔画的拳石"旁加了几笔兰花,前面引述的文字便由这几笔兰花而来。孔尚任并没有道明李贞丽的女儿名叫李香,而是根据《左传》中的一段文字演化出了"香君"这个名号,是文学创作者的一种附会,但也可以看出他个人对李香的敬慕之情。

关于侯方域相遇李香君的细节,孔尚任展开了浪漫唯美的想象:

---

① 本篇相关引文,未特殊标注者,皆引自中华书局2016年出版的《桃花扇》。

小生侯方域，书剑飘零，归家无日。对三月艳阳之节，住六朝佳丽之场，虽是客况不堪，却也春情难按。昨日会着杨龙友，盛夸李香君妙龄绝色，平康第一。现在苏昆生教他吹歌，也来劝俺梳栊；争奈萧索奚囊，难成好事。今日清明佳节，独坐无聊，不免借步踏青，竟到旧院一访，有何不可？（行介）
　　　　　　——《桃花扇》第五出　访翠（癸未三月）

　　苏昆生就是《李姬传》中的"吴人周如松"，苏昆生是其后更名。在《桃花扇》中，侯方域自述朋友杨龙友主动向他夸赞秦淮佳丽李香君，目的是撮合他们两人成一对连理。而此时，侯方域经济拮据，生活较困窘，却也耐不住寂寞，决定到旧院去走一走，看一看那个"妙龄绝色，平康第一"的李香君究竟如何。

　　根据孔尚任的安排，此时李香君正在名妓卞玉京家参加盒子会，当侯方域来到卞玉京家时，李香君恰在楼上吹箫。侯方域经人指点向楼上观望，被李香君的箫声打动：

　　（内打云锣介。生听介）玉玎珰，一声声乱我柔肠。（内吹箫介。生听介）翱翔双凤凰。（大叫介）这几声箫，吹的我消魂，小生忍不住要打采了。（取扇坠抛上楼介）海南异品风飘荡，要打着美人心上痒！
　　　　　　——《桃花扇》第五出　访翠（癸未三月）

　　未见其人，先闻其乐，情节设置巧妙，艺术感染力强。演奏结束后，女主角正式登场：

　　（众起介。末拉生介）世兄认认，这是贞丽，这是香君。（生见小旦介）小生河南侯朝宗，一向渴慕，今才遂愿。（见旦介）果然妙龄绝色，龙老赏鉴，真是法眼。

——《桃花扇》第五出　访翠（癸未三月）

这次相识，侯方域与李香君一见钟情，之前李贞丽与杨龙友的撮合之意也得以如愿。很快，媚香楼里大摆喜宴，两人喜结连理。在婚宴上，侯方域赠李香君宫扇一柄，扇面上题诗一首，即著名的《赠人》：

夹道朱楼一径斜，王孙初御富平车。
青溪尽是辛夷树，不及东风桃李花。

这就是桃花扇的由来，是否真实存在过，已经找不到史料加以佐证，但孔尚任以此扇作为侯李姻缘的线索与物证，并以此牵出一系列南朝人物和旧事，将定情信物这一传统物件的功能无限拓展，从创作手法上来看是有新意且颇具挑战性的。不过，桃花扇虽未必真，两人间却的确留下过一些物证：

姬与归德侯方域善，曾以身许方域。设誓最苦，誓词今尚存湖海楼箧衍中。

——陈维崧《妇人集》

陈维崧的父亲正是与李贞丽交好的陈贞慧，对当年侯李之恋的细节应该颇为知悉。陈维崧的回忆大体可以与孔尚任的描写互为印证，即侯方域与李香君的确有过类似于婚娶的行为，也即孔尚任笔下的"梳笼"。但有趣的是，这一细节却被侯方域自己给抹去了，如果不是朋友之子道出这一细节，后人不会知道誓词的存在。可惜的是，尽管陈维崧留下了这一笔，这份誓词的最终下落依然不明，也没有被孔尚任写进《桃花扇》中，或许在孔动笔时便已不存于世了。

无论是在历史上还是在戏剧中，李香君最为人所称道的是劝阻侯方域被阮大铖收买，但事情的经过却有虚实两个版本。

先来看今人最为熟知的戏剧版，且看孔尚任如何演绎李香君的壮怀激烈。

前文说到侯方域科考落第后滞留南京，身上并不富裕，却大摆宴席与名妓李香君喜结连理，那么有一个很现实的问题引起了李香君的注意：侯方域的礼金是哪里来的？由此，不得不谈到一个曾搅动南朝的重要人物，这就是阮大铖。

关于这个人物，侯方域在《李姬传》中也有提到：

> 初，皖人阮大铖者，以阿附魏忠贤论城旦，屏居金陵，为清议所斥。阳羡陈贞慧、贵池吴应箕实首其事，持之力。大铖不得已，欲侯生为解之……

从侯方域的语调看，阮大铖在当年名声低劣，曾依附于魏忠贤的行为遭人诟病，既然"为清议所斥"，那么一定是最受复社人鄙视的了。《清史稿·侯方域传》中对此事有所记载：

> 方域既负才无所试，一放意声伎，流连秦淮间。阉党阮大铖时亦屏居金陵，谋复用。诸名士共檄大铖罪，作《留都防乱揭》，宜兴陈贞慧、贵池吴应箕二人主之。大铖知方域与二人善，私念因侯生以交于二人，事当已，乃嘱其客来结欢。

从这段记载中可以看到，当时挑头打压阮大铖的人正是与侯方域关系最亲近的陈贞慧与吴应箕，阮想通过结交侯方域从而讨好陈、吴两人，目的非常明确。那么，阮大铖又为何选中了侯方域呢？

阮大铖是万历四十四年（1616年）的进士，与侯方域之父侯恂是同科，故《桃花扇》中侯方域称其为"年伯"。同科出身就是一种天然的人脉关系，哪怕彼此并不十分熟稔，也总会顾及些情面。而更有趣的是，阮大铖在依附阉党前，自己就是东林党人，与侯恂同列《东林党点将录》中，阮绰号"天究星没遮拦"，侯绰号"地遂星通臂猿"，可见两人曾是同一组织阵营里的战友。阮大铖恰是抓住了这一点，便想从侯方域这里开一条亲近复社人的路子来，而除了向侯方域送礼外，他也用过其他的巴结手段。

> 大铖家畜优伶，善演所自作剧号《燕子笺》者。方域置酒会贞慧、应箕而使证阮伶，大铖窃喜，使其奴来侦。方度曲，四座称善，渐论天下事，及大铖，遂大骂不止。大铖闻而益恨，思一旦得志尽杀以报，而未有以发也。
>
> ——《明亡述略·卷二》

阮大铖在当时的戏剧界颇有分量，用时下话讲，是个大V，即便是清高的复社人也无法轻视他的创作力，不可避免地被他的作品所吸引。在《清史稿·冒襄传》中有一小段记载尤其生动：

> 时金陵歌舞诸部，以怀宁为冠，歌词皆出大铖。大铖欲自结诸社人，令歌者来，襄与客且骂且称善，大铖闻之益恨。

《清史稿》中所提到的冒辟疆边看戏边破口大骂阮大铖的事很可能与《明亡述略·卷二》所提到的是同一件，阮大铖本想与复社人交下文友，却不料被骂得狗血淋头，怀恨在心，成为他日后大肆打击报复的前因。在《桃花扇》中，孔尚任为了增加戏剧冲突，加大人物矛盾，演绎了陈贞慧、吴应箕痛打阮大铖的桥段，使故事逻辑更为充足可信。

回到阮大铖收买侯方域之事上，听闻侯方域想娶李香君，阮大铖慷慨拿出三百两银子，通过杨龙友送给侯方域。起初，侯李两人都不知钱财的来历，因李香君当面质问，杨龙友才道出了实情，而当听闻真相之后，侯李两人的反应却截然不同：

（末）圆老当日曾游赵梦白之门，原是吾辈。后来结交魏党，只为救护东林，不料魏党一败，东林反与之水火。近日复社诸生，倡论攻击，大肆殴辱，岂非操同室之戈乎？圆老故交虽多，因其形迹可疑，亦无人代为分辨。每日向天大哭，说道："同类相残，伤心惨目，非河南侯君，不能救我。"所以今日谆谆纳交。（生）原来如此，俺看圆海情辞迫切，亦觉可怜。就便真是魏党，悔过来归，亦不可绝之太甚，况罪有可原乎？定生、次尾，皆我至交，明日相见，即为分解。（末）果然如此，吾党之幸也。（旦怒介）官人是何等说话？阮大铖趋附权奸，廉耻丧尽，妇人女子，无不唾骂。他人攻之，官人救之，官人自处于何等也？

（拔簪脱衣介）脱裙衫，穷不妨；布荆人，名自香。
——《桃花扇》第七出　却奁（癸未三月）

杨龙友为阮大铖辩白，将阮大铖描述成一个可怜人，在孔尚任的笔下，阮大铖自己也是这么认为的：

> 可恨身家念重，势利情多；偶投客、魏之门，便入儿孙之列。那时权飞烈焰，用着他当道豺狼。今日势败寒灰，剩了俺枯林鸮鸟。人人唾骂，处处击攻。细想起来，俺阮大铖也是读破万卷之人，什么忠佞贤奸，不能辨别？彼时既无失心之疯，又非汗邪之病，怎的主意一错，竟做了一个魏党？（跌足介）才题旧事，愧悔交加。罢了，罢了！
> ——《桃花扇》第四出　侦戏（癸未三月）

虽然是文学家的演绎，但可以看出孔尚任对人物内心的把握十分精准，阮大铖为人复杂，不计个人尊严，不顾忌社会道德规范，完全依照个人意志行事，没有一个强大到可以欺骗自我的内心是不能够顺利完成这一切的。

侯方域拿人钱财，手短嘴短，很容易顺着杨龙友的思路走下去。虽然孔尚任没有明写，但站在侯方域的角度想，他那一瞬间最担忧的当是怕钱财一旦退还，刚娶到的美人就会离开他。在《桃花扇》中，李贞丽是一个比较重利的人，虽然关键时候有一身侠气，但平时对待金钱也较为看重，与《李姬传》中所说的"尝一夜博，输千金立尽"有所不同。李香君有这样的养母，侯方域自然有所顾虑，也绝想不到李香君性情如此刚烈，与其母迥然不同。

李香君的"拔簪脱衣"是全剧中第一个高潮，也是最亮丽的一幕，不但惊艳了戏中人，也惊艳了戏外的观众和一代又一代读者，"雍、嘉年间诗人茹纶常在《题桃花扇传奇十首》中，专有一首是吟诵此事的，诗曰：'前身应是李师师，赢得芳名擅一时。莫道却奁多侠骨,何曾眼底有阉儿?'"(《桃花扇》第七出点评)与之相较,侯方域则显得矮小软弱,与复社人自我标榜的形象相去甚远了。

面对李香君的行为,在场诸人反应不一。杨龙友认为她"香君气性,忒也刚烈",有无奈也有赞叹;李贞丽的反应是"把好好东西,都丢一地,可惜,可惜",关注点在物质上,符合剧中身份;侯方域则大为羞惭,叹道:"好,好,好!这等见识,我倒不如,真乃侯生畏友也。"并主动拒绝了阮大铖的贿赂,之后,侯还有一段独白:

【前腔】(生)平康巷,他能将名节讲。偏是咱学校朝堂,偏是咱学校、朝堂,混贤奸不问青黄。那些社友平日重俺侯生者,也只为这点义气。我若依附奸邪,那时群起来攻,自救不暇,焉能救人乎?节和名,非泛常;重和轻,须审详。

——《桃花扇》第七出 却奁(癸未三月)

可以明显看出,侯方域在《桃花扇》中的形象与史书中所记载有较大的差别,历史中的傲慢狂狷转为精明世故,性格稍嫌软弱,立场不够鲜明。从文学改编来看,这样的变化有好有坏,狂狷之人往往薄情,软弱之辈易生情根,总体而言,侯方域的形象因《桃花扇》而得到升华,被人们所认可,在后面一系列的戏剧情节发展与历史史实的对比中还会更加清晰地呈现出来。

孔尚任着重渲染了李香君的刚烈和气节,结合《李姬传》的记载,他的描写是有所本的,看完了流传千古的《却奁》,再来看看历史上的李香是怎么做的。

> 大铖……乃假所善王将军，日载酒食，与侯生游。姬曰："王将军贫，非结客者，公子盍叩之？"侯生三问，将军乃屏人述大铖意。姬私语侯生曰："妾少从假母识阳羡君，其人有高义，闻吴君尤铮铮，今皆与公子善，奈何以阮公负至交乎？且以公子之世望，安事阮公！公子读万卷书，所见岂后于贱妾耶？"侯生大呼称善，醉而卧。王将军者殊怏怏，因辞去，不复通。
>
> ——《李姬传》

阮大铖欲收买侯方域是事实，但有以下几点出入：其一，中间人并非杨龙友而是王将军；其二，此时侯李两人已然关系密切，推测当已同居；其三，阮大铖收买侯方域的方式不是给他梳笼李香的资材，而是"日载酒食与侯生游"，以交朋友的名义暗中接近。侯方域起初一无所知，可见他是个较为单纯自负的人，但身边的李香却非常清醒，敏锐地察觉出事态的异常，主动提醒侯方域，指出不合理之处，引起了侯方域的警觉，这才再三质问王将军，得知了幕后实情。至于侯方域的想法和做法，他自己没有交代，而李香的一番言谈不但令侯方域刻骨铭心，也成为李香名垂史册的契机。

李香的话非常犀利，丝毫不给侯方域留情面，一句"公子读万卷书，所见岂后于贱妾耶"足可以气煞傲慢自负的侯公子。但侯的反应却是"大呼称善"，这恰与《明亡述略·卷二》中"然一语合，辄吐出肺肝，誉不容口"的记述互为映照，足见他是个头脑清醒，有一定自知之明的人。

无论在史料抑或戏剧中，侯方域都拒绝了阮大铖，但这件事对于他与李香（君）之间爱情的影响却是不同的。在历史中，因发生时间有别，故没有明确的影响，但可以肯定的是，它使侯李之间的感情更加坚定。遗憾的是，这一年秋试侯方域下第[①]，这件事直接为他的南京爱情故事画上了一个凄切的句点。

> 未几，侯生下第。姬置酒桃叶渡，歌琵琶词以送之，曰："公子才名文藻，雅不减中郎。中郎学不补行，今琵琶所传词固妄，然尝昵董卓，不可掩也。公子豪迈不羁，又失意，此去相见未可期，愿终自爱，无忘妾所歌琵琶词也！妾亦不复歌矣！"
>
> ——《李姬传》

就在《桃花扇》故事展开的三年前，历史上的侯方域与李香在桃叶渡话别，从此再未谋面。李香"歌琵琶词以送之"，说了一番词意哀婉的送别语，既有安慰之词"才名文藻，雅不减中郎（蔡邕）"，也有警醒之语"然尝昵董卓（暗指阮大铖），不可掩也"，最后以劝谏之词收尾："愿终自爱，无忘妾所歌琵琶词也！"李香的话，句句铿锵，心头滴血，她的话似乎在侯方域的后半生中都有所印证，也可看出她对侯方域性情的了解之深。李香自称"妾亦不复歌矣"，未知是否固守了承诺，但孔尚任牢牢记取了这句誓言，《桃花扇》中李香君离别侯方域后的所作所为大都从此句演化而来。

而在戏剧中，拒绝阮大铖收买的后果是让侯方域与李香君这对有情人匆忙离散，直到戏剧结尾才得以重逢。杨龙友得知阮大铖陷害侯方域，急忙赶去媚香楼报信，阮陷害侯的理由是"说你与宁南有旧，常通私书，将为内应"，这个"宁南"即宁南侯左良玉，查《侯方域年谱简编》，此事的具体经过是这样的：

---

① 下第：应科举未中，此处指参加应天乡试。

> 李自成转破承天，据襄阳，称新顺王；左良玉为避李自成，拥众东下，驻九江，以粮尽，欲趋南京就食，南都大震，商旅不行。方域应南京兵部尚书熊明遇请，草《为司徒公与宁南侯书》，力阻之，良玉得其书而罢。

此事的确发生在崇祯十六年（1643年）癸未，《桃花扇》中对事件的前因后果未做大的改动，阮大铖陷害侯方域也的确与侯曾拒绝他的收买有关。而在历史中，阮大铖对此事记恨三年，也足见他为人的狭隘和阴险。在戏剧中，面对突如其来的灾祸，侯李两人的反应又成鲜明对比，侯方域顾念"燕尔新婚，如何舍得"，而李香君则斥责他"官人素以豪杰自命，为何学儿女子态"，从表面来看，李香君的形象更高大，令人钦佩，但也显得有些单薄。而侯方域看上去优柔寡断，却能在危难时刻仍想着李香君，于软弱中也自有深情厚谊在，比历史中因落第而诀别的侯方域更有人情味。离别时，侯方域对李香君说："暂此分别，后会不远。"表明了他对爱情的态度，而桃叶渡听李香歌《琵琶词》的侯方域，未知究竟说了什么，从李香的反应来看，应该并没有留下什么值得期待的承诺。

《桃花扇》中，侯方域经杨龙友建议，去投奔了史可法。但在历史中，侯方域直接去了宜兴，在陈贞慧家避难。有趣的是，临走前，他还给阮大铖写了一封信，即《癸未去金陵日与阮光禄书》，其中道："执事伎机一动，常伏草莽则已；万一得志，必至杀尽天下正人君子，以酬其宿所不快。"（《爝火录》）侯方域看准了阮大铖的为人，他写信的举动也恰好印证了《明亡述略·卷二》中对他"喜睚眦报复"的描述。

此时的侯方域虽也在南京逗留过，但似乎并未再与李香有过瓜葛，有一个非常重要的背景是，侯方域早已有妻有子，而就在这一年，他将妻子常氏和儿子侯晓接到宜兴，常氏于年底生下一女，可见侯方域对家人十分照护，而李香于他也许只是秦淮河畔放浪生涯的一味调剂品而已。

但侯方域也并非完全没有听闻关于李香的消息，在《李姬传》的结尾，他记下了这样一件事：

> 侯生去后，而故开府田仰者，以金三百锾，邀姬一见。姬固却之。开府惭且怒，且有以中伤姬。姬叹曰："田公宁异于阮公乎？吾向之所赞于侯公子者谓何？今乃利其金而赴之，是妾卖公子矣！"卒不往。

此事发生的具体时间不详，推测可能发生在弘光年间。《妇人集》中说"开府向儿事魏阉者"，说明田仰从前也是魏忠贤一党中人，而《妇人集》中又说"姬尝以他事获罪阮怀宁"，则未知所指何事。田仰为见李香出三百两银子，遭到拒绝后对李香打击报复，而李香不改初衷，仍将自己视作侯方域的妾室，其心可敬却也可怜。《李姬传》至此戛然而止，侯方域简洁地交代了事情经过后没有给出半字的评价，更没有表明自己对此事的看法和内心的感受，不禁令人疑惑：陈维崧所说的"设誓最苦"究竟苦在哪里？苦在谁的心里？而《李姬传》似完未完的结局也可以间接证明，侯方域的生命中再也没有出现过李香的身影。李香的后半生如何度过，结局又是如何，也再未见到任何记载。

《桃花扇》中的侯方域却是另一个模样。在认识李香君时，他还是个单身汉，性格虽软弱，但对香君的情义是真挚的，投奔史可法处半年后仍惦念着金陵。适逢甲申国变，一切身不由己，留守南京的李香君也正遭遇着生命中的大麻烦。

在孔尚任的笔下,田仰欲见李香的故事有了较大的改编,李香君的形象再次得到了升华。

【锦后拍】俺独自守空楼,望残春,白头吟罢泪沾巾。(老旦)何不招一新婿?(旦)奴家已嫁侯郎,岂肯改志?(副净)我们晓你苦心。今日礼部杨老爷说,有一位大老田仰,肯输三百金,娶你作妾,托俺来问一声。(旦)这题目错认,这题目错认,可知定情诗红丝拴紧,抵过他万两雪花银。(老旦)这事凭你裁酌,你既不肯,另问别家。(旦)卖笑咂,有勾栏艳品。奴是薄福人,不愿入朱门。

——《桃花扇》第十七出　拒媒(甲申五月)

孔尚任将田仰的约见改为买妾,加大了戏剧冲突,符合故事逻辑,为后面李香君的血染桃花扇做了强有力的铺垫。围绕这一事件,每个人的不同反应也恰体现了各人所处的不同立场。说媒人杨龙友无形中成了田仰的帮凶,但他的出发点却是符合逻辑的,即侯方域出走后李香君还需生活,嫁入名门是名妓最好的归宿,故他积极地来说项。李贞丽作为养母,也必须考虑现实生活问题,故站在杨龙友一边。而此时的李香君"洗粉黛,抛扇裙,罢笛管,歇喉唇,竟是长斋绣佛女尼身,怕落了风尘",一定要为侯方域守节,甚至不惜"倒地撞头",宁死不从,想法和作为都已然超出了一个名妓的界限,在周围人眼中是不合时宜且荒唐可笑的。历史中的李香,未必如李香君一般守身如玉,她虽然不愿见田仰,不代表她不会见别人,比如复社名流。她也许正如在"桃叶渡"所说的那样再也没有歌琵琶词,但不排除继续歌《玉茗堂四梦》的可能。孔尚任在塑造李香君时,有意将她的作为崇高化,也许他听说过一些有关李香烈举的传说，但更多的还是艺术化的加工，即根据他自己的意愿，将李香君塑造为一个不畏权贵、从一而终的烈女。孔尚任的目的非常明显，是以李香君的形象来表达对明王朝的追念，从而批判了在国家危难时刻只图个人利益的奸臣，在对侯方域等一批清流表达同情的同时，也反衬出他们身为七尺男儿反不及一妙龄弱女子的荒谬可笑。晚明才妓中有相当一批人，除了才艺被后世反复传颂外，她们身上所体现出的士大夫气节更令人称道，特别是当抗清成为禁忌话题之后，曾经公开与阮大铖对立的举动就成了气节的标志，也是文人唯一可以公开表述的观点。某种程度上说，在相当长的一段时间内，阮大铖成了清统治者的替罪羊，文人所不敢表达的对清政府的不满都可以借攻击阮大铖得以排遣。这是当时的历史局限，李香君也是在这一局限中结合史实被再塑造的产物，而她忠贞不渝的爱情也正如晚明文士们眷恋却无力挽救的大明，自己终究不得不被历史洪流卷入了下一个时代。

李香的故事在田仰之后结束了，但李香君的故事才演了一半。其后，随着南明弘光政权的建立，李香君又被迫入宫，举止仍旧不卑不亢，不肯与当权者合作。弘光政权倒台后，她从宫中逃出，辗转流落到已经在栖霞山入道的卞玉京处，等待侯方域的归来。而侯方域在史可法和高杰等处辗转，最终回到了南京，却正赶上阮大铖搜捕复社人，被捕入狱。在弘光政权崩溃后逃了出来，也来到了栖霞山。两人不知对方近在咫尺，以为重逢无望，遂听人劝说打算出家，恰在这一刻于道士张瑶星的法坛处意外重逢。

【南鲍老催】想当日猛然舍抛，银河渺渺谁架桥？墙高更比天际高。书难到，梦空劳，情无了，出来路儿越迢遥。（生指扇介）看这扇上桃花，叫小生如何报你？看鲜血满扇开红桃，正说法天花落。
——《桃花扇》第四十出　入道（乙酉七月）

孔尚任的这一安排具有强烈的戏剧效果，就在两人都绝望的时候却突然有了希望，然而在这样一个场合，希望能够为绝望填补什么？接下来颇具争议的一幕出现了：

（外怒介）呵呸！两个痴虫，你看国在那里？家在那里？君在那里？父在那里？偏是这点花月情根，割他不断么？
……（生揖介）几句话，说的小生冷汗淋漓，如梦忽醒。（外）你可晓得么？（生）弟子晓得了。（外）既然晓得，就此拜丁继之为师罢。（生拜副净介。旦）弟子也晓得了。（外）既然也晓得，就此拜卞玉京为师罢……
——《桃花扇》第四十出　入道（乙酉七月）

侯李两人历经千难万险，终于在结尾处重逢，恰赶在双双入道前，观众们刚刚松了一口气，正期待一个大团圆的结局。却不料，张瑶星一番话，侯李二人双双斩断情丝，更衣入道了。更令人气恼的是，侯方域本有所不满，却率先改变了主张，而李香君没有半句怨言，选择了顺从，这也难免会让今天的观众产生愤懑和不解。王国维曾评价此结局道："沧桑之变，目击之而身历之，不能自悟，而悟于张道士之一言，且以历数千里，冒不测之险，投缧绁之中，所索之女子，才得一面，而以道士之言，一朝而舍之——自非三尺童子，其谁信之哉？"王国维说出了很多人的内心感受，大有受孔尚任捉弄之感，但细致分析孔尚任的写法，自有其不得已之处。

在分析孔尚任的构思之前，先要交代一下历史中侯方域在入清后的作为和结局，以做铺垫。

查《侯方域年谱简编》，与《桃花扇》所述相似，侯方域的确跟随史可法和高杰参与过抗清，但事态急转直下，清兵南下后侯方域选择了回家归隐。从顺治四年（1647年）到七年（1650年）这几年中，侯的生活相对平静，主要的时间用在了照顾生病的父亲和诗词文章上。但从顺治八年（1651年）起，事情发生了变化。

这一年的八月，清政府要求侯方域参加科举考试，年谱中引各方说法，认为侯方域是出于被迫，结合吴伟业的经历，这一说法可以接受。年谱引《中州先哲传》载侯方域"顺治八年中副榜，实未完卷"此说法是否有后人的粉饰，尚不能肯定，但侯方域的确有这样做的可能，且符合他的性情。没有史料证明侯方域有主动降清的意愿，后人讽刺他参加清政府科举，并将他与李香对比也都是出于主观的评定。生前，侯方域将自己的居所定名为"壮悔堂"也表明了一个态度，至于"悔"字中所蕴含的深意，亦不必狭隘地理解为他曾有过主动降清的意愿并为之后悔。

顺治十一年（1654年），侯方域病逝，时年三十七岁，属于英年早逝。虽然生前有其不得已，但参加清朝科举的举动还是引来了不屑的目光。近半个世纪后，当孔尚任撰写《桃花扇》结局的时候，他要面临的一个问题就是，如何处理侯方域的结局。

一方面要符合故事中人物的发展逻辑，一方面要符合戏剧本身的定位和限制，一方面要考虑到作者自己对这个时代人与事的评定和看法以及他所要表达的价值观，最后要考虑到政治局限性，即来自统治者的压力。这四条线是创作者不得不考虑的重要因素，但也常常互生矛盾，侯方域与李香君的结局就恰恰是四个要素相互矛盾后妥协的结果。

从人物来看，侯方域虽显软弱但重情重义，李香君忠贞不贰，为爱情敢于拼命，从他们的性格和一系列行为来看，入道的结局是不符合人物发展逻辑的。但从戏剧的定位来看，中国古典戏剧大多以喜剧结尾，基本上是大团圆结局，作为时代中人，孔尚任从创作经验来说也不具备构想一个西方式的悲壮意味结局的思维，比如侯李双双殉情。同时也联系到第四点，即来自清廷的压力，孔尚任更不可能安排李香君大骂侯方域降清，最后让侯方域羞愤自尽，这样的创作构想都是当时的社会环境下所不可能产生的。那么，从作者自身的表达诉求来看，首先，孔尚任是同情侯方域的，我认为他比较接受侯方域是被迫参加科举这一说法，但却也无论如何不能接受其做法，通过艺术手段抹掉这段不光彩的经历的同时，孔尚任表达了对旧时代的怀念和痛惜，也赞颂了不畏强权，勇于抗争（也包括消极抗争）的人物。在《桃花扇》中，侯方域代表的是在动荡洪流中身不由己又无所作为的软弱的文人大夫，这也恰恰映射了孔尚任对那个时代的认知。最后侯方域选择入道，不但可以隐晦表达抗清的意志，也恰是孔尚任根据一系列历史人物的际遇所能给出的最戏剧化的选择，而这个选择虽然没有以"喜结连理"收尾，却也保证了男女主角都没有结束生命，并且有了一个还算不错的收场，符合第二点中大时代对戏剧的局限和要求（通俗地讲，保证了"收视率"）。在不断地矛盾与妥协之后，孔尚任的安排是一个生活在清朝中叶的、没有受到过西方文艺影响的中国戏剧作家所能给出的不算最优的优解。

《桃花扇》自诞生起经久不衰，李香也从一个小有名气的秦淮名妓成为家喻户晓、气压男儿的烈女李香君，跻身"秦淮八艳"之列，成为最具风骨的名妓代表。李香君能够名传史册，孔尚任的重塑功不可没。现在的秦淮河畔依然有媚香楼，但已不是当年李香停留过的原址，留下的是供人追述的一个象征而已，恰如侯方域在媚香楼下面对人去楼空时所唱的那样：

萧然，美人去远，重门锁，云山万千。知情只有闲莺燕，尽着狂，尽着颠，问着他一双双不会传言。

——《桃花扇》

不会传言的莺燕带不走公子的思念和历史的追记，李香抑或是李香君，倒映在秦淮河水中动人的倩影永不会磨灭。

汪端：女人、诗人、诗评家

清道光十八年（1838年），已步入人生中年的女诗人汪端提笔写下《寒浦》一诗：

老树风多聚暝鸦，烟深拳鹭不眠沙。
荒桥断岸云如墨，败苇枯荷雪作花。
替月一星明蟹火，敲冰夜半响鱼叉。
野翁系艇归来晚，霜满蓑衣问酒家。

诗人中年学道，已久不提笔。从诗作内容来看，似是一首题画诗，画中之景透着苍冷，诗人笔力老练，仿佛心中蕴藏一种荒凉之情，借着这画中的人与物倾吐而出。从意境来看，诗人似乎已是一位历尽沧桑的老者，而不是只有四十五岁的闺中妇人。后人评价此诗，谓其："融晚唐荒寒与宋人瘦硬于一炉，炼字老辣，厚重沉潜。"① 赞誉极高，而此时，这位诗人尚不知晓，她的生命即将走到尽头。

有清一代的诗坛，女性诗人群星璀璨，超历代之规模，集历代之大成。一个矛盾的现象是，女性在社会层面上受到了极深的禁锢，但与此同时，知识阶层对女性教育的推崇却达到了空前热烈的程度。"一门风雅""金童玉女"一类的词语常常用来专指大家族中皆拥有较高文化修养的男女，这一类的门户家族受到社会的广泛推崇，被时人引为美谈。在清代的女性诗坛中，汪端是最为耀眼的一颗明珠，她的作品和在诗学界所取得的成就受到学人的一致赞誉，在清中晚期影响极大。

关于汪端的生平记载，最详尽的资料有两篇，一为清代文士陈文述所撰《孝慧汪宜人传》，一为清代翰林胡敬所撰《允庄女史传》。陈文述是汪端的公爹，他的记述当最具权威性和参考价值。可惜的是，两篇文章于今颇不易得，仅从相关著作文论中见零散引用。除此外，汪端的生平亦散见于《名媛诗话》《湘烟小录》《然脂余韵》等作品中，虽不够详尽，却也可以从多个侧面了解这位女诗人生前的生活点滴，同样具有一定的参考价值。

清乾隆五十八年（1793年），汪端出生于浙江杭州的书香之家，取字允庄。"汪氏家世本徽州，乃唐越国公之裔，八世祖始迁杭州为钱塘人"，另查《清及民国长三角地区文化家族中之女性文学研究》一书，其"祖父名宪，字千波，号鱼亭，是著名藏书楼振绮堂主人"。汪端的父母皆是饱读诗书之人，姑姑汪云琴，"字逸珠，能诗，著有《沅兰阁集》。又工人物界画"。（王蕴章《然脂余韵》）也是享有盛誉的才女。母亲梁应娟亦出身书香门第，特别

---

① 《清及民国长三角地区文化家族中之女性文学研究》，段继红著，上海社会科学院出版社，2015。

是姨母梁德绳（楚生），"博学多才，能琴善画，尤长篆刻，为人明敏有决断，能识大体"，被陈文述誉为"闺秀中龙门"（《孝慧汪宜人传》）。

汪端得天独厚，自幼便秀慧绝伦。其父汪季怀曾赞"诸子女皆能读书，允庄尤慧"，肯定了汪端在同辈中的突出之处，梁德绳之夫许宗彦更有"襁褓中，见诗辄注视；能行，乳母将之出庭中，时花初放，对之凝笑，口絮絮语，若有所讽"的记述，令人称奇。到了七岁时，"赋《春雪》诗，居然成章。诵木元虚《海赋》，两过即背诵，不遗一字。观书过目不忘"，姨母梁德绳极为嘉赏，赞其"盖异才也"。神童赋诗历来为世人所称道，更是古来流传的才子、才女传奇故事，汪端既如此早慧，她的童年之作又如何呢？

> 寒意迟初燕，春声静早鸦。未应吟柳絮，渐欲点桃花。
> 微湿融鸳瓦，新泥粘钿车。何如谢道韫，群从咏芳华。
> ——《咏春雪》

词句工整、意境清新，出自七岁孩童之笔下，的确难得。《允庄女史传》载"读者谓不减'柳絮因风'之作，因以'小韫'呼之"，从此，汪端又多了个名字——"小韫"。比她晚十余岁的女诗人沈善宝在所著《名媛诗话》中直呼汪端为汪小韫，可见"小韫"一名在亲友中当极受欢迎，知名度超过了她的学名。

除了在诗文上显露了过人的天赋，汪端于读书上亦不让同辈中人。沈善宝评价她"博学强记"，许宗彦作为家中长辈则有更细致的观察，道其"每终日坐一室，手唐人诗默诵，遇得意处，嗌然以笑，咸以'书痴'目之，资敏甚"（《自然好学斋诗钞》），可见汪端的好学之心及刻苦钻研之深。在诸书之中，汪端尤好史学，姨父许宗彦常与之论史，往往辞屈不能胜，因而戏称汪端为"端老虎"。对史学的专注不但丰富了她的知识储备，也拓展了她的视野，更使她养成了善于思辨的能力，同时也为她日后的著述提供了翔实的资料和素材。汪端一生离不开史书史学，她的身体虽禁锢于深宅大院中，思想和心灵却在史海中遨游徜徉，与古人先辈为伴。

还未成年，汪端便遭遇了不幸，母亲早逝，父亲亦在她十六岁时离世，汪端成了孤儿。所幸，姨母一家接纳了她，将她视作亲生女儿。姨母梁德绳与姨父许宗彦琴瑟相合，皆工诗善文，两个女儿许云林和许云姜也都是饱读诗书的才女，汪端在姨母家的生活当是快慰的。而其父汪季怀在离世的两年前，曾为她定下一桩婚约，对方姓陈名裴之，亦出身书香风雅之门，其父正是享誉江南的才子陈文述。汪季怀的选择是正确的，正是陈文述成就了汪端，也成就了她在诗学界的地位。

段继红在所著《清及民国长三角地区文化家族中之女性文学研究》中对陈文述做了较为详尽的介绍：

> 陈文述，字云伯，号退庵，浙江钱塘人……少有才名，以名孝廉出为县令……其为人天性孝友，笃于伦常，广交游，重信义，座上客常满，樽中酒不空，有孔北海之风。又好修名人遗迹，多刻朋旧遗书，至操笔为诗文，则思若涌泉，才如舒锦，艺兼九能。……官江苏江都县知县，多惠政……文述诗工西昆体，晚年复敛华就实，归于雅正，著有《碧城仙馆诗钞》《颐道堂集》《秣陵集》《西泠怀古集》《仙咏》《闺咏》及《碧城诗髓》。

由上可知，陈文述在清嘉道年间声名卓著，是一位令人景仰的文士。然而，陈文述在清代文坛最突出的贡献并不在他个人的著述，而在于对女性教育和女性文学的大力提倡与弘扬。

谭正璧在专著《中国女性文学史》中谈到，"有清一代，最努力于提倡女性文学的，前有袁随园，后有陈碧城"，袁随园即袁枚，他的《随园诗话》至今仍是一部可读性极强的古典著作。而他一生中最为人津津乐道的，当数聚集在他门下的随园女弟子群。这一群体在清代虽饱受争议，却成为一面鲜明的旗帜，将女诗人群体从家族层面拓展为社会层面，打破了家族门户的壁垒，让更多女性得到受教育机会的同时，能够相互交流、切磋技艺，增加了社会阅历。随园女弟子群成员遍布江浙，人数众多，今人引为美谈。无独有偶，在袁枚之后，生长于浙江杭州的陈文述追慕其人其事，也积极奔走造势，以自家书斋碧城仙馆为名号，广收女弟子，形成了碧城仙馆女诗人群体，更诞生了吴藻这样在清代诗坛享有盛名的女诗人。谭正璧在比较两个群体时谈到后者的突出之处在于"随园门下，都是诗人，而陈氏门下，有词人，有曲家，家庭内且有小说家，济济一堂，尤称多才"，足以证明碧城仙馆所取得的成就较之随园女诗人群体更加全面多彩。虽然陈文述也因此招惹不少闲言碎语，甚至人格也受到了嘲讽，但他并未气馁，至死对女性诗人的成长尽心竭力，并以此为荣。汪端作为陈文述的儿媳，受到了陈文述极大的赏识和鼓励，更是碧城仙馆中成就最高、最受人尊敬的一位女诗人。

陈文述为何如此大力提倡女性教育？这与他自身的成长和家庭环境不无关系。王蕴章在《然脂余韵》中记述，"云伯一门风雅，姬侍多才"，清代弹词小说《再生缘》的作者陈端生与他同族，段继红认为两人是堂兄妹的关系。陈文述成长于重视女性教育的江南士族中，耳濡目染，引以为傲。及至成家立业，他在家庭内延续着这一风气。妻子龚玉晨是出身杭州书香门第的才女，能诗能文；侍妾文静玉，能诗善画，有诗集《小停云馆诗钞》；另一侍妾管湘玉,"名筠,所居曰小鸥波馆。著有《小鸥波馆诗集》"(《然脂余韵》),是陈家最有才气和名望的女性,在龚玉晨死后被扶为正室。陈文述对妻妾的才学皆持欣赏和支持的态度,鼓励她们进行创作,没有以男性视角审视或阻挠她们。在子女的教育上,陈文述也一视同仁,"余大女华姻、次女丽姻皆有诗"(龚玉晨《紫姬小传》),陈家男女老幼无一白丁。

汪端嫁入陈家,从家庭出身和文化思想都是匹敌的。婚姻是她事业的起点,也是最终取得学术成就的归宿。诚然,她的婚后生活也有着诸多的不如意,充满了悲欢离合,但有失必有得,她所得到的补偿远超于她所失去的幸福。

关于婚姻的初始,陈文述有简短的记述:"余闻宜人贤而才,乞蹇修于华秋槎大令,天潜翁亲来吴门相攸见裴之,赏之,乃缔姻。"天潜翁即汪端之父汪季怀,号天潜山人。陈文述托人提亲,汪季怀担忧媒人之言不实,亲自去陈家考察了青年陈裴之,这才放心将女儿许给陈家,可见汪父对汪端的婚姻极为重视,只可惜,他未能亲眼见到女儿出嫁。陈裴之继承其父之风,自幼便是神童,"裴之……三四岁即解四声,余以古人诗文句,枕上授之一二,过即了了上口。……六岁,余在京师,作家信寄余能达其意,七岁为诗,十岁为古文,喜观通鉴晋书南北史"。(陈文述《颐道堂集》文钞卷十三)能诗能文专注史书,正是汪端的理想型伴侣。

汪端嫁入陈家这一年正满十八岁,陈裴之年少一岁,"时有'金童玉女'之目"(沈善宝《名媛诗话》)。婚后约十年中,夫妇二人在生活与精神世界皆达到共融,为时人所称道。陈文述在文章《裴之事略》中说:"闺房之中,各以诗稿就正,擘笺分韵,恒至夜分",字句虽短,却满溢着欣慰之情,对儿子儿媳的婚姻甚为满意。汪端自己也持相同看法,有诗句"花落琴床春展卷,香温箫局夜谈诗"为证。汪端到来之后,陈文述也亲自对其才学做了考察:"尝于十七史中举隐僻事问之,则应口对,及观所作读晋书与诸论古之作中,信乎其熟于史也。"(萧抡《〈自然好学斋〉序》)。陈文述的追述与许宗彦的"端老虎"恰可互为印证,而受陈文述的影响,侍妾管筠也对汪端甚为尊敬,"尝从孝慧宜人(汪端)问字"(管筠《序略》),没有自视庶母的身份,肯向儿媳问学,可见汪端在陈家的地位不同寻常。汪端作为儿媳,却不恃才傲物,"每有新作,即呈鉴定,以博欢颜,日益为常"(陈文述《孝慧汪宜人传》),对家中长辈极为尊敬。

不过,汪端毕竟是在宗法社会下生存的女人,在社会环境的局限中也不得不按照当时的标准来规范自己的生活。

> 初,子妇汪端来归,生子孝如,弥月殇。逾年,又生孝先。娩后失调,体羸多疾。
>
> ——《紫姬小传》

汪端先后生有两子,可惜皆不如意,次子孝先虽未早逝,但似乎智力有些欠缺,龚玉晨道其"虽孩提,性方执,行坐有常所,不多言,言辄喜作模棱语,婢媪不能通其意",没有继承生父母的聪慧颖悟,但作为陈家单传,孝先也得到了长辈们的疼惜。而母亲汪端则在生产后身体受到极大的损伤,从此一生被疾病所折磨。身体的羸弱也就导致了育子能力的丧失,汪端从此再未生子,而就在此时,陈家发生了变故:

> 丁丑(嘉庆二十二年,1817年)冬朔,家大人自崇疆受代归,筹海积劳,抱恙甚剧。太夫人扶病侍疾,自冬徂春,衣不解带。参术无灵,群医束手。余时新病甫起,乃泣祷于白莲桥华元化先生祠,愿减己算,以益亲

年。闺人允庄复于慈云大士前誓愿长斋绣佛，并偕余日持《观音经》若干卷，奉行众善。乃荷元化先生赐方四十九剂，服之，病始次第愈，自此夫妇异处者，四年。

——《香畹楼忆语》

在公爹陈文述病重期间，汪端除了为公爹日夜祷告，还主动提出了与丈夫分居，这一举动多少令人惊异，究其原因，有出于对家长的尊敬和感恩之情，另一方面，也许存在不易为外人道的隐情，这可能就与汪端的身体状况相关。有学者将汪端的作为理解为纯粹的孝道，但前述汪端自生次子孝先以来体弱多病，难以承担生养的重任，夫妻生活恐也难说和谐，其内心深处也许正渴望某种分离，借以摆脱生理上的压力。而与此同时，积蓄多年的她也开始奋发著述，展开了《明三十家诗选》的编述工作，"以选明代人诗、初二集，聚书盈屋，晨书暝写，心劳神疲，恒数昼夜不得寐"（龚玉晨《紫姬小传》），身体上的过度消耗与精神世界的偏离都导致汪端无法再承担婚姻中所须承担的义务。那么，作为宗法制下大家族的女性，面对可能来自公婆和族人的非议和指摘，当如何自处且摆脱道德压力呢？

汪端选择为丈夫陈裴之纳妾。

关于汪端的这一举动，婆母龚玉晨和丈夫陈裴之都有记述，先来看龚玉晨是如何说的：

因请于余及颐道先生曰："作配高门，质沐慈爱，有逾顾复，比得醒疾，终夜不寐。医云疾在心神，不加静摄，将成怔忡。自问幼耽坟籍，疏旷针黹，十馈五浆，尤非所谙。虽重亲高堂，矜其不逮，夙夜循省，心何以安？且堂上膝下，仅止公子一人。饴含抱孙，亦止孝先

一人。螽斯蕃衍，宜求淑俪，以主中馈，俾端得安心优
游文史，以延孱弱之躯。"

——《紫姬小传》

  汪端先主动向公婆提出自己的请求，理由非常充分，方方面面都考虑得当，特别是最末一句"俾端得安心优游文史，以延孱弱之躯"，是她为自身的考虑，也可说是内心深处的愿望。或许，汪端是当时第一个需要在事业和家庭面前做出选择的女性，但在禁锢女性的宗法制度下，她没有更好的解决方案，只能以牺牲实质夫妻为代价，给自己找一个清静的空间。于今人看来虽然反常，但放在当时的环境下看，是可以理解的。而作为陈家的家长，从亲情方面考虑，龚、陈二人不愿汪端失去自己作为妻子的某些权利，没有立即应允，也是在现实层面的考量。另一方面，汪端的真实想法，陈家人未必不心领神会，是让儿媳一心扑在事业上，还是强迫她放弃热爱的工作，安心做一个贤妻良母，这要看陈家的大家长陈文述的态度。如果他支持汪端的著述事业，那么大家也都会持赞许态度；如果他表示不妥，那么汪端的心愿将难以实现。可以说，在陈家家长眼中，这不是为子纳妾与否的问题，而是汪端是否可以追求理想的问题。

  陈文述在此时展现了他的远见卓识，积极主动地支持了汪端的选择，给了汪端实现自我价值的机会，也同时用自身行动表明，他支持女性教育绝非附庸风雅或贪恋美色，对内对外态度作风一致。也正因有了他的鼎力支持，陈家上下谈到汪端著书一事，无半句微词，也都持以赞许和肯定的态度。

  再来看当事人陈裴之的记述：

    允庄方选明诗，复得不寐之疾，左镫右茗，夜手一

编,每至晨鸡喔喔,犹未就枕,自虑心耗体孱,不克仰事俯育。常致书其姨母高阳太君,嫂氏中山夫人,为余访置簉室,余坚却之。嗣知吴中湘雨、伫云、兰语楼诸姬,皆有愿为夫子妾之意,历请堂上为余纳之。余固以为不可,盖大人乞禄养亲,怀冰服政,十年之久,未得真除,相依为命者千余指,待以举火者数十家,重亲在堂,年逾七秩,恒有世途荆棘,宦海波澜之感。余四躅槐花,辄成康了,方思投笔,以替仔肩。满堂分美人,独与余分目成。射工伺余,固不欲冒此不韪。且绿珠碧玉,徒侈艳情。温清定省,孰能奉吾老母者?采兰树萱,此事固未容草草也。

——《香畹楼忆语》

对汪端提议的前因,陈裴之的记述与母亲龚玉晨相同,对于此提议的态度,陈裴之起初表示坚决拒绝,他的理由有两方面,一则自己功名未就,家中人口众多,恐惹非议;二则担心新妇不孝敬老人,入门后惹是生非,徒增烦恼。据说,陈裴之是风流才子,流连青楼,身边少不了佳人陪伴。如此看来,他不想纳妾也是出于真心。

最终,秦淮女子王子兰来到陈家,成为陈裴之的侧室。围绕王子兰的来与去,陈家留下了不少的诗文,陈裴之的《香畹楼忆语》香艳旖旎,集陈家众人为王子兰所撰诗文而成的《湘烟小录》也可看作陈氏家族难得的一本成员合集。然而,王子兰却是不幸的,是陈氏家族的牺牲品,可以说,陈家人都对王子兰的死负有一定责任,包括汪端。

龚玉晨在《紫姬小传》中对王子兰有较为详尽的介绍:"姬王氏,名子兰,字紫湘,一字畹君,秣陵人,余子裴之侧室也。"王子兰在陈家以字行，故有紫姬之谓。她的生平事迹都收录在《湘烟小录》一书中，其中包括陈文述的《紫湘诔》，龚玉晨的《紫姬小传》，汪端的《紫姬哀词（并序）》，陈裴之的《香畹楼忆语》以及管筠、陈华娥和陈丽娥的悼诗若干首。能在死后得到陈家如此隆重的悼念，可见其本身不是凡俗之辈，而这其中也有来自汪端的千丝万缕的影响。

陈文述夫妇对王子兰的身世较为避讳，只说她是南京人，但汪端的《紫姬哀词》中则有所暴露，谓其"家近青杨之巷，门临白鹭之洲。姊妹十人，姬其季也。画遍十眉，旧名花蕊，绾来双髻，小字桃根"，这样的记述难免不令人猜疑。而陈裴之在《香畹楼忆语》中则较为直白，明确告诉读者王子兰出身青楼，且常将之比为董小宛。

王子兰之所以能够来到陈家，汪端曾煞费一番苦心。在为丈夫选择侧室的问题上，汪端做过深思熟虑，对人选的考察上有自己的想法。值得注意的是，汪端在对待人选问题上有一个异于常人之所，即她一反择良家妇的传统，一开始就将关注点放在了青楼中："嗣知吴中湘雨、伫云、兰语楼诸姬，皆有愿为夫子妾之意，历请堂上为余纳之。"（陈裴之《香畹楼忆语》）这是一个值得玩味的现象，时间延至清代，青楼女性的文化水平已不堪与晚明相比，然而即便是在晚明，纳青楼名妓入门的举动也颇具争议，当事人需要承受相当大的世俗非议。那么，作为出身良好又秉承大家族风范的汪端又为何在选择上有所不同呢？

从大的社会层面来看，似乎找不到特别的缘由，青楼女性依然是地位卑微的群体，那么就只能从陈家这个小群体来找原因。第一，前文已述，陈裴之是风流才子，喜流连青楼，与文化水平较高的青楼女子有一定的交往，且对家人并不避讳，汪端对这一情况非常清楚，也准确地掌握了丈夫的脾性。第二，由于陈家对女性教育极为推崇,也就一定程度上不排斥有才学的青楼女子,理解她们的不幸,对她们的身份采取包容的态度,汪端也敏锐地捕捉到了这个讯号。第三,清代文人对晚明风雅抱有相当程度的膜拜和景仰,特别是"秦淮八艳"的悲欢离合,来龙去脉烂熟于心,追慕其风骨和才学,这就造成了无意识地在现实生活中予以模仿的现象。从陈裴之的《香畹楼忆语》中可以明显看到他对冒辟疆、董小宛爱情的赞誉和向往,其作品本身就是参照《影梅庵忆语》的模式来写的。汪端作为知识女性,在去除社会偏见的同时也难免无意识地促成一段风流佳话,既是愉悦丈夫,也让自己参与了历史重演。第四,青楼女子因自身的出身问题,导致她们特别向往良家生活,一旦有机会从良,会全身心地奉献自己,直到生命消亡。董小宛就是最好的先例,陈家人也需要一个董小宛,汪端便全力以赴地为陈家寻找董小宛的今世化身。

王子兰便是在这样的情况下,以董小宛化身的形象走入陈家的。

> 嗣夫子以公至秣陵,闻姬贤,归言之。端闻请曰:"端之前言,实本肺腑。即不为公子求佳偶,独不可置簉(zào)室乎?且紫姬词翰,端曾一见之,尤非寻常金粉可比也。"夫子乃禀命堂上,介同岁生侯君青甫,暨欧阳大令棣之为蹇修,诹吉迎归,端先期营香畹楼以居之,故又字畹君也。
>
> ——龚玉晨《紫姬小传》

关于这次的南京之行,陈裴之在《香畹楼忆语》中有详细的描写,文辞绮丽,也可作为言情文学的典范,篇幅关系兹不赘述。而这次行程的不同之处在于,一再拒绝纳妾的陈裴之却突然开口向妻子汪端称赞王子兰，用意甚为微妙。前文已然分析了陈裴之拒绝纳妾的原因，认为他并非假意推托，却又为何突然改口了呢？查《香畹楼忆语》，王子兰的一段话是关键：

> 姬读至末章，慨然曰："夙闻君家重亲之慈，夫人之贤，君辄有否无可？人或疑为薄幸，此皆非能知君者，堂上闱中终年抱恙，窥君郑重之意，欲得人以奉慈闱耳。"

王子兰极其准确地道出了陈裴之心中的顾虑，精准捕捉了陈裴之心中对理想姬妾的要求，同时作为青楼女子，也为陈游戏风月的行为做了开脱，让陈裴之欣慰之余消除了顾虑，对她另眼相待。王子兰主动投诚，正中陈裴之下怀，归家后向汪端提及，汪端当即心领神会，王子兰也恰是她在找的那一人，随即向丈夫道："昨闻诸堂上云，紫姬深明大义，非寻常金粉可比。申年丈不获与偕，蹇修之事，六一令君可任也。"

仔细对比龚玉晨和陈裴之的叙述，可以窥探到汪端心思的缜密之处，在婆母面前，她说"紫姬词翰，端曾一见之，尤非寻常金粉可比"，而在丈夫面前，又说是从长辈口中得知"紫姬深明大义，非寻常金粉可比"，两句话存在矛盾之处，究竟哪句在前虽无史料证明，但依常理推断，应该是先与丈夫私议，妥当之后再向长辈请示。那么，汪端究竟是如何判断王子兰为人的，似乎不甚明朗，也许还有很多细节不为人所知。但有一点可以确定，即汪端一如陈裴之，是将王子兰当作董小宛来看待的，即便王子兰不是董小宛，也要根据陈家的需求将她塑造成董小宛。而最好的参照标准当然是冒辟疆留下的《影梅庵忆语》，于是汪端积极行动起来，为王子兰打造香畹楼。

王子兰又是如何看待自己和这段婚姻的呢？从陈家人留下的文字资料来看，她自己也是积极主动要做董小宛的，可谓一个愿打，一个愿挨。

> 蕙绸居士序余《梦玉词》曰："闻紫姬初归君时，秦淮诸女郎，皆激扬叹美。以姬得所归，为之喜极泪下。如董青莲故事。渤海生《高阳台》词句有曰'素娥青女遥相妒，妒婵娟最小，福慧双修'，论者皆以为实录。"姬亦语余云："饮饯之期，姻娅咸集。绿窗私语，佥(qiān)有后来居上之叹。"
>
> ——《香畹楼忆语》

虽然对董小宛的忧劳过度而病逝甚为了解，但王子兰与同辈姐妹们依然认为董小宛的际遇就是她能够拥有的最好的人生，可见这是王子兰没有选择的选择，是大的社会环境驱使下不得不走的路。另一方面，正如今人艳羡民国名媛一般，秦淮八艳在清中晚期也已成为一种流行文化符号，使人们在刻意模仿的同时忽略或有意淡忘了当事人生前的辛酸苦辣，王子兰就这样与陈家人携手打造了一场大型模仿秀。

陈裴之与王子兰婚后的生活几乎是在参照《影梅庵忆语》的记述，生活上恩爱缠绵，精神上琴瑟相合，王子兰与汪端也保持着情同姐妹的关系，丈夫外出的时候，一同做伴。陈家的家长也很喜欢她，龚玉晨夸赞她"端秀静穆，神光离合，若琼花之照春，而华月之白夜"，陈文述也赞其"有柔嘉之德"，从相貌和德行上对她抱以肯定的态度。但从王子兰这方面来看，她的从良生活远没有陈裴之描述的那般风花雪月，而是充满了辛劳。

陈家上下皆患重病，纳王子兰入门本身就有雇用保姆兼护工

的深层用意在内。果然,王一入陈家,就开始履行这一职责:

> 上年春,余在扬病亟,姬焚香吁天,请以身代,并代裴之持观音斋,客冬端病头风,手不能持匕箸。医者云易传染,语甚危。姬黎明起,不梳洗,不进饮食,先为大妇敷药铺糜,抚摩抑搔,恒至深夜,衣不解带者数月,端疾竟赖以愈。
>
> ——《紫姬小传》

> 客冬,余卧病殊剧,姬伫苦哺糜,含辛调药,中宵结带,竟月罢妆,余疾既瘳,姬颜始解。
>
> ——汪端《〈紫姬哀词〉并序》

一边照顾老夫人,一边照顾少夫人,"不梳洗,不进饮食""衣不解带者数月",比家中仆人还要劳累。最终,老夫人和少夫人的病皆痊愈,她自己却病倒了,然而,病中却不敢求医,老夫人病情反复,她又要昼夜照顾病人,终至积重难返,一病不起。眼见形势不妙,陈裴之出面,代王子兰请求归家调养。

据《紫姬小传》记载,"姬生母早卒,老父嫡母在堂",说明王子兰还是有亲人在世。陈裴之向汪端提议送王子兰归母家休养,表面上看是他对王子兰的怜惜,但从他向妻子请求时所说的"每与言及,涕泗不安。曷以归省之计,为伊却病之方乎"一句来看,王子兰自己也有此意,只是不便公开表明。也许她此时方深切懂得,每个人都应该有自己的人生,不应盲目模仿前人,而她的身体也无法承担如此繁重的劳务。陈裴之的请求最终得到了汪端和母亲龚玉晨的准许,王子兰得以启程回乡,汪端亲自送行,并寄诗慰问:

> 梅雨丝丝暗画楼，玉人扶病上扁舟。
> 钏松皓腕香桃瘦，带缓纤腰弱柳柔。
> 五月江声流短梦，六朝山色送新愁。
> 勤调药里删离恨，好寄平安水阁头。

> 问君双桨载桃根，残月空江第几村。
> 淡墨似烟书有泪，远天如水梦无痕。
> 晚风横逐青溪阁，新柳藏鸦白下门。
> 更忆婵嫣支病骨，背灯拥髻话黄昏。

  王子兰没能渡过这一劫，病逝家中，死时年仅二十二岁。消息传到杭州，"太宜人以下，无不痛哭失声。大妇（即汪端）尤哭之恸"。(《紫姬小传》)妥善安葬王子兰后，陈家上下集体创作悼念诗文，表达了对王子兰的深切怀念。然而，热烈的追思之中却总似潜藏着某种悲凉的意味，也许这并非陈家或汪端个人的错，是当时的社会制度和身份为王子兰决定了命运。但事情总是复杂的，对王子兰的早逝，陈家上下又都难辞其咎，甚至包括王子兰自己，在人生选择的问题上过于理想化，被过度美化的前人生活所迷惑，付出了生命的代价，可怜可叹！

  从公婆患病到王子兰离世，汪端始终坚持着创作，一方面着力于诗文的著述，另一方面专心编著《明三十家诗选》。与前朝历代才女所不同的是，汪端是有意识地将自己视为职业诗人的女性。于她而言，写诗既不是打发无聊时光的文艺牢骚，也不是茶余饭后的游戏。写诗不但是心灵的倾诉，也是毕生从事和追求的事业，更是实现人生价值的通衢。"汪端诗多为七律，现存1143首诗，其中565首七律，均长于议论，工于用典，以格调意趣胜。"（《清及民国长三角地区文化家族中之女性文学研究》)这些诗作最后结集为《自然好学斋诗钞》十卷,晚清民国学者王蕴章在谈到这本诗集时曾道"老辈皆推重之",可见在清中晚期影响深远。可惜,这本集汪端毕生精力的诗集在民国后没有再行刻印,现当代也未有整理出版,我们只能从一些文论中零星窥探其风华。

由于生活环境的束缚,汪端的诗作也难逃题材狭窄、内容重复的缺点,但她精通史书,好发议论,故她的创作有一大迥异于他人的特色,即有大量的论史诗,且得到时人的肯定。沈善宝在《名媛诗话》中就曾引用其《论吴蜀》一诗,并赞其"论古人,具有特识":

> 一失荆州汉业休,曹刘兵劫换孙刘。
> 本来借地缘婚媾,何事寒盟启寇仇。
> 鱼浦只今遗石在,螺矶终古暮潮愁。
> 负心毕竟君王误,莫以疏虞议武侯。

汪端评史诗的另一特点是,在评论古人时常常表现出极强的主观性,言辞也较为尖锐,比如这首论花蕊夫人的诗就有很强的个人特色:

> 摩诃池上万花开,百首宫词绝世才。
> 可惜当年艰一死,题诗甘入宋宫来。

从当代观点来看,这样的评议自然有失客观,带有浓重的时代局限性,这也是身为清代大家族中的女性无法避免的。但对于汪端一类的女性来说,能够在复杂的家庭环境中免除杂物,专心读史著述，已然非常难得。管筠在《〈自然好学斋诗钞〉序》中道其"独处一室，左图右史，日与古人晤对，未尝留意内政"，这样自我的举动即便在今日也有一定的不现实性，汪端能够得到陈家上下的一致包容，令人惊叹。

> 夜深银烛短，启户一徘徊。露重啼莺怨，风高远笛哀。
> 月如人影淡，寒逐雁声来。青史千秋事，千秋几逸才。
> ——《秋夜读史》

感叹千秋逸才少，汪端有志做有才之人。在与丈夫分居的日子里，她经公爹陈文述的支持和帮助，不眠不休地完成了《明三十家诗选》的编著工作，终于成就了她成为"逸才"的心愿。

沈善宝评价此书，言"参以断语，多知人论世之识"，可见汪端编著时秉承了一贯的评史风格。可惜的是，这本著述在清亡后也没有再行整理出版，仍只得从相关文论中观察其只言片语。

《明三十家诗选》的最突出特色有两点，其一为汪端对诗歌创作的体悟和论述，其中谈到诗的要义尤以下一段最具代表性：

> 尝谓诗不可不清，而尤不可不真。清者，诗之神也。王孟韦柳，如幽泉曲涧，飞瀑寒潭，其神清矣；李杜韩苏，如长江大河，鱼龙百变，其神亦未尝不清也。若神不能清，徒事抹月批风，枯淡闲寂，则假王孟而已。真者，诗之骨也。诗以词为肤，以意为骨，康乐跅弛，故其诗豪迈；元亮高逸，故其诗冲澹；少陵崎岖戎马，故其诗沉郁；青莲向慕仙灵，故其诗超旷。后人读之，想见其人性情出处，所以为真诗。若乃生休明之世，而无病呻吟；处衡泌之间而恣谈国是，则伪少陵而已。兹集

所收，虽面目不一，要皆无悖于清真二字。优孟门户之
习，吾知免夫。

——《明三十家诗选》凡例四

其二为对明代诗人高启的褒扬：

青丘诗众长咸备，学无常师。才气豪健而不剑拔弩
张，辞句秀逸而不字雕句绘。俊亮之节，醇雅之旨，施
于山林、江湖、台阁、边塞，无所不宜。有明一代学古
而化，不泥其迹者，惟此一人。

汪端一生对高启极为推崇，甚至在家中行供奉，并自谓前世
为高启弟子，可以说达到了痴迷的程度。从以上的引用也可以看
出，汪端在编著时一如进行诗文创作，具有强烈的个人创作风格
和审美取向，在表达思想和意见时锋芒毕露，这在两千多年的历
史中是不多见的。汪端的《明三十家诗选》一出，打破了当时只
有男子才有资格评史论诗的陋习，她扎实的史学知识和善于思考、
敢于发言的性格也让同时代的男性知识分子折服。可以说，支持
她的人不仅仅是陈文述代表的陈氏家族，也包括了江南文坛中享
有盛誉的一批知识分子，汪端赢得了整个社会舆论的支持。胡明
在《关于中国古代的妇女文学》一书中评道："在韵文里顽强而高
雅地表达自己的人文思想——政治理想、历史意识和文化选择的，
在易安之后，清代的汪端和秋瑾两人是必须大书一笔的。"尽管
汪端的表达难免存在过于强烈的主观性，视野不够开阔，但胡明
的评价仍旧是中肯的，学术界在谈到汪端的《明三十家诗选》时，
也都对这本著作的划时代意义予以肯定。

然而，汪端的后半生却在不幸中度过。王子兰病逝后两年，

丈夫陈裴之也英年早逝，此时的汪端年仅三十四岁，还很年轻。不久，唯一的儿子患病，陈氏一门的风雅之盛已成凋零之势，这也让汪端感到道德上的压力。起初，她排解的方式仍是读书：

> 寒月沉烟叶堕林，暮猿征雁有哀音。
> 梦中残锦丝成泪，霜后孤花澹到心。
> 楚雨潇潇怨斑竹，湘云黯黯碎瑶琴。
> 惟将逸史千秋感，并作疏窗五夜吟。

此诗名为《戊子仲冬续刻自然好学斋近作二卷 告成感赋即书寄怡珊兰上飞卿耕畹诸姊》，作于道光八年（1828年），汪端时年三十六岁，诗中已见苍凉之境，心中的孤独悲凉无处排遣，只得化作对历史的回味和沉思。然而，渐渐地，读史已然不足以抚慰心灵，与同时代遭到人生打击之后的大多数女性一样，她选择了宗教信仰来宽慰自己。因陈家有信奉道教的传统，汪端也选择了入道，原本对宗教信仰持否定态度的她也发出了"名士牢愁，美人幽怨，都非究竟，不如学道"（陈文述《孝慧汪宜人传》）的感慨。学道也影响了她的诗歌创作，常有人生如梦的喟叹：

> 静听风叶走虚廊，病久流尘掩笔床。
> 云影水中原是幻，花枝劫后尚留香。
> 春深瑶草梯仙国，月朗珠林选佛场。
> 兜率海山俱缥缈，鬓丝青镜渐成霜。
> ——《冬夜感怀》

积劳成疾的身体、早逝的丈夫和病弱的独子都让她对人生产生了幻灭感，尽管她在事业上获得了前所未有的成就和声誉，在陈家依然保有尊崇的地位，受到陈家长辈的爱护，但放眼未来，已然看不到闪光的希望，她的生命也未在尘世过久地停留。

汪端卒于道光十八年（1838年）冬，她与丈夫陈裴之都死在了老父陈文述之前，陈家白发人送黑发人可谓不幸。在去世前几年，她还完成了中国史上第一本女性创作的小说《元明逸史》，可惜被她自行焚毁，未能保留下来，这个具有划时代意义的著述成为女性文学史上不小的遗憾。

汪端临终前殷殷嘱托家人照料年近古稀的公爹，还特别叮嘱公爹"勿为端过悲"，她过早地失去双亲，陈文述扮演了她人生中父母的角色，她心存感激，感激中也有愧疚。陈文述对汪端的离世甚为悲痛，不但亲笔撰写《孝慧汪宜人传》，亦赋诗以哭之：

> 月露风云次第删，选诗亦似炼金丹。
> 居然崔颢题黄鹤，曾见文箫侍彩鸾。
> 开辟班曹新艺苑，扫除何李旧诗坛。
> 分明韦氏传经幔，七尺铭旌付盖棺。

文辞间所透露的是对汪端的赞誉，而更难得的是以平等的身份看待儿媳，态度是尊重的，不似在追念家人，而是在悼念一位多年推崇的老友，于古今中外是极为罕见的。

追随着汪端的脚步，杭州才女沈善宝也开启了她坎坷的著述人生，她的才学与文坛地位同样受到了时人的推举，而她与同辈杰出女诗人的交往也流传为篇篇佳话，汪端可谓后继有人。

沈善宝：《名媛诗话》与诗话中的名媛

上篇

唱和与结社是古代文人交结的方式，但由于社会观念等因素的约束，这样的交流大多仅止于男性群体。在两千多年的诗歌史上，女性作者数量稀少，更难以见到相互联谊、交流酬唱的身影。谢道韫是孤独的，谢家群雄皆是男儿，少了来自同性的惺惺相惜，何况又偏偏嫁给了不如意的王郎。李清照也是孤独的，赵明诚为她开阔了金石学的视野，但在诗文创作上却始终不能与她媲美。到了晚年，于诗学上后继无人，亦无法以一己之力振兴女学之业。直到晚明，那些流浪在诗坛上的女性身影终于借助社会观念的变化而凝聚成了一丛丛旺盛的生命力，家族闺秀群体大放异彩，名妓也不甘落后，要与诗坛大家一争高下。长久以来被男性把持的文坛终于有了不一样的色彩，女性创作者们也不必再为形只影单而苦恼，她们可以从亲友间获得交流与共鸣，她们的作品也有受到广泛关注与好评的机会,这是前所未有的发展。

但似乎,仍旧少了些什么。

家族中虽姐妹众多,但总有星散的一日;青楼间虽个个色艺超群,但总免不了寻欢作乐的成分。女性作者需要一个更广阔的活动交流范围,需要打破家族壁垒的同时不被轻贱。于是,女性也借鉴了男性的活动方式——结社。从清初的蕉园诗社到清中叶袁枚和陈文述的女弟子群,女诗人们走出家庭,通过各种社会关系相互联结,切磋诗艺,行动上获得了极大的解放,心灵上也得到了慰藉。时光流向清中晚期,中国进入动荡屈辱的近代,在西方文明没有大规模传入中国社会之前,文人们仍旧因循着传统的创作模式,与此同时,最后一批旧式女诗人正在以自己的方式大放异彩,杭州女诗人沈善宝与她的挚友们就是其中最杰出代表。

半生历劫似飞仙,辜负才华赋茗篇

沈善宝,字湘佩,号西湖散人,生于嘉庆十三年(1808年),卒于同治元年(1862年)。她生活于动荡的时代,自然也历经坎坷。然而,凭借自身的才学和努力,她交游广泛,成绩卓著,有"吟坛宗主"之美誉(陈静宜《题〈名媛诗话〉》)。她生于书香门第,酬唱于"名门世族"(刘体信《苌楚斋五笔》),中年著述等身,晚年广收弟子,传授诗文。她实现了前朝女性所渴望却不能实现的抱负,可谓古典闺秀诗人中之集大成者。

刘体信在《苌楚斋五笔》中引张让三为《名媛诗话》题写的再版序言,对沈善宝的出身和早年经历有一个大致的梳理:

> 女史讳善宝,钱塘沈韵初州判长女,幼随侍江右,稍长即工诗善画。逮州判官义宁,以失意郁郁死,老弱

流滞越四年，始奉母吴浣素夫人旋里，旋即弃养。是时女士至贫苦，以鬻诗画度日，久之，积赀葬其先世八棺，袝(fù)于祖墓。

沈善宝的少女时代可谓尝尽人间冷暖。据聂欣晗所著《清嘉道年间女性的诗学研究》一书介绍，沈家原是吴兴望族，父亲"钱塘沈韵初"，名学琳，"曾任江西义宁州判"，母亲吴浣素也是一位诗人，"曾与乌程徐德馨等女诗人结社联吟，并著有《箫引楼诗集》"，可见沈家是个家风较为开放、家学深厚的家庭。沈善宝是家中长女，自幼受父母钟爱，天资聪颖，接受了极好的家学传承。沈家的教育是平等的，沈善宝曾有一段对童年时光的回忆：

吾乡西湖佳处，全在真山真水，所以四时风景及阴晴朝暮，姿态不同，月夜更为清绝。烟波浩渺，一望无际。偶见数星渔火，出没芦汀菱溆而已。盖限于城闉，无人作秉烛游也。先慈在时，每年六七月之望，必招姊妹携儿女泛舟游玩，觞咏达旦。家兄等亦邀一二至亲之善音乐者，别驾一舟，相离里许。万籁皆寂，竹肉竞发，歌声笛声，得山水之助，愈觉空灵缥缈。维时明月如画，荷气袭人，清风徐来，水天一色。想广寒宫阙《霓裳羽衣曲》不是过也，令人有飘飘出尘之致。

——《名媛诗话》

秀美的西湖风景、家族间充满诗情画意的游乐方式让沈善宝终生难忘，也是她为数不多的美好回忆，但这样的美好生活随着父亲赴任江西却死于任上而彻底结束。据《安徽名媛诗词征略》记载，沈善宝"十二岁时，父为同僚所潜，罢职自裁"，父亲受迫害而自尽，沈家失去顶梁柱，顷刻陷入窘迫之境。十二岁的沈善宝尚未成年便已开始面对生活的磨难，父亲的死不仅是家族灾难的开始，也是盘桓于她内心深处终生无法消弭的伤痛。她憎恶迫害父亲的仇人，渴望为父亲讨回公道，可身为弱女子，却终究无法作为，一生为此而自责。也因此，她对历史上曾为父报仇的女性尤其钦佩，不但在《名媛诗话》中记录她们的作为，也曾赋诗赞颂，比如小诗《谢娥》：

> 巨盗江湖杀父夫，自甘易服作奚奴。
> 宝刀快抉仇人首，梦境都缘孝念符。

据明代吕坤的《闺范·谢娥杀盗》记载，谢小娥乃一商贩之女，父亲和未婚夫被强盗申家所杀，"小娥诡服为男子，托佣申家，因群盗饮酒，兰、春（杀父仇人）与群盗皆醉卧，娥闭户斩兰首"，其后"祝发为尼"。谢小娥的替父报仇可谓快意恩仇，成为无法实现心愿的沈善宝之心灵寄托。现实较之故事总是那般平庸，活着的人需要承受更多的痛苦。沈善宝不但无法替父报仇，还要承担养家的重任，虽"工诗文，并精绘事"（《安徽名媛诗词征略》），但有别于千金小姐吟风弄月的消遣，她需要靠诗文绘画来换取一大家人的生活所需，"因以润笔所入奉母课弟"（《国朝杭郡诗三辑》）。

但命运并未因她的孝顺和辛劳而对她另有眷顾，家中的不幸一件接着一件：

> 未几，母殁，弟善熙、妹兰仙继殇。迭经变故，境益窘，乃奔走四方，鬻诗售画。积资而归，葬父母弟妹。又因伯祖育亭、庶伯祖母邵氏、庶祖母杨氏、叔纶新，

445

殁后俱无子嗣，亦并葬之。

——《安徽名媛诗词征略》

母亲是她失去父亲后最强有力的支撑，却在回到杭州后病逝，其后弟弟妹妹也随之而去，沈家一时之间竟有八人相继离世。她不但要收葬父母弟妹，还要料理家族亲戚的后事，所有钱财全依靠她的一支笔，她四处筹资，竭力奔走，终于将八棺归葬。碌碌辛劳，个中酸辛苦楚非亲身经历者不能真正领会。这十几年的时光里，沈善宝始终孤身一人，没有了父母便也无缘顾及自己的个人幸福。当终于将一切妥善料理，可以抬头喘一口气时，她已年近三十，在当时的社会当属老姑娘了，至亲已去，前途迷离：

卷地朔风阵阵，过江征雁行行。底事劳劳无定踪，只缘辛苦随阳。清夜月明人静，残星几点微茫。

毛羽谁怜丰满，书空枉费文章。嘹唳一声愁欲绝，芦花两岸飞霜。玉笛小楼吹罢，碧天万里何长。

这首《河满子·寒雁》或许正是她此时的心灵写照，但她未曾料到，她的人生从此刻转入新的轨迹。

十几年的辛劳奔波像是一场考验，当"八棺并葬"的大义举动传扬开来，沈善宝获得了广泛的赞誉，时人为这样的孝女壮举倾倒，直到她去世多年后，提及沈善宝时依然要提到她的"孝心毅力，为世称许"（《安徽名媛诗词征略》）。而作为一个知识女性，沈善宝当然不满足于只因孝心而被称道，她需要心灵的共鸣、精神深处的交流，这一夙愿终于在她二十七岁这一年得到满足。

道光十五年（1835年）的春分时节，沈善宝迎来了她生命中的暖阳。这一年，她结识了杭州城知识圈内的著名女诗人梁德绳，并通过梁德绳结识了她的女儿许云林、许云姜以及碧城仙馆女诗人吴藻。沈善宝也许未能想到，这一次带有应酬性质的会面竟改变了她此后的人生，而许氏姐妹和吴藻不但成了她的终生挚友，更是她笔下才情卓著的女主角。

沈善宝在《名媛诗话》中谈到杭州知识女性时说："吾乡多闺秀，往者指不胜屈，近如梁楚生太夫人（德绳）及长女许云林（延礽）、次女云姜（延锦）、……汪小韫（端）、吴苹香（藻）、……龚瑟君（自璋）。诸君诗文字画，各臻神妙。"这六人中，前五人有亲友关系，汪端是梁德绳的外甥女，吴藻是汪端公爹陈文述的女学生，她们共同组成了杭州最享盛名的知识女性群体。龚自璋是诗人龚自珍的胞妹，从《名媛诗话》可知她也经常活动于这一群体中，并与沈善宝结为挚友。沈善宝十分珍视与名媛闺秀们的友谊，在《名媛诗话》中常可看到一同交游酬唱的记录：

> 丙申（1836年）初夏，苹香、苣香姊妹偕浥池席怡珊（慧文）、云林并余泛舟皋亭，看桃李绿荫，新翠如潮，水天一碧，小舟三叶，容与中流，较之春花烂漫、红紫芳菲时，别饶清趣。将近皋亭，泊舟桥畔，联步芳林，果香袭袂，村中妇女咸来观看，以为春间或有看花者至，今则城中人罕有过此，盖从未见有赏绿叶者……主人以黄梅赠客，情意殷殷。留连半晌，重上小舠，推篷笑语，隔舫联吟，归来已六街灯火上矣……

皋亭在杭州城东北，群山连绵，风景秀丽，因远离市区，更有世外桃源之意趣。朋友五人前来赏景，看风景的她们也成了当地村民眼中的风景。闺秀集体出门踏春，这在晚明时代不曾出现，除了名妓或女山人有出行自由外，明代的闺秀诗人基本上都局限于大家族的后花园内。三百年后的晚清时代，江南知识女性已然可以结伴赴郊外游玩，不可说不是一种进步。

在沈善宝笔下，朋友们的容颜举止鲜活生动，笔端充满流溢着温情。在朋友们眼中，沈善宝也绝非仅止于孝女身份，她的才学更令人钦佩。在龚自璋眼中，她是才女兼美女，"水月襟怀冰雪姿，二王书法六朝词""博通书史，旁及岐黄、丹青、星卜之学，无所不精，而尤深于诗"（《名媛诗话》续集），在吴藻眼中她的才学堪与汪端比肩：

寒梅高格出风尘，一笑相逢爱性真。
多少西泠名媛作，环花阁外更何人？

环花阁是汪端的书斋，吴藻自道与沈善宝"一见倾心，遂成莫逆之交"，又道"吾杭闺秀，除汪小韫外，无出君右者"，可见她对沈善宝的赏识非同一般。而在杭州知识女性乃至清代文坛中，吴藻都不是一个能够被忽略掉的人物，从现当代的角度来看，她的文名远远超过了汪端与沈善宝。

玉照堂前玉女家，读骚饮酒旧生涯

吴藻，字𬞟香，号玉岑子，清代著名女词人。俞陛云在《清代闺秀诗话》中将她与徐灿和顾太清并列，赞"卓然为三大家"。吴藻不但词名卓著，性情为人也与众不同，极富个性。可惜的是，她的生平记载并不明确，连生卒年也存在较大争议。世人普遍的看法是，她比沈善宝年长约十岁，文名早于沈，也是沈正式步入文坛后的提携者和支持者。

有别于大多数知识女性出身名门望族、书香门第，吴藻的家庭是商贾之家：

> 苹（蘋）香父夫俱业贾，两家无一读书者，而独呈翘秀，殆有凤慧也。
>
> ——陈廷焯《白雨斋词话》

《安徽人物大辞典》及《民国黟县四志·卷八·才女》中均记载吴藻原籍安徽黟（yī）县，"父葆真，字辅吾，向在浙江杭州典业生理，遂侨于浙"。虽是商人家庭出身，但从《名媛诗话》的记载来看，吴藻与妹妹皆能作诗，可见吴家的教育并不含糊。然而，商人家庭到底缺乏读书人家所特有的对诗文的眷爱，吴藻的内心难免感到孤寂，特别是嫁给了经商的丈夫后，苦闷之情有增无减。

关于吴藻的丈夫，存在两种说法，一说其夫姓黄，但《民国黟县四志·卷八·才女》中则称其夫为"钱塘县望平村许振清"，《安徽人物大辞典》亦持同一说法。关于夫妻关系也有两种说法，一说为夫妻中年离异，吴藻从此独居；而以上两资料则称其"年十九而寡，矢志守节"。吴藻将自己的身世写得较为隐晦，在作品集《花帘词·自序》中称"丁酉（道光十七年，1837年）移家南湖古城"，也就是说，在与沈善宝相识的两年后，吴藻个人生活中遭遇了一场变故（普遍认为是离异），因此搬到了偏远的地方居住，从此心灰意冷，一心修佛，将自己的居所命名为"香南雪北庐"。吴藻又道"十年来忧患余生，人事有不可言者，引商刻羽，吟事遂废，此后恐不更作"，可见她的生活并不幸福，最终连诗文创作也放弃了。《香南雪北词》也被认作是对写作的纪念性归结。

翻检吴藻的词作，可以感觉到一种强烈的愤懑之情扑面而来，这种愤懑郁结在她的一字一句中，不同于普通闺秀的莺愁蝶怨，而是混杂着强烈的对命运的不甘，渴望改变却无力改变的绝望。

闷欲呼天说。问苍苍、生人在世,忍偏磨灭?从古难消豪士气,也只书空咄咄。正自检、断肠诗阅。看到伤心翻失笑,笑公然、愁是吾家物!都并入、笔端结。

英雄儿女原无别。叹千秋、收场一例,泪皆成血。待把柔情轻放下,不唱柳边风月。且整顿、铜琶铁板。读罢《离骚》还酌酒,向大江东去歌残阕。声早遏,碧云裂。

——《金缕曲》

吴藻的老师陈文述在《西泠闺咏》中记载其"尝写《饮酒读骚图》,小影作男子装,自填南北调乐府,极感慨淋漓之致。托名谢絮才,忌不无天壤王郎之感耶?"吴藻爱饮酒,读《离骚》,好着男子装,行为在当时可谓出格。她对自身际遇和婚姻充满了不满,无处排遣,无所寄托,唯有付之于笔端,创作诗词曲赋,将自己化作虚构人物,在想象中完成自我转化。正如她自己所言:"愿掬银河三千丈,一洗女儿故态。收拾起断脂零黛。莫学兰台悲秋语,但大言打破乾坤隘。拔长剑,倚天外。"但有时,她也会将现实与虚幻混淆,最著名的便是她的一首极其不同寻常的词作:

珊珊锁骨,似碧城仙侣。一笑相逢澹忘语。镇拈花倚竹,翠袖生寒,空谷里、想见个侬幽绪。兰缸低照影,赌酒评诗,便唱江南断肠句。

一样扫眉才,偏我清狂,要消受、玉人心许。正漠漠、烟波五湖春,待买个红船,载卿同去。

——《洞仙歌·赠吴门青林校书》

从题名可知，此词是赠与姑苏名妓的，虽然这位青林校书史籍无载，却留在了吴藻的词作中，而吴藻的词句和表达则是前所未有的乖张和大胆。良家出身的女性大多忌讳与青楼女子有所往来，即使名妓从良，也难以打破鸿沟。但有趣的是，吴藻不但毫不避讳，且自扮男子，"要消受、玉人心许"，还要"买个红船，载卿同去"，颇有才子佳人之愿。角色的转换令许多研究者怀疑吴藻是同性恋者，但从沈善宝的《名媛诗话》来看，吴藻举止与普通闺秀无异，也未有关于她的流言蜚语，我个人判断吴藻的词只是一种渴望自我解脱的表达，并非她与青林校书有何超常之举。

对于她想变男儿身的愿望，老师陈文述持理解态度，并赞其"前生名士，今生美人"，间接肯定了她的品性才学。陈文述的儿媳汪端也赏识吴藻，并有诗相赠：

> 玉照堂前玉女家，读骚饮酒旧生涯。
> 导师高引林和靖，真侣飞仙萼绿华。
> 黄鹤招来天外月，紫鸾啸破海东霞。
> 与君阆苑曾相识，共约春山扫落花。

在陈文述和汪端眼中，吴藻是一个有着文士风度的女子，格调高雅，虽然行为举止有别于普通闺秀，但并不是令人不齿的异类，是值得尊敬的。吴藻在碧城仙馆女诗人中也是积极活跃的，深得老师和杭州知识阶层的赏识，尽管如此，由于家庭的缘故，她仍然缺乏归属感，似乎始终游离于文坛集群之外，也许这也恰恰是她除性别外难解的愁怀之一。

吴藻虽与汪端交好且互有往来，但汪端毕竟受到家庭局限，行动较少自由。加之中年丧夫、身体多病，笔墨之交当多于实际生活中的往来。与之相较，沈善宝没有家庭限制，行动较为自由，又积极地渴望融入知识女性阶层，便给中年后离群索居的吴藻带来许多慰藉。特别是当沈善宝读到吴藻的词集《花帘词》后，大为赞叹，曾题词相赠以表仰慕之情：

> 续史才华，扫除尽、脂香粉腻。记当日、一编目睹，四年心事。残月晓风何足道，碧云红藕浑难比。问神仙、底事谪尘寰，聊游戏。
>
> 写不尽，离骚意。销不尽，英雄气。仅绿笺恨托，红牙兴寄。浣露回环吟未了，瓣香私淑情难置。傥金针、许度碧纱前，当修贽。
>
> ——《满江红·题吴蘋香夫人〈花帘词〉稿》

吴藻能结识这样一位知己当是欣慰的，可惜，人生聚散无常数，她与沈善宝相识两年后，沈善宝也要离开了。

沈善宝这一次要前往北京投靠寄母李太夫人，她曾在沈最辛劳的少女时代给予了许多帮助，并认沈为干女儿。此时，沈善宝已二十九岁，终身大事不可再拖，李太夫人为女儿着想，打算接她来北京，解决婚姻问题。同时也可借助自己的人脉，为干女儿拓展交际圈和视野。而就在沈善宝离杭前，挚友许云林、许云姜姐妹已然因婚姻关系入京，当然也竭力邀请沈善宝入京相聚，她们在京城里结识了一位才学不凡的旗人女诗人，或许正迫不及待地想要介绍给沈善宝。

在当时，知识女性间通过熟人相互拜访结识是一种风气，十几年后，沈善宝回到杭州时也遇到热心人向她介绍家住嘉兴的无锡才女丁芝仙，并热情地提出"当寄书介绍，俾与足下珠联璧合，亦闺中之韵事"。其后，当沈善宝来到嘉兴时，"芝仙已遣纪探问数日"，"殊恨相见之晚，遂订雁行"（《名媛诗话》）。知识女性通过这种方式来沟通联络，在家庭之外寻找属于自己的生活。许氏姐妹与沈善宝年纪较近，特别是许云林，与她感情尤为深厚，故她们的离去也一定程度上让沈善宝感到落寞。如今，她终于也有机会到京城做客，亲友的照顾、环境的改变都具有相当的吸引力。沈善宝没有拒绝，欣然启程北上。

临行前，吴藻与几位朋友为她饯别：

> 丁酉（道光十七年，1837年）秋仲，知余欲北行，约玉士饯于香南雪北庐。时晚桂盛开，周暖姝携花适至，蘋香即留共饮，四人纵谈今古，相得甚欢。余即席走笔留别三章云……蘋香、玉士、暖姝皆为黯然，各有赆赠，却之不得。次日，蘋香和章至……
>
> ——《名媛诗话》

朋友入京自是喜事，但与朋友辞别亦难免伤怀。此去京城，便是归期难料，后半生能否重聚不敢定论。临别没有什么特别的礼物，众人写诗互赠，以作留念。

吴藻的三首和诗，除前文引述过的第一首外，另有两首如下：

> 懒上河梁送客舟，淡烟衰柳黯然愁。
> 故人知我常相忆，梦绕燕云十六州。
>
> 半生历劫似飞仙，辜负才华赋茗篇。
> 此去油窗花户里，离愁莫更到吟边。

关于"油窗花户"，沈善宝还做了解释：

> 蘋香送余赴都诗有"此去油窗花户里，离愁莫更到吟边"之句，读者不知"油窗花户"为何物，辄相诧怪。盖北方风寒，凡门外加风门一扇，名"油窗花户"……
>
> ——《名媛诗话》

吴藻生长在江南，不知她是如何知晓北方居住习俗的，但字里行间足见她对沈善宝的关心和不舍。

这一年的冬季，沈善宝告别了杭州友人，来到京城，心中充满着对新环境的向往，渴望用自己的才学赢得肯定。而就在此时，亲友们要为她介绍的那位旗人才女终于走入了沈善宝的视野，她就是顾太清。

岂为平生偏爱雪，为人间、留取真眉目

顾太清，名春，原姓西林觉罗，满洲镶蓝旗人，被晚清王鹏运认为满族成就最高的女词人，有'男中成容若，女中太清春'之誉。（见冒广生《天游阁诗集跋》）顾太清虽享有盛名，但她的生平经历如同吴藻一般，大多模糊不清。唯一可以肯定的信息是她是"清高宗曾孙奕绘贝勒侧室"（《顾太清词选》），奕绘是一位富有才学的满洲贵族，夫妻二人的结合是幸福的，但两人是如何相识的？这又成为一个谜。

顾太清的早年生活较为坎坷，因家族获罪才更姓为顾。有说她早年流落江南，生活无依，但究竟经历了什么却也没有定论。她曾在词中说自己"事事思量竟有因，半生尝尽苦酸辛"，但细节如何却也未做说明。从她的行事风格来看，她个人对名节是颇为看重的，甚至到了苛刻的地步，段继红在《清及民国长三角地区文化家族中之女性文学研究》一书中在提及顾太清时谈到这样一

件事：

> 陈文述请汪端托其表姊许云林请奕绘的福晋、名噪一时的闺秀诗人顾春赐诗，遭到拒绝，但在《兰因集》中，陈氏仍收入一首顾春诗。太清因此耿耿于怀，写诗以讽：含沙小技太玲珑，野鹜安知澡雪鸿。绮语永沉黑暗狱，庸夫空望上清宫。碧城行列休添我，人海从来鄙此公。任尔乱言成一笑，浮云不碍日头（光）红。后还有小注，揶揄云："钱塘陈叟字云伯者，以仙人自居，著有碧城仙馆诗钞，中多绮语，更有碧城女弟子十余人，代为吹嘘。去秋曾托云林以莲花笺一卷、墨二锭见赠，余因鄙其为人，避而不受，今见彼寄云林信中有西林太清题其《春明新咏》一律，并自和原韵一律。此事殊属荒唐，尤觉可笑。不知彼太清此太清是一是二？遂用其韵，以记其事。"

从顾太清的小注中可以看出，陈文述收录的那首诗应当是伪作，但陈文述请顾太清赐诗却并非恶意。顾太清秉持保守的姿态，看不起陈文述诗作中"多绮语"，并认为"更有碧城女弟子十余人，代为吹嘘"，更道出"人海从来鄙此公"之语，实在有些刻薄，缺少雅量。这也许是南北风气不同所造成的误会，但也不难看出顾太清姿态摆得很高，生怕与异性有带非议性质的接触，猜测可能与她的早年经历有关。她有一首《金缕曲·自题听雪小照》是她性情的自我写照：

> 兀对残灯读。听窗前、萧萧一片，寒声敲竹。坐到夜深风更紧，壁暗灯花如菽。觉翠袖、衣单生粟。自起

钩帘看夜色,厌梅梢、万点临流玉。飞雪急,响高屋。

乱云黯黯迷空谷。拥苍茫、冰花冷蕊,不分林麓。多少诗情频在耳,花气薰人芬馥。特写入、生绡横幅。岂为平生偏爱雪,为人间、留取真眉目。阑干曲,立幽独。

顾太清与丈夫的婚姻虽堪称神仙眷侣,但她毕竟是侧室,又为罪人之后,受到丈夫的偏爱就难免在大家族里招惹非议,这也许是她过于珍视自己名声的另一个原因。不过,她为人其实并不高傲冷漠,在同性友人间尤为热血衷肠。王蕴章在《然脂余韵》中说"云林为德清许周生先生之长女,与太清极密",道出了许云林与顾太清之间深厚的友情。翻检顾太清词作,与许云林有关的作品非常多,而许云林又是沈善宝的挚友,通过她的连接,顾沈二人也成为至交。

己亥(道光十九年,1839 年)秋日,余与太清、屏山、云林、伯芳结秋红吟社。

——《名媛诗话》

入京两年后,沈善宝与顾太清、许云林等人组建了自己的诗社,因为诗社为这年"秋日"成立,故名"秋红吟社"。诗社虽小,但学界评价极高,是清嘉道年间影响最大的闺秀诗社。"秋红吟社打破了明代以来的家族内女性创作群体模式,无须男性文人的组织而由女性文人独自成立和发展,成为中国古代文学史上第一个成员跨地区非血缘关系的女性诗社。"(聂欣晗《清嘉道年间女性的诗学研究》)沈善宝通过自己的努力获得了京城知识女性阶层的接纳并迅速与她们融为一体,顾太清对她尤为钦佩赏识,赞她

"彩笔一支，新诗千首，名重浙西东"(《一丛花·题湘佩〈鸿雪楼词选〉》)，亦曾为她的画作填词：

> 忽见横枝近水开，香逐风来。惜花人在花深处，倚绿筠、几度徘徊。前身明月是，应伴寒梅。
> 冰作精神玉作胎，天付奇才。怕教风信催春老，捻花枝、妙句新裁。暗香疏影里，立尽苍苔。
> ——《看花回·题湘佩妹梅林觅句小照》

与京城闺秀结下友谊的同时，沈善宝没有忘记远在江南的朋友，她向顾太清介绍了吴藻，并推荐了《花帘词》。顾太清亦非常赏识吴藻的才学，为两人远隔南北、无缘相聚而感到遗憾，遂填词一阕寄赠吴藻表达敬意：

> 何幸闻名早。爱春蚕、缠绵作茧，丝丝萦绕。织就七襄天孙锦，彩线金针都扫。隔千里、系人怀抱。欲见无由缘分浅，况卿乎与我年将老。莫辜负，好才调。
> 落花流水难猜料，正无妨、冰弦写怨，云笺起草。有美人兮倚修竹，何日轻舟来到？叹空谷、知音偏少。只有莺花堪适兴，对湖光山色舒长啸。愿寄我，近来稿。
> ——《金缕曲·题〈花帘词〉寄吴𬞟香女士用本集中韵》

虽没有找到吴藻的回信，但接到这样一封热情洋溢的书信，吴藻一定倍感欣慰，朋友在千里之外仍惦念着自己，并让她与远在京城的同龄诗人结下了文字之谊。虽然身边失去了一位知己相伴，但却也打破地域限制，多了一位可以相互交流慰藉的诗友，有失必有得。

下篇

沈善宝在北京共生活了十七年,这十七年间除了结识顾太清等京城名媛外,她个人生命里先后有两件大事,其一是与礼部主事武凌云的结合,其二是撰写并完成了代表作《名媛诗话》。

> 武凌云,字寅斋,亦作吟斋,安徽来安人,道光十六年(1836年)进士[①],历任礼部主事、吏部郎中、山西朔平府知府。
> ——聂欣晗《清嘉道年间女性的诗学研究》

许多学者认为武凌云资质不高,与沈善宝不甚匹配,且武是鳏夫,膝下已有子女,沈善宝入武家是继室,这段婚姻有委屈沈的嫌疑。但结合当时的社会环境,也不得不考虑到沈善宝已是三十岁的大龄女性的事实,想要挑选到一位各方面均出色的夫婿是不太可能实现的。无论如何,武凌云是进士出身,知识储备不算低,虽无过人的才华,但绝非无能之辈。从婚后两人的生活来看,关系是和睦温馨的,夫妇间也有诗作唱和:

> 暑雨离离食,秋风冉冉香。藤牵三径碧,阴覆一棚凉。
> 虫响宜晨夕,花疏间紫黄。月来人并坐,共听说荒唐。

武凌云的《豆棚》虽不甚出奇,但气质平和,自带一种田园

[①] 另据1924年排印本《鸿雪楼诗选初集》沈敏元跋中言:武凌云,字寅斋,道光十五年(1835年)进士。

意趣。特别是结尾两句，道出夫妇间平等和谐的气氛，可以看出在武凌云心中，沈善宝不仅仅是妻子，也是心灵相通的朋友。沈善宝有《豆棚和韵》一诗回赠：

> 支棚栽绿竹，几日豆花香。月斗蛾眉细，烟凝翠芙凉。
> 牵丝同瓞碧，入馔伴葵黄。野老闲无事，乘阴话汉唐。

沈诗更有才气，有别于丈夫的四平八稳，她的用词不拘一格，洗练洒脱。但可以看出，她所感知到的氛围和意境与丈夫是相似相通的。才华虽有高低，想要获得幸福的生活还需相互体谅和尊重。沈善宝努力做好一个贤妻良母，而武凌云并没有要求她放弃自己的生活和爱好，沈善宝的《名媛诗话》恰是在婚后撰写完成的。

王蕴章在《然脂余韵》中说："自古妇人工诗画者甚多，而能评论古今、作诗者绝少。"诗话作为一种介绍诗人和诗作背景、兼以文学评论性质的文学体裁，自在宋朝诞生起便深受文人喜爱，其后诗话、词话、曲话等佳作频出，特别在有清一代，诗话写作达到空前的繁荣。但在浩繁的著作中，尽管有女性诗词作品的出现，但女性创作的诗话的确少之又少。

女性文人开始有意识地整理品评自己的作品始于晚明清初，根据聂欣晗的《清嘉道年间女性的诗学研究》中《清代闺秀所撰诗话简表》的整理，清至民国时期女性诗话共有二十四部，其中比较有代表性的有方维仪的《宫闱诗评》、王端淑的《名媛诗纬》、熊琏的《澹仙诗话》、施淑仪的《清代闺阁诗人征略》等，在这些作品中，最负盛名、评价最高的是沈善宝的《名媛诗话》。

关于作品创作的来龙去脉，沈善宝这样介绍：

> 余自壬寅（道光二十二年，1842年）春送李太夫人回里，是夏温润清，又随宦出都，伤离惜别，抑郁无聊。遂假闺秀诗文各集、并诸闺友投赠之作，编为诗话。于丙午（道光二十六年，1846年）冬落成十一卷，复辑题壁、方外、乩仙、朝鲜诸作为末卷，共成十二卷。墨磨楮刻，聊遣羁愁，剑气珠光，奉扬贞德，讵敢论文乎？[①]

从沈的自述中可以看到她创作《名媛诗话》的契机，其实是现实诗文交往中的一种延续和补充。沈善宝行迹南北，结交广泛，加之女性在婚姻中的从属地位，使得她不得不经常面临与朋友的分离之苦。在音讯并不发达的时代，慰藉思念的媒介唯有留下的文字。沈善宝打算动笔写诗话，恰是为了保留住与朋友间的情谊，但当创作开始之后，随着内容的不断增加，意图便不仅止于记录自己与朋友间的友情。

> 窃思闺秀之学与文士不同，而闺秀之传又较文士不易。盖文士自幼即肄业经史，旁及诗赋，有父兄教诲，师友讨论闺秀则既无文士之师承，又不能专习诗文，故非聪慧绝伦者，万不能诗。生于名门巨族，遇父兄师友知诗者，传扬尚易，倘生于蓬荜，嫁于村俗，则湮没无闻者不知凡几。余有深感焉，故不辞撷拾，搜辑而为是编。惟余拙于语言，见闻未广，意在存其断句零章。话之工拙，不复计也。
>
> ——《名媛诗话》

[①] 参校沈善宝著，珊丹注《鸿雪楼诗词集校注》，中国社会科学出版社，2012。

经过大量的收集整理，结合自身成长经历，沈善宝在感受知识女性生存不易的同时，也希望通过自己的努力，让这些曾拼尽全力吐露芳华的女性作品得以流传后世。由此，《名媛诗话》的创作意义得到了提升，记录范围也不再局限于亲友知己，"辑清初顾和知，迄道光间太清主人。凡闺秀名章秀句，遗闻韵事，都萃于此，诚古今诗话所未有也"。（《茞楚斋五笔》引张让三序）

根据聂欣晗的统计，"《名媛诗话》收录了明末至清咸丰中期有名姓可考的女性文人760位，涉及女性诗文集336部，共收录诗词2400余首"，以沈善宝一人之力完成，工程可谓浩大，若无丈夫的理解和支持，已步入婚姻生活、需要操持家务子女的沈善宝是绝对无法做到的。而对于婚姻之于知识女性的影响，沈善宝自幼便有了思考：

> 先慈姊妹五人，惟鬘云五从母世佑最耽吟咏。工画牡丹，为外大母所钟爱，不忍远嫁。在室时以诗画自娱，性情潇洒，吐属风雅。年三十于归武进卜子安参军，询从宦往来。儿女既多，笔墨遂废。每谓余云："欲作雅人，必须终身在室。近日偶得一二句，思欲足成，辄为俗事败兴。无怪满城风雨近重阳只传一句也。"……临殁，朗诵生平所作诗词，气息渐微，奄然化去。时举家患疫，稿遂失散不存。
>
> ——《名媛诗话》

五从母的经历是知识女性阶层最典型的代表，虽然自幼得到父母的赏识和庇佑，为了成全她对知识的追求，外大母不惜留女到三十岁，尽管如此，仍旧无法改变其因婚姻生活的琐碎操劳而不得不放弃自我追求的命运。五从母的后半生始终被不甘和苦痛所折磨，再三将自己的经历讲给沈善宝听，并道出"欲作雅人，必须终身在室"的警醒之言，在晚清时代可谓女性主义之先驱。而在沈善宝身边，乃至当时的整个大环境下，五从母的故事并不罕见，诸如汪端、顾太清、梁德绳等名流只是少数中的少数，是命运的宠儿。沈善宝虽得到丈夫的包容，但也未能避免类似的境遇，婚后诗文创作锐减，主动或被动地将大多精力投入婚姻生活，即所谓"米盐零杂，儿女牵缠，富贵贫贱，不免分心。即牙签堆案，无从专讲矣。吾辈皆蹈此辙"。(《名媛诗话》)

除了记录时代知识女性的生活和交游，沈善宝也提出了自己的诗学观：

> 余常论诗犹花也，牡丹、芍药具国色天香，一望知其富贵。他如梅品孤高，水仙清洁，杏桃秾艳，兰菊幽贞。此外则或以香胜，或以色著。但具一致，皆足赏心，何必泥定一格也。然最怕如剪彩为之，毫无神韵，令人见之生倦。
>
> ——《名媛诗话》

由以上可知，沈善宝对待诗歌创作的态度是豁达的，讲求异彩纷呈，不拘一格。在与其他女诗人交往时，沈善宝总是不吝溢美之词，本质原因便是她有一颗包容的心和一双善于发现美的眼睛，与她"诗本天籁，情真景真，皆为佳作"的看法是一致的。

> 读湘潭郭六芳《论诗》云："玉溪獭祭非偏论，长吉鬼才亦妙评。侬爱湘江江水好，有波澜处十分清。""厨下调羹已六年，酸盐性情笑人偏。近来领略诗中味，百

八珍馐总要鲜。""今古才人一例看,端庄流丽并兼难。桃花轻薄梅花冷,占尽春分是牡丹"。可谓实获我心矣!

——《名媛诗话》

在品读同性诗作时也获得了心灵上的共鸣,虽不曾当面交流切磋,但沈善宝通过文字充实了自己的认知和观感。

《名媛诗话》内容庞杂,惜因各种原因,民国后再版较少。但在研究界,这部作品的价值受到认可,相关研究文论并不稀缺,并给予了相当高的评价。沈善宝也因为这部作品与汪端并列清代女性文学的标志性人物。而与汪端相较,沈善宝更具有女性意识,被誉为"女性意识觉醒的先行者""觉醒中的女性代言人"(聂欣晗《清嘉道年间女性的诗学研究》),《名媛诗话》也被认为是一部"具有群体'代言人'的性质"(付建舟《两浙女性文学:由传统而现代》)、"比较典型地代表了清代女性诗学思想"的作品(王晓燕《清代女性诗学思想研究》)。

十二卷本的《名媛诗话》完成后,由于武凌云调任西北的关系,沈善宝随夫离开京城,又一次与朋友们告别。咸丰年间,清政府内忧外患,与此同时,知识女性们的生活也面临着波折。虽无确切资料佐证,但朋友中较早离世的似乎是许云林,顾太清曾有词哭道:

十载思量。幸莲舆北上,重赌容光。芳颜仍似玉,云鬟却成霜。相把袂,语悲伤。说离乱兵荒。叹年来,惊惊恐恐,无限凄惶。

忽然病入膏肓。是长途辛苦,体不禁当。君心应自在,我意竟难忘。持素手,断柔肠。问去者何方?望魂兮，魂兮早降，享我杯浆。

——《意难忘·哭云林妹》

从"相把袂，语悲伤。说离乱兵荒。叹年来，惊惊恐恐，无限凄惶"几句看，许云林的晚年生活一定受到了形势动荡的影响，心理上留下了极大的阴影，对未来充满悲观，传统的江南文士生活正遭受着破坏。在《名媛诗话》中也可看到一些相关记载，如"道光壬寅（1842年）五月，英夷寇宝山，分道陷上海、镇江，复窜入江宁""壬寅夏，夷警日逼，江南北皆震恐，向之避和州者又纷纷他徙"等，到了咸丰末年，整个大江南北都饱受战乱之苦，无论是随任西北的沈善宝还是留驻北京的顾太清都不能做世外之人。咸丰十年（1860年），英法联军攻占北京，顾太清已丧夫多年，被赶出夫家后独自生活，在乱世中未知如何生存，而就在同时，远在杭州的吴藻被困城中，据后人推测死于乱兵之手。同治元年（1862年），沈善宝辗转回到北京，但她的身体每况愈下，五月二十九日，顾太清前去探访，并留下关于她的最后记录：

余五月廿九日过访，妹忽言："姊之情何以报之？"余答言："姊妹之间何言报耶！愿来生吾二人仍如今生。"妹言："岂止来生，与君世世为弟兄！"余言："此盟订矣。"相去十日，竟悠然长往，能不痛哉！

同治元年六月十一日，沈善宝病逝，对顾太清打击极大。沈离世前，当年的闺秀圈已然星散，沈善宝是顾太清晚年的精神慰藉。当时顾太清正在撰写小说《红楼梦影》，是唯一一部由女性撰写的《红楼梦》的续书，沈善宝大力支持，并亲自为书作序，"余偶续《红楼梦》数回，名曰《红楼梦影》，湘佩为之序，不待脱稿即索看。尝责余性懒，戏谓曰：'姊年近七十，如何不速成此书。恐不能成其功矣。'"（顾太清《哭湘佩三妹》自注）这正是沈善宝去世前一年之事，未料年近七十的顾太清仍在，而不及耳顺的沈善宝却先亡了，对故友凋零，顾太清甚为感伤。沈善宝离去后的长夏，顾太清独坐雨窗，再捡旧章，在《雨窗感旧》的诗序里记道："同治元年长夏，于红雨轩乱书中捡得《咏盆中海棠》诸作。旧游胜事，竟成天际浮云；暮景羸躯，有若花间晓露。……今许云姜随任湖北，钱伯芳随任西川，栋阿少如就养甘肃，富察蕊仙、栋阿武庄、许云林、沈湘佩已做泉下人。社中姊妹惟项屏山与春二人矣！二十年来星流云散，得不伤心耶！"从这段自序可知，当年的秋红吟社聚集了一大批汉满两族的知识女性，是非常难得的女性文化团体。顾太清卒于光绪三年（1877年），终年七十八岁，当是秋红吟社中在世最久的一人。

沈善宝与《名媛诗话》中所记载的一大批知识女性是中国传统才女的最后杰出代表，特别是吴藻与顾太清两人，取得的成绩尤为突出。但世界正发生着巨大的改变，而这改变也强有力地冲击着中华大地，当列强的炮火猛烈轰击这片国土时，也惊醒了有识之士。他们抬起头、睁开眼要看清这个世界，重新定位自己，为国家寻求出路。他们不只男性，其中也不乏女性的身影。而随着西学东渐，女性教育也有了极大的变革，旧式传统才女渐渐退出历史舞台的中心，新一代的知识女性正在孕育成长。这些身负诗才、雅擅文字的女子不但要改变自身命运，更立志改变整个女性群体的命运，她们参与救国图存，做出了两千年来知识女性所不曾有也不敢有的惊世骇俗之举，而正是有了这些新女性顽强不屈的抗争和呐喊，女性才终于摆脱了被摆布、无自由的牢笼生活，吴藻的不为男儿身之恨、沈善宝的"闺秀之传，又较文士不易"

之憾都有了优解。尽管今日女性地位仍有许多需要探讨的课题，但她们若泉下有知，应当感到欣慰了。